라즈베리파이로 만드는 홈 IoT

라즈베리파이로 만드는 홈 IoT

개정판 1쇄 발행 2025년 10월 31일

지은이 이우정, 이영호, 아이씨뱅큐
펴낸이 아이씨뱅큐
펴낸곳 아이씨뱅큐
출판등록 제2020-000069호

교정 양수진
디자인 이현
편집 이현
감수 주경민
마케팅 심은주, 김윤길

주소 서울시 금천구 두산로 70 현대지식산업센터 A동 2301호 아이씨뱅큐
전화 070-7019-3900
팩스 02-9098-9393
이메일 shop@icbanq.com
홈페이지 www.icbanq.com

ISBN 979-11-987211-2-9(93560)
값 30,000원

- 이 책의 판권은 지은이에게 있습니다.
- 이 책 내용의 전부 또는 일부를 재사용하려면 반드시 지은이의 서면 동의를 받아야 합니다.
- 잘못된 책은 구입하신 곳에서 바꾸어 드립니다.

20가지 예제로 홈 IoT를 쉽게 구축해 보자!

라즈베리파이로 만드는 홈 IoT

이우정 · 이영호 · 아이씨뱅큐 지음

초급 중급 고급

★★★★★
element14
추천교재!

라즈베리파이5
개정판

ICBANQ
아이씨뱅큐

추천사

드디어 기다리던 라즈베리파이 IoT 책이 나왔습니다. 가정마다 홈 IoT가 기본이 되어 가는 요즘, 쉽게 접근할 수 있는 라즈베리파이를 활용한 예제 중심의 IoT 교재가 출간되어 굉장히 기쁘게 생각합니다. 라즈베리파이를 활용한 예제를 따라하면서 생활을 편리하게 만들어 줄 IoT 환경 구현과 함께 코딩에 대한 지식도 배울 수 있으리라 생각합니다.

라즈베리파이 공식 유통 회사인 엘리먼트14 한국 사장 *정재철*

크드클럽을 통해 교육기부를 실천하는 분들이 모여 긴 작업 끝에 훌륭한 결실을 맺게 되어 매우 기분이 좋습니다. 코드클럽과 함께 초등학생부터 성인까지 다양한 연령층에게 라즈베리파이 수업을 진행해오신 분들의 경험들이 모여 기초부터 심화 과정, 프로젝트까지 이어지는 훌륭한 라즈베리파이 길잡이 도서가 탄생한 것 같습니다. 라즈베리파이에 대해 느끼는 막연한 어려움, 막막함이 있는 분들이 이 책을 통해 학습한다면, 쉽고 편하게 익히며 즐거운 학습이 가능할 것입니다. 라즈베리파이에 어려움을 느끼는 분들에게 꼭 추천하고픈 책입니다.

코드클럽 한국위원회 사무국장 *장진혁*

이 책은 라즈베리파이 보드를 활용해 다양하고 실용적인 프로젝트를 수행하고자 하는 독자들에게 아주 유용한 책입니다. 이 책에서는 14개의 재미있고 실용적인 프로젝트 수행 방법을 소개하고 있기 때문입니다. 예를 들어, 〈아침이 되면 자동으로 불을 끄는 스탠드〉, 〈어두워지면 자동으로 밝기가 조절되는 무드등〉, 〈더워지면 자동으로 켜지는 선풍기〉, 〈스마트 콘센트〉, 〈스마트 쓰레기통〉 프로젝트 등은 라즈베리파이를 실생활에 활용하는 프로젝트로 교육적이고, 실용적이며 재미있어 보입니다. 독자 여러분은 이 책을 통해 리눅스에 익숙해질 수 있고, 파이썬 언어를 활용할 수 있고, 실생활에 유용한 프로젝트를 수행함으로써 1석 3조의 효과를 얻을 수 있을 것입니다. 거기에 재미까지 더하면 1석 4조의 효과가 되겠죠.

코코랩스 대표 *서민우*

전문개발자와 코딩강의를 전문으로 하는 두 저자의 조합으로 만들어진 책인 만큼 자칫 어려울 수 있는 하드웨어와 코딩부분을 쉽게 풀어 설명하고 어렵다는 이유로 넘길 수 있을 법한 부분은 개발자의 눈으로 세심하게 챙기며 집필한 책으로 느껴집니다. 숲과 나무를 모두 보여 주는 이 책을 라즈베리파이를 이제 시작하려는 분들께 추천합니다.

도담교육 대표 *신종환*

머리글

코딩 및 인공지능, 메타버스에 이르기까지 빠른 속도로 변화하는 세상속에서 지금의 학생들은 어릴 때부터 자연스럽게 미디어 및 코딩에 익숙하게 적응하며 살아가고 있습니다. 초등학교 때부터 블록코딩을 배우며 알고리즘을 자연스럽게 익히고, 로봇과 코딩 교구들을 통해 메이킹을 하기 시작하면서 다양한 소프트웨어와 하드웨어들을 접하게 됩니다. 중, 고등학교에서 정보과목의 피지컬 컴퓨팅을 배우며 아두이노라는 보드를 알게 되고, 임베디드 보드를 다루는 방법에 대해 작게나마 배울 수 있는 기회가 주어집니다.

피지컬 컴퓨팅을 하면서 좀 더 다양하고, 자신에게 필요한 새로운 메이킹을 하고 싶은 열정이 생기게 됩니다. 블록코딩에서 벗어나 텍스트 코딩인 C언어, 파이썬 등의 언어를 배우게 되고, 다양한 하드웨어를 접하게 되면서 더 잘 다루고 싶은 욕심이 생기게 됩니다. 필자 또한 아두이노를 배우고 메이킹을 하면서 아두이노 보드로 쉽게 제작할 수 없는 작품들이 생기기 시작하였습니다. 컴퓨터처럼 다양한 기능을 가지면서도 합리적인 가격을 가진 라즈베리파이를 알게 되었고, 그 매력에 푹 빠지게 되었습니다.

라즈베리파이를 처음 접하는 대부분의 사람들은 "너무 어렵다", "사용하기 전에 알아야 할 것이 너무 많다", "진입 장벽이 높다"라는 생각을 가집니다. 이 책은 아두이노에서 라즈베리파이로 넘어오는 분들이 좀 더 쉽게 라즈베리파이를 접할 수 있도록 작은 도움을 드리고자 하는 의도로 집필이 되었습니다. 아두이노에서 다뤘던 센서들을 라즈베리파이 환경에서 GPIO 핀들과 연결해서 배우다 보면, 어느새 라즈베리파이에 차츰 익숙해질 것입니다.

이 책은 라즈베리파이 보드 사용법에 대한 설명과 라즈베리파이를 다루기 위한 기본적인 리눅스 명령어, 센서 작동을 위해 필요한 파이썬 코딩에 대한 설명도 함께 수록하였습니다. 센서의 작동원리와 코딩방법을 다양한 예제를 통해서 익힐 수 있으며, 라즈베리파이를 처음 접하는 분들이 쉽게 코드를 따라올 수 있도록 설명을 넣었습니다. 코드클럽 한국위원회에서 다년간 코딩 재능 기부를 하면서, 라즈베리파이를 처음 접하는 분들이 알았으면 하는 팁들도 책의 내용에 녹여 넣었습니다. 따라서 현장에서 라즈베리파이를 실제 강의하는 선생님들께서는 강의교재로 활용해도 괜찮은 내용이 될 것입니다.

- 챕터별로 프로젝트를 완성하기 위한 단계별 설명
- 다양한 코드 수록 (RPi.GPIO 코드와 gpiozero 코드)
- 홈 IoT 구현에 초점을 맞춘 내용과 실습으로 구성
- 프로젝트 동영상 수록

분명 필자의 어린 시절보다는 코딩을 배울 기회도 많고, 하고자 하는 열정만 있으면 누구나 충분히 무언가를 만들 수 있는 여건이 마련되어 있는 세상입니다. 언제 어디서나 인터넷으로 궁금한 점을 쉽게 검색할 수 있는 편리한 세상에 살고 있지만 이런 정보의 홍수 속에서도 정확한 목표를 정하지 못한다면 너무 많은 정보 속에서 허우적댈 것입니다. 본 책은 라즈베리파이 입문자들이 처음 시작할 때 누구나 막막해하고 목표를 정하지 못할 때, 어디서부터 가야할지 그 방향을 알려 주는 나침반의 역할을 하고자 합니다. 마지막으로 라즈베리파이의 처음 발걸음을 잘 디디어, 궁금하거나 풀기 어려운 문제점이 나타났을 때, 이 책이 해결점의 힌트가 되었으면 하는 게 필자의 바람입니다.

저자 이우정, 이영호

이 책의 목차

추천사 4
머리글 6

Chapter00 라즈베리파이 보드란? 19

Chapter01 시작하기: 라즈베리파이 OS 설치 및 설정 25

1. 학습요약 26
2. 라즈베리파이 OS 설치 26
    2.1 라즈베리파이 OS 다운로드 26
    2.2 MicroSD 카드 포맷(Format) 27
    2.3 라즈베리파이 OS(32비트) 설치 28
    2.4 라즈베리파이 OS(64비트) 설치 33
3. 라즈베리파이 원격 접속하기 36
    3.1 주변 장치 연결 없이 SSH 접속(wifi)을 위한 설정(난이도: 중급) 37
    3.2 명령 프롬프트를 통한 SSH 접속 39
    3.3 VNC를 통한 라즈베리파이 원격 접속 44
4. 라즈베리파이 OS 설정하기 51
    4.1 라즈베리파이 OS 소프트웨어 소개(Full Version) 51
    4.2 라즈베리파이 OS 환경설정 54
5. 라즈베리파이 OS 해상도 변경하기 59
6. 라즈베리파이 OS 한글 설정하기 61
    6.1 라즈베리파이 OS 한글 설치 방법(한글 입력기: ibus) 63

Chapter02 리눅스 익히기 75

1. 학습요약 76
2. 리눅스 기본 명령어 76
    2.1 리눅스 명령어 사용하기 77
    2.2 기본 명령어 78
    2.3 기타 명령어 90
3. 리눅스 디렉토리 구조 92

4. 문서 파일 편집하기 93
- 4.1 nano 93
- 4.2 vi (vim)(난이도: 중급) 94

Chapter03 파이썬 코드 편집기 105
1. 학습요약 106
2. Thonny Python IDE 106
- 2.1 Thonny Python IDE 열기 107
- 2.2 Thonny Python IDE 사용하기 107
- 2.3 VIM을 파이썬 IDE로 사용하기(난이도: 중급) 110
3. PC에서 라즈베리파이 OS로 파일 보내기 115

Chapter04 파이썬 기초문법 119
1. 학습요약 120
2. 파이썬 언어 120
- 2.1 파이썬 다운로드 120
- 2.2 파이썬 언어의 특징 121
3. 파이썬 자료형 123
- 3.1 숫자형 자료형 123
- 3.2 문자열 자료형 125
- 3.3 리스트 자료형(List) 134
- 3.4 튜플 자료형(Tuple) 138
- 3.5 딕셔너리 자료형(Dictionary) 140
- 3.6 변수(Variable) 145
4. 조건문 148
- 4.1 if 조건문 기본구조 148
- 4.2 조건문의 비교연산자 149
- 4.3 조건문의 논리연산자 151
- 4.4 두 개 이상의 조건문 154
- 4.5 중첩 조건문 156
5. 반복문 158
- 5.1 for문 158
- 5.2 while문 165
6. 입출력 170

6.1 사용자 입력(input) 170
6.2 데이터 출력(print) 171
7. 모듈, 패키지, 라이브러리 174
7.1 모듈(Module) 174
7.2 패키지(Package) 177
7.3 라이브러리(Library) 179
8. 로깅(logging) 181
8.1 로깅 레벨 변경, 파일 출력, 인코딩 설정 182
8.2 변수 사용하기 183
8.3 Formatting 183

Chapter05 라즈베리파이 기본 장치 사용하기 187

1. 학습요약 188
2. 라즈베리파이 5B 하드웨어 188
3. 라즈베리파이 4B+ 하드웨어 190
4. 라즈베리파이 3B+ 하드웨어 190
5. GPIO(다용도 입출력) 191
5.1 GPIO 파이썬 코드 198
6. 카메라 200
7. USB 마이크 201
8. 스피커/이어폰 203
9. Display / Monitor 205
10. 브레드보드(Breadboard) 206
11. 코블러(T-Cobbler) 207
12. 경고 아이콘 207
13. RTC(Real Time Clock) 208
14. 전원버튼 210

Chapter06 쿨링팬 속도 제어 모듈 만들기 215

1. 학습요약 216
2. 과제 설명 216
3. 준비물 및 주요 부품 설명 217
3.1 트랜지스터 217
3.2 다이오드 219
3.3 저항 220
3.4 팬(Fan) 222

4. 회로도 223
5. 원리 설명 225
6. 팬 속도 제어 실습 226
    6.1 라즈베리파이 시스템 온도 확인하기 227
    6.2 파이썬 코드로 제어하기 231
    6.3 라즈베리파이 Configuration 설정으로 냉각팬 작동 제어 240

Chapter 07 아침이 되면 자동으로 불을 끄는 스탠드 243

1. 학습요약 244
2. 과제 설명 244
3. 준비물 및 주요 부품 설명 245
    3.1 조도센서 245
    3.2 LED 246
    3.3 ADC 248
    3.4 택트 버튼 249
4. 회로도 250
5. 원리 설명 252
6. 버튼 기본 사용법 실습 254
    6.1 풀업(Pull-up) 저항과 풀다운(Pull-down) 저항의 차이 254
    6.2 토글(Toggle) 스위치 구현 256
7. 밝아지면 LED 자동 Off 제어 실습 259
    7.1 SPI 설정하기 260
    7.2 MCP3008, MCP3208 261
    7.3 조도센서 값으로 LED On/Off 하기 264

Chapter 08 어두워지면 자동으로 밝기가 조절되는 무드등 269

1. 학습요약 270
2. 과제 설명 270
3. 준비물 및 주요 부품 설명 271
    3.1 조도센서 271
    3.2 LED 271
    3.3 ADC 271
4. 회로도 271
5. 원리 설명 274
6. PWM 기초 실습 274
    6.1 버튼을 눌러 서서히 밝아지고 서서히 꺼지는 LED 274

7. 어두워지면 자동으로 밝기가 조절되는 무드등 실습 276
- 7.1 SPI 설정하기 276
- 7.2 조도센서 값으로 LED 밝기 조절하기 278

Chapter09 디지털 피아노 283

1. 학습요약 284
2. 과제 설명 284
3. 준비물 및 주요 부품 설명 285
   - 3.1 4×4 터치 키패드 285
   - 3.2 부저 287
4. 회로도 289
5. 원리 설명 291
6. 4×4 키패드 기초 실습 292
7. 디지털 피아노 만들기 실습 295
   - 7.1 부저로 음계 소리 내기 295
   - 7.2 정전식 터치 키패드 사용하기 297
   - 7.3 디지털 키보드 완성하기 300

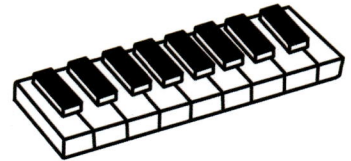

Chapter10 더워지면 자동으로 켜지는 선풍기 305

1. 학습요약 306
2. 과제 설명 306
3. 준비물 및 주요 부품 설명 307
   - 3.1 온습도 센서 307
   - 3.2 DC모터 308
   - 3.3 모터 드라이버 310
   - 3.4 택트 버튼 311
4. 회로도 및 원리 설명 313
5. 더워지면 자동으로 켜지는 선풍기 실습 317
   - 5.1 온습도 센서 사용하기 317
   - 5.2 DC모터 사용하기 319
   - 5.3 더워지면 자동으로 켜지는 선풍기 완성하기 322
6. 버튼 인터럽트(Interrupt)(난이도: 중급) 329
   - 6.1 GPIO.PUD_UP과 GPIO.PUD_DOWN 330
   - 6.2 인터럽트1: RPi.GPIO wait_for_edge() 332
   - 6.3 인터럽트2: add_event_detect()와 콜백함수 333

Chapter11 스마트 콘센트 337

1. 학습요약 338

2. 과제 설명 338

3. 준비물 및 주요 부품 설명 339
    3.1 릴레이 339

4. 회로도 및 원리 설명 341

5. 스마트 콘센트 실습 343
    5.1 Remote GPIO 활성화하기 343
    5.2 버튼으로 릴레이에 연결된 LED 작동하기 344
    5.3 Remote GPIO를 활용하여 릴레이에 연결된 LED 작동하기 345
    5.4 Remote GPIO를 활용하여 LED 작동하기(응용) 347

Chapter12 비접촉 체온계 만들기 352

1. 학습요약 352

2. 과제 설명 352

3. 준비물 및 주요 부품 설명 353
    3.1 비접촉 온도센서(GY-906) 353
    3.2 4 디지털 7 세그먼트(FND × 4) 354

4. 회로도 및 원리 설명 357

5. 7 세그먼트 기본 사용법 실습 360
    5.1 한 자리 FND 실습 360
    5.2 네 자리 FND 실습 362

6. 비접촉 체온계 만들기 실습 367
    6.1 I2C 통신 활성화하기 367
    6.2 FND(TM1637) 값 출력하기 368
    6.3 비접촉 체온계 값 읽어 오기 369
    6.4 비접촉 체온계 완성하기 371

Chapter13 헬스케어 만보기 만들기 375

1. 학습요약 376

2. 과제 설명 376

3. 준비물 및 주요 부품 설명 377
    3.1 기울기 센서(GY-521/MPU6050) 377
    3.2 4 디지털 7 세그먼트(FND × 4) 380

4. 회로도 및 원리 설명 380
5. 기울기 센서를 활용한 만보기 실습 382
- 5.1 I2C 통신 활성화하기 382
- 5.2 기울기 센서 실습 383
- 5.3 만보기 만들기 실습 388

Chapter14 스마트팜 만들기 391

1. 학습요약 392
2. 과제 설명 392
3. 준비물 및 주요 부품 설명 393
- 3.1 토양수분센서 393
- 3.2 온습도 센서(DHT11) 394
- 3.3 ADC 394
4. 회로도 394
5. 스마트팜 실습 397
- 5.1 ADC 사용을 위한 SPI 설정하기 397
- 5.2 온습도 센서 라이브러리 설치 398
- 5.3 스마트팜 실습 완성하기 399

Chapter15 오늘 우리 집 미세먼지는 맑음 405

1. 학습요약 406
2. 과제 설명 406
3. 준비물 및 주요 부품 설명 407
- 3.1 미세먼지 센서 407
- 3.2 USB to TTL Serial 케이블 408
4. 회로도 409
5. 미세먼지 실습 412
- 5.1 UART 포트 찾기 412
- 5.2 미세먼지 센서 라이브러리 설치 413
- 5.3 오늘 우리 집은 미세먼지 맑음 실습 완성하기 413

Chapter16 스마트 쓰레기통 419

1. 학습요약 420
2. 과제 설명 420
3. 준비물 및 주요 부품 설명 421
    3.1 로드셀 421
    3.2 초음파 센서 422
    3.3 서보모터 424
    3.4 Logic level Shifter(로직 레벨 컨버터) 426
    3.5 LED, 저항 427
4. 회로도 427
5. 기본 센서 실습 430
    5.1 로드셀 실습 430
    5.2 초음파 센서 실습 433
    5.3 서보모터 실습 435
6. 스마트 쓰레기통 실습 436

Chapter17 디지털 사이니지 만들기 443

1. 학습요약 444
2. 과제 설명 444
3. 준비물 및 주요 부품 설명 445
    3.1 I2C LCD 445
4. 회로도 및 원리 설명 446
5. I2C LCD 기본 사용법 실습 448
    5.1 I2C 통신 활성하기 448
    5.2 LCD(1602 I2C LCD) 값 출력하기 449
6. 디지털 사이니지 만들기 실습 451
    6.1 문자 캐릭터 만들기 451
    6.2 문자 자동으로 스크롤 하기 454
    6.3 디지털 사이니지 완성하기 456

Chapter18 꼼짝 마, 감시카메라 시스템 461

1. 학습요약 **462**
2. 과제 설명 **462**
3. 준비물 및 주요 부품 설명 **463**
   3.1 PIR 센서 463
   3.2 카메라 464
4. 회로도 **468**
5. 기본 센서 실습 **470**
   5.1 카메라 실습 470
   5.2 USB 카메라 실습 473
   5.3 PIR 모션센서 실습 475
   5.4 파이썬으로 메일 보내기 476
6. 꼼짝 마, 감시카메라 시스템 실습 **480**

Chapter19 자동실행 등록하기 485

1. 학습요약 **486**
2. 과제 설명 **486**
3. 준비물 및 주요 부품 설명 **487**
   3.1 LED 센서 및 저항 487
4. 회로도 **487**
5. 자동실행 등록하기 **489**
   5.1 자동실행될 코드 489
   5.2 방법 1: rc.local 파일에 자동실행 등록하기 489
   5.3 방법 2: systemd 사용하여 자동실행하기 491
   5.4 방법 3: .bashrc 파일에 자동실행 등록하기 493
   5.5 방법 4: crontab 사용하여 자동실행하기 493

Chapter20 MQTT를 활용해서 센서 값 확인하기 497

- **1. 학습요약** 498
- **2. 과제 설명** 498
- **3. 준비물 및 주요 부품 설명** 499
  - 3.1 온습도 센서 및 버튼 499
  - 3.2 LED 센서 및 저항 499
- **4. 회로도** 499
- **5. MQTT를 활용해서 센서 값 확인하기 실습** 501
  - 5.1 라즈베리파이에 MQTT 설치하기 501
  - 5.2 스마트폰에 Python 프로그램 및 MQTT 라이브러리 설치 502
  - 5.3 MQTT를 활용해서 센서 값 확인하기 실습 505
  - 5.4 스마트폰 앱을 활용하여 센서 값 모니터링하기 509
  - 5.5 PC를 활용하여 센서 값 모니터링하기 512

부록 01. Home Assistant를 활용한 홈 IoT 시스템 만들기 519
부록 02. Magic Mirror를 활용한 홈 IoT 제어 557
부록 03. 사이니지 만들기 573

첨부 01. Chapter별 사용하는 라이브러리(Raspberry PI OS with desktop, python3 기준) 588
첨부 02. Chapter별 학습요약 589
첨부 03. 부품리스트 590

Chapter

00

라즈베리파이 보드란?

라즈베리파이 보드는 영국의 라즈베리파이 재단이 학교와 개발도상국에서 기초 컴퓨터 과학의 교육을 증진시키기 위해 개발된 신용카드 크기의 싱글보드 컴퓨터(SBC)로 아두이노가 MCU 계에서 공통 소프트웨어 API 및 하드웨어 인터페이스를 제공하면서 호환 하드웨어와 소프트웨어라는 영역을 열었고 일반 프로그래머의 참여를 불러왔다면 라즈베리파이는 임베디드 리눅스 기반 개발 보드에서 거의 유사한 방향으로 새 장을 열었습니다. 특히 개당 35달러 정도의 초소형/초저가의 컴퓨터이며 가장 최근에 출시한 라즈베리파이 5 보드는 2GB부터 4GB, 8GB, 16GB까지 총 4개의 모델로 구성되어 있으며 교육용뿐만 아니라 다양한 하이 퍼포먼스 솔루션 분야에서 좀 더 폭넓은 선택을 할 수 있도록 만들어진 보드입니다.

라즈베리파이5는 이전 세대에 비해 성능과 하드웨어 부분에서 많은 것이 바뀌었는데요, 성능의 경우 CPU와 GPU 모두 전작대비 2~3배 이상 더 빠른 연산 성능을 제공하여 Open CV나 YOLOv5 등 실시간 영상분석까지의 AI 작업을 할 수 있습니다.
또한 하드웨어적으로는 전원버튼, RTC 배터리 단자, UART Debug Port가 추가 되었고, 3.5mm 오디오 단자가 제거되었고 카메라 케이블의 크기가 변경되었습니다.

00

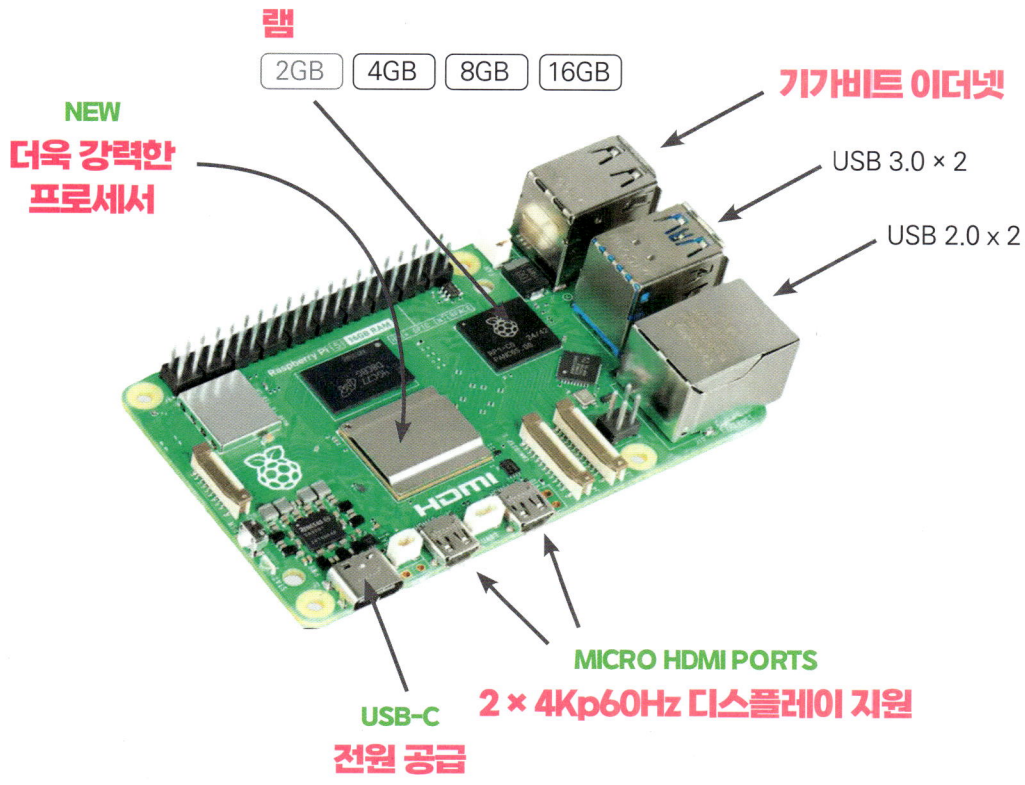

라즈베리파이5 보드의 외관을 먼저 살펴보면 전작과 동일하게 듀얼 mini HDMI 포트가 탑재되었는데, 전작과 달리 4Kp60HZ로 초당 프레임이 증가했습니다. 또한 앞서 소개했듯이 전작보다 3배 정도 향상된 성능을 가진 Broadcom BCM2712 칩셋이 탑재되었습니다. 이 칩셋의 경우에도 64비트를 지원하며 2.4GHz의 쿼드코어 Cortex A76 프로세서 입니다. 전원의 경우 성능 증가로 5V 5A를 지원하는 C타입을 사용해야 하며, 이 전력보다 낮은 경우 성능 제한이 걸릴 수 있습니다. 또한 블루투스는 5.0을 전작과 동일하게 지원하며, 이더넷 포트가 전작과는 반대의 위치로 옮겨갔고 기가비트 이더넷을 지원합니다. 카메라의 경우 기존보다 더 작아진 케이블을 부착해야하고 보드의 후면에는 SD 카드 슬롯이 탑재되었습니다.

프로세서	Broadcom BCM2712, 쿼드코어 Cortex-A76 (ARM v8) 64비트 SoC @ 2.4GHz	
메모리	2GB, 4GB, 8GB, 16GB LPDDR4X	
연결	2.4GHz, 5.0GHz IEEE 802.11b/g/n/ac 무선 LAN, 블루투스 5.0, BLE	
	기가비트 이더넷	
	USB 3.0 포트 x2	
	USB 2.0 포트 x2	
GPIO	표준 40핀 GPIO 헤더 (이전 보드와 역호환 가능)	
비디오 & 사운드	micro HDMI 포트 (최대 4Kp60 지원) x2	
	2-lane MIPI DSI 디스플레이 포트	
	2-lane MIPI CSI 카메라 포트	
	4-pole 스테레오 오디오, 복합 비디오 포트	
멀티미디어	H.265 (4Kp60 디코드);	
	H.264 (1080p60 디코드, 1080p30 인코드);	
	OpenGL ES, 3.0 그래픽	
SD 카드 지원	운영 체제 로딩용 Micro SD 카드 슬롯 및 데이터 스토리지	
입력 전압	USB C 커넥터를 통한 5V DC (최소 3A)	
	GPIO 헤더를 통한 5V DC (최소 3A)	
	Power over Ethernet (PoE) (별도의 PoE HAT 필요)	
환경	작동 온도 0~50℃	

	라즈베리파이3 B	라즈베리파이4 B	라즈베리파이5
CPU	Broadcom BCM2837 SoC 1.2GHz Quad-Core	Broadcom BCM2711 SoC 1.5GHz Quad-Core 64bit	Broadcom BCM2712 SoC 2.4GHz Quad-Core 64bit
RAM	1GB	1~8GB	2~16GB
EXTEND	MIPI-CSI, DSI	MIPI-CSI, DSI, Poe	MIPI-CSI, DSI, Poe
USB	USB 2.0 × 4	USB 2.0 × 2, USB 3.0 × 2	USB 2.0 × 2, USB 3.0 × 2
네트워크	100M 급 유선랜 wifi, BT 탑재	100M 급 유선랜 GIGA wifi, BT 5.0 탑재	100M 급 유선랜 GIGA wifi, BT 5.0 탑재
해상도	FHD@60Hz HDMI	FHD@60Hz HDMI	FHD@60Hz HDMI
크기	85.60 × 56mm, 45g	85.60 × 56mm, 45g	85.60 × 56mm, 45g

라즈베리파이 5의 특징은 다른 컴퓨터보다 훨씬 적은 전력을 사용하여 에너지 효율적이라는 점과 기가비트 이더넷과 온보드 무선 네트워킹 및 블루투스로 빠른 네트워킹이 가능하다는 점, 그리고 최대 10배로 빠르게 데이터를 전송할 수 있는 USB 2.0 포트 2개와 USB 3.0 포트 2개, 마지막으로 2GB부터 16GB의 다양한 RAM으로 구성되어 있다는 점입니다.

라즈베리파이 보드의 OS는 '라즈베리파이 OS (Raspberry Pi OS)'이라고도 불리며 사진의 라즈베리파이 이미지를 사용하여 설치가 가능합니다. 라즈베리파이 이미지는 라즈베리파이 OS 및 기타 운영 체제를 micro SD 카드에 설치하는 빠르고 쉬운 방법이며 CS가 설치된 SD 카드를 보드에 넣어 라즈베리파이 OS를 실행할 수 있습니다. 또한, 라즈베리다이 OS뿐만 아니라 macOS와 x86 UBUNTU(우분투) 설치가 가능합니다.

Chapter
01

시작하기:
라즈베리파이 OS 설치
및 설정

01 시작하기: 라즈베리파이 OS 설치 및 설정

① 학습요약

학습 목표	라즈베리파이에 OS를 설치하고, 환경설정을 한다.
프리뷰	한글폰트/자판 설치, 와이파이 설정, 원격 접속
핵심 키워드	Raspberry Pi OS, Hangul, SSH, VNC
준비물	라즈베리파이(5B, 4B, 3B+, 3B), MicroSD(16G) 및 USB 타입 리더기, 키보드, 마우스, 라즈베리파이 전원어댑터(전원케이블)
실습 시간	2시간
학습 난이도	하, 중(모니터 없이 설치하기)

② 라즈베리파이 OS 설치

라즈베리파이에 설치 가능한 OS는 여러 종류가 있는데, 관련 정보는 라즈베리파이 공식 사이트를 참조하시길 바랍니다. 여기서는 가장 많이 사용하는 OS인 Raspberry Pi 32비트와 64비트 설치법에 대해 설명하겠습니다.

2.1 라즈베리파이 OS 다운로드

라즈베리파이 공식 사이트(https://www.raspberrypi.org/software)에서 설치 소프트웨어인 Raspberry Pi Imager를 다운로드 받아 PC에 설치합니다. MicroSD 카드를 PC에 연결한 후, Raspberry Pi Imager를 실행합니다.

01

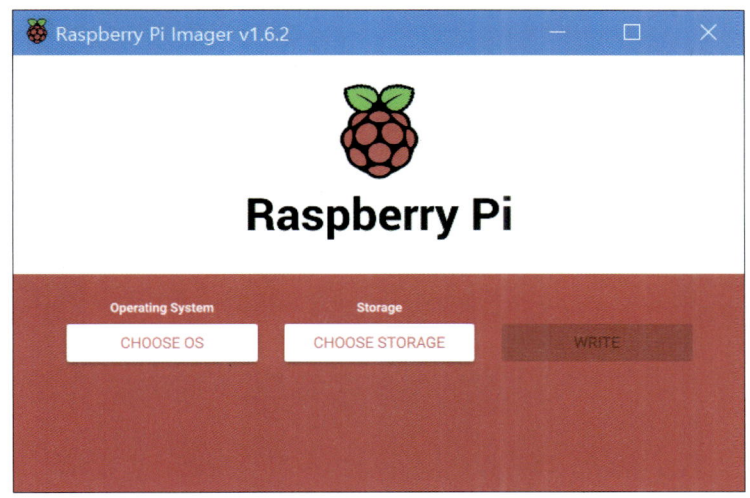

그림 1 Raspberry Pi 실행 화면

22 MicroSD 카드 포맷(Format)

카드를 최초 사용 시, 반드시 FAT32로 포맷을 합니다. Windows나 Android에서 많이 사용하는 NTFS, exFAT 형식에서 이미지를 설치하게 되면 라즈베리파이가 정상부팅이 되지 않습니다. PC에 삽입된 MicroSD 카드를 다음의 방법을 따라 포맷을 합니다.

포맷 방법:

1. Operation System → Erase

2. Storage → 삽입한 MicroSD 선택

3. Next 클릭

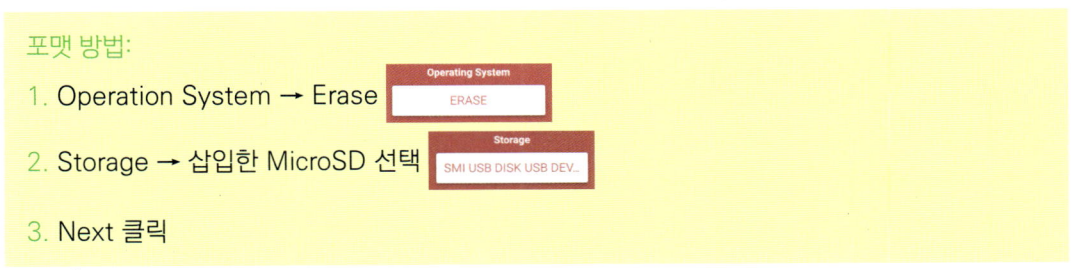

시작하기: 라즈베리파이 OS 설치 및 설정 27

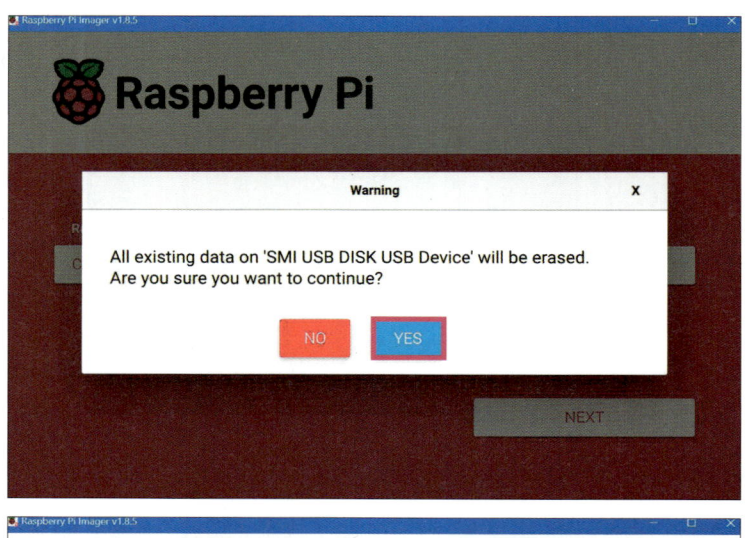

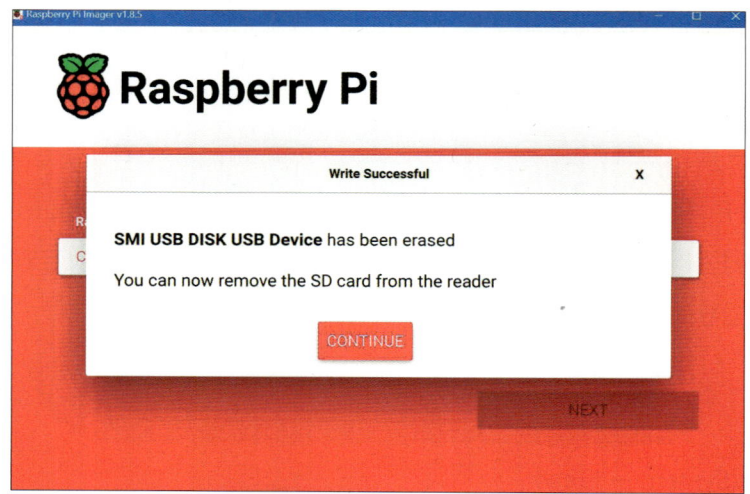

그림 2 카드 포맷 확인 화면

2.3 라즈베리파이 OS(32비트) 설치

아래와 같은 3가지의 버전의 Raspberry Pi OS가 있습니다. 라즈베리파이를 처음 접하는 분이라면 Raspberry Pi OS Full 버전을 추천합니다.

Raspberry Pi OS Full
: Full Version, 처음 사용하는 분에게 추천.

Raspberry Pi OS
: Desktop Version, 일반 사용자에게 추천
Raspberry Pi OS Lite
: CLI(Command Line Interface) 설치에 경험이 있는 사용자에게 추천

Raspberry Pi Imager에서 Raspberry Pi Device 부분에서 설치하고자 하는 라즈베리파이의 모델을 선택합니다. 라즈베리파이의 모델에 따라 설치할 수 있는 Operation System이 나타나는데, 여기서는 32비트용 OS를 선택합니다.

설치 방법:
1. Raspberry Pi Device → 설치하고자 하는 라즈베리파이 모델 선택
2. Operation System → Raspberry Pi OS (32-bit) 선택
3. Storage → 삽입한 MicroSD 선택
4. NEXT 클릭

※ Operation System → Raspberry Pi OS (other)를 누르면 Full, Lite 의에도 지원하는 다른 버전의 OS를 선택할 수 있습니다.

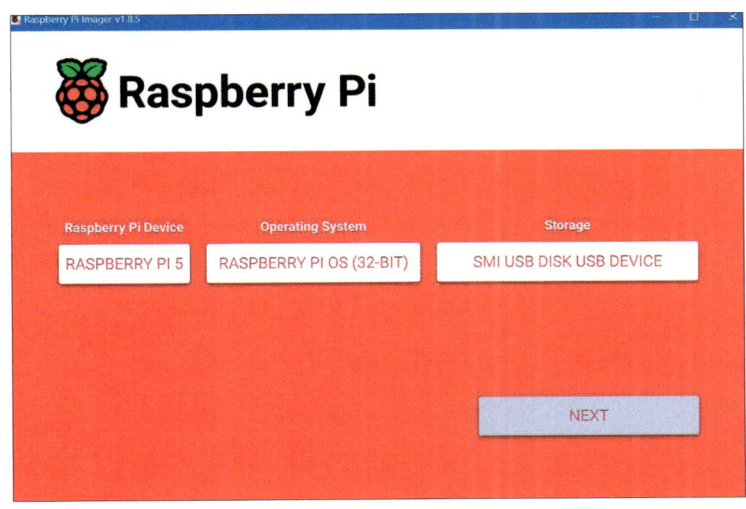

그림 3 이미지 설치 준비 화면

다음의 그림과 같이 Raspberry Pi OS 설치에 관련된 설정을 위한 화면이 나옵니다. "EDIT SETTING"을 눌러서 아래에서 설명하는 방법을 따라 자신에게 맞는 환경을 설정합니다. 설정을 마치면 YES를 눌러서 설치를 진행합니다.

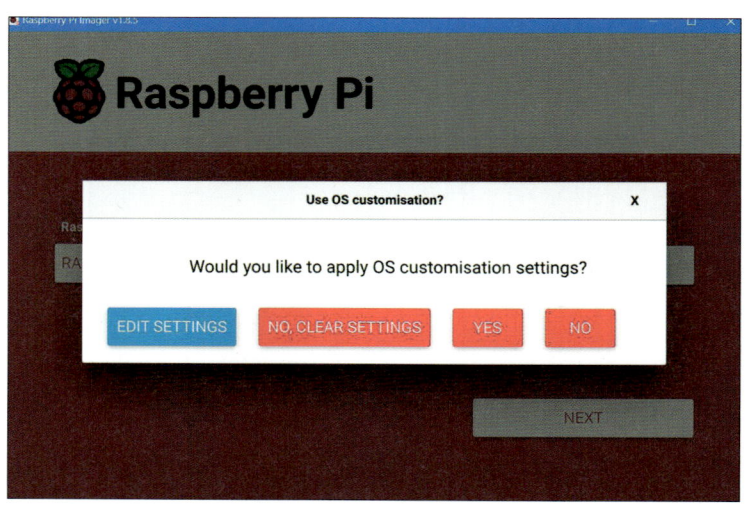

그림 4 OS 설치 설정 진입 화면

[GENERAL 탭에서의 설정]

- Set hostname: 희망하는 고유 hostname을 기록하는 것을 추천합니다.
- Set username and password:
  - 자신만의 Username와 Password를 기록합니다.
  - 원격접속 시 입력을 해야하므로 잊지 않도록 주의하도록 합니다. 만약 잊었다면 나중에 Raspberry Pi Configuration에서 비밀번호를 리셋할 수 있습니다.
- Cofiguration wireless LAN: 라즈베리파이가 접속하고자하는 와이파이 정보를 기입합니다. Wireless LAN country는 GB 또는 US를 추천합니다.
- Set locale settings: 라즈베리파이의 지역설정을 하는 부분입니다. 직접적으로 시스템 시간과 관련이 있습니다. 여기서는 Asia/Seoul로 지정하겠습니다.

[SERVICES 탭에서의 설정]

- Enable SSH를 체크하고 Use password authentication을 선택합니다.

[OPTIONS 탭에서의 설정]

✔ 원하는 부분을 체크하면 됩니다. 여기서는 Default 값 그대로 두겠습니다.

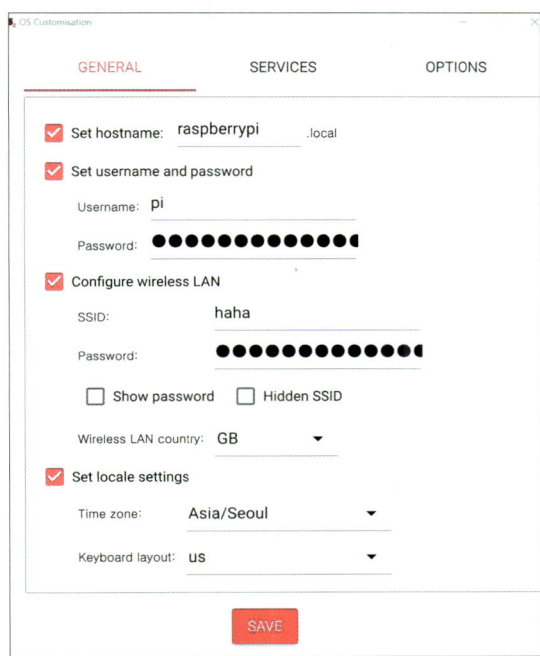

그림 5 OS 설정: GENERAL

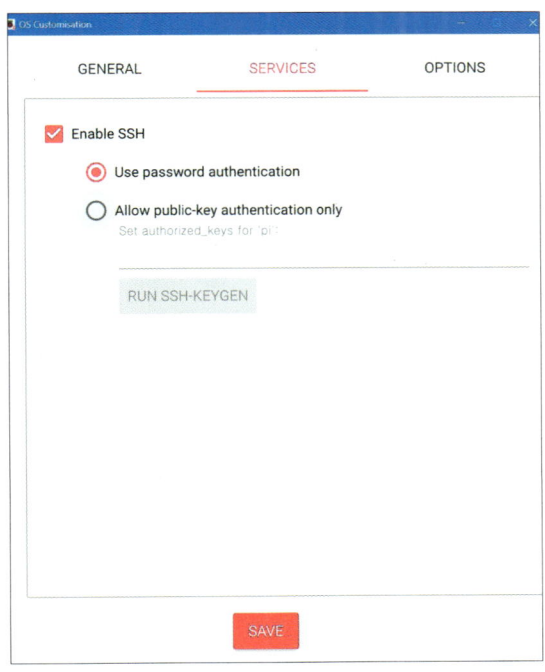

그림 6 OS 설정: SERVICES

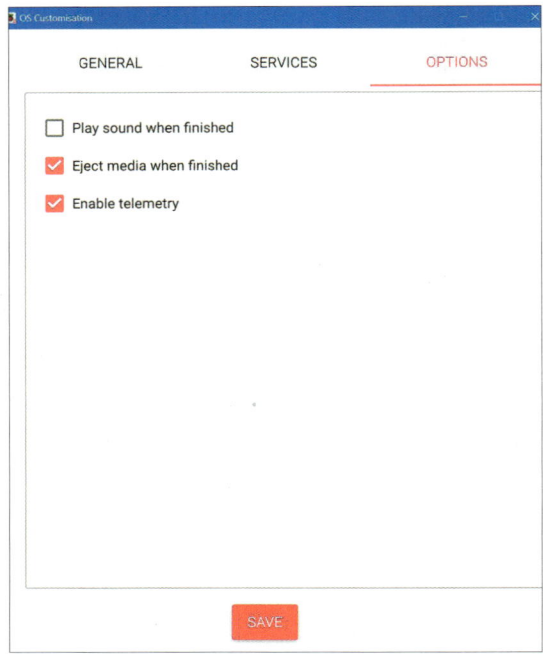

그림 7 OS 설정: OPTIONS

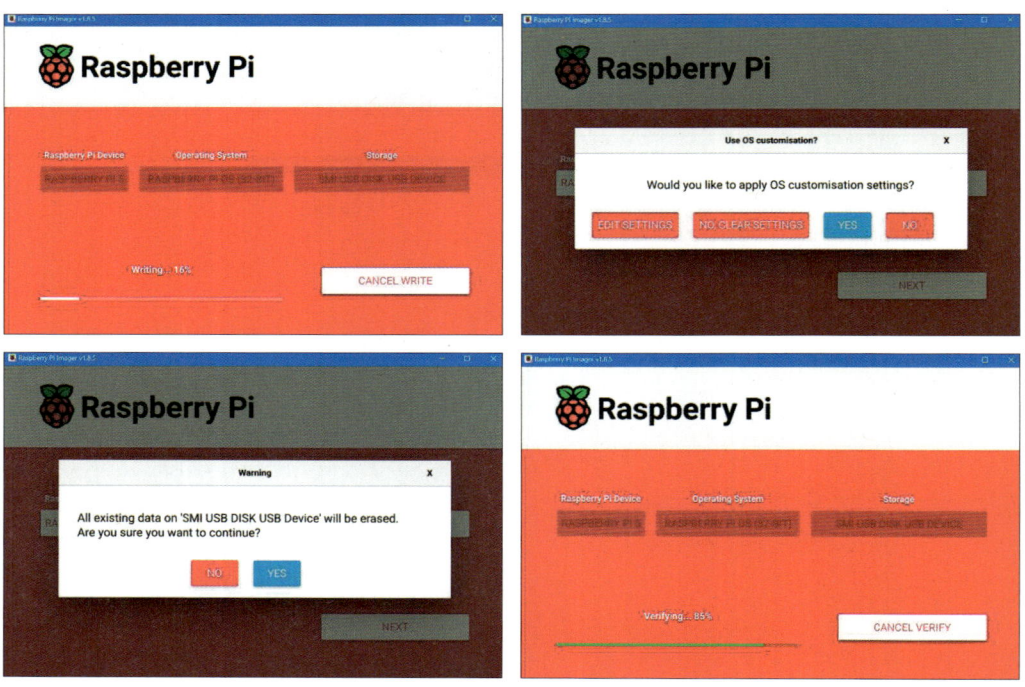

그림 8 설치가 진행되는 과정

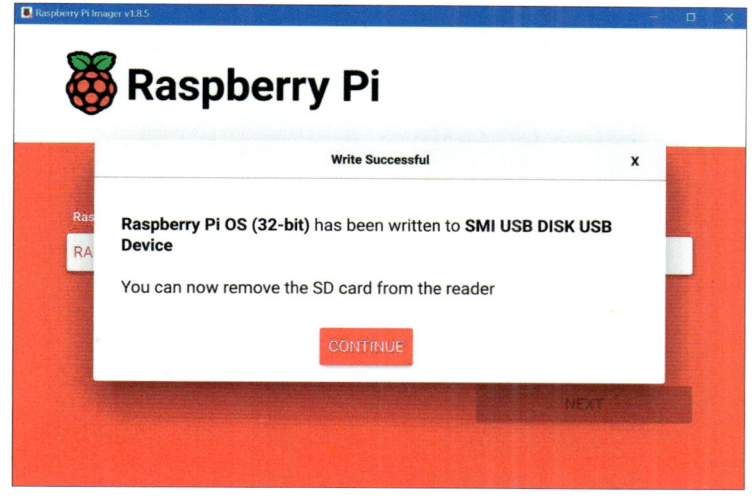

그림 9 설치완료

2.4 라즈베리파이 OS(64비트) 설치

64비트 버전은 이미지를 다운받아서 설치하는 방법을 사용하겠습니다. 32비트 OS에서는 메모리(RAM)를 최대 3GB까지 활용 가능하지만, 64비트에서는 메모리 사용용량의 제한이 없습니다. 따라서, 4GB, 8GB의 Raspberry Pi 5나 4를 사용하고 있다면 64비트 OS 설치를 추천합니다.

Raspberry Pi OS 64비트의 이미지를 다운 받기 위해서 라즈베리파이 다운로드 사이트(https://downloads.raspberrypi.org/)에 접속합니다. 라즈베리파이 다운로드 사이트에서는 초창기 버전인 라즈비안을 포함한 모든 버전의 OS를 다운로드 할 수가 있습니다. 본 과정에서는 최신 버전의 Raspios_arm64 이미지(*.img.xz, 또는 *.zip)를 다운받습니다. 다운로드한 이미지 파일을 Raspberry Pi Imager를 사용하여 MicroSD에 설치합니다.

이미지 경로: raspios_arm64/ → images/ → raspios_arm64-2024-10-28/

그림 10 64비트 이미지 다운로드 사이트

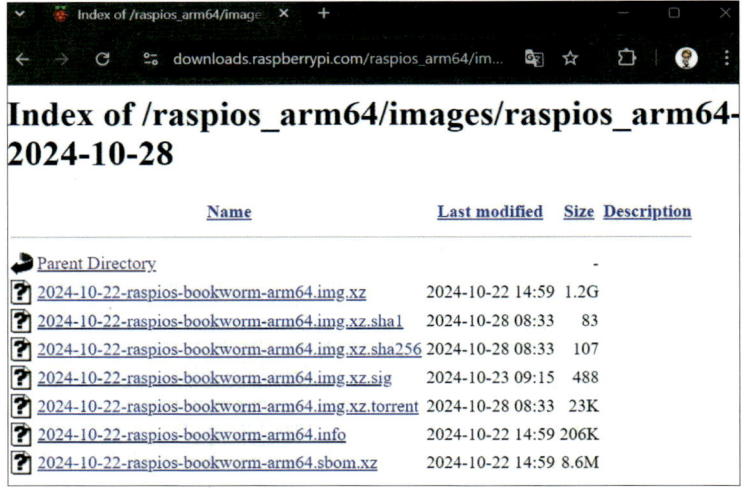

그림 11 최신 버전의 64비트 (2024년 11월 기준)

설치 방법:
1. Raspberry Pi Device → 설치하고자 하는 라즈베리파이 모델 선택
2. Operation System → Use custom 선택 → 다운로드 이미지 파일 선택
3. Storage → 삽입한 MicroSD 선택
4. NEXT 클릭

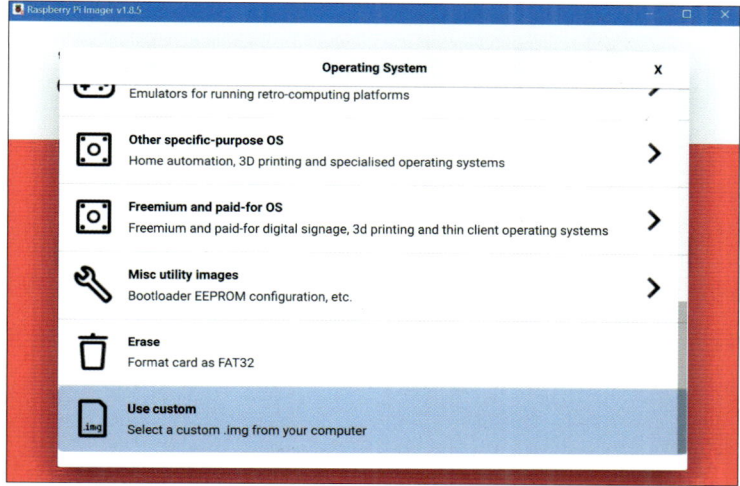

그림 12 Operating System의 Use custom 선택 화면

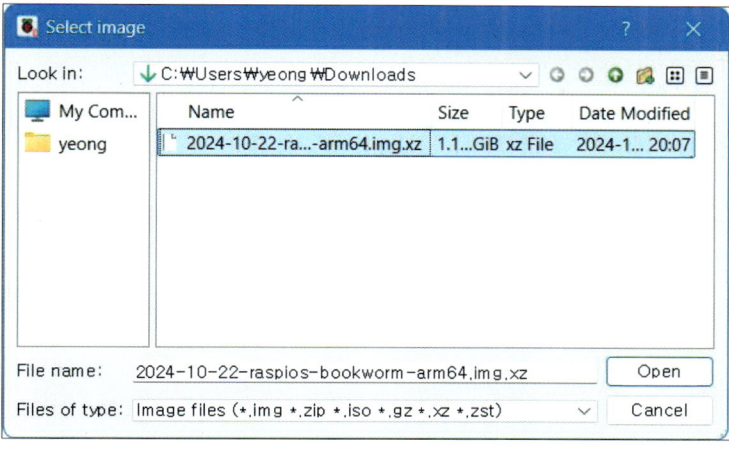

그림 13 다운로드 이미지 파일 선택 화면

❸ 라즈베리파이 원격 접속하기

Raspberry Pi Imager를 이용하여 MicroSD 카드에 Raspberry Pi OS 설치를 마친 후, MicroSD 카드를 라즈베리파이의 슬롯에 삽입합니다. USB 포트에 마우스, 키보드를 연결하고, HDMI 포트[1]와 모니터를 연결합니다. 라즈베리파이에 마우스, 키보드, 모니터 등 주변장치 연결 없이 직접 접속을 할 수도 있습니다. 처음 라즈베리파이를 사용하는 분에게는 조금 어려울 수도 있지만 설명 드리는 방법대로 잘 따라오기를 바랍니다. 주변장치에 연결하여 사용하실 분은 "4. Raspberry Pi OS 설정하기"로 넘어가시면 됩니다.

라즈베리파이가 네트워크에 접속되어 있으면 주변장치 연결 없이 라즈베리파이에 전원만 공급한 상태에서 원격으로 라즈베리파이를 제어할 수가 있습니다. 원격 제어를 하는 방법은 크게 두 가지가 있습니다. 이 방법은 라즈베리파이 버전에 관계없이 기본적으로 제공하는 기능입니다. 터미널 환경에서 텍스트 명령어로 제어하는 SSH(Secure Shell)를 이용하는 방법이 있고, GUI 환경에서 제어하는 VNC(Virtual Network Computing)를 이용하는 방법이 있습니다.

원격 접속을 위해서는 기본적으로 라즈베리파이가 네트워크에 접속되어 있어야 합니다. 모니터에 연결이 되어 있으면 라즈베리파이의 화면을 보면서 설정을 하면 되지만, 모니터가 없는 환경에서도 간단한 방법으로 라즈베리파이를 네트워크에 접속시킬 수 있습니다. 아래의 세 가지 방법 중 자신에게 가장 편리한 방법으로 접속하시면 되며 여기서는 wifi 접속 방법에 대해 설명을 드리겠습니다.

---

1 라즈베리파이 5B와 4B의 경우는 Micro HDMI 포트, 3B(3B+)는 HDMI 포트

> 모니터 없이 라즈베리파이 접속하는 방법
>
> ▶ UTP 랜선(RJ45)을 라즈베리파이와 PC와 연결하는 방법
>   : 가장 쉬운 방법, 인터넷 랜 케이블(Direct 또는 Cross Type)을 라즈베리파이 랜 포트와 PC 랜 포트를 연결 후 "3.1 주변 장치 연결 없이 SSH 접속"에서 와이파이 설정을 제외한 나머지 내용을 참고하면 됩니다.
>
> ▶ wifi를 이용하여 라즈베리파이와 PC를 통신하는 방법
>   : 이 책에서 추천하는 방법, 이어지는 아래의 설명을 보세요.
>
> ▶ Serial Cable을 활용하여 라즈베리파이와 PC 통신 방법
>   : USB to RS232 Serial 컨버터 케이블을 라즈베리파이의 GPIO의 Serial 포트와 PC의 USB를 연결하여 통신하는 방법입니다.

3.1 주변 장치 연결 없이 SSH 접속(wifi)을 위한 설정(난이도: 중급)

모니터 연결 없이 라즈베리파이를 공유기나 스마트폰의 핫스팟 등의 와이파이에 접속하는 방법에 대해 설명하겠습니다. 라즈베리파이가 네트워크에 접속이 되면 SSH를 통해 라즈베리파이가 VNC 접속이 가능하도록 Interface 설정을 할 수 있습니다. PC에서 원격으로 SSH 접속하여 명령어를 입력하는 것은 Raspberry Pi OS의 터미널에서 명령어를 입력하는 것과 같음을 이해하시기 바랍니다.

Raspberry Pi OS가 설치된 MicroSD카드를 PC에 꽂으면 boot 드라이브가 윈도우탐색기에서 나타납니다. 그 뒤 Boot 드라이브에 다음 두 가지 파일을 만듭니다.

- 확장자가 없는 "ssh" 이름의 내용이 없는 빈 파일
- "wpa_supplicant.conf" 파일(2021년 05월 Buster 버전까지 해당)

ssh 파일이 boot 드라이브에 있으면 라즈베리파이가 부팅되면서 ssh를 사용할 수 있게 설정이 활성됩니다. 한번 활성이 되면 재부팅하여도 ssh는 계속 활성을 유지합니다.
wpa_supplicant.conf 파일은 부팅되면서 wifi 설정을 하는 파일입니다. 접속하고자 하는

wifi의 ssid와 접속암호를 아래와 같이 기입 후 저장하게 되면, 기존 설정된 ssid을 지우고, 새로운 wifi 접속 정보로 업데이트됩니다. 이 방법은 Raspberry Pi OS 버전 중 Buster 다음 버전인 Bullseye와 Bookworm에서는 작동되지는 않습니다. 대신 앞장의 32비트 OS에서 설명한 Raspberry Pi Imager를 사용하면 wifi와 SSH 설정을 할 수가 있습니다.

```
ctrl_interface=DIR=/var/run/wpa_supplicant GROUP=netdev
update_config=1
country=US

network={
        ssid="접속하고자 하는 첫번째 wifi 이름"
        priority=1         #접속순서 (숫자가 클수록 우선 순위가 높음)
        scan_ssid=1        #ssid가 숨겨져 있는 경우: 1
        psk="wifi1 접속암호"
        key_mgmt=WPA-PSK
}

network={
        ssid="접속하고자 하는 두번째 wifi 이름"
        priority=2
        key_mgmt=NONE         #접속암호가 없는 네트워크 경우
}
```

코드 1 wpa_supplicant.conf에 저장

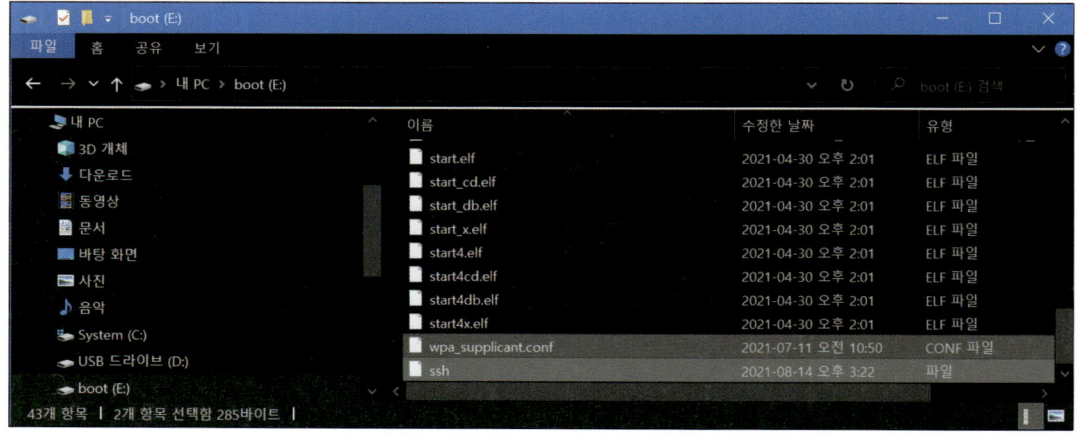

그림 14 boot 드라이브에 만든 ssh, wpa_supplicant.conf 파일

3.2 명령 프롬프트를 통한 SSH 접속

ssh와 wifi 설정이 되어 있는 MicroSD 카드를 라즈베리파이에 삽입 후 전원을 넣습니다. 부팅이 완료되면 PC에서 명령 프롬프트[2]를 띄웁니다.

명령 프롬프트에 라즈베리파이로 ping 명령어를 입력해 봅니다. ping 명령어가 잘 동작하면 다음의 명령어를 입력합니다.

> ssh [Username]@[Hostname] 또는 ssh [Username]@라즈베리파이의 IP 주소
> 예시) ssh pi@rasbperrypi 또는 ssh pi@xxx.xxx.xxx.xxx

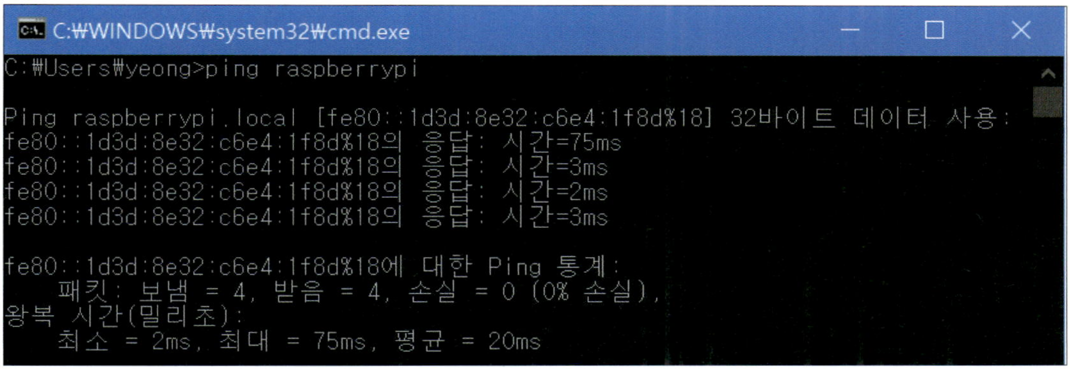

그림 15 ping 확인

Raspberry Pi Imager로 OS를 설치한 경우는 설치 시 설정한 Hostname과 Username, Password를 사용하여 ssh에 접속하면 됩니다.

Buster 이전 버전의 Raspberry Pi OS를 설치하면 기본적으로 host 이름은 "raspberrypi"이며, 사용자 이름은 "pi", 비밀번호는 "raspberry"를 가지게 됩니다. 현재 Raspberry Pi Imager를 사용하여 최신 OS를 설치하는 경우는 이 값을 따로 지정하지 않으면 사용이 되지 않습니다. 여기서는 Host 이름을 "raspberrypi"로 설정하였다고 가정하겠습니다. 라즈베리파이의 IP주소는 접속한 공유기 설정에 들어가서 DHCP나 네트워크 설정에서 "raspberrypi"라는 이름을 가진 기기의 IP 주소를 말합니다. 참고로, PC의 모바일 핫스팟으로 wifi설정을 하면 PC를 통해서 더 쉽게 IP 주소를 확인할 수 있습니다.

---

2 Windows PC에서 ⊞ + R 을 누른 후 cmd를 입력하면 빠르게 띄울 수 있음

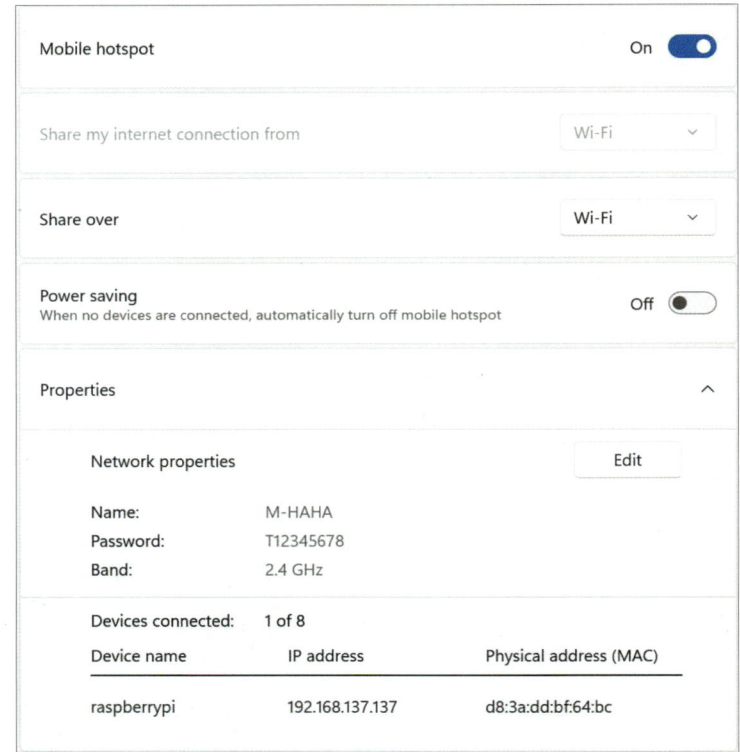

그림 16 핫스팟에서 IP 확인하기

접속을 계속 진행 하겠느냐는 질문이 나오면 yes라고 입력을 한 후, 비밀번호인 raspberry를 입력합니다. 접속창에 에러가 발생한다면 이 장의 뒤쪽 미주에 기록한 SSH 접속에러 해결법을 참조하시길 바랍니다.

그림 17 접속 암호 입력 화면

정상적으로 SSH 접속이 완료되면 shell 프롬프트가 뜹니다.

그림 18 SSH 접속 성공 화면

SSH에 접속을 하면 지금부터는 리눅스 명령어를 입력하여 라즈베리파이를 제어할 수가 있습니다. 기본적으로 알아야 할 리눅스 명령어는 "Chapter2 리눅스 기본 명령어"에서 설명을 드리겠습니다. 여기서는 GUI로 원격 접속이 되도록 VNC를 활성시키는 과정만 설명드리겠습니다. sudo[3]를 이용한 다음의 명령어를 입력하여 라즈베리파이 설정을 하겠습니다.

```
sudo raspi-config
```

그림 19 라즈베리파이 설정 명령어 입력

Raspberry Pi Software Configuration Tool이 뜨면 키보드의 방향버튼을 눌러 설정을 합니다.

> 설정 방법:
> - 3.Interface Options → I3 VNC 엔터
> - VNC 서버를 enable 질문에서 yes 엔터 후 OK 엔터
> - Finish를 선택해서 Configuration Tool 종료

---

3 sudo: "superuser do"에서 유래한 명령어로 슈퍼유저의 권한으로 실행하겠다는 뜻

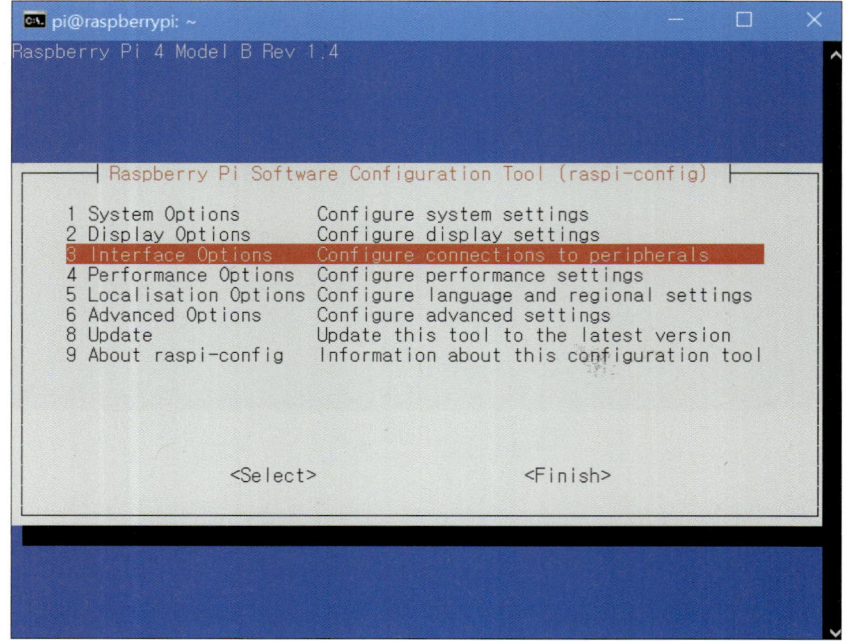

그림 20 Interface Options 선택

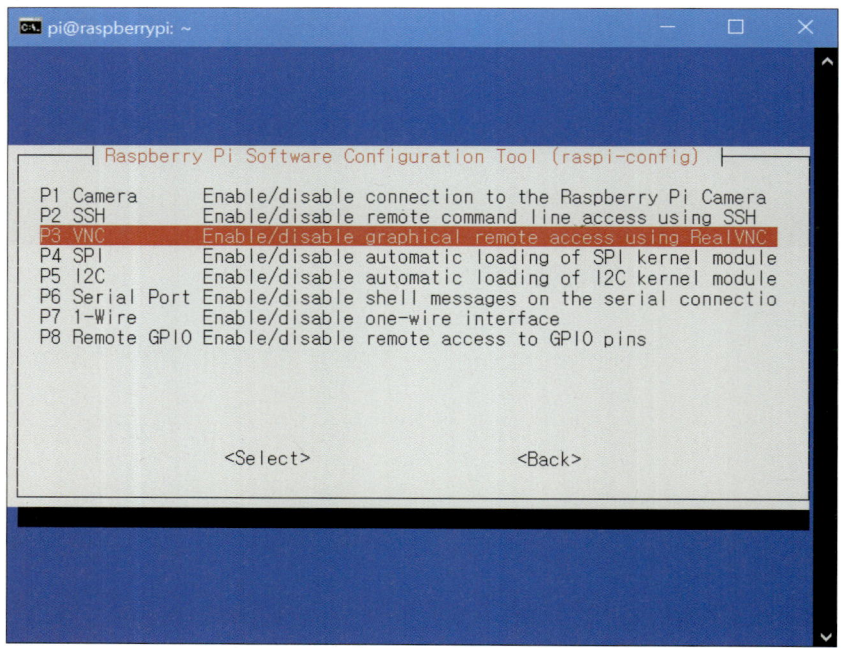

그림 21 VNC 선택

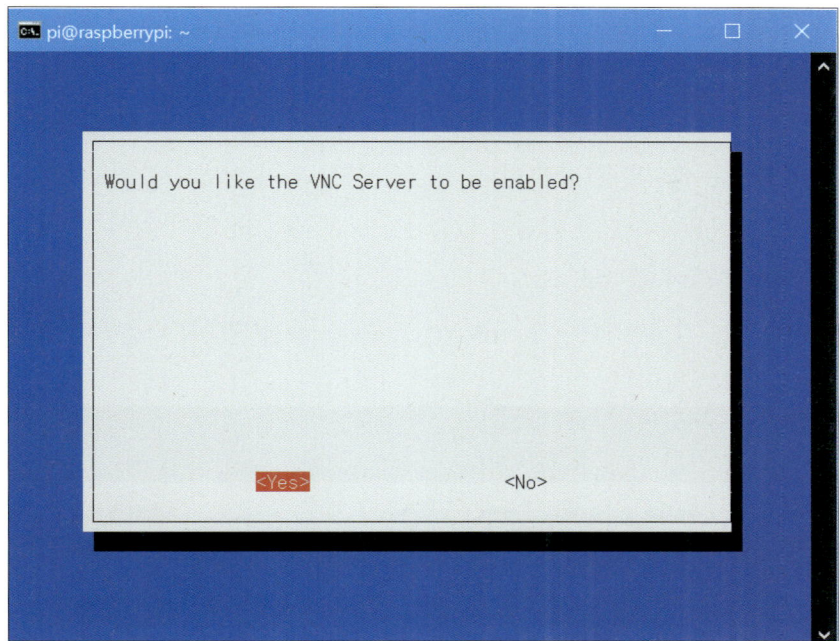

그림 2.2 VNC 서버 활성

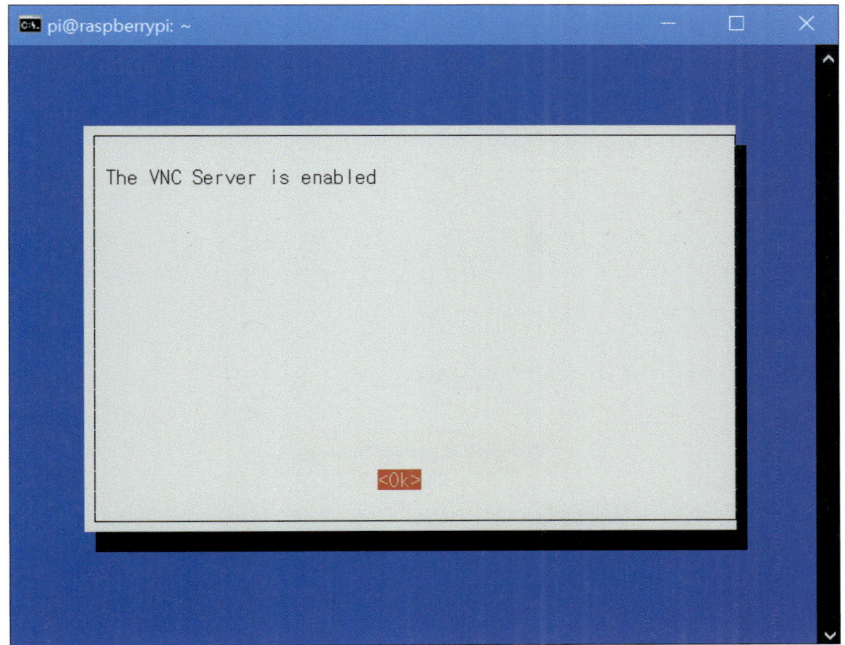

그림 2.3 VNC 서버 활성 성공 화면

3.3 VNC를 통한 라즈베리파이 원격 접속

VNC를 통한 라즈베리파이 접속하는 방법에 대해서 설명드리겠습니다. VNC를 사용하면 텍스트 명령어를 입력하는 터미널 환경이 아닌, GUI를 통한 제어 방법으로 윈도우와 비슷한 환경이므로 직관적으로 사용하기 편한 장점이 있습니다. VNC를 사용하기 위해서는 VNC Viewer가 PC에 설치되어 있어야 합니다.

구글이나 네이버 같은 검색엔진에서 RealVNC Viewer[4]를 검색해서 다운받아 설치합니다.

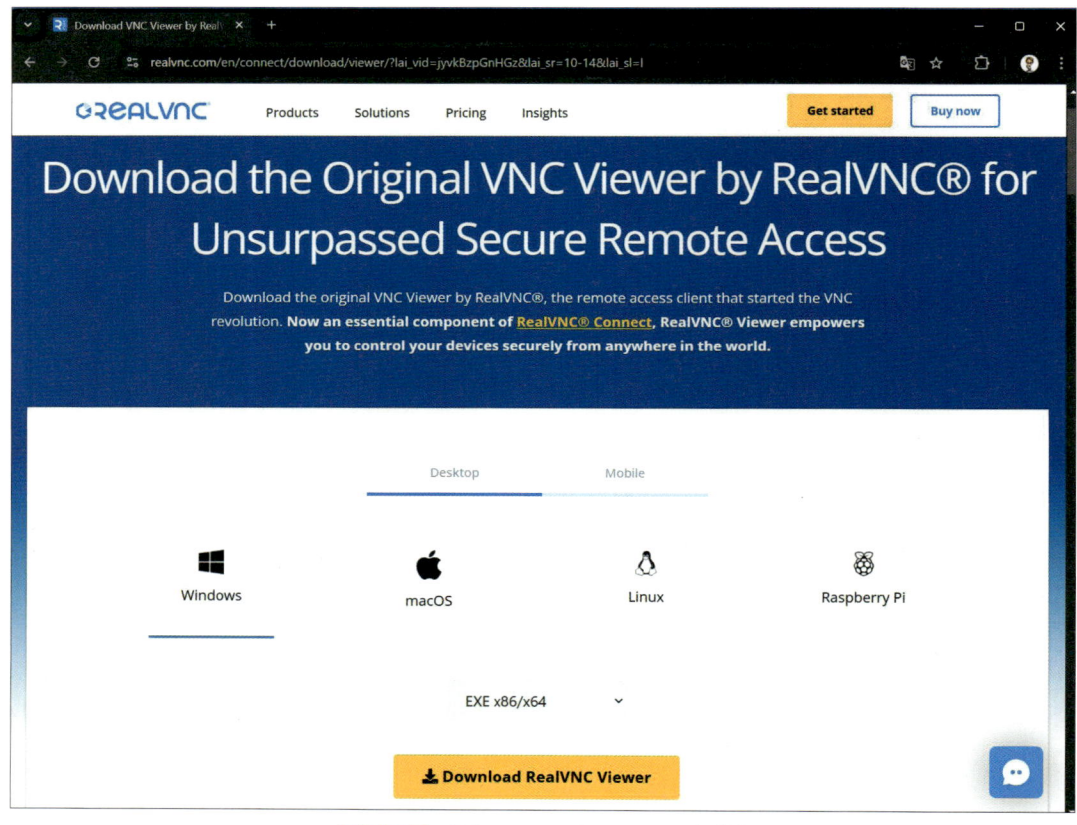

그림 24 VNC Viewer Download 사이트

VNC viewer의 주소창에 "raspberrypi"를 입력하거나 IP 주소를 입력[5]하여 라즈베리파이에 접속을 합니다.

---

4 다운로드 사이트: https://www.realvnc.com/en/connect/download/viewer/
5 SSH가 접속창에서 ifconfig 명령어를 입력하여 IP 주소를 확인할 수 있음

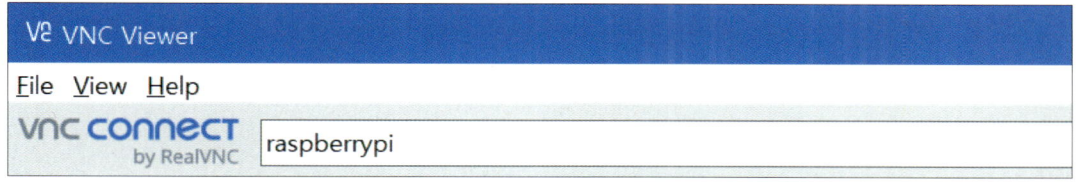

VNC Identity Check 창이 뜨면 Continue를 눌러서 진행을 합니다. Authentication 창에서 Username과 Password를 입력하고 OK를 눌러 라즈베리파이에 접속을 합니다. 혹시 접속이 제대로 되지 않으면 이 장의 뒤쪽에 있는 VNC 접속에러 해결법다을 참조하시길 바랍니다.

Username: pi
Password: raspberry (초기 비밀번호)

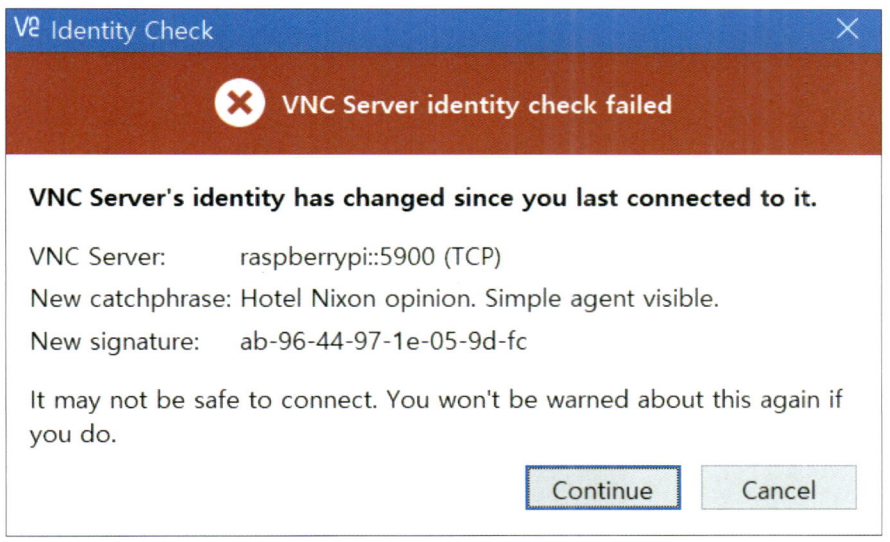

그림 25 Continue 눌러서 진행

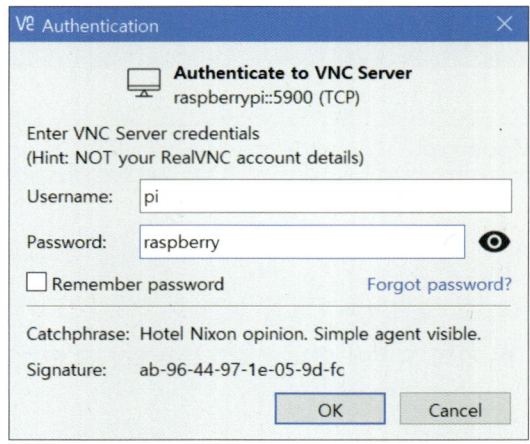

그림 26 Username, password 입력 화면

접속화면이 아래와 같이 검정화면으로 뜨는 경우가 있습니다. 모니터 없이 Raspberry Pi OS (Buster버전)을 설치하고 접속하는 과정으로 인해 가끔씩 발생되는 문제입니다. 보통은 해상도를 한 번만 지정해주면 다음부터는 정상적으로 접속이 됩니다. Buster 버전에서 해상도를 설정하는 방법은 SSH를 이용해서도 가능합니다[6].

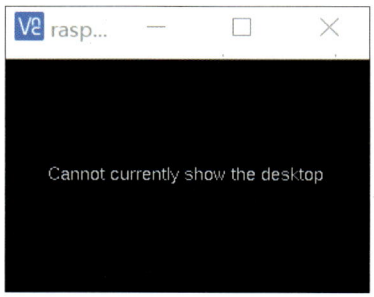

그림 27 해상도 지정이 되지 않았을 때 화면

터미널에서 해상도 설정 방법:
- 윈도우 명령 프롬프트로 SSH로 라즈베리파이에 접속
- sudo raspi-config 입력
- 2.Display Options → D1 Resolution 엔터
- 원하는 해상도 선택
- Finish를 선택 후 reboot 질문에서 OK

---

6 모니터나 VNC에서의 해상도를 조절할 수 있습니다. "5. Raspberry Pi OS 해상도 변경하기"를 참조하세요.

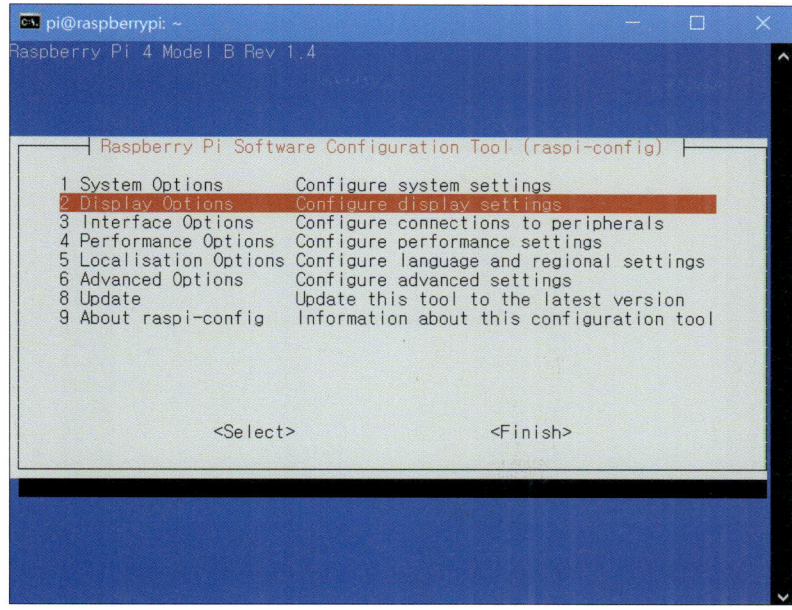
그림 28 Display Options 선택 (Buster 버전)

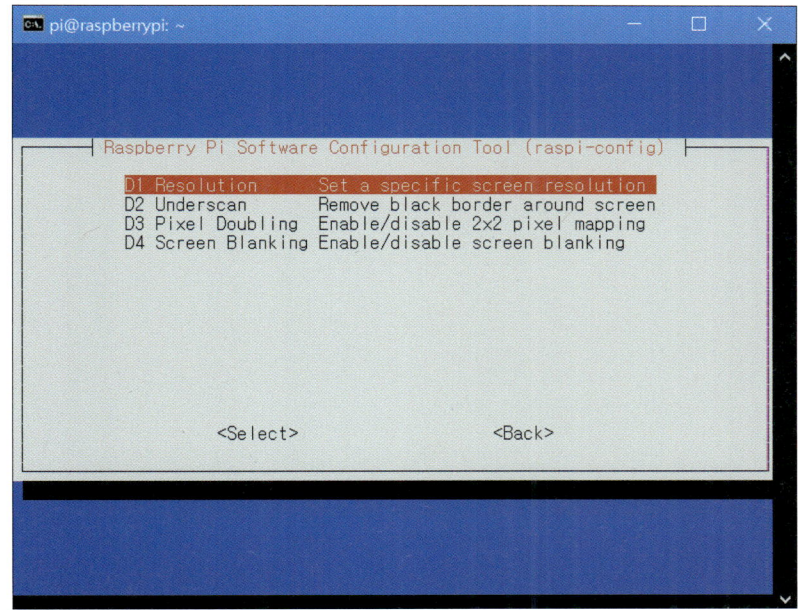
그림 29 Resolution 선택 (Buster 버전)

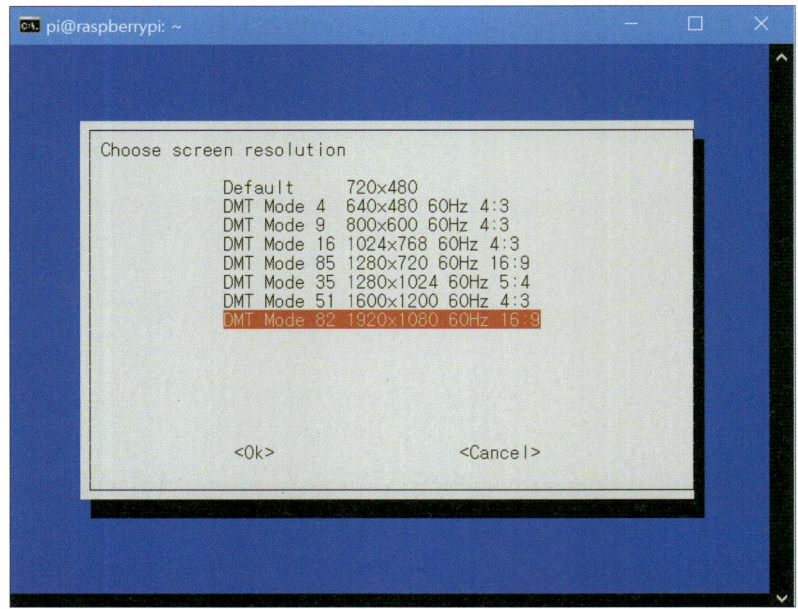

그림 30 해상도 선택 (Buster 버전)

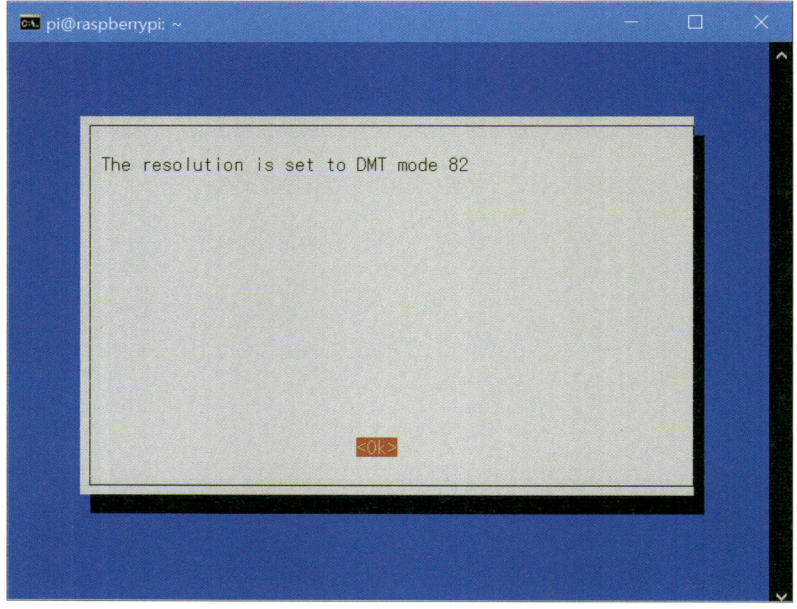

그림 31 해상도 확인 (Buster 버전)

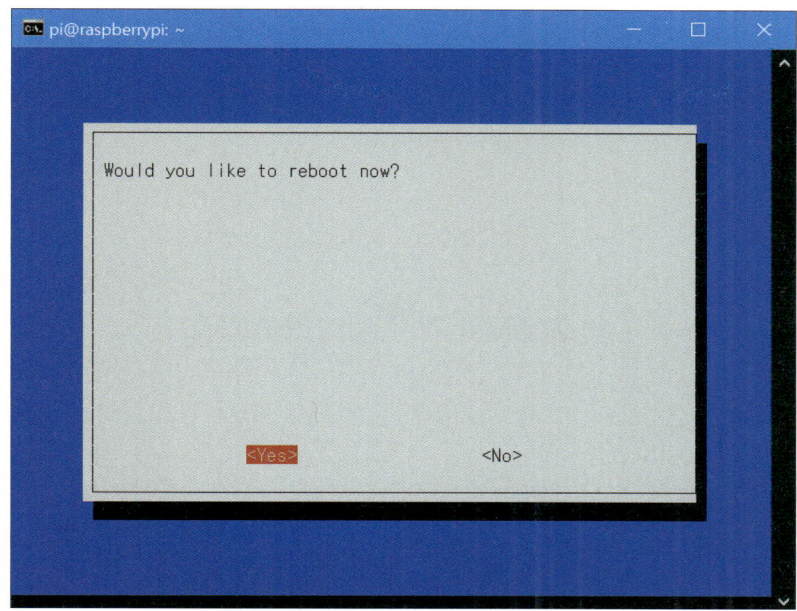
그림 3.2 재부팅 확인 (Buster 버전)

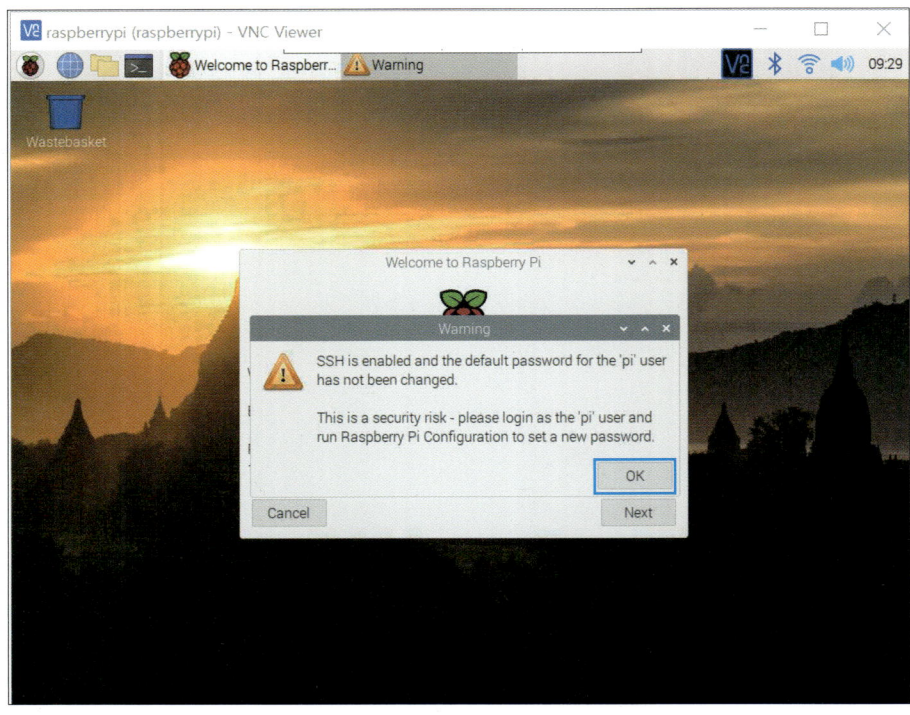

그림 3.3 VNC 접속 화면 (Buster 버전 / Bookworm 버전)

여기까지 잘 따라오셨나요? 시작이 반이라고 했습니다. 라즈베리파이 설치 및 원격 접속을 성공했으면 이미 반은 성공했습니다. 처음 하시는 분에게는 모니터 없이 설치하기가 조금 까다로울 수도 있지만, 굉장히 유용한 방법이므로 많은 연습을 해서 익숙해지세요. 어느 순간 여러분도 전문가의 대열에 접어들고 있을 겁니다.

❹ 라즈베리파이 OS 설정하기

Raspberry Pi OS(Bookworm)에 대한 간단한 소개와 시스템, 디스플레이, 인터페이스, Performance, 지역설정을 포함한 환경설정에 대해 설명하겠습니다. 먼저 OS가 설치된 MicroSD 카드를 꽂은 후 마우스, 키보드, 모니터를 라즈베리파이에 연결한 후 마지막에 전원 케이블을 연결합니다. 원격으로 접속할 경우는 마우스, 키보드, 모니터 연결 없이 전원을 넣고 VNC로 접속하여도 됩니다.

4.1 라즈베리파이 OS 소프트웨어 소개(Full Version)

교육용으로 만들어진 Single Board Computer의 Raspberry Pi OS에는 많은 종류의 코딩용 프로그램들이 포함되어 있습니다. 소프트웨어는 추가적으로 설치를 하거나 삭제가 가능합니다. 여기서는 Full Version을 설치했을 때 기본적으로 설치되어 있는 소프트웨어에 대해 간단히 소개를 하겠습니다.

Programming Software

- BlueJ Java IDE: Java용 IDE(Buster 버전에 해당)
- Geany Programmer's IDE: C, Java, PHP, HTML, Python, Perl, Pascal 외 다수
- Greenfoot Java IDE: Java용 IDE(Buster 버전에 해당)
- Mathematica: 수학계산용 Software
- mu: Python code editor
- Scratch: 스크래치 블록코딩 소프트웨어
- Scratch3: 스크래치 블록코딩 소프트웨어
- Sense HAT Emulator: 라즈베리파이에 장착되는 Sense HAT 에뮬레이터(Buster 버전에 해당)
- Sonic Pi: 코딩 신디사이저(음악 합성기)(Buster 버전에 해당)
- Thonny Python IDE: Python 코딩용 IDE, 추천
- Wolfram: Wolfram Language용 소프트웨어

Education Software(Buster 버전에 해당)

- SmartSim: a digital logic circuit design and simulation package

Office Software

- LiberOffice Base: 데이터베이스(MS Office의 Access에 해당)
- LiberOffice Calc: 스프레드시트 (MS Office의 Excel에 해당)
- LiberOffice Draw: 드로잉 프로그램(MS Office의 Visio에 해당)
- LiberOffice Impress: 프리젠테이션(MS Office의 Power Point에 해당)
- LiberOffice Math: 수학수식 표현
- LiberOffice Writer: 문서작성기(MS Office의 Word에 해당)

Internet Software

- Chromium Web Browser: 인터넷 웹브라우저
- Claws Mail: Open Source 이메일 Client
- Firefox: 인터넷 웹브라우저
- VNC Viewer: 원격 접속용

Sound & Video Software

- VLC Media Player: 미디어 재생기

Graphics Software

- Image Viewer: 이미지 보기 프로그램

Games Software

- Boing
- Bunner
- Cavern
- Minecraft Pi(Buster 버전에 해당)
- Myriapod

- Python Games(Buster 버전에 해당)
- Soccer

Other Software

회로 설계, PCB 설계용 오픈소스 프로그램

- KiCad
- KiCad Gerber Viewer
- KiCad Image Converter
- KiCad PCB Calculator
- KiCad PCB Editor (Standalone)
- KiCad Schematic Editor (Standalone)

Accessories Software

- Archiver: 파일 압축용 프로그램
- Calculator: 계산기
- Document Viewer: 문서 리더기
- File Manager: 파일 탐색 및 관리 프로그램
- PDF Viewer: PDF 리더기(Buster 버전에 해당)
- Raspberry Pi Diagnostics: 라즈베리파이 진단 프로그램
- SD Card Copier: SD 카드 복사 프로그램
- Task Manager: 작업 관리자
- Terminal: 터미널, 명령어 입력
- Text Editor: 텍스트 편집기

Preferences Software

- Add / Remove Software: 프로그램 추가/삭제 프로그램
- Appearance Settings: OS 바탕화면, 색상, 폰트 등 설정
- Main Menu Editor: 메인 메뉴(시작프로그램) 편집기
- Mouse and Keyboard Settings: 마우스 및 키보드 설정

- Print Settings: 프린터 설정
- Raspberry Pi Configuration: 라즈베리파이 환경설정
- Recommended Software: 권장 프로그램을 추천
- Screen Configuration: 모니터 설정

4.2 라즈베리파이 OS 환경설정

라즈베리파이 환경설정은 두 가지의 방법이 있습니다. 첫 번째는 이미 앞 장에서 사용해 본 터미널에서 "sudo raspi-config"라는 명령어를 입력해서 설정하는 방법이 있으며, 두 번째는 GUI 환경에서 "Raspberry Pi Configuration" 프로그램을 이용하는 방법입니다. 첫 번째 방법인 터미널에서는 설정하는 방법은[7] GUI보다 조금 더 전문적이고 많은 부분을 설정할 수 있는 장점이 있습니다. 하지만 GUI 설정만으로도 충분하므로 여기서는 GUI를 통한 환경설정법에 대해 설명을 하겠습니다.

상단 좌측 라즈베리파이 버튼 클릭(🍓) → Preferences → Raspberry Pi Configuration

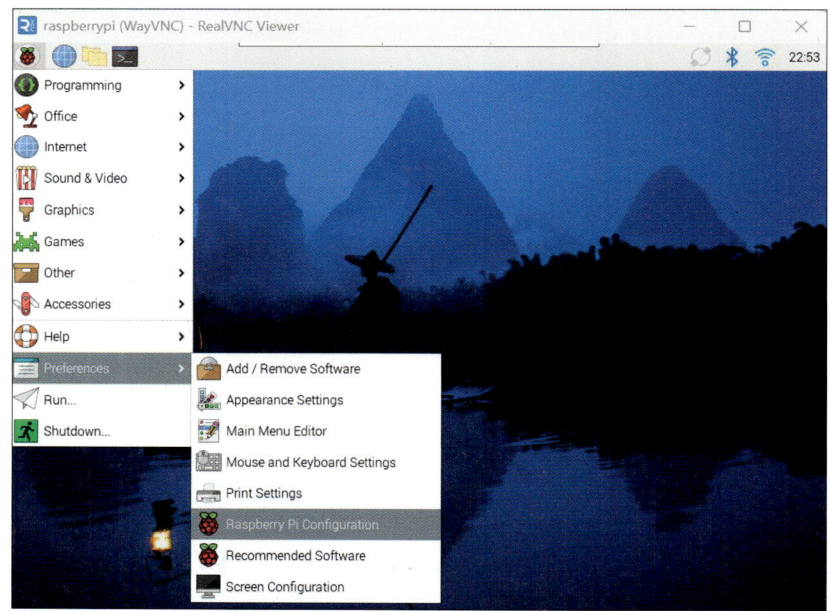

그림 34 Raspberry Pi Configuration 실행 위치

---

[7] 환경설정: https://www.raspberrypi.org/documentation/computers/configuration.html

System

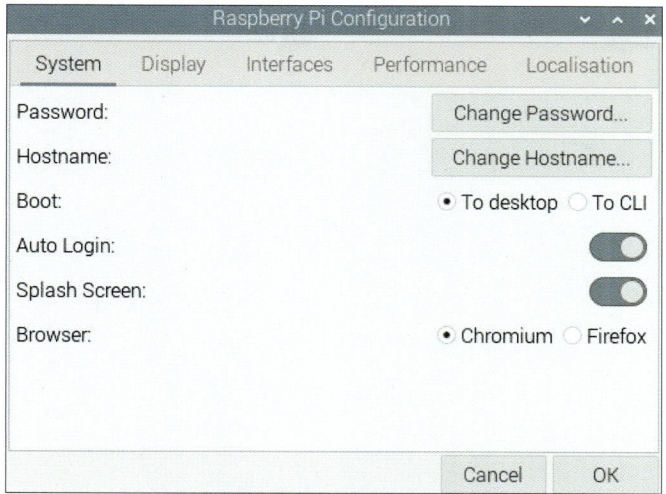

그림 35 환경설정: System

- Change Password: 기본 사용자인(이 책에서는 "pi")의 비밀번호를 변경.
- Hostname: 네트워크에서 보여지는 이름. 원격 접속 시 IP 주소 대신에 "자신의 hostname" 또는 "자신의 hostname.local"로 사용. 예) rasbperrypi.local
- Boot: Desktop(GUI 환경) 또는 CLI(Command Line Interface) 선택
- Auto Login: 기본 사용자(이 책에서는 "pi")로 자동 로그인할지 여부
- Splash Screen: 부팅 시 모니터에 표시되는 시작화면 사용 여부
- Brower: 기본 인터넷 브라우저 선택, Chromium나 Firefox

Display

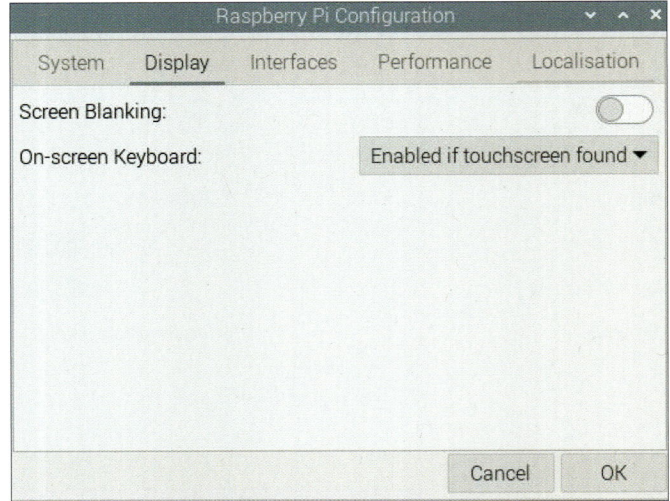

그림 36 환경설정: Display

- Underscan: 오래된 TV에서 다양한 크기의 사진이 잘 표현되도록 한 화면의 검은 테두리. 최근의 TV나 모니터에서는 해당되지 않음. 비활성했을 경우, 특정 모니터에서는 사진이 전체화면으로 보여지면서 해상도가 변화될 수 있음
- Pixel Doubling: 2x2 픽셀 매핑을 활성화/비활성화. 픽셀이 두 배로 늘어나면 화면의 모든 것이 두 배 확대되므로 시각 장애인에게도 유용한 옵션
- Screen Blanking: 화면보호기 사용 여부(검은 화면), 다양한 화면보호기를 사용하려면 명령어 "sudo apt install xscreensaver"로 설치
- On-screen Keyboard: 가상키보드를 나타나게 할지 여부를 선택

Interfaces

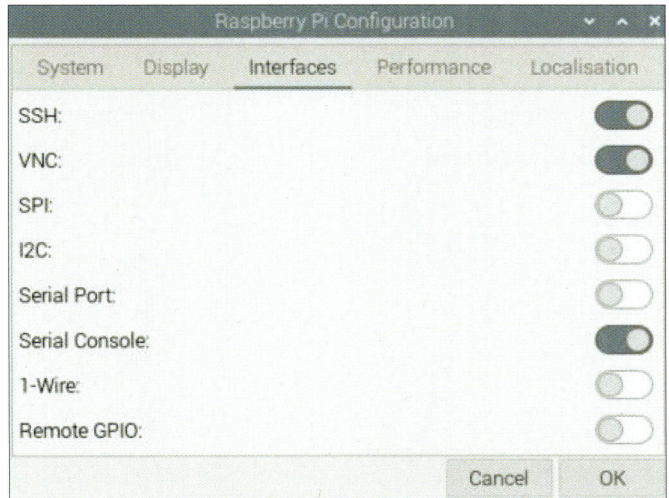

그림 37 환경설정: Interfaces

- SSH: SSH 활성여부. 원격으로 Commend Line을 접속할 수 있음
- VNC: RealVNC 서버 활성여부. 활성 시 원격으로 GUI 제어 가능함
- SPI: SPI 활성여부
- I2C: I2C 인터페이스 활성여부
- Serial Port: 시리얼 포트 활성여부
- Serial Console: 시리얼 포트가 활성되었을 때 쉘과 커널에 메시지 사용 여부
- 1-Wire: Dallas 1-와이어 인터페이스 활성여부. 일반적으로 DS18B20 온도센서에 사용
- Remote GPIO: 네트워크에서 라즈베리파이 GPIO 제어 활성여부. GPIO Zero를[8] 이용해서 제어하며, Raspberry Pi OS Lite에서는 "sudo apt install pigpio" 명령어를 이용해서 pigpio를 설치해야 함

---

8 사이트: https://gpiozero.readthedocs.io

Performance

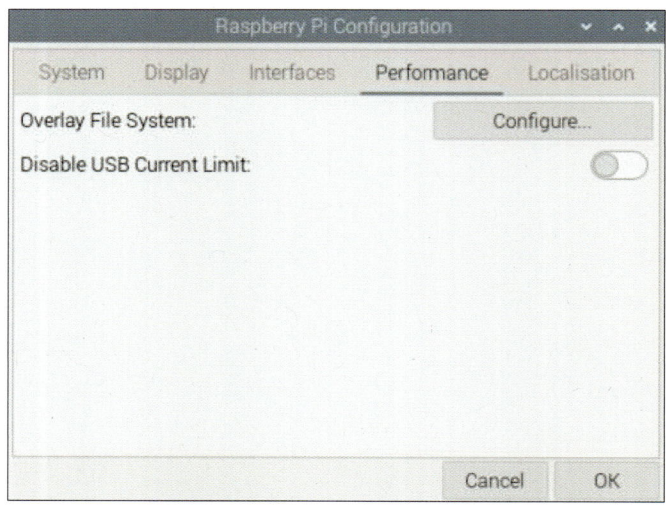

그림 3.8 환경설정: Performance

- Overlay File System: 파일시스템을 읽기전용으로 할지 여부. Kiosk와 같은 어플리케이션에 적용. 갑작스럽게 전원이 꺼져도 파일시스템을 보호할 수 있음
- Disable USB Current Limit: Disable 선택하면 USB 포트의 전류 제한을 해제하여 더 많은 전력을 USB 장치에 사용할 수 있게 함. 이때, 충분한 전원 공급이 필요함.
- Fan: Fan 작동 On/Off 설정. 작동 희망 CPU 온도 설정 후 GPIO에 Fan 작동신호선을 연결. Fan 제어 모듈이 필요함[9]

---

9   "Chapter6 쿨링팬 속도 제어 모듈 만들기" 참조

Localisation

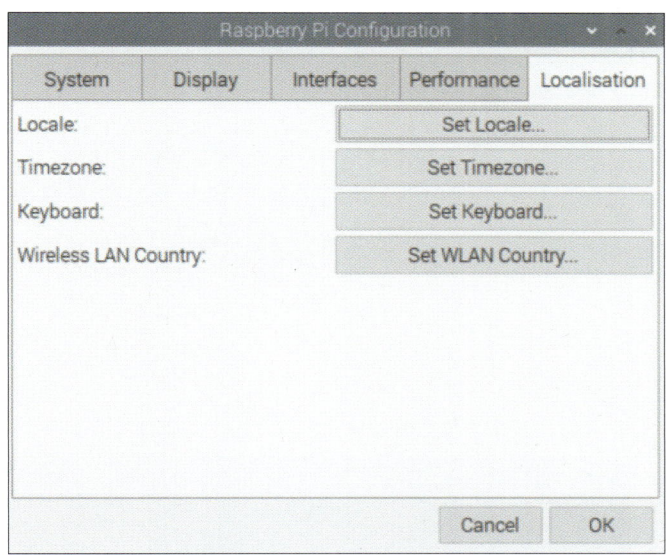

그림 40 환경설정: Localisation

- Locale: 나라, 언어, 문자 설정.
  ※ 한글폰트와 자판을 설치하기 전에는 우선 English 그대로 두세요.
- Timezone: 사용 시간대 설정. 한국기준 Area: Asia, Location:Seoul으로 설정
- Keyboard: 키보드 설정. 한국기준 Model: 105-key PC(intl.), Layout: Korean, Variant: Korea(101/104 key compatible)로 설정
- Wireless LAN Country: 무선네트워크 나라코드 설정. US(추천), KR로 설정하면 예전 버전의 Raspberry Pi OS 경우 무선인터넷이 안되는 경우도 있음.

5 라즈베리파이 OS 해상도 변경하기

Raspberry Pi OS에서 해상도를 변경하는 방법에 대해 설명을 하겠습니다. 모니터가 연결되면 자동으로 해상도가 설정됩니다. VNC 환경에서 수동으로 해상도를 변경하고 할 때는 다음의 방법을 따르면 됩니다.

Screen Configuration을 클릭해서 해상도를 변경합니다.

상단 좌측 라즈베리파이 버튼 클릭(🍓) → Preferences → IBus Preferences 클릭

Screen Configuration이 뜨면 NOOP-1의 화면을 마우스 오른쪽 클릭을 하거나, 창의 왼쪽 아래에 있는 Screens를 클릭하여 나오는 NOOP-1을 선택해서 Resolution에서 원하는 해상도를 선택하세요.

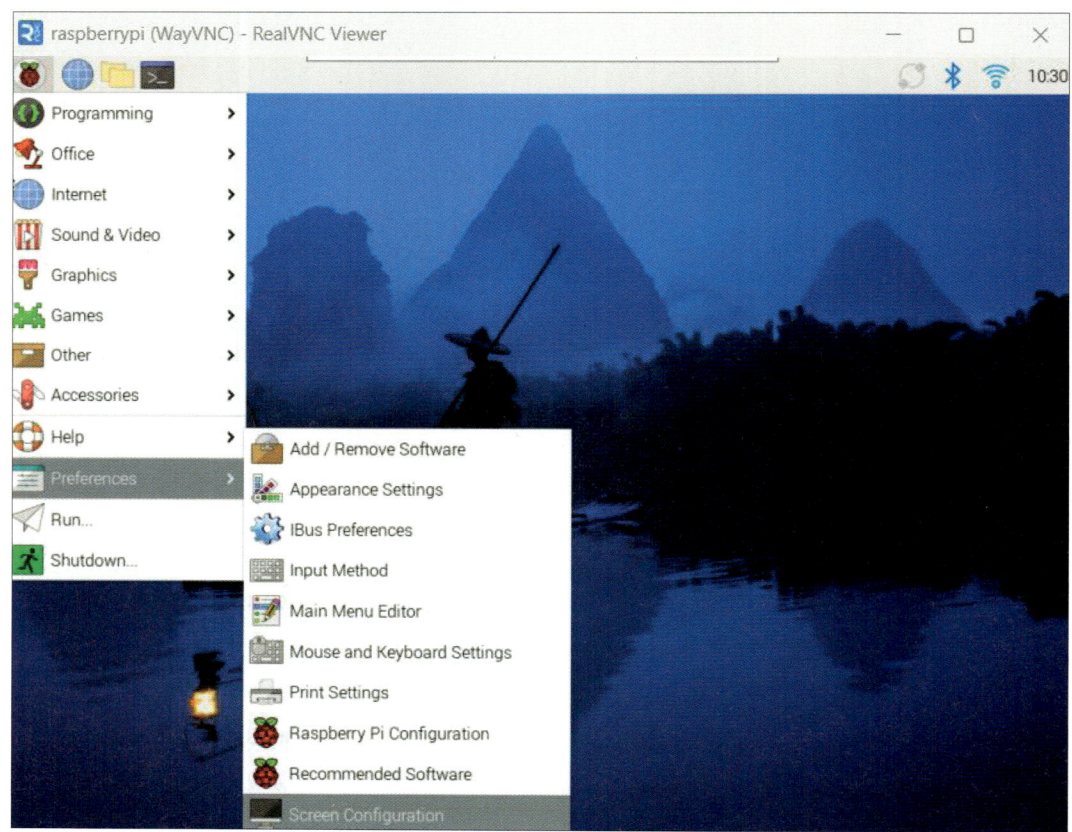

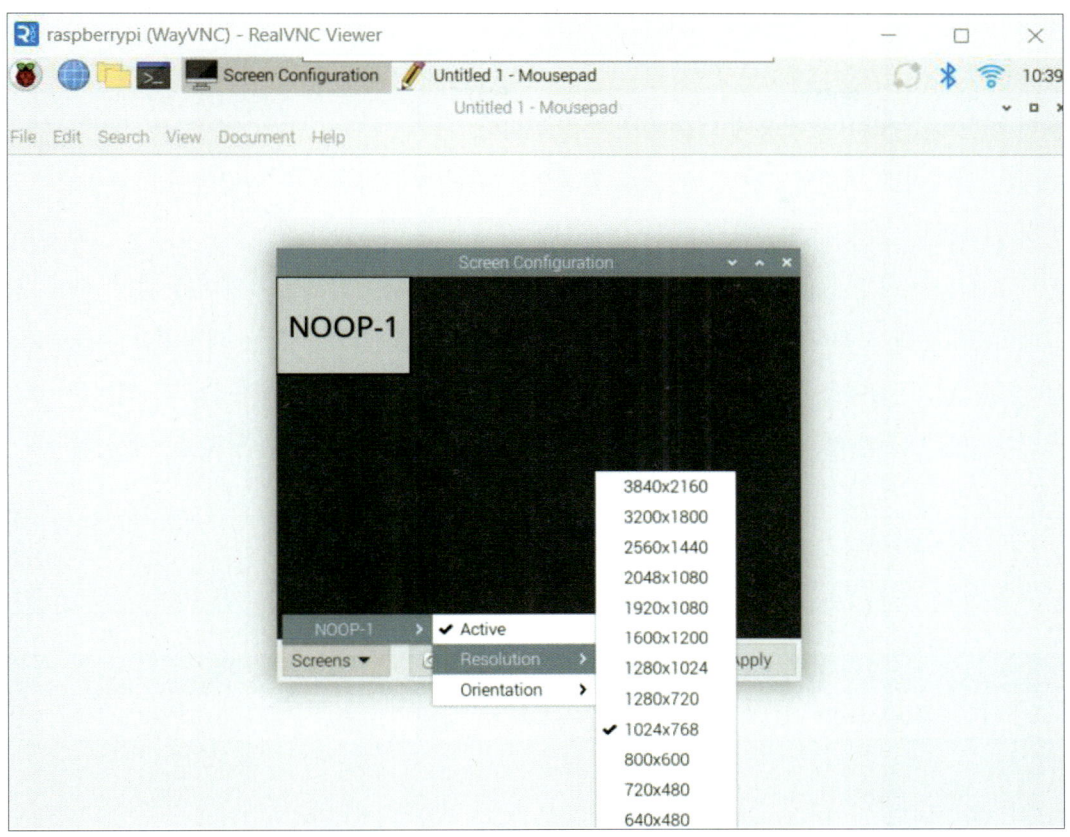

6 라즈베리파이 OS 한글 설정하기

Raspberry Pi OS에 대한 설정을 마치고 이번에는 한글 폰트, 자판 설치하는 방법에 대해 설명을 하겠습니다. 한글 입력을 위해서는 여러 방법이 있는데 여기서는 두 가지 방법에 대해 따로 설명을 하겠습니다. 한글화 작업 시 주의할 점은 Raspberry Pi Configuration의 Localisation 설정에서 Language를 English로 두고 작업하시길 바랍니다. 한글화 작업을 모두 마친 후 마지막에 ko(Korean)으로 설정을 합니다.

한글화 작업을 하기 전에 Raspberry Pi OS를 업데이트 하겠습니다. 업데이트는 터미널에 명령어를 입력해서 진행합니다. 앞으로 프로그램 설치/삭제, 파일관리/편집 등 많은 부분을 터미널에서 작업하게 됩니다. 이 부분은 처음 라즈베리파이를 접하시는 분들이 어려워하는 부분인

데, 이 책에서는 자주 사용하는 명령어 위주로 설명을 드리겠습니다. 뒷장에서 리눅스 명령어 사용법에 대해 설명이 나오므로, 지금은 일단 따라하면서 익숙해지도록 하세요. 하나씩 익히다 보면 어느 순간 터미널 사용에 익숙해져 있을 겁니다.

아래는 업데이트 명령어입니다. SSH로 원격으로 접속해서 명령어를 입력하여도 터미널에서 직접 입력하는 것과 같습니다.

APT(Advanced Packaging Tool)는 데비안 계열의 리눅스에서 소프트웨어를 설치, 삭제, 업그레이드하는데 사용하는 툴입니다. update는 업데이트 할 항목을 찾는 과정이고, upgrade는 찾은 소프트웨어들을 실제로 upgrade 하는 과정입니다. 명령어 뒤의 "-y"의 의미는 작업 공간에 관한 내용과 업그레이드 진행 여부를 재확인할 때 자동으로 Yes로 입력하는 옵션입니다.

```
sudo apt update
sudo apt upgrade -y
```

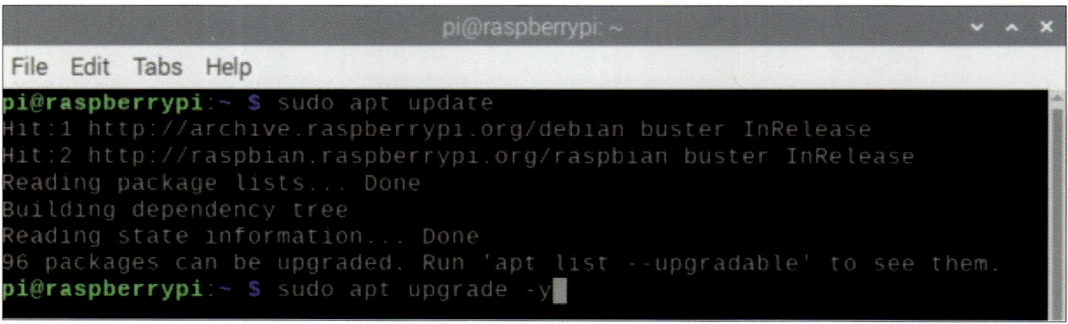

라즈베리파이를 종료하거나 재부팅은 상단 좌측 라즈베리파이 버튼(🍓)을 눌러서 Shutdown 버튼을 누릅니다. Shutdown 옵션에서 종료, 재부팅, 로그오프를 할 수가 있습니다. 터미널에서는 아래 명령어를 사용하면 됩니다.

```
# 종료
sudo shutdown -h now 또는 sudo half
# 재부팅
sudo reboot
```

6.1 라즈베리파이 OS 한글 설치 방법(한글 입력기: ibus)

터미널에 다음의 한글 설치 명령어를 입력합니다. 한글 폰트가 설치되면 라즈베리파이에서 한글을 읽을 수가 있게 됩니다. 한글 입력기가 설치가 되면 키보드에서 한글자판이 인식이 됩니다. im-config의 설치 명령어를 실행하면 Input Method가 설치되고, 이것으로 한글 입력기를 불러올 수 있습니다.

```
# 한글 폰트 설치
sudo apt install fonts-unfonts-core
# 한글 입력기 설치
sudo apt install ibus-hangul -y
# Input Method 및 ibus 설치 (옵션)
sudo apt install ibus -y
```

설치가 완료된 후 Input Method를 띄워서 한글 설정을 마무리합니다.

상단 좌측 라즈베리파이 버튼 클릭(🍓) → Preferences → Input Method 클릭

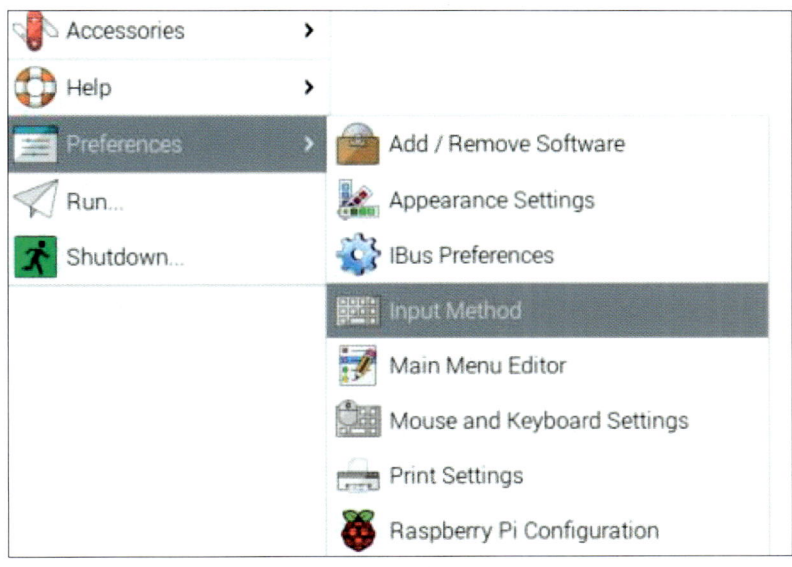

그림 41 Input Method 선택

아래의 그림에서 알려주는 순서대로 진행을 합니다.

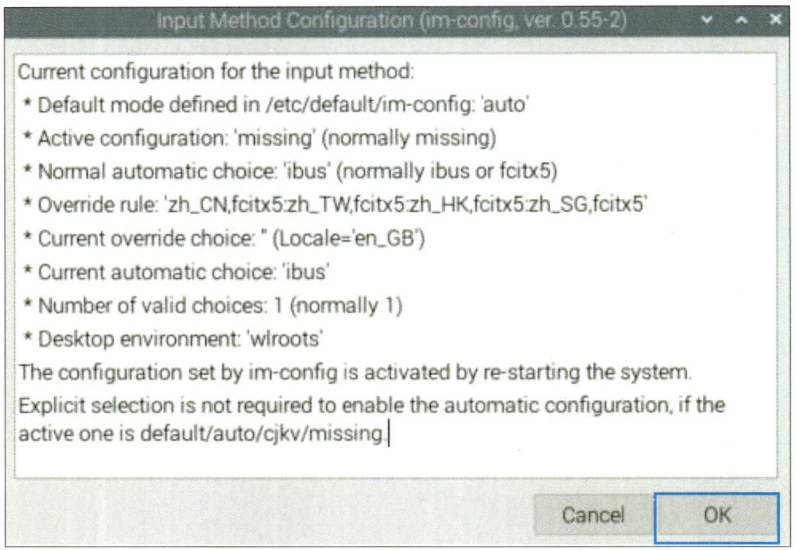

그림 42 ibus(1): OK 클릭

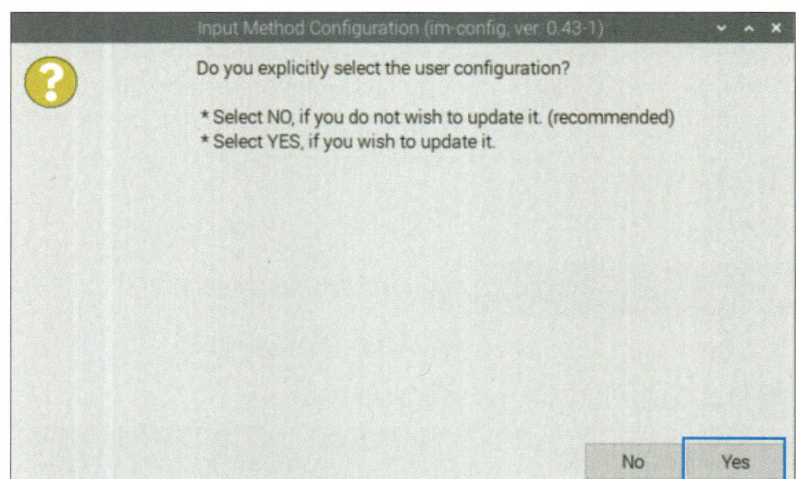

그림 43 ibus(2): Yes 클릭

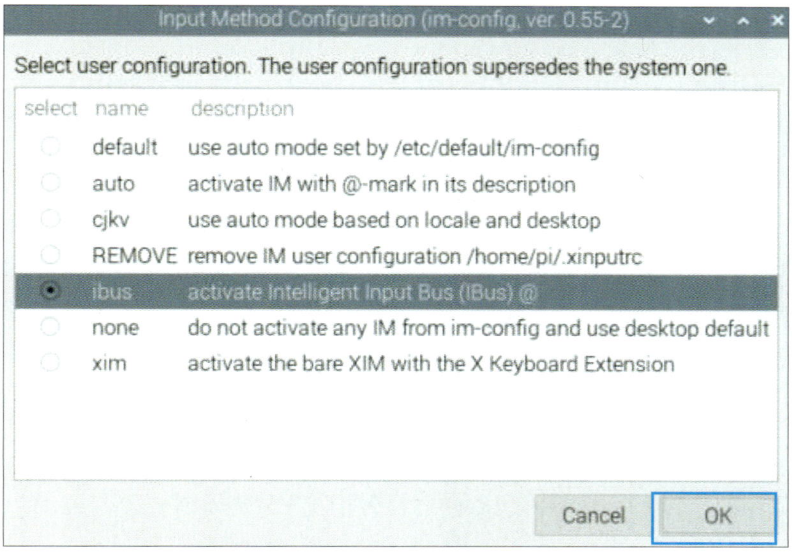

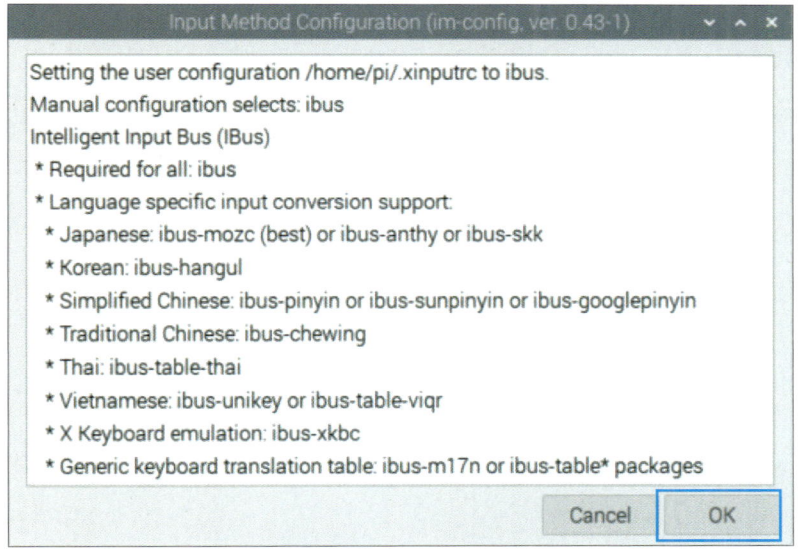

그림 44 ibus(3): ibus 선택 후 OK 클릭

그림 45 ibus(4): OK 클릭

IBus Preferences를 클릭해서 한글 언어를 추가합니다.

상단 좌측 라즈베리파이 버튼 클릭( ) → Preferences → IBus Preferences 클릭

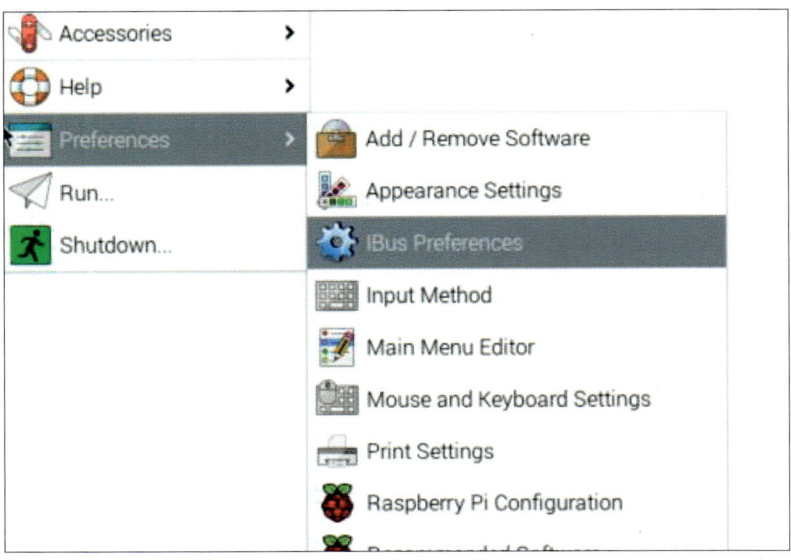

그림 46 IBus Preferences 선택

IBus Preferences 창에서 Input Method 탭에서 Add 버튼을 누릅니다.

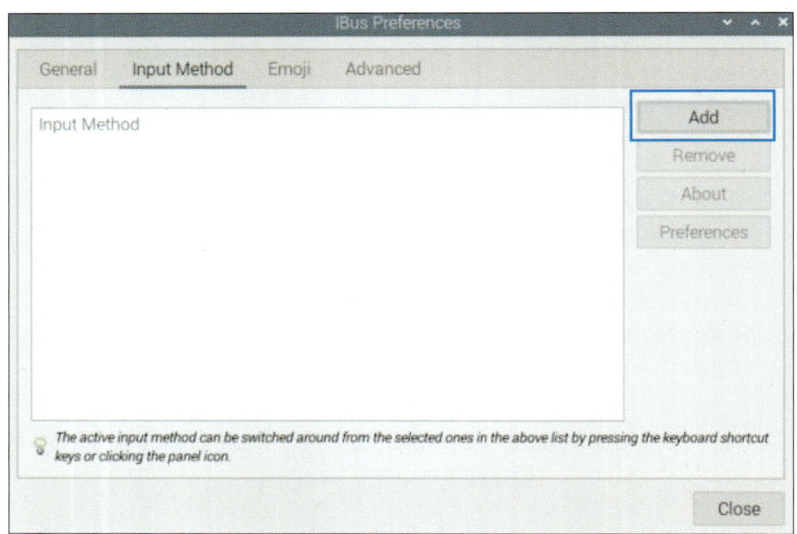

그림 47 언어추가

⋮ 을 눌러서 "Korean"을 추가합니다.

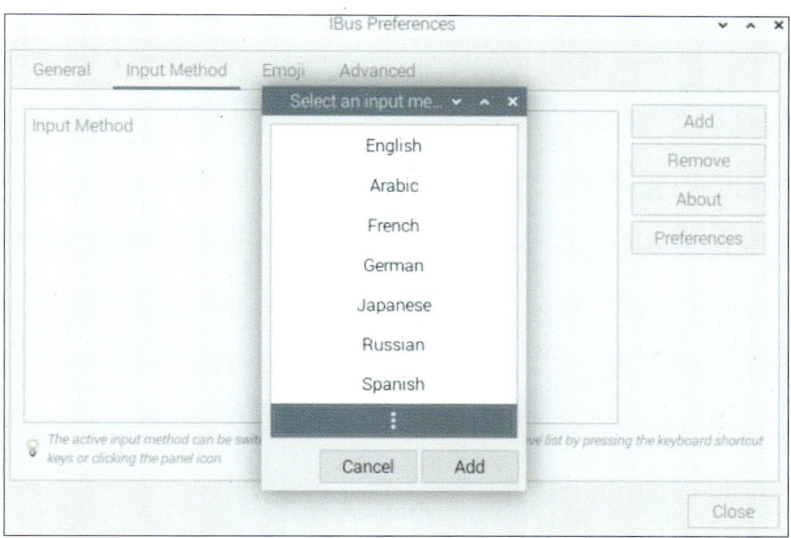

그림 48 Input Method 한글 추가(1)

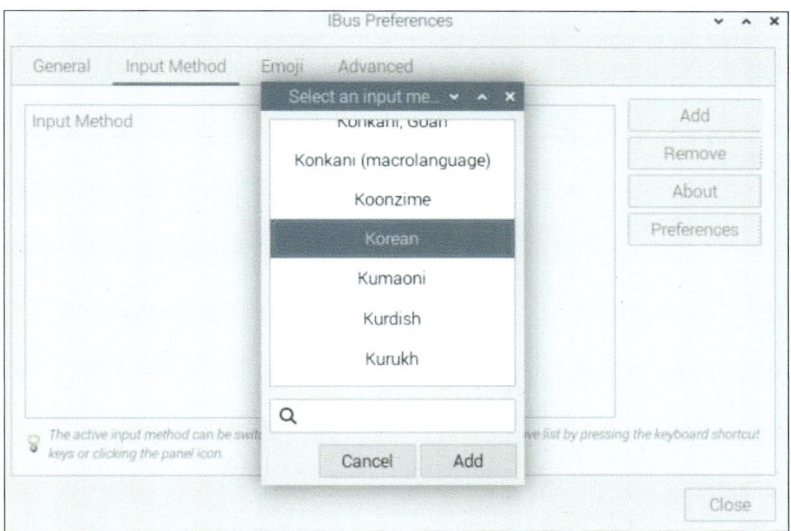

그림 49 Input Method 한글 추가(2)

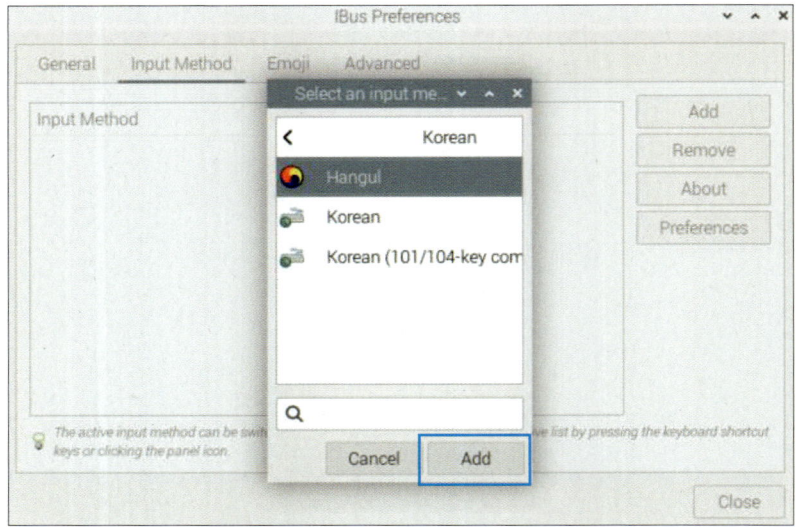

그림 50 Input Method 한글 추가(3)

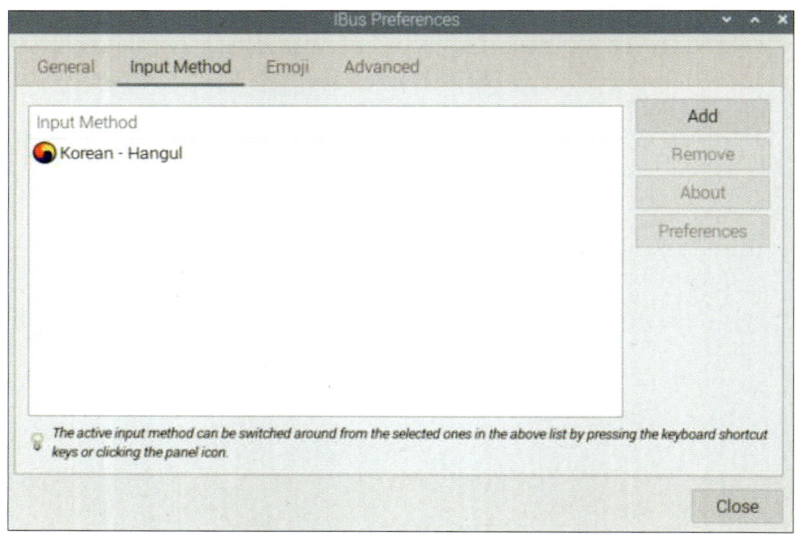

그림 51 Input Method 한글 추가(4)

라즈베리파이에 연결된 키보드로 한글을 원활하게 입력하기 위해서 키보드 설정을 한글자판으로 변경을 합니다.

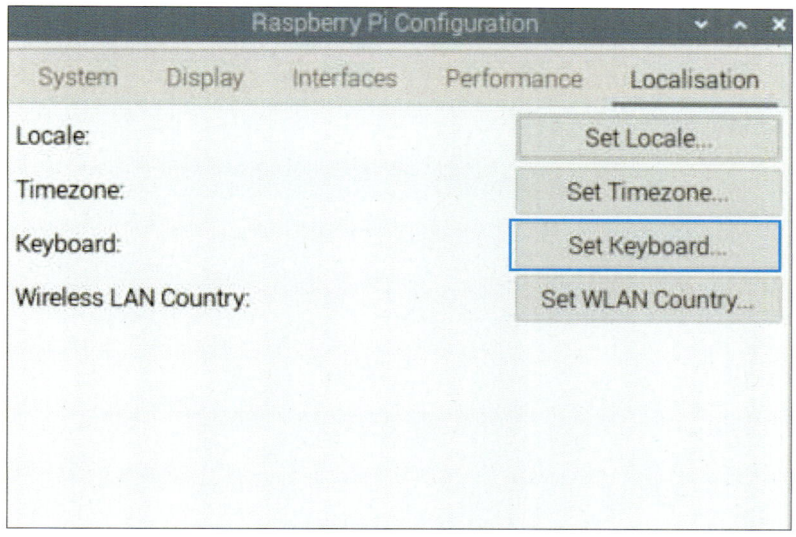

그림 5.2 키보드 설정(1)

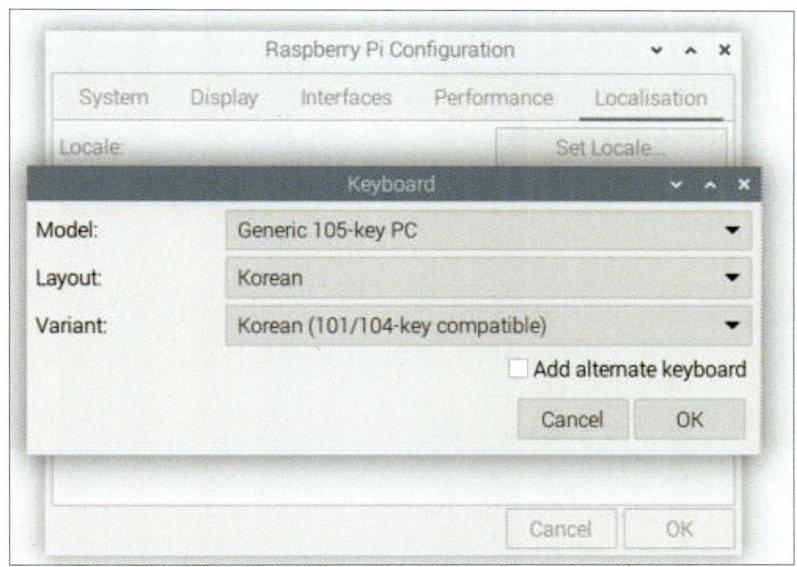

그림 5.3 키보드 설정(2)

라즈베리파이의 시스템 언어설정도 함께 한글로 변경하고자 한다면 Locale 설정을 "ko(Korean)"으로 변경하면 됩니다. Character Set은 "UTF-8"로 선택하는 것을 추천합니다.

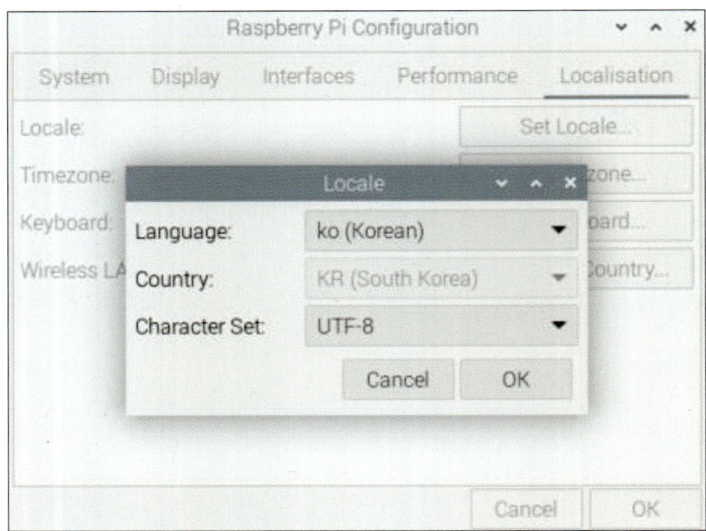

그림 54 Locale 변경 (한국어 인터페이스)

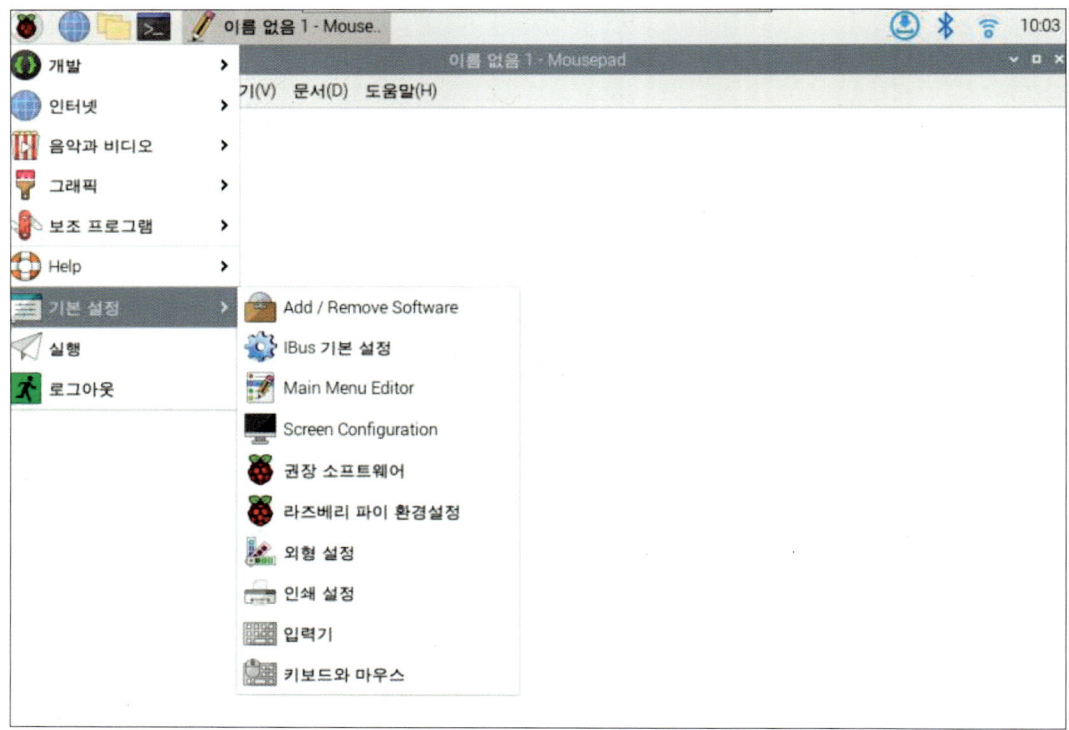

그림 55 한글로 언어설정 변경

한글 설정을 마쳤으니 재부팅을 합니다.

한글/영어 변환은 키보드 한/영 키로 하면 되고, VNC로 원격접속 하였을 경우는 Shift + Space 바를 눌러서 변환하면 됩니다.

※ 참조 사이트
- https://www.raspberrypi.org/software/
- https://downloads.raspberrypi.org/
- https://www.raspberrypi.org/documentation/
- https://gpiozero.readthedocs.io

 Tips

가. 라즈베리파이 OS 버전에 따른 차이

OS 종류	Interface	소프트웨어
Raspberry Pi OS Lite	CLI	Commend Line 환경에 필요한 Software
Raspberry Pi OS with desktop	GUI, CLI	Raspberry Pi OS Lite + GUI용 Software (Geany Programmer's Editor, Thonny Python IDE)
Raspberry Pi OS with desktop and recommended software	GUI, CLI	Raspberry Pi OS with desktop + 추가 Software (다수의 Programming과 Education 소프트웨어, LibreOffice, Games)

※ GUI: Graphical User Interface, CLI: Command Line Interface
※ OS 정보 확인 명령어(터미널에 입력)
  커널 정보: uname -a
  OS bit 확인: getconf LONG_BIT

나. ssh 접속 에러 발생 시 해결법

아래와 같이 DNS SPOOFING DETECTED 경고가 뜨면서 SSH 접속이 되지 않는다면, C:\Users\사용자이름 폴더 아래에 있는 ".ssh" 폴더를 삭제 후에 다시 SSH 접속하면 됩니다.

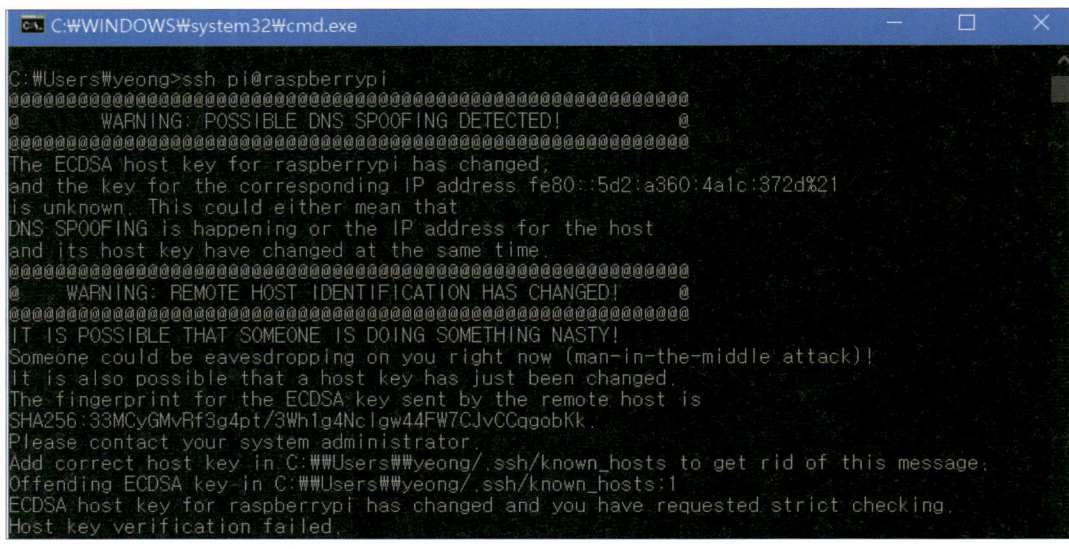

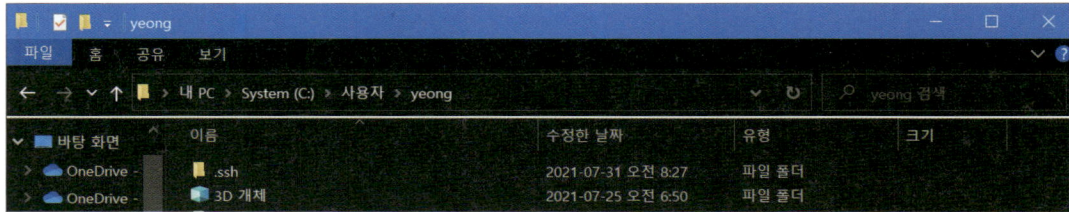

다. vnc 접속 에러 발생 시 해결법

VNC Viewer 리스트에 있는 raspberrypi(기존에 이미 접속했던 이력이 있을 경우)를 삭제 후에 다시 raspberrypi로 접속하시면 됩니다.

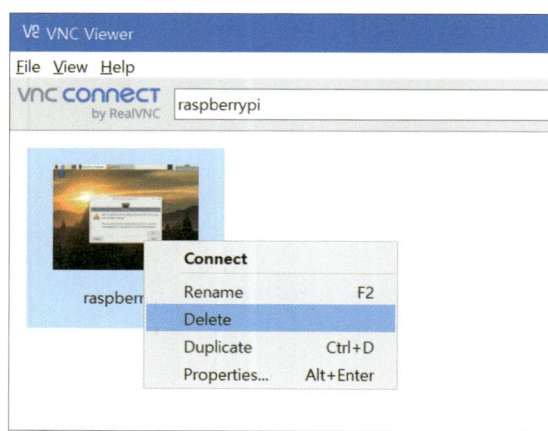

라. Buster 이전 버전 해당: config.txt 파일을 수정하여 Display 설정을 변경할 수 있습니다.

boot/config.txt 에서 해당 문구를 찾아서 아래와 같이 주석처리를 하거나 풀거나 하면 됩니다.

[VNC에서 검은 화면이 나올 때]

# uncomment if hdmi display is not detected and composite is being output
hdmi_force_hotplug=1

[듀얼모니터 사용] Sreeen Configuation 활성하기

# Enable DRM VC4 V3D drive
dtoverlay=vc4-kms-v3d

[VNC에서 해상도 변경 위해]

Sreeen Configuation 비활성 -> Display에서 Resoultion 활성하기
Enable DRM VC4 V3D drive
#dtoverlay=vc4-kms-v3d

Chapter 02
리눅스 익히기

02 리눅스 익히기

① 학습요약

학습 목표	라즈베리파이 OS에서 사용하는 리눅스 기본 명령어를 익힌다.
프리뷰	리눅스 명령어, 원격 접속
핵심 키워드	Terminal, Raspberry Pi OS, linux, vim(vi)
준비물	라즈베리파이(5B, 4B, 3B+, 3B)
실습 시간	3시간
학습 난이도	하, 중(vim 문서 편집)

② 리눅스 기본 명령어

Raspberry Pi OS는 데비안(Debian) 계열의 리눅스 시스템입니다. 리눅스는 인텔 프로세스를 위한 무료 Unix를 만들고자 하는 시도에서 탄생한 OS로서 크게 Slackware 계열, Red Hat 계열, Debian 계열로 구분합니다. 데비안(Debian) 계열로는 데비안(Debian), 우분투(Ubuntu), Mint 등이 있습니다. 리눅스는 계열별로 사용하는 명령어가 거의 비슷한데 이번 강좌에서는 Raspberry Pi OS를 다루기 위한 기본 명령어에 대해 설명을 하겠습니다. 리눅스 명령어는 라즈베리파이를 다루는 데 아주 유용하게 쓰이는데 이는 GUI에서 라즈베리파이를 사용하는 경우도 많지만, 특정 작업의 경우는 리눅스 명령어를 사용하는 것이 훨씬 편리한 경우가 많기 때문입니다. 그럼 지금부터 시작해 보겠습니다.

2.1 리눅스 명령어 사용하기

리눅스 명령어를 터미널(Terminal)에 입력을 합니다. 터미널은 Raspberry Pi OS에서 Terminal을 누르면 윈도우의 명령 프롬프트 같은 검은 화면의 창이 뜹니다.

상단 좌측 라즈베리파이 버튼 클릭(🍓) → Accessories → Terminal

그림 1 터미널 실행

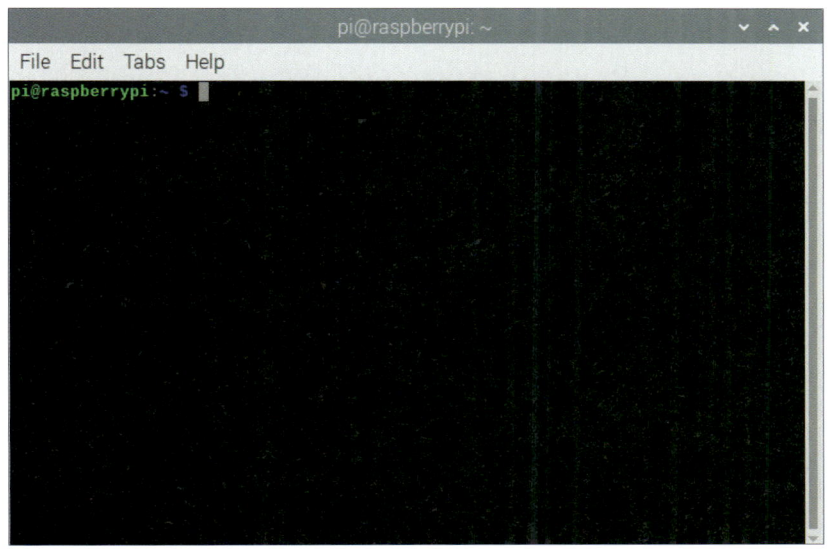

그림 2 터미널 화면

리눅스 익히기 **77**

윈도우의 명령 프롬프트에서도 원격으로 접속하여 리눅스 명령어를 사용할 수 있습니다. 원격 접속 설정은 "Chapter1 시작하기"를 참조하기를 바랍니다. 다른 방법으로 Putty라는 프로그램을 사용하여도 됩니다. Putty 사용법은 인터넷을 검색하면 많이 나오므로, 그리고 명령 프롬프트를 사용해서 사용할 수 있으므로 여기서는 Putty 사용법은 설명하지 않겠습니다.

그림 3 터미널에서 라즈베리파이 SSH 접속

22 기본 명령어

가장 기본적이면서 이 책에서 많이 사용하는 명령어 위주로 설명을 드리겠습니다. 터미널에 접속하면 아래와 같은 글자를 볼 수가 있습니다. $ 뒤에 명령어를 입력하고 Enter 키를 누르면 해당 명령어가 실행이 됩니다..

```
pi@raspberrypi ~ $
```

pi	접속 user 이름
raspberrypi	라즈베리파이의 호스트 이름
~	홈 디렉토리
$	일반사용자를 의미(슈퍼유저의 경우는 #)

ls(현재 디렉토리의 파일과 폴더 확인, list)

현재 디렉토리의 파일과 폴더를 확인할 수 있습니다. 명령의 의미를 풀어서 보게 되면 "raspberrypi라는 호스트 이름을 가진 기기에 사용자 pi의 홈 디렉토리(~) 안에 있는 파일과 폴더를 보여 줘"라는 명령어입니다.

ls 뒤에 옵션을 더 넣어서 명령어를 만들 수가 있는데 "-a", "-l", "-al" 등이 있습니다. "-a"는 숨김 파일도 보여 달라는 의미이고, "-l"은 자세히 보기, "-al"은 숨김 파일을 포함하여 자세히 보기라는 뜻입니다.

```
pi@raspberrypi:~ $ ls -al
total 108
drwxr-xr-x 19 pi   pi   4096 Aug 22 16:48 .
drwxr-xr-x  3 root root 4096 May  7 23:42 ..
drwxr-xr-x  9 pi   pi   4096 Aug 16 20:13 Adafruit_Python_SSD1306
-rw-------  1 pi   pi   1036 Aug 22 16:53 .bash_history
-rw-r--r--  1 pi   pi    220 May  7 23:42 .bash_logout
-rw-r--r--  1 pi   pi   3523 May  7 23:42 .bashrc
drwxr-xr-x  2 pi   pi   4096 May  7 23:52 Bookshelf
drwxr-xr-x  6 pi   pi   4096 Aug 17 19:42 .cache
drwx------ 12 pi   pi   4096 Aug 17 19:42 .config
drwx------  2 pi   pi   4096 Aug 15 17:26 .cups
drwxr-xr-x  2 pi   pi   4096 Aug 15 17:25 Desktop
drwxr-xr-x  2 pi   pi   4096 Aug 15 17:25 Documents
drwxr-xr-x  2 pi   pi   4096 Aug 15 17:25 Downloads
drwx------  3 pi   pi   4096 May  8 00:07 .gnupg
drwxr-xr-x  3 pi   pi   4096 May  7 23:52 .local
drwxr-xr-x  2 pi   pi   4096 Aug 15 17:25 Music
drwxr-xr-x  2 pi   pi   4096 Aug 15 17:25 Pictures
-rw-r--r--  1 pi   pi    807 May  7 23:42 .profile
drwxr-xr-x  2 pi   pi   4096 Aug 15 17:25 Public
drwxr-xr-x  2 pi   pi   4096 Aug 17 19:41 Scripts
drwxr-xr-x  2 pi   pi   4096 Aug 15 17:25 Templates
drwxr-xr-x  2 pi   pi   4096 Aug 15 17:25 Videos
drwx------  3 pi   pi   4096 Aug 15 17:25 .vnc
-rw-------  1 pi   pi     56 Aug 22 16:48 .Xauthority
-rw-r--r--  1 pi   pi    131 Aug 16 18:49 .xinputrc
-rw-------  1 pi   pi   2803 Aug 22 16:48 .xsession-errors
-rw-------  1 pi   pi   2982 Aug 21 01:08 .xsession-errors.old
```

많은 명령어들의 사용법 및 옵션들을 모두 외우지 못해도 'man'을 사용하면 쉽게 확인이 가능합니다.

man(명령어 사용법 확인, manual)

man 명령어를 사용하면 알고자 하는 명령어들의 정보를 자세히 확인할 수 있습니다. 예로 ls에 대해 확인을 해 보겠습니다.

```
man [알고 싶은 명령어]
```

```
pi@raspberrypi:~ $ man ls
pi@raspberrypi:~ $
```

cd(디렉토리 변경, change directory)

원하는 디렉토리로 이동하고자 할 때 사용하는 명령어입니다. cd 다음에 이동하고자 하는 디렉토리명을 넣으면 됩니다.

```
# Document 디렉토리로 이동하고자 할 때[10]
cd Documents

# 사용자의 홈 디렉토리로 이동하고자 할 때
cd ~

# 다른 디렉토리에서 작업하다가 사용자의 Documents로 이동하고자 할 때
cd ~/Documents

# Root 디렉토리로 이동하고자 할 때
cd /

# 상위의 디렉토리[11]로 이동하고자 할 때
cd ..

# 상위 디렉토리의 한 단계 상위 디렉토리로 이동하고자 할 때
cd ../..
```

mkdir(디렉토리 만들기, make directory)

디렉토리를 만드는 명령어입니다. 만들고자 하는 디렉토리명을 mkdir 다음에 입력하면 됩니다. 예를 들어, newFolder라는 디렉토리를 만들고자 한다면 "mkdir newFolder" 이렇게 입력하면 됩니다. 유용한 옵션이 있는데 -p와 함께 사용하면 이미 만들고자 하는 디렉토리가 있더라도 에러를 반환하지 않고 진행합니다. 터미널에 "man mkdir"을 입력해서 어떤 옵션이 더 있는지 확인해 보실 수 있습니다.

---

10 터미널에서 명령어를 입력할 때 Tab 키를 이용하면 편리합니다. 예를 들어 cd Do까지만 입력한 후 Tab 키를 누르면 Documents가 자동 완성됩니다.
11 ".."이 상위 폴더를 의미한다면, "."은 현재 폴더를 의미합니다.

rm(디렉토리 지우기, remove directory)

디렉토리나 파일을 삭제하는 명령어입니다. 삭제하고자 하는 파일이나 디렉토리의 이름을 rm 다음에 입력하면 됩니다. rm 명령어에서 자주 사용하는 옵션이 있는데 "-rf"입니다. "-r"은 내용이 있더라도 삭제의 의미이고, "-f"는 강제(force) 삭제의 의미를 담고 있습니다. 파일을 한꺼번에 지우고 싶을 때는 "rm *"를 입력하면 됩니다. 때로는 루트 권한으로 파일을 삭제해야 하는 경우도 있는데, 이때는 "sudo rm 파일명"을 사용하면 됩니다. 이런 경우는 대부분 시스템 파일인 경우가 많으므로 삭제 시 주의를 기울여야 합니다.

cp(파일/폴더 복사하기, copy)

파일이나 폴더를 복사할 때 사용하는 명령어입니다. "-f" 옵션을 사용해서 복사하려고 하는 폴더에 같은 이름의 파일이나 폴더가 있더라도 강제 복사를 할 수 있습니다. "-r" 옵션을 사용하면 하위 폴더까지 복사할 수 있습니다.

```
# 파일 복사하기
cp -r [복사하고자 하는 파일/폴더] [복사할 위치]
```

mv(파일/디렉토리 옮기기, 이름 바꾸기, move)

파일이나 디렉토리를 이동할 때 사용하는 명령어입니다. 옮기면서 이름을 변경할 수도 있습니다.

```
# 파일 옮기기
mv [옮기고자 하는 파일/디렉토리] [옮길 위치]

# 파일명 변경하기 (a.txt → b.txt 로 이름 변경)
mv a.txt b.txt
```

touch(빈 파일 만들기)

빈 파일을 생성할 때 사용하는 명령어입니다. touch 다음에 만들고자 하는 파일의 이름을 입력하면 됩니다.

```
touch [파일명]
```

cat(파일내용보기, 파일생성 및 병합)

다양한 기능이 있는 명령어입니다. 파일 내용을 간단히 볼 때 주로 사용하고, 파일을 생성하거나 합칠 수 있습니다. 파일 만들기를 할 때는 "〉" 기호를 사용합니다. 예를 들어, 파일의 내용이 "Hi! hello world"인 hello.txt를 만든 후 아래와 같이 내용을 입력 후 키보드 Enter를 누른 후 CTRL + d를 눌러 저장하면 됩니다.

```
pi@raspberrypi:~/newFolder $ cat > hello.txt
Hi! hello world
pi@raspberrypi:~/newFolder $
```

내용을 확인하고자 할 때는 cat 다음에 파일명을 넣으면 됩니다.

```
pi@raspberrypi:~/newFolder $ cat hello.txt
Hi! hello world
```

파일의 내용을 합칠 때도 "〉" 기호를 사용하면 됩니다.

```
pi@raspberrypi:~/newFolder $ cat > hello.txt
Hi! hello world
pi@raspberrypi:~/newFolder $ cat hello.txt
Hi! hello world
pi@raspberrypi:~/newFolder $ cat > linux.txt
pi@raspberrypi:~/newFolder $ cat hello.txt linux.txt > merge.txt
pi@raspberrypi:~/newFolder $ cat merge.txt
Hi! hello world
I am linux
```

```
# 파일 만들기: 새로 만들거나 기존 내용을 덮어쓰기
cat > [파일명]
파일내용기록

# 파일 내용 수정하기: 기존 내용 뒤에 내용 추가
cat >> [파일명]
추가 파일내용 기록

# 파일 내용보기
cat [파일명1] [파일명2] [파일명3]

# 파일 합치기
cat [파일명1] [파일명2] > [합치고자 하는 파일명]
```

파이프 기호(|)를 사용하는 방법도 있습니다. 참고로 알아 두세요.

```
pi@raspberrypi:~/newFolder $ ls -al | cat > list.txt
pi@raspberrypi:~/newFolder $ cat list.txt
total 20
drwxr-xr-x  2 pi pi 4096 Aug 30 23:20 .
drwxr-xr-x 20 pi pi 4096 Aug 29 23:38 ..
-rw-r--r--  1 pi pi   16 Aug 30 23:02 hello.txt
-rw-r--r--  1 pi pi   11 Aug 30 23:06 linux.txt
-rw-r--r--  1 pi pi    0 Aug 30 23:20 list.txt
-rw-r--r--  1 pi pi   27 Aug 30 23:08 merge.txt
pi@raspberrypi:~/newFolder $ ls -al > list2.txt
pi@raspberrypi:~/newFolder $ cat list2.txt
total 24
drwxr-xr-x  2 pi pi 4096 Aug 30 23:21 .
drwxr-xr-x 20 pi pi 4096 Aug 29 23:38 ..
-rw-r--r--  1 pi pi   16 Aug 30 23:02 hello.txt
-rw-r--r--  1 pi pi   11 Aug 30 23:06 linux.txt
-rw-r--r--  1 pi pi    0 Aug 30 23:21 list2.txt
-rw-r--r--  1 pi pi  281 Aug 30 23:20 list.txt
-rw-r--r--  1 pi pi   27 Aug 30 23:08 merge.txt
pi@raspberrypi:~/newFolder $
```

sudo(루트 권한으로 실행, substitute user do)

유닉스계열 운영체제의 superuser do에서 유래된 명령어입니다. 사용자에게 임시로 루트 권한을 부여해 줍니다. sudo를 가장 앞에 입력한 후에 명령어를 입력하면 됩니다. 루트 권한으로 명령어를 실행하기 때문에 시스템을 변화시킬 수 있으므로 꼭 필요한 경우만 사용하도록 합니다. 이 책에서는 Package를 설치하거나 삭제, 시스템파일의 내용을 변경할 때 사용됩니다. 원격으로 터미널에 접속하였을 경우는 라즈베리파이를 종료하거나 재부팅 할 때도 sudo를 함께 사용합니다.

reboot(전원 종료 후 다시 시작)

시스템을 다시 시작하는 명령어입니다. package 설치를 마치고, 시스템에 적용할 때 주로 사용합니다.

```
sudo reboot
```

halt(시스템 종료)

시스템을 종료하는 명령어입니다. 시스템이 종료되면 라즈베리파이의 전원케이블을 분리하면 됩니다.

```
sudo halt
```

poweroff(전원 종료)

halt와 같은 명령어입니다. 다만 차이점은 전원관리시스템을 지원하는 시스템에서는 전원까지 Off 합니다.

```
sudo poweroff
```

shutdown(시스템 종료/재부팅 통합)

앞에서 설명한 reboot, halt, poweroff를 구현할 수 있는 명령어입니다. 옵션에 따라 각각의 기능을 구현할 수 있습니다. 시스템을 종료/재부팅하는 시간을 지정할 수 있는 장점이 있습니다. 시간 옵션을 24시간 형식으로 HH:mm와 같이 사용하면 됩니다. 단순히 숫자만 기록하면 몇 분 후에 실행하라는 의미입니다. 시간 옵션 없이 shutdown만 사용한다면 1분 후에 시스템 종료가 됩니다. "-now" 옵션을 사용한다면 바로 즉시 명령어가 실행됩니다.

```
# 재부팅
sudo shutdown -r
sudo shutdown --reboot

# 시스템 종료
sudo shutdown -H
sudo shutdown --halt

# 전원 종료
sudo shutdown
sudo shutdown -h
sudo shutdown -P
sudo shutdown --poweroff
```

```
# 시간 옵션 사용
sudo shutdown -now      #즉시 시스템 종료
sudo shutdown 10        #10분 후 시스템 종료
sudo shutdown -r 14:10  #14시 10분에 재부팅
sudo shutdown -c        #예약된 명령어 취소
sudo shutdown -k        #shutdown 되지는 않고 경고 메시지만 출력
```

apt install(패키지 설치하기)

APT(Advanced Packaging Tool)는 데비안 계열의 리눅스에서 소프트웨어를 설치, 삭제, 업그레이드하는 데 사용하는 툴입니다. 보통 update와 upgrade를 실행한 후, 패키지를 설치합니다. update는 업데이트할 항목을 찾는 과정이고, upgrade는 찾은 소프트웨어들을 실제로 upgrade하는 과정입니다. "-y"의 의미는 작업 공간에 관한 내용과 업그레이드 진행 여부를 재확인하는데, 자동으로 Yes로 입력하는 옵션입니다. full-upgrade라는 명령어도 있는데, upgrade와 같은 기능입니다만 차이점은 full-upgrade는 release 된 다음 버전으로 업그레이드할 때 사용하는 명령어로 이미 설치되어 있던 지난 버전의 패키지를 모두 지우고 업그레이드를 합니다. upgrade는 업그레이드할 때 일반적으로 사용하는 명령어이며, 지난 패키지를

지우지 않고 남겨 둡니다. upgrade가 조금 더 안전한 방법이라고 할 수 있습니다. 업그레이드를 마치면 install 뒤에 설치하고자 하는 패키지 이름을 입력하면 됩니다.

```
sudo apt update
sudo apt upgrade
sudo apt install [패키지명]
```

apt remove / apt purge(패키지 삭제하기)

패키지를 삭제하는 명령어입니다. remove 명령어를 사용하면 삭제하고자 하는 패키지의 환경설정 파일은 남겨 둡니다. purge는 패키지와 관련된 모든 파일을 삭제하는 명령어입니다.

```
sudo apt remove [패키지명]
sudo apt purge [패키지명]
```

apt autoclean(불필요한 패키지 자동삭제)

패키지를 설치 후 더 이상 필요 없는 패키지를 삭제하는 명령어입니다.

```
sudo apt autoclean
```

apt clean(임시 설치파일 삭제)

/var/cache/apt/archives에 저장된 모든 임시 설치파일을 삭제하는 명령어입니다.

```
sudo apt clean
```

raspi-config(환경설정하기)

Rasberry Pi OS의 환경설정을 위한 명령어입니다. "Chapter1 시작하기"에서 GUI 환경인 Raspberry Pi Configuration를 이용하여 쉽게 환경설정을 할 수가 있었습니다. 터미널에서 "raspi-config" 명령어를 이용하면 더 많은 부분에 대해서 환경설정을 할 수 있는 장점이 있습니다.

```
sudo raspi-config
```

grep(문자열 검색)

검색하고자 하는 내용을 특정 문자열로 필터하여 문자열이 들어 있는 행을 출력하는 기능입니다. "man grep"이나 "grep -help"를 입력하여 옵션을 확인할 수 있습니다. 정규표현식을 사용하여 검색을 할 수 있는 장점이 있습니다.

```
grep [옵션] [검색문자열] [파일이름]
```

chmod(파일/디렉토리 권한 설정, change mode)

파일/디렉토리의 권한을 변경할 때 사용합니다. -R 옵션을 사용하여 하위 파일/디렉토리의 권한을 함께 바꿀 수 있습니다. 권한모드에 대해서는 "man chmod"를 입력해서 확인해 보세요. 사용 예로 권한은 Read(r, 읽기), Write(w, 쓰기), Excute(x, 실행)로 구분해서 줍니다. 권한모드를 777을 입력하면 읽기(7), 쓰기(7), 실행(7)의 의미이며, 7의 의미에 대해 설명을 하면 7을 이진수로 바꾸면 111이 됩니다. 첫 번째 1은 소유자에게 권한적용이란 뜻이고, 두 번째 1은 그룹소유자에게 1(권한적용), 세 번째 1은 기타사용자에게 1(권한적용)이란 뜻입니다. 1 대신 0인 경우는 권한을 주지 않겠다는 뜻입니다.

숫자	2진법	파일 모드
0	000	---
1	001	--x
2	010	-w-
3	011	-wx
4	100	r--
5	101	r-x
6	110	rw-
7	111	rwx

숫자 대신에 문자를 사용하여 권한 부여도 가능합니다. 문자 표기법은 변경할 사용자(대상), 수행할 명령(연산), 설정할 접근 권한(퍼미션)으로 분류됩니다.

구분	문자	설명
권한 부여 대상	u	user, 보통 소유자
	g	그룹
	o	other, 기타사용자
	a	all
		문자 생략 = all
수행할 명령	+	권한 추가
	-	권한 제거
	=	권한 지정
접근 권한	r	읽기
	w	쓰기
	x	실행

사용 예를 들면 u+x(소유자에게 실행권한 추가), g+w,o-w(그룹에 쓰기권한 추가, 기타사용자에게 쓰기권한 제거), go=rw(그룹과 기타사용자에게 읽기/쓰기권한 지정, 이전에 쓰기권한이 있었다면 제거가 됨) 등이 있습니다.

```
sudo chmod -R [권한모드][디렉토리]
```

2.3 기타 명령어

pwd
- 현재 작업 중인 디렉토리를 확인할 때 사용하는 명령어입니다.

date
- 현재의 날짜와 시간을 알려 줍니다.

free
- 메모리 사용량을 확인할 수 있습니다. 주로 "free -h"를 사용합니다.

df
- 시스템에서 사용 가능한 디스크 공간을 확인할 때 "df -h"를 사용합니다.

tree
- tree 구조로 파일 및 하위 디렉토리를 확인할 때 사용합니다.

wget
- 웹에서 직접 파일을 다운로드할 때 사용합니다.

curl
- 서버에서 파일을 다운로드하거나 업로드할 때 사용합니다.

ifconfig
- 네트워크 어댑터 현황을 파악할 수 있습니다.

ping
- 네트워크 통신을 확인할 수 있습니다.

hostname
- Raspberry Pi OS 호스트 이름을 확인할 수 있습니다.

vcgencmd measure_temp
- cpu 온도를 확인할 수 있습니다.

tar / gzip
- 파일을 압축하거나 해제할 때 사용합니다.

uname -a
- 커널 정보를 확인할 수 있습니다.

getconf LONG_BIT
- OS bit 확인할 때 사용합니다.

clear
- 터미널에 입력한 내용들을 지웁니다. 단축키로 CTRL + L 입니다.

chown
- 소유자를 변경할 때 사용합니다.

chgrp
- 그룹을 변경할 때 사용합니다.

계정 변경에 관련된 명령어들
- root 계정암호설정: sudo passwd root
- 계정 추가: sudo adduser 계정
- 계정 삭제: sudo deluser 계정
- root 변경하기: sudo su, su -
- User 변경하기: su 유저이름

3 리눅스 디렉토리 구조

리눅스 디렉토리 구조에 대해 간단히 설명드리겠습니다. 이 부분은 자세히 몰라도 됩니다. 외우려고 하지 않아도 되며 참고할 정도만 확인하고 넘어가도록 하겠습니다. 루트(/)의 파일 목록을 보면 그림 4와 같습니다.

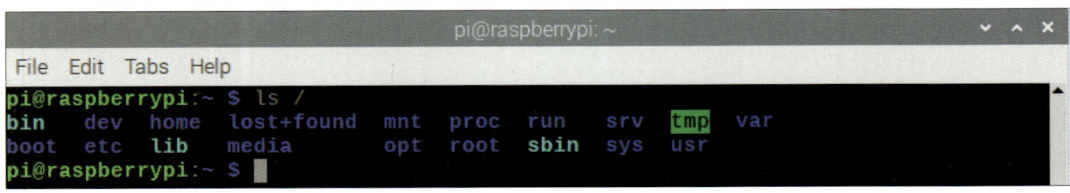

그림 4 최상의 디렉토리 목록

디렉토리 목록	설명	
/		루트 디렉토리
/bin	binaries	리눅스 기본 명령어들이 있는 디렉토리
/boot	boot	리눅스 커널 및 부팅에 필요한 파일이 있는 디렉토리
/dev	device	장치 파일들이 있는 디렉토리
/etc	etcetera	시스템 설정 파일들이 있는 디렉토리
/home	home	사용자들의 홈 디렉토리가 있는 디렉토리
/lib	libraries	라이브러리와 커널 모듈들이 있는 디렉토리
/lost+found	lost+found	오류로 인한 비정상 파일들이 있는 디렉토리
/media	media	외장 장치(USB, 외장하드, CD 등)가 마운트 되는 디렉토리
/mnt	mount	마운트를 지정하는 디렉토리
/opt	operation	시스템에 옵션으로 추가하는 패키지를 저장하는 디렉토리
/proc	process	커널, 프로세스를 위한 가상 파일 시스템 디렉토리
/root	root	슈퍼 유저의 홈 디렉토리
/run	run	임시 파일 시스템, 저장되지 않는 휘발성 메모리 자료
/sbin	system binaries	슈퍼 유저용 관리 명령어들이 있는 디렉토리
/srv	service	http, FTP 등과 같은 서비스들의 데이터 디렉토리
/sys	system	커널의 시스템 정보를 확인하고 설정할 수 있는 디렉토리
/tmp	temp	응용프로그램이 사용하는 임시 저장 디렉토리
/usr	user	사용자가 설치한 프로그램과 설정파일이 있는 디렉토리
/var	variable data	갱신되거나 변화되는 가변데이터들이 있는 디렉토리

④ 문서 파일 편집하기

터미널에서 리눅스의 파일을 편집해야 하는 경우가 발생합니다. 간단하게 사용할 수 있는 방법으로 nano가 있습니다. 사용법이 직관적이라 누구나 쉽고 편리하게 사용할 수 있습니다. 다른 방법으로 vim이 있는데, nano가 윈도우의 노트패드처럼 간단하게 사용할 수 있는 편집기라면 vim는 윈도우의 오피스 워드같이 기능이 많은 파일 편집기입니다. 익히기 위해서는 많은 연습이 필요하지만, 터미널에서 마우스 의존도를 낮추면서 키보드로 빠르게 문서를 작성할 수 있는 장점이 있습니다.

4.1 nano

nano 다음에 생성하고자 하는 파일이름이나 편집하고자 하는 파일명을 입력하면 됩니다.

```
nano [파일이름]
```
사용 예) sudo nano ~/hello.txt

홈 디렉토리에 hello.txt 파일을 만들고, "Hi, hello world!"라는 내용을 채워 보겠습니다. 먼저 터미널에서 "nano ~/hello.txt"를 입력하고 키보드 enter 키를 누릅니다. 그리고 내용을 입력합니다.

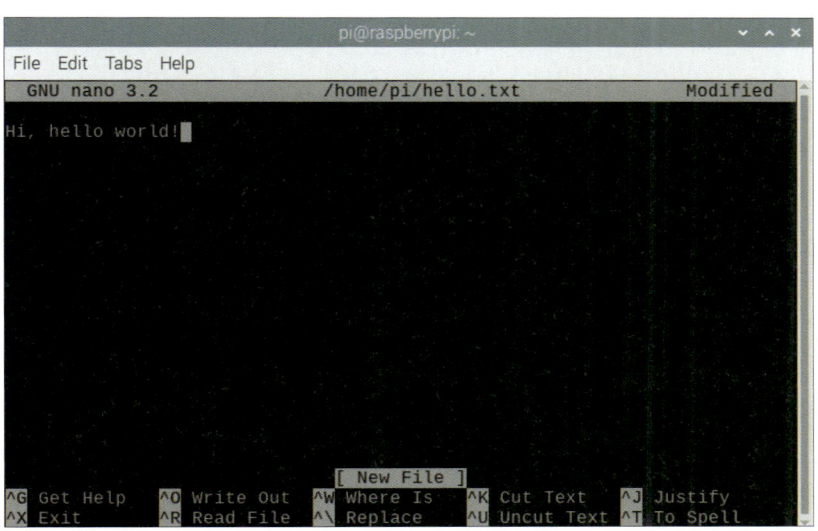

아래의 내용을 보면 "^O: Write Out"와 "^X: Exit"가 있습니다. 저장을 위해서 키보드의 CTRL + O를 누르면 저장할 파일이름을 정하는 부분이 나타납니다. 파일명을 변경해도 되고, Enter를 입력해서 파일명 변경 없이 저장해도 됩니다.

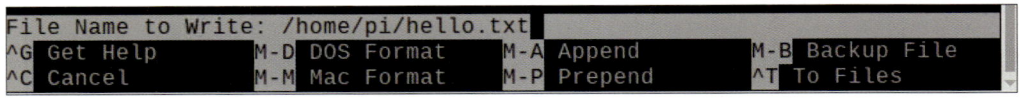

nano를 빠져나오기 위해서는 CTRL + X를 누르면 됩니다. 저장하지 않은 상태에서 CTRL + X를 누르면 저장할지 여부를 확인하는 부분이 나옵니다. 여기서 Y를 입력하면 저장을 하고 nano를 빠져나오게 됩니다.

4.2 vi(vim)(난이도: 중급)

vi는 유닉스와 리눅스 환경에서 가장 많이 사용하는 문서편집기입니다. 한 줄씩 편집하는 줄단위의 편집기가 아니라 한 화면을 편집하는 비주얼 에디터(visual editor)라는 뜻에서 유래되었다고 합니다.[12] 현재는 vi와 호환되면서 기능을 추가한 vim(Vi IMproved)이 Raspberry Pi OS 배포판에 포함되어 있습니다. vim은 undo(이전으로 돌아가기), syntax highlighting(구문강조), split windows(창분할) 등의 기능이 추가되었습니다.

vi는 글자를 입력하는 **편집모드**와 명령을 입력하는 **명령모드**로 구분됩니다. vi는 시작하면 기본적으로 명령모드로 실행이 됩니다. 텍스트를 입력하기 위해서는 입력을 위한 명령을 타이핑하여 편집모드로 변환 후 문서 편집을 합니다. 다시 명령모드로 돌아오려면 ESC 키를 누르면 됩니다. 내용을 입력할 경우를 제외하고는 대부분 명령모드에서 많은 작업을 합니다.

앞에서 배운 man 명령어를 이용하여 "man vi"를 입력하면 더 상세한 설명을 볼 수 있습니다. 참고로, "sudo apt install vim" 명령어를 사용하여 vim을 설치한 후 "vimtutor"을 터미널에 입력하면 vim에 사용법에 대한 설명이 자세히 나옵니다. 자, 이제~ 터미널에서 vi를 입력해서 간단하게 사용법을 익혀 볼까요?

---

12 위키백과를 참조함

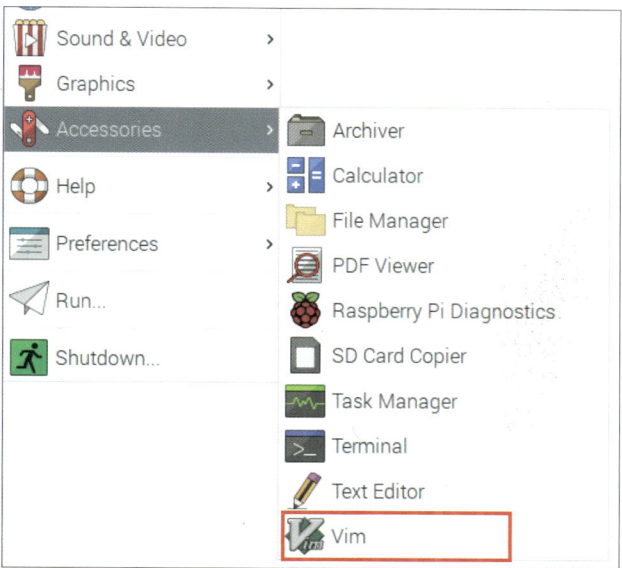

그림 5 설치 후엔 Vim이 Accessories 목록에 나타납니다.

그림 6 기본 vi 화면

그림 7 vim 설치 후 vi 화면

명령모드

명령모드에서는 파일을 읽고 수정하고 삭제, 복사, 저장, 종료하는 명령을 내릴 수 있습니다.

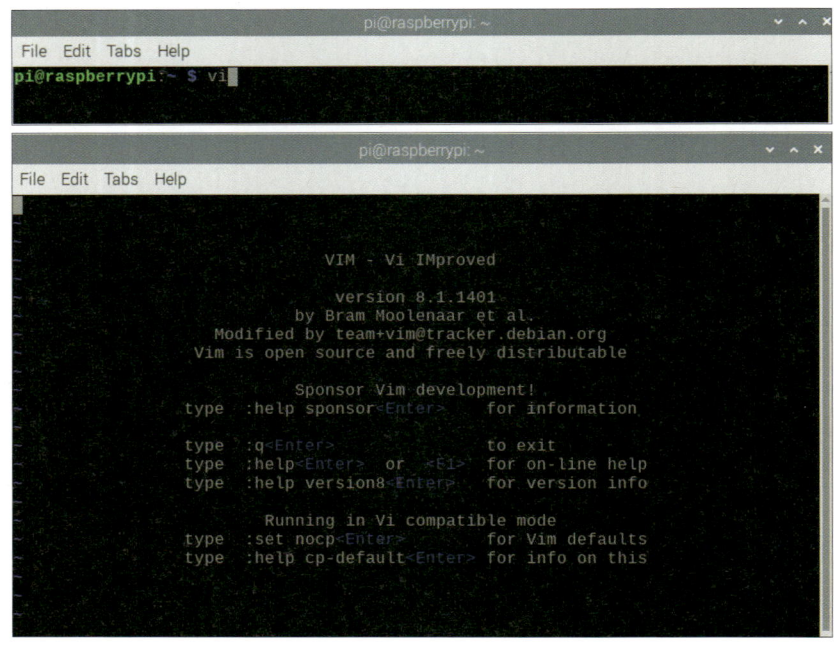

그림 8 vim

그림10에서 내용을 보면 빠져나올 때(to exit)는 ":q"를 입력하라고 나옵니다. ":"를 입력하면 아래 그림10과 같이 커서가 활성됩니다. "q"를 입력하고 Enter 키를 누르면 vi를 빠져나오게 됩니다.

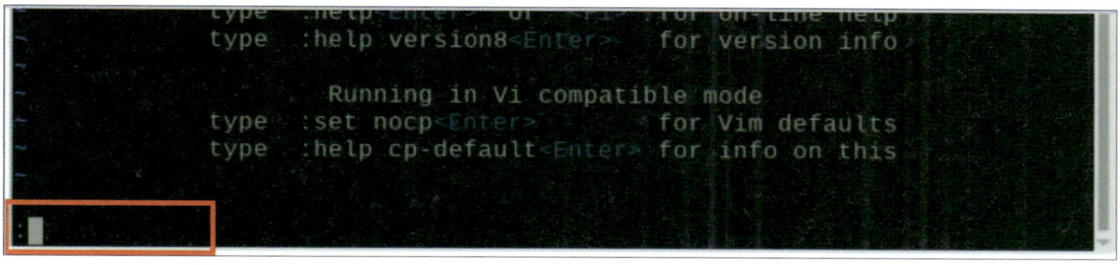

그림 9 vim 명령어 입력

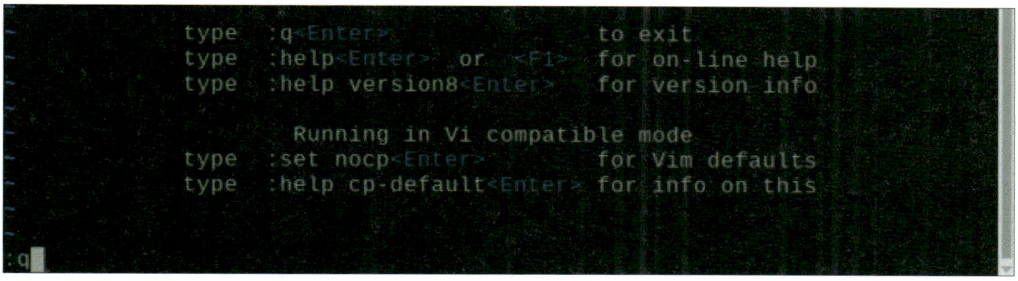

그림 10 "q"를 입력 후 키보드 Enter를 누르면 vi를 빠져나옵니다.

vi 다음에 파일이름을 입력하여 해당 파일을 불러옵니다. 만약, 입력한 파일이 없으면 입력한 파일명으로 파일을 생성합니다. vim은 기본적으로 Raspberry Pi OS에 포함되어 있습니다만 설치가 필요할 경우는 다음 명령어를 참조하세요.

```
# 업데이트, 업그레이드 후 vim 설치
sudo update && upgrade -y
sudo apt install vim

# 파일 생성/편집하기
vi [파일명]

# 읽기 전용으로 파일읽기
view [파일명]
```

※ &&: 첫 번째 명령어가 에러 없이 실행이 완료되면 두 번째 명령어 실행시키는 다중 명령어[가]

명령모드에서 ":"를 입력한 후 "q" 외에 사용할 수 있는 다른 명령어들이 있습니다. 다음 표를 참조하세요.

명령	내용
:w	저장하기
:w [파일명]	파일 이름으로 저장
:q	vi 종료
:q!	저장하지 않고 강제 종료
:wq	저장 후 종료
:wq!	저장 후 강제 종료
:e [파일명]	파일 불러오기

커서를 이동할 때 H/J/K/L 버튼을 이용할 수 있는데 명령모드에서 작동하는 것입니다. 키보드의 방향키는 명령모드, 입력모드 모두 커서를 이동할 때 사용할 수 있습니다.

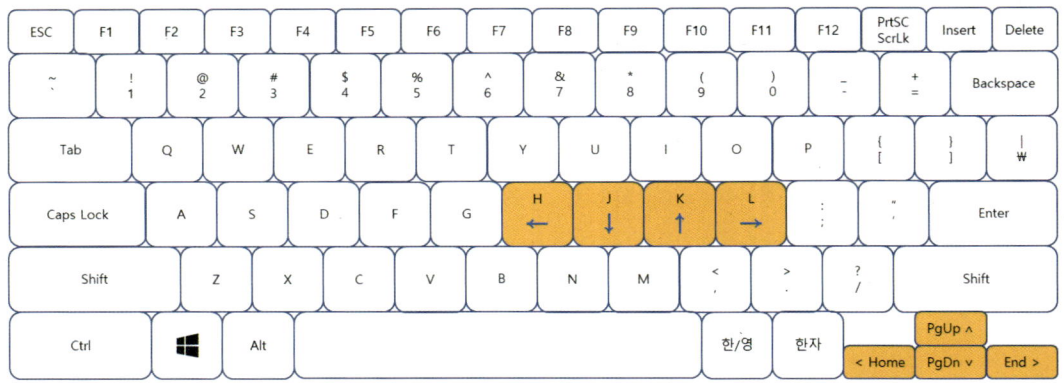

명령모드에서 커서를 이동하는 다양한 방법이 있습니다. "0"을 누르면 현재 행의 가장 앞으로 이동, "$"를 누르면 현재 행의 가장 마지막으로 이동합니다.

명령	설명	명령	설명
0	현재 행의 처음으로	H	화면의 맨 위로
^	현재 행의 처음으로	M	화면의 중간으로
$	현재 행의 끝으로	L	화면의 맨 아래로
-	이전 행의 처음으로	CTRL+f	다음 화면으로(Page Down)
+	다음 행의 끝으로	CTRL+b	이전 화면으로(Page Up)
b	이전 단어의 처음으로	CTRL+d	반 화면 아래로
w	다음 단어의 처음으로	CTRL+u	반 화면 위로
e	다음 단어의 마지막으로	CTRL+y	한 줄 아래로
(	이전 문장의 처음으로	CTRL+e	한 줄 위로
)	다음 문장의 처음으로	:0	첫 행으로
{	이전 문단의 처음으로	:n	n번 행으로
}	다음 문단의 처음으로	:$, G	마지막 행으로

표 1 커서 이동 명령어(명령모드)

명령모드에서 내용 수정도 간단히 할 수가 있습니다. 내용 삭제, 작업 취소, 내용 수정 등 편집 명령어에 대해 알아보겠습니다.

삭제 명령	설명
x	커서가 위치 한 문자 삭제
#x	사용 예) 3x는 3개의 문자를 삭제
X	커서의 왼쪽에 있는 문자 삭제
dd	커서가 위치한 행 삭제
#dd	사용 예) 3dd는 3개의 행을 삭제
D	커서의 위치부터 행 끝까지 내용 모두 삭제
dw	커서가 있는 단어 삭제
#dw	사용 예) 3dw는 3개의 단어를 삭제
:e!	마지막으로 저장한 내용 이후 모두 삭제하고 새로 작업

표 2 내용 삭제하기(명령모드)

수정 명령	설명
r	한 문자 수정
R	ESC 키를 누르기 전까지 계속 수정
s	ESC 키를 누르기 전까지 계속 수정(삽입)
#s	사용 예) 3s는 3개의 문자 수정
R	ESC 키를 누르기 전까지 계속 수정
cw	한 단어 수정
#cw	사용 예) 3cw는 3개의 단어 수정
cc	현재 행 수정
C	커서의 위치부터 행 끝까지 수정

표 3 내용 수정하기(명령모드)

편집 명령	설명
yy, Y	커서가 위치한 행 복사
#yy	사용 예) 3yy는 3개의 행을 복사
p	커서 아래 행에 붙여넣기
P (대문자)	커서 위 행에 붙여넣기
dd	커서가 위치한 행 잘라내기
#dd	사용 예) 3dd는 3개의 행을 잘라내기

표 4 복사, 잘라내기, 붙여넣기(명령모드)

행을 복사할 때 문자나 숫자를 이용하여 저장하는 방법도 있습니다. "(큰따옴표)+문자(또는 숫자)의 형태로 사용합니다. 예를 통해서 사용법을 알아보겠습니다.

"ayy   커서가 위치한 행을 a라는 이름으로 저장
"2yy   커서가 위치한 행을 2라는 이름으로 저장
"ap   커서가 위치한 아래 행에 a이름으로 저장한 내용 붙여넣기

명령모드에서 ":"를 입력한 후 "〈범위〉y"를 입력해서 내용을 복사하거나, "〈범위〉d"를 입력해서 삭제(잘라내기)도 가능합니다. 범위를 전하는 방법을 예를 통해 알아보겠습니다.

1,$ 1행부터 마지막 행까지
1,.   1행부터 현재 행까지

.,$ 현재 행부터 마지막 행까지
.,-3 현재 행부터 3번째 전행까지
1,10 1행부터 10행까지

기타 명령	설명
u	이전 작업 취소
U	해당 행에서 수행한 모든 명령 취소
.	가장 최근 명령어 다시 실행
/[문자열]	커서 아래 방향 우선으로 문자열 검색
?[문자열]	커서 위 방향 우선으로 문자열 검색
n	검색하던 방향으로 다음 문자열
N	검색하던 반대방향으로 다음 문자열
:s /원래 문자열/바꿀 문자열	커서가 위치한 행에서만 수정
:s /원래 문자열/바꿀 문자열/g	모든 행에서 수정
:1,10 s /원래 문자열/바꿀 문자열/g	1행부터 10행에서 수정

표 5 기타 명령어(명령모드)

편집모드(입력모드)

편집모드 또는 입력모드라고도 합니다. 명령모드에서는 텍스트 입력을 위해서 a, i, o를 입력해서 편집모드로 들어갈 수 있습니다. 편집모드에서 명령모드로 돌아오기 위해서는 키보드 ESC 키를 누르면 됩니다.

편집모드 명령	설명
a	커서의 한 칸 뒤에서 입력 시작
A	커서가 위치한 행의 마지막부터 입력 시작
i	커서의 위치부터 입력 시작
I	커서가 위치한 행의 맨 앞부터 입력 시작
o	커서가 위치한 아래 행부터 입력 시작
O	커서가 위치한 위 행부터 입력 시작

표 6 입력모드 진행 명령어

VIM 설정

VIM의 환경설정[13]을 통해서 편리하게 VIM을 사용할 수 있습니다. VIM을 Python 에디터로

---

13 https://wiki.python.org/moin/Vim

사용한다면 가동성을 높이기 위해서 문구에 색상을 넣거나 코드 자동완성 기능을 넣거나, 줄 번호도 넣을 수가 있습니다. 가장 많이 사용하는 설정에 대해서 알아보도록 하겠습니다. 설정 파일은 사용자 디렉토리 아래에 ".vimrc" 파일을 만들어 수정하면 됩니다. 파일 앞에 "."이 있는 것은 숨김파일임을 의미합니다. Raspberry Pi OS에서 GUI 모드인 File Manager에서는 CTRL + h를 눌러서 숨김파일 보이기(숨기기)를 할 수가 있으며, 터미널 모드에서는 "ls -a"를 통해 확인할 수 있습니다. vim 명령어를 이용하여 환경설정을 해 보겠습니다. set을 이용하여 원하는 설정을 입력 후 저장하면 됩니다.

```
vim ~/.vimrc        #개인설정용
sudo vim /etc/vim/vimrc     #전체사용자 설정용
```

환경설정

```
set ignorecase      "검색 시 대소문자 구별하지 않음(= set ic)
set hlsearch        "검색된 문자열을 강조
set incsearch       "검색어를 입력할 때마다 일치하는 문자열을 강조(= set is)
set expandtab       "tab 대신 띄어쓰기로 (=set et)
set background=dark "배경을 어둡게
set nocompatible    "오리지날 vi와 호환되지 않음
set fileencodings=utf-8,euc-kr   "인코딩 설정
set fencs=ucs-bom,utf-8,euc-kr   "한글 파일은 euc-kr, 유니코드는 유니코드
set bs=indent,eol,start     "backspace 키 사용 가능하게
set history=1000    "명령어에 대한 히스토리를 1000개까지 저장
set showmatch       "매칭되는 괄호를 표시
set nowrap          "자동 줄바꿈 하지 않음
set wmnu            "tab 자동 완성 시 가능한 목록을 표시
set nobackup        "백업파일을 만들지 않음
set autoindent      "자동 들여쓰기 (= set ai)
set smartindent     "스마트 들여쓰기 (= set si)
set tabstop=4       "탭크기를 4로 변경(기본은 8)
set shiftwidth=4    ">>, << 를 눌렀을 때 커서 너비=4
set number          "줄번호 표시 (= set nu)
set cursorline      "커서 있는 행 밑줄
set ruler           "커서 좌표 표시
```

```
set cindent     "C언어를 위한 들여쓰기
set title       "현재 편집 중인 파일 이름 표시
set mouse=a     "커서 이동을 마우스로 가능하도록

syntax on       "문법기능 On
filetype plugin indent on    "확장자로 문서형식 파악
```

 그림 11 vim 환경설정 후 화면

🌸 Tips

가. 다중 명령어

```
명령어1 [다중명령어] 명령어2 [다중명령어] 명령어3
```

세미콜론(;): 하나의 라인에서 여러 명령어를 실행, 명령이 실패하여도 다음 명령 실행
파이프(|): 앞의 명령의 결과를 두 번째 명령의 입력으로 사용
더블파이프(||): 첫 번째 명령어가 정상 실행 시 다음 명령어는 실행하지 않음
더블엠퍼센트(&&): 첫 번째 명령어가 정상적으로 실행되었을 때, 다음 명령어 실행
엠퍼센트(&): 앞의 명령어를 백그라운드로 실행하고, 즉시 다음 명령어를 실행

Chapter

03

파이썬 코드 편집기

03 파이썬 코드 편집기

① 학습요약

학습 목표	파이썬 코드 편집기에 대해 알아보고, 라즈베리파이와 PC 사이에 파일을 주고받는 법을 익힌다.
프리뷰	파이썬 IDE, WinSCP
핵심 키워드	Thonny, SCP
준비물	라즈베리파이(5B, 4B, 3B+, 3B)
실습 시간	1시간
학습 난이도	하, 중(vim을 파이썬 IDE로 사용하기)

② Thonny Python IDE

Raspberry Pi OS는 파이썬(Python), C, C++, Java, Scratch 등 여러 프로그래밍 언어를 지원합니다. 또한 각 프로그램 언어를 작성, 편집하기 위한 편집기(IDE, Integrated Development Environment)가 기본으로 설치되어 있습니다. 라즈베리파이를 사용하는 사람들은 파이썬(Python) 언어를 많이 사용합니다. 파이썬은 교육용으로 개발된 언어라서 문법이 간단하며, 풍부한 라이브러리 덕분에 비교적 쉽게 프로그램 코딩할 수 있는 장점이 있습니다. 라즈베리파이 재단에서도 파이썬을 학습자를 위한 언어로 추천하는 이유도 그 때문이라고 생각합니다. 파이썬 IDE로는 개발자들에게 인기가 많은 파이참(PyCharm), vscode, mu, notepad++ 및 이전 챕터에서 배운 터미널을 이용하는 방법 등이 있습니다. 이 책에서는

Raspberry Pi OS에 기본적으로 설치되어 있는 Thonny Python IDE를 활용하도록 하겠습니다. 다른 IDE에 비해 사용법이 가볍고 간단하면서도, 자동완성 등 편리한 기능을 지원해 주므로 초보자가 사용하기 편리합니다.

2.1 Thonny Python IDE 열기

리눅스 명령어를 터미널(Terminal)에서 "thonny"를 입력하거나 라즈베리파이 버튼을 눌러서 Thonny를 찾아가서 실행시켜도 됩니다.

> 상단 좌측 라즈베리파이 버튼 클릭(🍓) → Programming → Thonny Python IDE

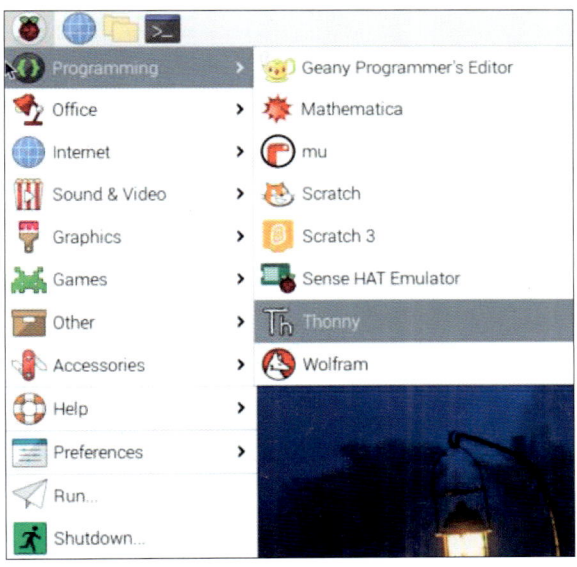

그림 1 Thonny 실행

2.2 Thonny Python IDE 사용하기

코드 작성을 위해 "New" 버튼을 누르면 코드 작성하는 창에 코드를 입력할 수 있는 빈 화면이 나옵니다. 빈 화면에 마우스 오른쪽 버튼을 눌러서 보면 여러 단축 기능을 확인할 수 있습니다. 이 중에서 유용한 단축키는 코드 자동완성 기능인 "Ctrl + space"입니다[14]. 파이썬 명령어

---

14 Tab 키를 눌러도 같은 효과

를 입력을 완성하지 않은 상태에서 자동완성 단축키를 눌러, 나열된 관련 명령어들 중에서 명령어를 선택하면 코드를 타이핑하는 시간을 절약할 수 있습니다. 코드 입력을 마쳤으면 "실행" 버튼을 눌러 실행하면 됩니다. 저장이 되어 있지 않는 코드일 경우는 저장창이 뜨는데, 저장 후 진행하면 됩니다. 미리 작성해 둔 코드가 있을 경우는 "열기" 버튼을 눌러서 파일을 불러오면 됩니다. 코드를 실행을 중지할 때는 "종료" 버튼을 누릅니다.

디버깅 버튼과 변수창을 활용하면 코딩을 효과적으로 작성할 수 있습니다. 디버깅모드에서 코드를 한 줄씩 실행하면서 코드확인이 가능하며, 변수창에서 변수 값이 어떻게 변하는지도 확인할 수 있습니다.

그림 2 Thonny 단축키

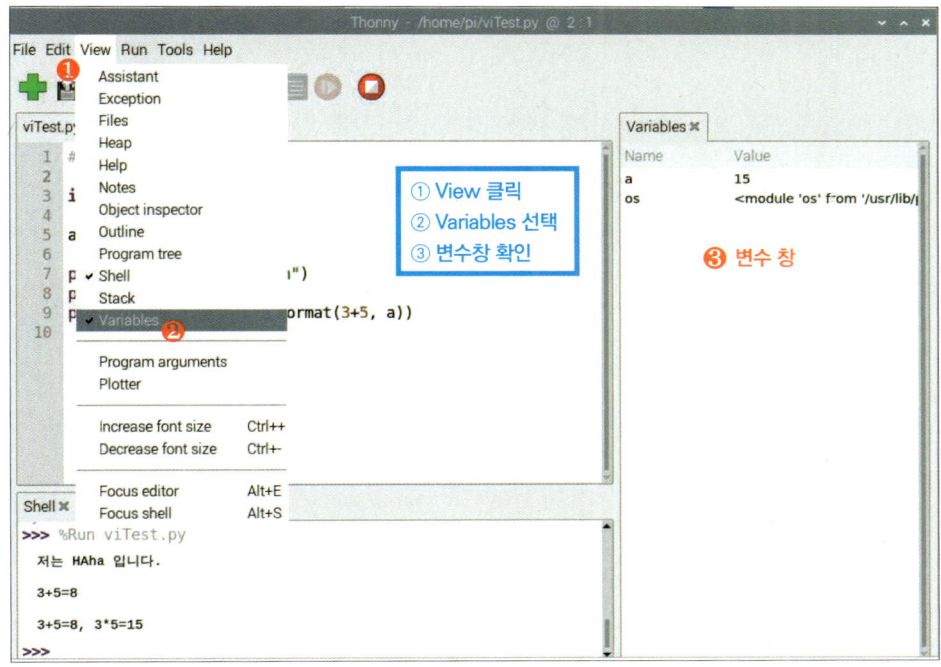

그림 3 Thonny 버튼 설명

그림 4 변수창 활용

2.3 VIM을 파이썬 IDE로 사용하기(난이도: 중급)

라즈베리파이를 처음 사용하는 분들은 GUI(Graphical User Interface) 환경이 직관적이고, 마우스를 사용하여 쉽게 작업을 할 수가 있어서 편리하게 느껴질 것입니다. 하지만, 시간이 지나 터미널에서 명령어를 사용하는 일에 익숙해지면 CLI(Command Line Interface) 환경의 원격 접속 작업이, 시스템 소스를 적게 사용하면서 빠른 시간에 원하는 작업을 마칠 수 있으며 특정 작업은 터미널의 텍스트 환경의 작업이 더 편리하다고 느낄 때가 있을 것입니다. 이런 분들을 위해 터미널에서 Chapter2에서 배운 vi를 이용하여 파이썬 코딩을 쉽게 할 수 있는 환경을 만들어 보겠습니다. 아직 라즈베리파이에 익숙하지 않은 분은 가볍게 읽어 보면서 지나가도 될 것 같습니다.

Chapter2에서 설명한 VIM 환경설정만으로도 vim으로 파이썬을 코딩하는 데 큰 지장은 없습니다. 좀 더 편리하고 쉽게 코딩을 위해서 코드 자동완성 기능, PEP8(Style Guide for Python Code) 가이드를 따른 자동 들여쓰기 및 Python 문법검사 기능을 플러그인을 통해서 추가해 보겠습니다.

관련 플러그인

- Vundle: vim용 플러그인 추가/삭제 관리자(Vim bundle의 약자)
- jedi-vim: 자동 완성 라이브러리 플러그인
- vim-python-pep8-intent: 파이썬 스타일 가이드 플러그인
- vim-flake8: 파이썬 코드 검사 플러그인

설치 작업 순서

1) vim-nox를 설치합니다.
2) vim의 플러그인을 추가/삭제할 수 있는 Vundle를 설치합니다.
3) vimrc을 편집하여 vim 환경설정 및 플러그인 설치 구문을 입력합니다.
4) vim에서 "PluginInstall" 명령어를 사용하여 플러그인을 설치합니다.

vim 재설치

jedi-vim 호환성 문제로 vim-nox를 설치합니다.

```
sudo apt purge vim -y && sudo apt install vim-nox -y
```

Vundle 설치

github에서 vnundle을 "~/.vim/bundle/Vundle.vim" 경로에 다운로드를 받습니다[15].

```
git clone https://github.com/VundleVim/Vundle.vim.git ~/.vim/bundle/Vundle.vim
```

```
pi@raspberrypi:~ $ git clone https://github.com/VundleVim/Vundle.vim.git ~/.vim/bundle/Vundle.vim
Cloning into '/home/pi/.vim/bundle/Vundle.vim'...
remote: Enumerating objects: 3140, done.
remote: Total 3140 (delta 0), reused 0 (delta 0), pack-reused 3140
Receiving objects: 100% (3140/3140), 935.40 KiB | 4.45 MiB/s, done.
Resolving deltas: 100% (1106/1106), done.
pi@raspberrypi:~ $
```

.vimrc 파일 편집

"~/.vimrc" ("/home/pi/.vimrc") 경로에 있는 ".vimrc" 파일에 코드 1의 환경설정 내용을 기입합니다.

```
vim ~/.vimrc
```

환경설정

```
set nocompatible
filetype off
set rtp+=~/.vim/bundle/Vundle.vim        "Vundle 경로 설정 및 초기화
call vundle#begin()                      "Plugin 시작


Plugin 'VundleVim/Vundle.vim'            "기본 번들


"Plugin 추가 ++++++++++++++++++++++++++++++++++++++++++
Plugin 'davidhalter/jedi-vim'            "파이썬 자동완성 plugin
```

---

15 또는 "git clone https://github.com/everylumi/Vundle.vim.git"

```
let g:jedi#show_call_signatures=0          "설명창 1=활성, 0=비활성
let g:jedi#popup_select_first="0"          "자동 완성 시 자동팝업 등장 않음
let g:jedi#force_py_version=3              "파이썬버젼 3=python3, 2=python2

Plugin 'hynek/vim-python-pep8-indent'      "python 자동 들여쓰기 Plugin
Plugin 'nvie/vim-flake8'                   "python 문법 검사
"++++++++++++++++++++++++++++++++++++++++++++++++++

call vundle#end()                          "Plugin 종료
filetype plugin indent on                  "파이썬 자동 들여쓰기 on

"vim 환경설정 ---------------------------------------------------
colo murphy                                "색상 설정
syntax enable                              "syntax highlighting
set fileencodings=utf-8,euc-kr             "인코딩 설정
set fencs=ucs-bom,utf-8,euc-kr             "한글: euc-kr, 유니코드: 유니코드
set bs=indent,eol,start                    "backspace 키 사용 가능하게
set number                                 "줄번호 활성
set mouse=a                                "마우스 사용
set clipboard=unnamedplus                  "텍스트를 클립보드에 복사
set ts=4                                   "Tab 크기를 4로 변경
set autoindent                             "자동 들여쓰기
set expandtab                              "Tab 대신 띄어쓰기로
set shiftwidth=4                           "〉〉, 〈〈 를 눌렀을 때 커서 너비=4
set cursorline                             "커서있는 행 밑줄
set showmatch                              "매칭되는 괄호 표시: [], {}, ()
set laststatus=2                           "아래쪽 바에 파일이름 표시
set pastetoggle=<F3>                       "붙여넣기모드 선택키
let python_highlight_all = 1               "모든 파이썬 색상강조 활성
highlight OverLength ctermbg=red ctermfg=white guibg=#592929
match OverLength /₩%81v.₩+/
```

코드 1 vimrc 환경설정

flake8[16]을 pip 명령어를 사용하여 가장 먼저 설치합니다. jedi-vim, python-pep8은 코

---

16 참조 사이트: https://github.com/nvie/vim-flake8

드1과 같이 Plugin에 등록만 해도 됩니다. flake8도 마찬가지로 Plugin에 등록을 합니다. 플러그인 등록을 마치면 vim 실행 후 ":"를 누른 후 "source %"와 "PluginInstall" 명령어로 플러그인을 설치합니다. 참고로, 플러그인을 삭제할 때는 vimrc 파일에 등록한 플러그인을 지우고 ":PluginClean"을 실행하면 됩니다. 좀 더 자세한 내용은 ":help vundle"로 확인 바랍니다.

```
# flake8 설치
pip3 install flake8

# vim에서 플러그인 설치하기
:source %
:PluginInstall
```

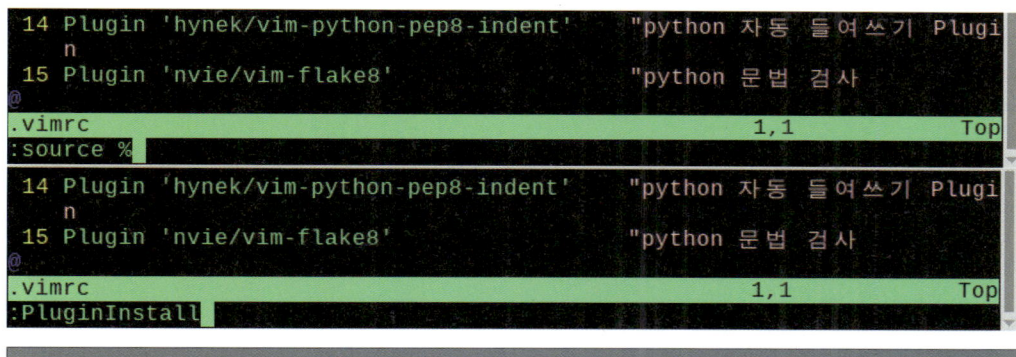

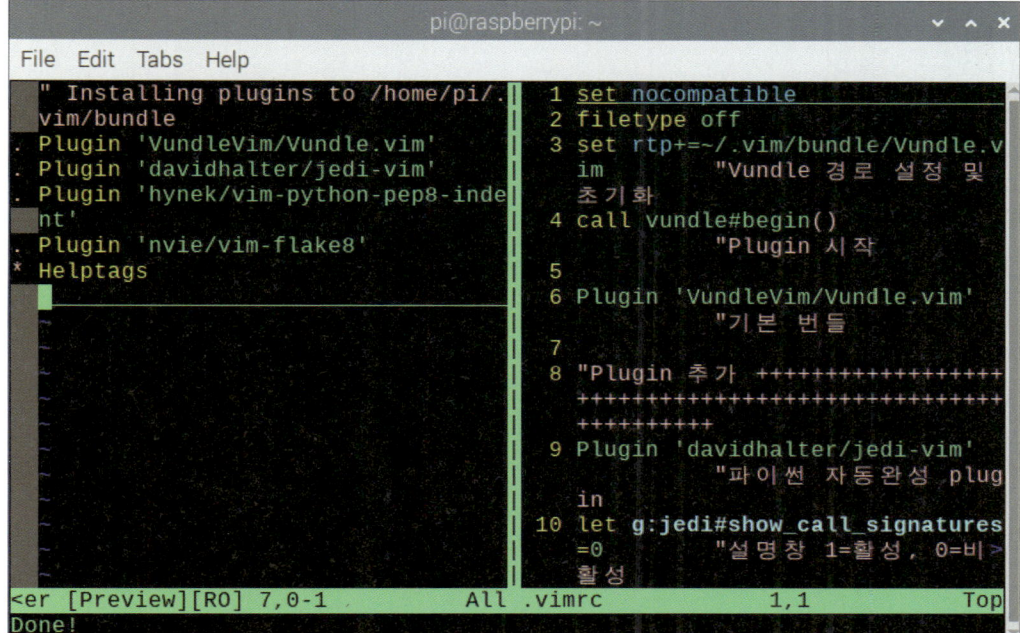

그림 5 플러그인 설치완료 화면

자동완성 사용법(jedi)

1. module 사용을 위한 "."을 입력하면 자동으로 입력완성이 뜹니다.
2. "Ctrl + Space"를 사용하여 자동완성을 만들 수 있습니다.
3. "Shift + k"로 해당 함수의 사용법을 자세히 볼 수 있습니다. "q"를 입력해서 자세히 보기에서 빠져나올 수 있습니다.
4. ":help jedi-vim"로 더 상세한 내용을 확인할 수 있습니다.

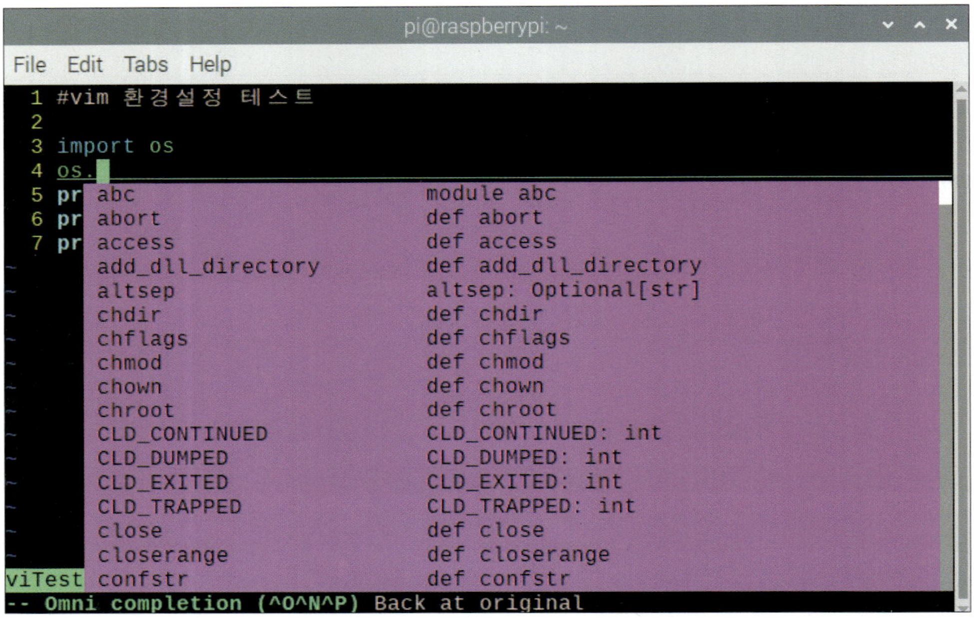

그림 6 "."을 눌러서 자동완성 기능을 활용하는 화면

문법검사 사용법(flake8)

1. F7 키로 문법검사를 진행합니다.
2. "q"를 입력해서 문법검사 내용 보기에서 빠져나올 수 있습니다.

[그림 7] F7을 눌러서 문법검사 실행 화면

❸ PC에서 라즈베리파이 OS로 파일 보내기

지금까지 어려운 내용 없이 잘 따라 학습하고 있나요? 처음 리눅스를 접하다 보니 쉽지만은 않을 수 있습니다. 모든 것을 한 번에 다 익히려고 하지 말고, 하나씩 반복해서 기능과 명령어에 익숙해지는 것을 추천합니다. 이번에는 PC에서 작업한 파일을 라즈베리파이로 보내는 방법에 대해서 설명하겠습니다. 반대로, 라즈베리파이에서 PC로도 파일을 보낼 수 있습니다.

PC에서 라즈베리파이로 파일을 보내는 간단한 방법은 VNC로 원격 접속이 연결된 상태에서 그림 8과 같이 마우스를 상단에 올려서 파일 보내기 버튼을 이용하는 방법이 있습니다.(이 방법은 Bookworm 버전에서는 데스크탑 환경을 구현하기 위한 프로토콜이 X11에서 Wayland로 변경되어 작동되지 않습니다. 그러나 Buster 버전에서는 사용 가능합니다.)

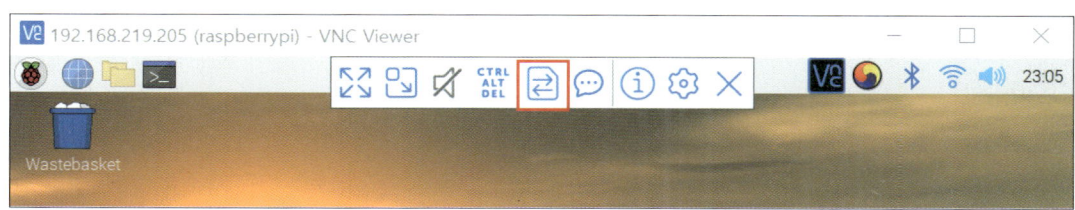

[그림 8] PC → 라즈베리파이 파일 보내기 (Buster 버전)

라즈베리파이에서 PC로 파일을 보낼 때는 그림 9에 표시된 파일 보내기를 사용하면 됩니다.

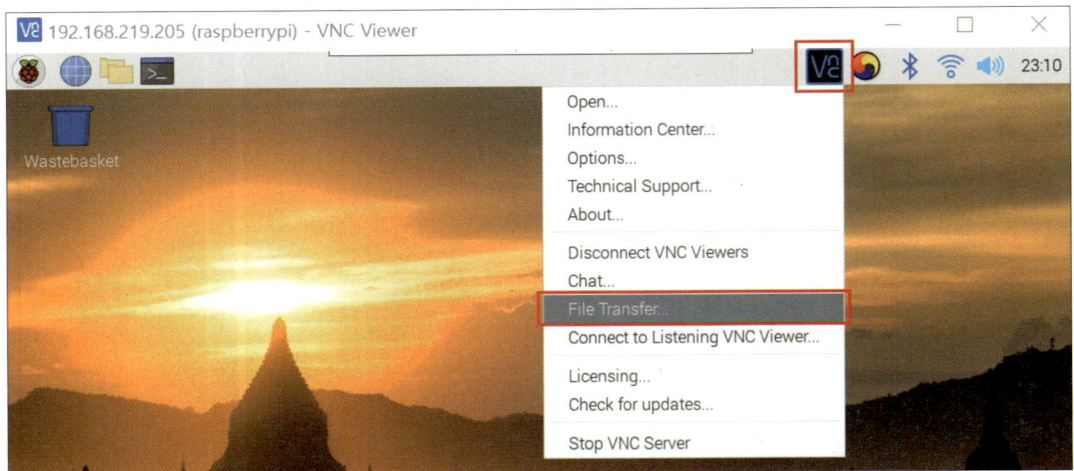

그림 9 라즈베리파이 → PC 파일 보내기 (Buster 버전)

SSH로 터미널 원격 접속을 통해서 SCP(Secure Copy) 명령어로 파일을 보내는 방법도 있습니다.

```
scp [원본파일] [복사될위치]
```
사용 예) scp file.txt pi@라즈베리파이IP주소:/ABC/

위에서 설명한 방법 중 하나를 이용하면 PC에서 라즈베리파이로 파일을 보낼 수 있습니다. 파일 전송을 위해 필자가 사용하는 WinSCP라는 편리한 소프트웨어를 소개해 보려고 합니다. 공개 프로그램으로 FTP, FTPS, SCP, SFTP, WebDAV를 지원합니다.

WinSCP

인터넷에서 검색하여 WinSCP를 다운로드[17]하여 PC에 설치를 합니다.
New Session 버튼을 눌러 접속하고자 하는 라즈베리파이의 IP 주소나 호스트 이름을 입력합니다. 사용자 이름을 입력하고 암호를 입력합니다. 접속이 연결되면 로컬 PC에서 라즈베리파이로 파일을 옮기거나 복사할 수 있으며, 라즈베리파이의 파일을 로컬 PC로도 옮길 수 있습니다. 그리고, 라즈베리파이의 파일을 바로 열어서 편집도 가능합니다.

---

17 WinSCP 사이트: https://winscp.net/

[Raspberry Pi OS 기본 사항]

- 호스트 이름: raspberrypi
- 사용자 이름: pi
- 비밀번호: raspberry

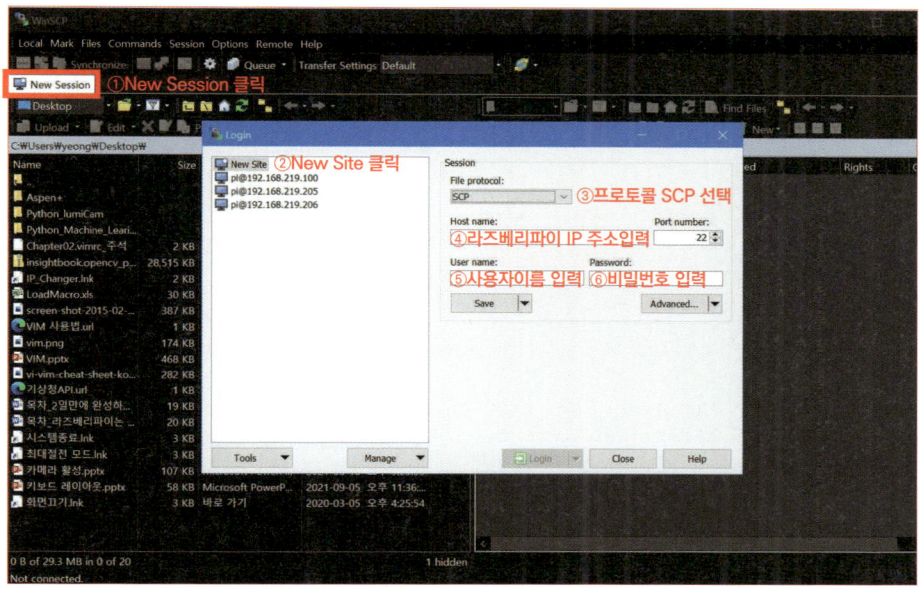

그림 10 WinSCP의 원격 접속을 위한 정보 입력

그림 11 WinSCP 접속이 완료된 화면

파이썬 코드 편집기 **117**

Chapter
04
파이썬 기초문법

04 파이썬 기초문법

1 학습요약

학습 목표	파이썬의 문법 구조를 알아본다
프리뷰	라즈베리파이에서 파이썬으로 코드 익히기
핵심 키워드	파이썬 기초문법, 제어문, 반복문, 모듈, 라이브러리
준비물	Raspberry Pi OS 설치된 라즈베리파이(5B, 4B, 3B+, 3B), 키보드, 마우스, 라즈베리파이 전원어댑터(전원케이블)
실습 시간	1주일
학습 난이도	하

2 파이썬 언어

파이썬은 1990년 암스테르담의 귀도 반 로섬이 크리스마스에 취미로 개발한 프로그램입니다. 오픈소스 프로그래밍 중 하나로, 뱀 모양의 아이콘이 특징입니다. 이 뱀은 고대 신화의 파르나소스 산의 동굴에 사는 큰 뱀을 나타내는 것으로, 로마 신화의 아폴로 신이 파이썬을 물리쳤다는 신화 속 이야기에서 그 유래가 전해지고 있습니다.

2.1 파이썬 다운로드

파이썬은 공식 사이트(https://www.python.org)의 Downloads에서 운영체제에 맞는 설치

버전을 다운로드하여 설치할 수 있습니다. Raspberry Pi OS에는 기본적으로 파이썬이 설치되어 있으므로 별도의 설치 과정 없이 바로 사용이 가능합니다. 윈도우에서 사용을 원하면 공식홈페이지에 접속 후 그림 1처럼 다운로드 후 설치하여 사용할 수 있습니다.

그림 1 파이썬 홈페이지의 다운로드 화면

2.2 파이썬 언어의 특징

1) 인터프리터(Interpreter) 언어이다.

파이썬은 사람과 유사하게 생각하는 방식을 그대로 표현할 수 있는 언어의 특징을 가지고 있습니다. 사람이 어떤 글을 읽을 때 한 줄씩 읽어 내려가는 것처럼 파이썬 코드도 한 줄씩 순서대로 해석한 뒤 바로 실행을 반복하면서 명령어를 실행하게 됩니다. 따라서 별도의 실행파일이 존재하지 않으며, 한 줄씩 번역하므로 속도는 느리지만 문법적인 제약이 적고, 운영체제에 상관없이 한 번만 작성하면 되는 특징이 있습니다. 이런 특징을 가지는 언어들을 스크립터 언어라고 하며, 대표적인 언어의 종류로는 JavaScript, Python, Ruby 등이 있습니다.

이런 인터프리터 언어와 반대되는 언어로는 컴파일 언어를 들 수 있으며 컴파일 언어는 전체 코드를 실행 가능한 기계어로 번역하여 처리하기 때문에 처음 컴파일 시간이 오래 걸리지만 실행시간이 빠르다는 장점이 있습니다. 그러나 운영체제에 따라 별도의 컴파일 과정이 필요하며 문법적인 제약이 많다는 단점이 있습니다. 이런 컴파일 언어의 대표적인 종류로는 C, C++, Java 등이 있습니다.

2) 코드 작성이 쉽고 간단하여 개발속도가 빠르다.

파이썬은 컴퓨터가 동작하는 것을 고려할 필요 없이 사람이 생각하는 방식 그대로 만들기 때문에 코드가 간단하고 알아보기가 쉬운 하이레벨 언어입니다. 다른 언어의 복잡한 코드 작성 규칙 없이 단 몇 줄만의 문장으로 코드를 실행할 수 있습니다. 이런 특징은 사람의 사고 방식처럼 코드를 작성하는 과정을 실행하고자 하는 내용 순서대로 작성하면 되기 때문입니다. 이렇게 쉽게 작성이 가능하므로 텍스트 프로그래밍 언어를 처음 배우는 초심자라도 누구나 어렵지 않게 프로그래밍에 입문하기가 좋아 각광받고 있습니다.

또한 쉽고 간단한 코드 작성으로 인해 머릿속으로 생각한 대로 프로그래밍을 그대로 작성할 수 있으므로 빠른 작업속도를 가지게 되어, 파이썬 개발자의 개발속도를 가속화시켜 줍니다.

③ 들여쓰기 방식이 필수적이다.

보통의 프로그래밍 언어들을 코딩을 할 때 가독성을 위해 들여쓰기를 합니다. 그러나 파이썬에서는 들여쓰기가 코딩의 문법적인 규칙입니다. 코드 블록으로 구분하기 위해 반드시 들여쓰기를 하여야 하나의 블록으로 취급되어 에러가 나지 않습니다. 들여쓰기는 한 칸 혹은 두 칸, 네 칸, 탭 등 다양한 방식이 있으며 같은 블록 내에서는 들여쓰기 칸수가 같아야 하며, 공백과 탭을 섞어 쓰면 안 됩니다. 이를 지키지 않으면 except an indented block이라는 에러가 나게 됩니다. 또한 C언어와 달리 문장의 끝에 세미콜론(;)이 없어도 다음 명령어를 인식합니다. 다만 여러 명령어를 이어 쓸 때는 세미콜론(;)을 쓰기도 합니다. 예를 들면, print('Hello'); print('World!')와 같이 세미콜론(;)으로 명령어가 연결되기도 합니다.

④ 독립적인 플랫폼에서 사용이 가능하다.

윈도우 및 리눅스, 맥 OS에서도 모두 사용이 가능하므로 특정 플랫폼에 구애받지 않고 자유롭게 사용이 가능한 특징이 있습니다. 이는 다른 소프트웨어가 플랫폼에 의존적이므로 OS에 따라 작동하는 소프트웨어를 달리 작성해야 하는 번거로움을 줄여 줍니다. 또한 다른 언어로 제작된 모듈들도 포함시켜서 사용이 가능하므로 타 언어와의 확장성과 이식성이 아주 뛰어나서 호환하여 사용 가능한 장점이 있습니다.

⑤ 오픈소스로 무료로 사용이 가능하다.

오픈소스[18]인 파이썬은 언제 어디서든 무료로 다운로드하여 사용이 가능합니다. 누구나 개발, 수정 및 배포가 가능하므로 다른 개발자들이 만들어 놓은 수많은 모듈들을 자유롭게 사용할 수 있으므로 프로그래머는 모든 코드를 일일이 작성할 필요 없이 기존에 작성된 파이썬 라이브러리를 활용하여 쉽게 개발이 가능합니다. 이런 특징으로 인해 교육용 프로그래밍 언어의 사용에 그치지 않고 개발용 언어로서도 인기 순위가 높아지고 있습니다. 구글의 소프트웨어의 50% 이상이 파이썬으로 개발되었으며 넷플릭스, 인스타그램 및 드롭박스 등 많은 기업들이 파이썬을 적극 활용해 자사의 서비스를 개발하고 있습니다.

③ 파이썬 자료형

자료형은 프로그래밍 언어의 코드를 작성할 때 다양한 자료들의 형태를 구분 짓는 방식을 나타내는 것으로 숫자, 문자들의 자료들을 올바르게 사용하는 방식을 이해하는 기본 과정입니다. 이 장에서는 숫자형, 문자형, 리스트(list) 및 튜플(tuple) 등의 다양한 파이썬 자료형을 하나씩 알아보고자 합니다.

3.1 숫자형 자료형

숫자형이란 일반적으로 생각하는 정수 및 실수 및 복소수의 모든 숫자형태를 포함하는 자료형으로, 양수나 음수를 표현하는 정수와 소수점을 가지는 실수뿐만 아니라 8진수나 16진수의 숫자형도 모두 포함됩니다.

정수형
소수점이 없는 정수의 형태로 양수와 음수와 0 모두를 포함합니다.

---

18 오픈소스: 저작권자가 누구나 쓸 수 있도록 소스 코드를 공개하여 다른 제약 없이 자유롭게 사용 및 복제, 배포, 수정할 수 있는 소프트웨어

```
>>> a = 123
>>> a = - 456
>>> a = 0
```

실수형

소수점이 있는 숫자의 형태로 양수와 음수의 소수점 모두를 포함합니다.

```
>>> a = 1.23
>>> a = - 4.567
```

2진수

파이썬에서는 일반적인 숫자를 세는 단위인 10진수가 기준이므로 다른 진수를 표현하기 위해 숫자 뒤에 알파벳 접두어를 붙여 표현할 수 있습니다. 2진수는 0(숫자) 뒤에 영어 소문자 b를 사용하여 표현합니다.

```
>>> a = 0b101010
>>> a = 0b101110
```

해당하는 진수에서 허용되는 값의 범위를 넘어가는 숫자를 사용하게 되면 syntax: invalid token, 에러가 발생하므로 주의하도록 합니다.

8진수

8진수의 표현방법은 0(숫자) 뒤에 o나 O(영문 대소문자 o, O를 사용)를 붙여 만들 수 있습니다.

```
>>> a = 0o123
>>> a = 0O52
```

16진수

16진수의 표현방법은 0(숫자) 뒤에 영어 소문자 x를 붙여 만들 수 있습니다.

```
>>> a = 0xABC
>>> a = 0x2a
```

산술 연산자

숫자형은 우리가 일반적으로 알고 있는 사칙연산의 4가지(+, -, *, /)를 이용해 계산식을 실행할 수 있습니다

```
>>> a = 7
>>> b = 2
>>> a + b
9
>>> a - b
5
>>> a * b
14
>>> a / b
3.5
```

위에서 본 사칙연산 이외에도 파이썬에서는 나머지를 나타내는 %와 몫을 구하는 //, 거듭제곱을 표현하는 **로 연산을 할 수 있습니다. 위의 표의 a와 b에 사용된 숫자를 동일하게 입력하여 연산해 보겠습니다.

```
>>> a % b
1
>>> a // b
3
>>> a ** b
49
```

3.2 문자열 자료형

문자열이란 문자나 단어들로 만들어진 문자들의 집합을 나타내는 것으로 총 네 가지의 방식으로 문자열 자료형을 표현할 수 있습니다.

```
>>> "Hello, world"              #하나의 큰따옴표로 문자열 감싸기
'Hello, world'
>>> 'Hello, world'              #하나의 작은따옴표로 문자열 감싸기
'Hello, world'
>>> """Hello, world"""          #큰따옴표 3개 연속으로 문자열 감싸기
'Hello, world'
>>> '''Hello, world'''          #작은따옴표 3개 연속으로 문자열 감싸기
'Hello, world'
```

이렇게 큰따옴표와 작은따옴표를 사용하여 문자열을 표현하는 파이썬의 네 가지의 방법이 독특한데 그 이유에 대해 두 가지로 알아보고자 합니다.

1) 문자열 안에 따옴표를 포함시키고 싶을 때

파이썬에서 문자열을 표현하는 큰따옴표와 작은따옴표를 해당 문자열 안에서 사용해야 할 경우에 사용을 합니다.

```
>>> a = '"Hello, what's your name?"'
>>> a
' "Hello, what's your name?" '
```

문장 안에 큰따옴표를 표현하고 싶을 경우, 위의 예와 같이 작은따옴표(')로 양쪽을 감싸 주면 됩니다. 반대로 문장 안에 작은따옴표를 표현하고 싶을 경우는 아래와 같이 큰따옴표(")로 양쪽을 감싸 주면 됩니다.

```
>>> b = "'Python's best!!'"
>>> b
' 'Python's best!!' '
```

2) 여러 줄의 문자열을 하나의 변수에 넣고 싶을 때

문자열이 한 줄이 아닌 경우 여러 줄을 모두 변수에 넣으려면 연속된 모든 문자열이라는 표현으로 작은따옴표나 큰따옴표를 연속 세 개 이용하여 넣을 수 있습니다.

```
>>> a = '''
... It is my life
... My life is wonderful!!
... '''
```

또는 두 줄의 문장 사이에 개행문자(₩n)을 이용하여 연속된 줄을 표현할 수 있습니다.

```
>>> a = "It is my life ₩n My life is wonderful!!
```

두 가지의 방법 모두 결과는 동일하게 출력이 됩니다. 하지만 문장이 여러 줄이고 길어질 경우 개행문자로 잘 구분이 되지 않는 경우가 많으므로 연속된 따옴표를 이용하여 여러 줄의 문자열을 표현하는 것을 추천합니다.

3) 코드에 주석(설명줄)을 넣고 싶을 때

코드를 작성하다 보면 명령어나 실행어가 아닌 코드에 대한 설명문을 넣어야 할 때가 있습니다. 이런 문을 주석문이라고 부릅니다. 명령문 코드에는 참여하지 않아서 코드에 대한 설명을 넣어서 나중에 코드를 다시 볼 때 빠른 이해에 도움을 줍니다. 파이썬에서 주석 처리하기 위해서는 "#"와 작은따옴표('), 큰따옴표(")를 사용합니다. 한 문장만 주석 처리할 경우는 "#"을 주석 처리하고자 하는 문장 앞에 쓰면 됩니다. 여러 줄의 문장을 한꺼번에 주석 처리하고 싶으면 작은따옴표('), 큰따옴표(")를 세 번 연속으로 주석 처리하고 싶은 문장의 처음과 끝에 적어 주면 됩니다.

```
#한 문장 주석 처리

'''
주석 처리할 문장1
주석 처리할 문장2
주석 처리할 문장3
'''

"""
주석 처리할 문장4
주석 처리할 문장5
주석 처리할 문장6
"""
```

3.2.1 문자열 연산자

문자열 더하기

파이썬에서는 서로 다른 두 개 이상의 문자열을 서로 더하거나 곱할 수 있습니다. 다만 문자열에서는 숫자형과 다르게 연산의 기능은 가지지 않으므로 두 문장이 연결되어 나타나는 방법으로 표현된다는 점을 기억하시면 됩니다.

```
>>> a = "Python"
>>> b = " is very good"
>>> a + b
'Python is very good'
```

문자열 곱하기

숫자형 연산자에서 *는 두 변수에 대입된 숫자를 서로 곱하기 연산으로 실행하라는 의미로 사용되었지만, 문자열에서 *의 연산자는 변수에 입력된 문자열을 두 번 반복하여 출력하라는 의미로 사용됩니다.

```
>>> a = "Python"
>>> a * 2"
'PythonPython'
```

이러한 문자형 연산자는 이전 장에서 소개된 Tonny 에디터를 이용하여 앞으로도 자주 사용될 예정이니 문자열과 숫자형의 연산자의 방식의 차이를 구분하여 꼭 익혀 두시기 바랍니다.

3.2.2 문자열 인덱싱과 슬라이싱

문자열 인덱싱

문자열 인덱싱이란 쉽게 말해 문자에 순서대로 번호를 매기는 것을 말합니다. 여기서 한 가지 기억해야 할 점은 파이썬에서는 번호를 매기는 숫자를 0부터 시작한다는 점입니다. 처음에는 순서를 0부터 시작한다는 것이 어색할 수 있겠지만 계속 사용하다 보면 자연스럽게 익숙해지는 부분입니다. 아래의 예제를 통해 순서를 세는 방법을 알아봅니다.

```
>>> a = "Python is very good"
          ↓↓↓↓↓↓       ↓
          0 1 2 3 4 5 6    18
```

위의 문자열의 순서를 번호로 매겨 보면 따옴표로 감싸진 첫 번째 글자부터 0으로 시작하여 공백까지 모두 번호를 붙여 세어진 것을 확인할 수 있습니다. 아래의 예제를 한번 살펴봅시다.

```
>>> a = "Python is very good"
>>> a[5]
'n'
```

a[5]는 전체 문자열 중 6번째의 문자를 나타내는 것입니다. 앞서 설명한 바와 같이 파이썬에서는 순서를 세는 번호가 0번부터 시작하므로 a[5]는 0~5까지 순서대로 문자 하나씩 세어 보면 'n'이 6번째 문자라는 것을 알 수 있습니다. 이번에는 다른 방식의 문자 인덱싱에 대해 알아봅니다.

```
>>> a = "Python is very good"
>>> a[-1]
'd'
```

위와 다르게 순서에 마이너스(-)의 번호가 쓰여 있는 것을 살펴볼 수 있습니다. 이것은 바로 문자열의 가장 마지막 순서대로 앞쪽으로 세는 방식을 나타내는 것입니다. 그럼 여기서 시작하는 번호의 순서가 0번이면 마이너스도 0부터 시작해야 하는 것 아닌가 하는 의문이 들 수 있는데, -0은 0과 같으므로 가장 뒤쪽의 문자가 아닌 가장 앞쪽의 문자를 출력하게 됩니다. 따라서 뒤쪽에서부터 순서대로 세어 문자를 출력하고 싶을 때에는 -1번부터 세어서 적어 준다는 점을 기억하시길 바랍니다.

문자열 슬라이싱(slicing)

앞에서 본 것처럼 문자열의 번호를 세어서 원하는 하나의 문자가 어떤 위치에 있는지 알아보았다면 이번에는 전체 문자열 중 해당하는 문자의 단어를 추출하는 방법에 대해서 알아봅니다. 단순하게 생각하면 위에서 나열한 방법대로 하나의 문자열의 순서를 뽑아 문자열을 서로 더하기 연산으로 더하면 원하는 결괏값을 얻을 수 있을 것입니다. 그러나 한 단어를 추출하기 위해 너무 많은 문장을 사용해야 하는 불편함이 있습니다. 파이썬에서는 이런 불편함을 해소하고자 문자의 순서를 하나씩 지정하는 것 외에 특정 범위로 지정하는 기능이 있습니다.

```
>>> a = "Python is very good"
>>> a[10:13]
'ver'
```

여기서 나타내는 [10:13]는 10번째 문자열부터 13까지의 문자열을 추출한다는 것을 나타냅니다. 그러면 순서는 0부터 시작하므로 13까지의 숫자를 세어 보면 very의 단어 전체가 출력되어야 맞지 않을까 라고 생각할 수 있습니다. 그러나 결괏값을 살펴보면 ver까지만 출력되는 것을 확인할 수 있습니다. 이는 슬라이싱의 규칙상 a[시작번호:끝번호]로 영역을 지정할 경우 마지막 끝번호는 포함하지 않기 때문입니다. 따라서 실제 계산되는 영역은 10번 문자열에서 12번까지의 문자가 해당 문자가 되어 ver이 출력되는 것입니다. 문자열 슬라이싱을 할때는 마지막 끝번호에서 -1을 한 번호만큼 영역이 지정된다고 기억하시면 쉽게 셀 수 있습니다. 그러면 문자열 슬라이싱에서도 마이너스(-)로 영역을 지정하는 예시를 아래를 통해 한번 알아봅니다.

```
>>> a = "Python is very good"
>>> a[-9:-5]
'very'
```

마이너스로 지정된 영역도 마찬가지로 -9번째의 문자열인 'v'부터 시작하여 -6번째까지인 'y'까지 출력되는 결과를 볼 수 있는데, 이것은 마지막 -5번째의 순서는 해당되지 않아 이전의 값인 -6까지의 문자까지만 출력되기 때문입니다. 이렇게 문자열 슬라이싱은 시작과 끝의 순서를 정하여 해당하는 문자를 추출할 수 있지만 반드시 시작과 끝을 모두 적어야 하는 것은 아닙니다. 아래의 예시를 한번 살펴보겠습니다.

```
>>> a = "Python is very good"
>>> a[:5]
'Pytho'
>>> a[5:]
'n is very good'
```

이렇게 시작하는 영역을 콜론(:)으로 지정하고 뒤에 숫자를 적어 주면 처음부터 시작해서 마지막 번호의 -1번째까지의 문자를 모두 가져오는 모습을 확인할 수 있습니다. 또한 아래의 경우에서는 반대로 5번째의 문자부터 시작하여 끝의 문자까지 모두 가져오는 결괏값을 볼 수 있습니다. 이렇게 문자열 슬라이싱은 시작과 끝 영역 중 한쪽만 지정하여 사용하는 경우도 있으므로 다양한 슬라이싱 방법을 활용하여 문자열을 분할할 수 있습니다.

3.2.3 문자열 포맷팅(formatting)

문자열에서 슬라이싱 다음으로 문자열 속에 다른 형태의 값을 삽입하거나 특정 값만 변경하고자 할 때 쓰이는 것이 바로 문자열 포맷팅입니다. 문자열 포맷팅은 % 뒤에 다양한 코드를 붙여 구분하는데 코드의 종류 및 설명은 아래와 같습니다.

%d: 문자열 포맷 (String)
%c: 문자 1개 (character)
%d: 정수형 포맷 (Integer)
%f: 실수형 포맷 (float)
%%: 문자 중 %기호가 포함될 때

그럼 실제 아래의 예시문장을 통해 문자열 포맷팅을 사용한 결과를 한번 살펴봅니다.

>>> a = "There are %d people here" %3
 'There are 3 people here'
>>> a = "There are %s people here" %three
 'There are three people here'

이렇게 해당되는 문자열 포맷팅 형식을 지정하면 전체 문자열 중 원하는 곳만 다른 자료형으로 문자 및 숫자를 자유롭게 변경할 수 있습니다. 또한 파이썬 3.6 이상부터는 f 포맷팅 형식이 추가되어서 변수를 생성하여 그 변수 값에 지정된 문자열을 참조하여 사용할 수 있는 기능이 쓰이고 있습니다.

>>> city = 안양
>>> age = 11
>>> f '나는 {city}에서 태어났고, 내 내이는 {age}세 입니다.'
'나는 안양에서 태어났고, 내 나이는 11세 입니다.'

3.2.4 문자열 메소드

문자열 자료형은 많은 내부 함수들을 포함하고 있습니다. 이렇게 기본적으로 포함되어 있는 함수들을 내장함수라고 부르며 내장함수를 사용하는 방법은 변수 뒤에 .함수명을 넣어 사용할 수 있습니다.

문자 카운트 함수(count)
문자열 중 해당하는 문자의 개수를 출력해 줍니다.

```
>>> a = 'happy'
>>> a.count('p')
2
```

문자 위치 함수 1(find)

문자열 중 해당하는 문자가 나오는 처음 위치가 몇 번째인지 출력해 줍니다. 만약 문자열 중 없는 문자를 찾을 경우는 -1을 출력합니다.

```
>>> a = 'Python is very good'
>>> a.find('v')
10
```

문자 위치 함수 2(index)

문자열 중 해당하는 문자가 나오는 처음 위치가 몇 번째인지 출력해 줍니다. find 함수와 다르게 문자열 중 없는 문자를 찾을 경우 오류를 출력합니다.

```
>>> a = 'Python is very good'
>>> a.index('t')
2
```

문자열 합치기 함수(join)

문자열 중 원하는 문자를 넣어 문자열의 데이터를 합쳐 줍니다.

```
>>> a = ['a' , 'b' , 'c' , 'd' , 'e']
>>> data = ' , '.join(a)
>>> print(data)
a,b,c,d,e
```

문자열 나누기 함수(split)

문자열 중 특정 문자를 기준으로 문자열의 데이터를 나누어 줍니다. split()으로 사용할 경우 문자열을 공백을 기준으로 분리해 줍니다.

```
>>> a = 'Python is very good'
>>> a.split()
['Python' , 'is' , 'very' , 'good']
```

문자열 대, 소문자 변환 함수(upper, lower)

문자열 중 대문자를 소문자로 변환하는 함수는 lower(), 소문자를 대문자로 바꾸어 주는 함수는 upper() 입니다.

```
>>> a = 'Python Is Very Good'
>>> a.lower()
'python is very good'
>>> a.upper()
'PYTHON IS VERY GOOD'
```

문자열 길이 구하기 함수(len)

문자열의 전체 길이를 숫자로 계산해 주는 함수입니다. 리스트 및 다른 자료형에서도 많이 쓰이는 내장함수 중 하나입니다.

```
>>> len('python')
6
```

문자열 변환 함수(replace)

문자열 중 특정 문자를 바꾸고자 하는 문자로 변환해 주는 함수입니다. replace(바꿀 대상 문자, 바꾸고 싶은 문자)의 형식으로 사용하여 표현합니다.

```
>>> a = "Python Is Very Good"
>>> a.replace("Good", "Fun")
'Python Is Very Fun'
```

3.3 리스트 자료형(List)

숫자와 문자열의 나열로서 표현하기 힘든 문자열의 집합, 예를 들어 과일의 종류를 표현하는 문자열이나 홀수와 짝수를 나타내는 숫자들의 집합 등을 표현하기 위해서는 새로운 자료형이 필요합니다. 이럴 경우 리스트 자료형을 사용하여 표현할 수 있습니다. 리스트명과 요소 값들을 대괄호[]로 감싸 주어 표현하며, 각 요소 값은 쉼표(,)로 구분해 줍니다.

```
>>> a = [1, 2, 3]
>>> b = ['apple', 'banana', 'orange']
>>> c = ['1, 2, ['apple', 'banana']]
>>> d = []
```

리스트 내부의 요소 값은 숫자 및 문자 모두 사용할 수 있으며 리스트 내부에 또 다른 리스트의 형태로 만들 수도 있습니다. 또한 요소 값이 없는 빈 리스트도 만들 수 있습니다. 리스트는 내부의 요소를 수정하거나 삭제할 수 있습니다.

```
>>> a = ['apple', 'banana', 'orange']
>>> a[1] = 'melon'
>>> print(a)
['apple', 'melon', 'orange']
>>> del a[0]
>>> print(a)
['melon', 'orange']
```

리스트의 요소 값을 변경할 때는 몇 번째에 변경할 요소 값으로 다시 입력해 주면 변경할 수 있으며, 특정 번째 요소 값을 삭제하고 싶을 경우에는 del 변수명(번호)로 삭제할 수 있습니다.

3.3.1 리스트 연산자

리스트의 요소들은 변경이 가능하므로 연산자를 이용하여 요소들을 더하거나 반복할 수 있습니다. 리스트의 + 연산자는 두 개의 리스트를 하나로 합쳐 줄 수 있으며, * 연산자는 리스트의 요소들을 반복하여 만들어 줍니다.

```
>>> a = [1, 2, 3]
>>> b = [4, 5, 6]
>>> a + b
[1, 2, 3, 4, 5, 6]

>>> c = [1, 2, 3]
>>> c * 2
[1, 2, 3, 1, 2, 3]
```

리스트의 길이를 구하기 위해서는 앞에서 소개한 len() 함수를 이용하여 리스트의 전체 길이 값을 구할 수 있습니다. 다만 한 가지 주의해야 할 점은 리스트의 요소 값을 연산할 때에는 반드시 같은 자료형이거나 다른 자료형일 경우 해당 자료형의 형태를 기재한 후 연산을 하여야만 오류가 나지 않는다는 점을 기억하시기 바랍니다[가].

3.3.2 리스트 함수

리스트의 요소 값 추가 함수(append)

리스트 요소 값에 새로운 다른 요소 값을 추가할 때 사용합니다. 여기서 추가되는 요소 값은 리스트의 가장 마지막에 추가됩니다.

```
>>> a = [1, 2, 3]
>>> a.append(4)
>>> print(a)
[1, 2, 3, 4]
```

리스트 정렬 함수(sort)

리스트 요소를 순서대로 정렬할 때 사용되며, 기본적으로 오름차순으로 정렬합니다. 문자일 경우 알파벳 순서대로 정렬됩니다.

```
>>> a = [3, 1, 5]
>>> a..sort()
>>> print(a)
[1, 3, 5]
```

리스트 위치 함수(index)

문자열과 마찬가지로 리스트에서도 index() 함수를 사용하여 리스트의 위치 값을 구할 수 있습니다. 리스트 내부의 요소 값의 위치를 구할 때에는 index(숫자)로 몇 번째에 해당 요소 값이 있는지 결과를 알 수 있습니다.

```
>>> a = [1, 2, 3]
>>> a.index(2)
1
```

리스트 뒤집기 함수(reverse)

리스트 요소 값의 순서를 역순으로 뒤집어 줍니다. 여기서 주의해야 할 점은 sort() 함수처럼 정렬하여 역순으로 출력해 주는 것이 아니라 리스트의 요소 값들을 그대로 뒤집어서 출력해 준다는 것입니다.

```
>>> a = [3, 1, 5]
>>> a..reverse()
>>> print(a)
[5, 1, 3]
```

리스트 삽입 함수(insert)

리스트 요소 값의 특정 순서에 다른 요소 값을 끼워 넣을 때 사용합니다. 위치를 나타내는 insert(해당순서, 요소 값) 형태로 넣습니다.

```
>>> a = [3, 1, 5]
>>> a.insert(1, 4)
>>> print(a)
[3, 4, 1, 5]
```

리스트 확장 함수(extend)

리스트에 새로운 리스트를 추가할 때 사용합니다. extent(리스트) 형태로 추가하여 리스트를 확장해 줍니다.

```
>>> a = [1, 2, 3]
>>> a.extend([4,5])
>>> print(a)
[1, 2, 3, 4, 5]
```

리스트 제거 함수(remove)

리스트 요소 값 중 특정 요소 값을 제거하고 싶을 때 사용합니다. 제거될 요소 값이 중복으로 존재하는 경우에는 가장 첫 번째의 요소 값 1개만 제거됩니다.

```
>>> a = [1, 2, 3, 4, 5]
>>> a.remove(3)
>>> print(a)
[1, 2, 4, 5]
```

3.4 튜플 자료형(Tuple)

튜플(tuple)은 그 형태가 리스트(list)와 매우 비슷합니다. 다만 리스트는 대괄호[]로 감싸지만, 튜플은 괄호()로 감싼다는 점이 차이가 있습니다. 또한 리스트는 내부 요소 값을 추가, 삭제할 수 있지만 튜플은 내부의 요소 값을 추가, 삭제할 수 없다는 점이 가장 큰 차이점입니다. 이런 튜플이 가장 효과적으로 사용되는 경우는 데이터의 값이 변경되면 안 되는 자료일 경우 가장 유용하게 사용할 수 있습니다. 즉, 읽기만 되어야 할 자료일 경우 리스트로 생성하게 되면 변경의 위험이 있습니다. 이럴 경우에는 튜플로 생성하면 실행하는 동안 그 값의 변화 없이 사용할 수 있습니다. 튜플의 생성은 괄호()로 내부의 요소 값은 리스트와 동일하게 쉼표(,)로 구분하여 만들 수 있습니다.

```
>>> a = (1, 2, 3)
>>> b = 1, 2, 3
>>> c = ('a', 'b', ('c', 'd'))
>>> d = ()
```

이렇게 튜플도 리스트와 마찬가지로 내부의 요소 값으로 숫자 및 문자 모두 사용할 수 있으며, 비어 있는 튜플과 튜플 내부의 새로운 튜플이 있는 형태로도 만들 수 있으며, 괄호를 생략하여 만들 수도 있습니다.

```
>>> a = (1, 2, 3)
>>> del a(1)
Traceback (most recent call last): File "<stdin>", line 1, in <module> TypeError: 'tuple' object doesn't support item deletion
```

이렇게 튜플의 요소 값을 삭제하려고 하면 error 값을 출력하면서 삭제가 되지 않는 것을 확인할 수 있습니다. 요소 값을 변경하는 것 또한 error 값을 발생시키므로 반드시 튜플의 요소 값은 수정이나 삭제가 되지 않는다는 것을 기억하시기 바랍니다. 다만 튜플의 요소 값이 아닌 전체를 삭제하는 것은 가능합니다.

3.4.1 튜플 사용하기

튜플 요소 값 순서 구하기(index)

튜플도 리스트와 동일하게 요소 값의 번호로 해당 요소 값이 무엇인지 순서를 구할 수 있습니다.

```
>>> a = (1, 2, 3)
>>> a[1]
>>> print(a)
2
```

튜플 슬라이싱(slicing)

여러 개의 요소들을 선택하여 사용하는 것으로 문자열에서 살펴보았던 방법과 동일한 방법으로 튜플에서도 사용이 가능합니다.

```
>>> a = (1, 2, 3, 4, 5)
>>> a[1:3]
>>> print(a)
(2, 3)
```

튜플 길이 구하기(len)

하나의 튜플의 전체 길이를 구할 때 사용하는 함수로 len()을 사용하여 구할 수 있습니다.

```
>>> a = (1, 2, 3, 4, 5)
>>> print(len(a))
5
```

튜플 합치기

튜플은 요소 값들을 변경, 수정하는 것은 불가하지만 두 개 이상의 튜플끼리 더하여 새로운 튜플을 생성하는 것은 가능합니다.

```
>>> a = (1, 2, 3, 4, 5)
>>> b = (a, b, c)
>>> c = a + b
>>> print(c)
(1, 2, 3, 4, 5, a, b, c)
```

튜플, 리스트 자료형 변환하기(tuple, list)

리스트와 튜플은 서로 자료형을 변환할 수 있는데 이때 사용하는 함수로 tuple()과 list()가 있습니다. 튜플의 요소 값은 변경이 불가하므로 요소 값 변경이 자유로운 리스트로 자료형을 변경 후 요소 값을 추가할 때 쓰기 위해 list()를 사용하여 자료형을 변환합니다.

```
>>> a = (1, 2, 3, 4, 5)
>>> list(a)
[1, 2, 3, 4, 5]
>>> b = ['a', 'b', 'c']
>>> tuple(b)
('a', 'b', 'c')
```

3.5 딕셔너리 자료형(Dictionary)

딕셔너리(dictionary)는 영어 그대로 사전이라는 말 뜻을 가지고 있습니다. 사전을 찾을 때에는 먼저 해당하는 단어를 찾고 그 단어에 해당하는 뜻을 찾아서 기억하게 됩니다. 이렇듯 하나의 단어에 하나의 값을 가지는 구조를 파이썬에서는 딕셔너리 자료형이라고 부르는데 단어에 해당하는 key와 뜻에 해당하는 value 값으로 딕셔너리를 표현합니다. 따라서, 리스트나 튜플과는 달리 반드시 한 쌍으로 존재하게 되며, key를 통해 value 값을 구할 수 있습니다. 내부의 모든 요소들에 접근할 때 순차적으로 접근하지 않아도 직접 key를 검색하여 원하는 value 값을 구할 수 있는 특징이 있습니다.

```
{Key1:Value1, Key2:Value2, Key3:Value3, ...}
```

이렇게 딕셔너리는 중괄호{}를 이용하여 key와 value 한 쌍의 요소를 감싸는 구조로 이루어집니다. 아래의 딕셔너리 예제를 한번 살펴봅니다.

```
>>> a = {'name':'apple', 'color':'red', 'category': 'fruit'}
>>> b = {1:'name', 2:'age'}
>>> c = {'a':[1,2,3]}
```

여기에서 key는 'name', 'color', 'category'가 되고 각 key에 해당하는 value 값은 'apple', 'red', 'fruit'가 됩니다. 딕셔너리도 숫자와 문자 모두 사용이 가능하며 value에 하나의 숫자나 문자가 아닌 리스트를 넣을 수도 있습니다. 여기서 key는 고유한 값이 되므로 key로 리스트 같은 변할 수 있는 타입은 쓰일 수 없으며, 동일한 키를 중복적으로 추가하게 되면 기존의 key에 덮어쓰기 됩니다. Key는 중복될 수 없는 고유한 값이기 때문입니다. 그러나 튜플과는 다르게 key와 value 한 쌍의 단위로 요소를 추가하거나 변경할 수 있습니다.

3.5.1 딕셔너리 사용하기

딕셔너리 추가하기

딕셔너리는 key와 value의 한 쌍 단위로 요소 값의 추가가 가능합니다.

```
>>> a = {'name':'apple', 'color':'red', 'category':'fruit'}
>>> a['tasty'] = 'sweet'
>>> print(a)
{'name': 'apple', 'color': 'red', 'category': 'fruit', 'tasty': 'sweet'}
```

기존의 딕셔너리에 'tasty'의 key와 'sweet'의 value 값이 추가된 것을 볼 수 있습니다.

딕셔너리 삭제하기

딕셔너리의 요소 값을 삭제하려면 딕셔너리의 해당 key를 del 명령어와 함께 적어 주면 해당하는 key와 value의 한 쌍을 삭제할 수 있습니다.

```
>>> a = {'name':'apple', 'color':'red', 'category':'fruit'}
>>> del a['name']
>>> print(a)
{'color': 'red', 'category': 'fruit'}
```

딕셔너리 value 값 구하기

리스트나 튜플에서는 요소 값을 구하기 위해서 index나 slicing을 이용해 위치에 해당하는 요소 값을 구하였지만 딕셔너리는 value 값을 구하기 위해서 반드시 key을 입력해서 구해야 합니다.

```
>>> a = {'name':'apple', 'color':'red', 'category':'fruit'}
>>> a['name']
'apple'
>>> b = {1:'aa', 2:'bb', 3:'cc'}
>>> b[2]
'bb'
```

이렇듯 리스트나 튜플에서는 b[2]가 세 번째 요소 값의 위치에 해당하는 값을 결괏값으로 알려주지만, 딕셔너리에는 해당 key로서 value를 호출하는 의미로 쓰이게 됩니다.

3.5.2 딕셔너리 함수

딕셔너리를 제대로 활용하기 위해 필요한 내부 함수들이 있는데 keys()와 values() 등을 들 수 있습니다.

딕셔너리 key 보기(keys)

딕셔너리의 모든 key를 모아서 dict_keys 리스트의 값으로 출력해 줍니다. 반복문을 같이 사용하면 key를 하나씩 출력할 수 있습니다.

```
>>> a = {'name':'apple', 'color':'red', 'category':'fruit'}
>>> print(a.keys())
dict_keys(['name', 'color', 'category'])

>>> for i in a.keys():
...     print(i)
...
name
color
category
```

딕셔너리 value 보기(values)

딕셔너리의 모든 key를 모아서 볼 수 있듯이 values() 함수를 이용하여 value 값을 모아 출력할 수 있습니다. 사용하는 방법은 keys() 함수와 동일합니다.

```
>>> a = {'name':'apple', 'color':'red', 'category':'fruit'}
>>> print(a.values())
dict_values(['apple', 'red', 'fruit'])

>>> for i in a.values():
...     print(i)
...
apple
red
fruit
```

딕셔너리 key, value 구하기(items)

딕셔너리의 모든 key와 value를 모아서 볼 수 있는 함수로, keys(), values() 함수와 마찬가지로 반복문을 사용하면 한 쌍씩 개별로 출력할 수 있습니다.

```
>>> a = {'name':'apple', 'color':'red', 'category':'fruit'}
>>> print(a.items())
dict_items([('name', 'apple'), ('color', 'red'), ('category', 'fruit')])

>>> for i in a.items():
...     print(i)
...
('name', 'apple')
('color', 'red')
('category', 'fruit')
```

딕셔너리 key로 value 보기(get)

딕셔너리의 요소의 value 값을 알기 위해서는 key를 입력해서 구할 수 있습니다. 이와 동일한 결과를 보여 주는 함수가 get() 함수입니다. 다만 차이점이 있다면 요소 값에 없는 key를 입력 시 get() 함수에서는 결과가 오류가 아닌 None를 보여 준다는 점입니다.

```
>>> a = {'name':'apple', 'color':'red', 'category':'fruit'}
>>> print(a.get('name'))
apple
```

이렇게 요소 값 내부에 해당하는 key가 없을 경우 디폴트 값을 지정하여 출력하는 방법이 있습니다.

```
>>> a = {'name':'apple', 'color':'red', 'category':'fruit'}
>>> print(a.get('size'))
None
>>> print(a.get('size', 'small'))
small
```

a 딕셔너리 내부에는 'size'라는 key가 없기 때문에 디폴트 값으로 넣어 준 'small'이 출력되는 것입니다.

딕셔너리 key와 value 삭제하기(clear)

딕셔너리 모든 요소 값의 key와 value 값을 삭제하고자 할 때 사용합니다. Clear() 후에는 결괏값이 빈 딕셔너리 {}로 출력이 됩니다.

```
>>> a = {'name':'apple', 'color':'red', 'category':'fruit'}
>>> print(a.clear())
None
```

딕셔너리 key와 찾기(in)

딕셔너리 모든 요소 값 중 특정 key가 포함되어 있는지 여부를 참(True)과 거짓(False)으로 출력해 줍니다.

```
>>> a = {'name':'apple', 'color':'red', 'category':'fruit'}
>>> 'color' in a
True
```

3.6 변수(Variable)

변수란 말 그대로 변하는 수를 말하는 것으로 변하는 수를 담을 수 있는 형태를 말하는 것입니다. 이렇게 변화되는 값에 이름을 붙여 준 것이 변수로써 모든 숫자 및 문자를 모두 변수로 사용할 수 있습니다. 다만, 변수를 만들 때는 몇 가지 규칙이 있는데 그 규칙은 아래와 같습니다.

1) 대소문자를 구분하여 작성합니다
2) 변수명의 제일 앞에 숫자가 올 수 없습니다. (문자부터 시작)
3) 제일 앞에 밑줄로 시작할 수 없습니다.
4) 특수문자(+, -, ₩, *, & 등)는 사용할 수 없습니다.
5) 파이썬의 지정된 키워드 들을 변수명으로 사용할 수 없습니다.

이런 규칙들만 주의하여 만들게 되면 변수는 프로그래밍의 기본이 되는 부분으로 그 활용도는 대단합니다. 다른 프로그래밍 언어에서는 변수를 만들 때 변수의 자료형태를 미리 지정하여 생성해야 하지만, 파이썬에서는 별도의 자료형을 선언해 주지 않아도 내부의 변수 값을 알아서 판단하여 자료형을 분류하기 때문에 편리하게 사용이 가능합니다. 변수를 사용하는 방법은 아래와 같습니다.

```
변수명 = 변수에 입력될 값

>>> a = 1, 2, 3
>>> b = "hello"
>>> c = ['a', 'b', 'c']
```

이렇게 숫자 및 문자, 리스트 등의 다양한 자료형태에 구애받지 않고 모두 변수를 지정하여 사용할 수 있으며 별도로 자료형을 지정하지 않고도 사용하는 것을 확인할 수 있습니다. 생성된 변수는 id() 함수[19]를 이용하면 생성된 변수가 위치하는 메모리의 주소를 출력해 줍니다. 또한 변수는 한 번에 여러 개도 만들 수 있습니다. 복수개의 변수를 만드는 방법은 아래와 같습니다.

```
변수명1, 변수명2, 변수명3 = 값1, 값2, 값3, ….

>>> a, b, c = 10, 20, 30
>>> a
10
>>> b
20
>>> x = y = z = 50
>>> x
50
>>> z
50
```

이렇게 여러 개의 변수가 같은 값을 가질 때에는 변수명1, 변수명2 = 값 이런 형식으로 변수를 만들 수 있습니다. 변수의 개수와 값의 개수는 반드시 동일하게 맞추어 넣어 주어야 하며 변수 값에 새로운 값을 넣어 주기 전까지는 변수명에 지정된 값은 변하지 않습니다.

---

19 사용 예 >>> id(a)

3.6.1 변수의 자료형 알아보기

파이썬에서는 변수를 만들 때 따로 자료형을 지정하지 않기 때문에 변수를 생성한 뒤 자료형을 알고 싶을 경우 type(변수명)을 사용하여 어떤 자료형으로 변수가 만들어졌는지 확인할 수 있습니다. 자료형은 정수형(Interger), 실수형(floating), 문자열(String) 등의 영어 약자로 출력됩니다.

```
>>> a = 5
>>> b = 'hello'
>>> type(a)
<class 'int'>
>>> type(b)
<class 'str'>
```

3.6.2 변수의 이름 설정하기

파이썬에서 변수명을 정할 때에는 앞서 알려 드린 규칙만 지키면 어떤 이름이라도 상관없이 모두 사용할 수 있습니다. 그러나 보통이 경우 변수명을 생성할 때는 코드의 수정 및 공유 시 누구나 쉽게 구분하기 위해 파이썬 공식문서[20]에서 권장하는 방법이 있습니다.

1) 의미를 알 수 있도록 만듭니다.

```
n = 'apple'     #변수명의 의미를 알 수 없음
name = 'apple'  #의미가 한눈에 파악 가능
```

2) 소문자 i과 대문자 O, 대문자 I는 쓰지 않습니다.

```
i = '1a1b1c'     #숫자 1과 구분하기가 어려움
O = "0103211"    #숫자 1과 구분하기가 어려움
I = 'line'       #소문자 l과 구분하기가 어려움
```

---

[20] Python 공식문서 중 네이밍 규칙: https://www.python.org/dev/peps/pep-0008/#naming-conventions

3) 변수의 이름은 소문자로 지정합니다.

```
NUMBER = 111    #권장하지 않음
number = 111
```

4) 변수 분자열의 연결 시 언더스코어(_)를 사용합니다.

```
phonenumber = '01032212222'      #가독성이 떨어짐
phone_number = '01032212222'
```

4 조건문

조건문은 주어진 조건에 따라 참과 거짓이 나뉘고, 그 결과에 따라 달라지는 계산이나 실행되는 문장이 다른 것을 말합니다. 쉽게 말해 신호등 앞에 서 있을 경우, "빨간불이면 멈추고, 초록불이면 건너라"라는 것과 같이 조건이 달라지면 실행되는 행동 또한 바뀌는 것으로 설명할 수 있습니다. 파이썬에서 쓰이는 조건문은 if, else, elif 등으로 조건문을 구분하며 조건은 하나만 쓰이거나 세 개 모두 쓰일 수도 있습니다. 이제부터 차례로 조건문을 하나씩 살펴보겠습니다.

4.1 if 조건문 기본구조

If, else를 사용하여 실행할 조건문의 기본구조를 살펴봅니다.

```
If 조건 a:
    실행될 문장1
    실행될 문장2
    .........
else:
    실행될 문장11
    실행될 문장22
    .........
```

If. else의 조건문에서는 이렇게 특정한 조건을 지정한 뒤 조건이 참일 경우 if 아래쪽에 있는 실행문장 1번이 실행되게 됩니다. 그러나 조건이 거짓일 경우는 if 문 아래의 실행될 문장 1번이 실행되지 않고 else 문장 아래의 실행될 문장 11이 바로 실행되게 됩니다. 또한, <u>if 조건a 끝에 콜론(:)을 붙여 조건이 끝남을 명시한 것을 살펴볼 수 있는데 처음 파이썬을 배우는 초심자일 경우 빠트릴 수 있으니 주의하시기 바랍니다.</u>

그리고 <u>한 가지 더 유심히 살펴봐야 할 점으로는 콜론(:)으로 끝나는 다음 문장은 반드시 들여쓰기 **4칸**을 해야 한다는 점을 확인할 수 있습니다.</u> 이것이 파이썬 만의 규칙으로 들여쓰기를 할 경우에는 탭(tab)과 공백을 혼용해서 사용하면 안 된다는 점도 기억하시기 바랍니다. 우리 눈으로 확인할 수 없지만 보이지 않는 공백이 추가되어 들여쓰기의 간격이 맞지 않을 경우 예기치 않은 오류로 인해 디버깅이 어려운 경우가 발생되기 때문입니다.

```
If 조건 a:
    실행될 문장1
    실행될 문장2
실행될 문장3
    실행될 문장4

# 실행할 문장의 들여쓰기의 너비 간격이 맞지 않으므로 오류 발생
```

이렇듯 조건문으로 if, else를 사용할 경우 if문은 else 없이 단독으로 조건을 만들어 사용할 수 있습니다. 그러나 else문은 if문의 조건이 거짓일 경우 실행되기 때문에 반드시 if문과 함께 사용하여야 합니다.

4.2 조건문의 비교연산자

조건문의 조건을 만들기 위해서는 변수와 함께 다양한 비교 연산자들이 사용됩니다. 비교 연산자는 (〈, 〉, 〈=, 〉=, ==, !=)이 사용됩니다. 이 연산자들이 나타내는 의미에 대해 알아보겠습니다.

A < B	A가 B보다 작다.
A > B	A가 B보다 크다
A == B	A와 B가 같다
A <= B	A가 B보다 작거나 같다
A >= B	A가 B보다 크거나 같다
A != B	A와 B가 같지 않다

이런 비교연산자를 사용하면 쉽게 참과 거짓을 구분할 수 있으므로 조건문의 결과를 바로 알 수 있습니다. 여기서 가장 흔하게 혼동하시는 부분이 바로 == 연산자인데, 파이썬에서 =는 변수에 특정 값을 대입하여 넣을 때 쓰입니다. 따라서 앞과 뒤의 조건이 같은지 비교할 경우에는 반드시 ==의 비교연산자로 조건이 일치하는지 비교해야 한다는 점 기억하시기 바랍니다. 그러면 비교연산자의 예시를 통해 결괏값을 한번 살펴보겠습니다.

```
>>> a = 123
>>> b = 456
>>> a > b
False              #a는 b보다 작으므로 거짓
>>> a != b
True               #a는 b와 같지 않으므로 참
```

이것을 파이썬 조건문으로 표현해 보겠습니다.

```
aaa = 543
bbb = 123

if aaa > bbb:
    print("aaa가 bbb보다 큽니다")
else:
    print("bbb가 aaa보다 큽니다")
```

[출력결과] → aaa가 bbb보다 큽니다

```
Thonny - /home/pi/조건문.py @ 7:26
File Edit View Run Tools Help

조건문.py
1  aaa = 543
2  bbb = 123
3
4  if aaa > bbb:
5      print("aaa가 bbb보다 큽니다")
6  else:
7      print("bbb가 aaa보다 큽니다")
```

```
Shell
>>> %Run '조건문.py'
  aaa가 bbb보다 큽니다
>>>
```

Python 3.7.3

4.3 조건문의 논리연산자

앞서 사용한 비교연산자에 추가되는 조건으로 쓰이는 다른 논리연산자로는 and, or, not 연산자가 있습니다. 세 개의 연산자의 의미를 살펴보겠습니다.

A and B	A와 B가 모두 참이어야 결과는 참이다.
A or B	A 혹은 B 둘 중 하나만 참이라도 결과는 참이다
not A	A가 거짓이면 결과가 참이다.

아래의 예시를 통해 논리연산자를 표현해 보겠습니다.

```
aaa = 543
bbb = 123

if aaa > 300 and bbb > 200:
    print("참입니다.")
else:
    print('거짓입니다.')
```

[출력결과] → 거짓입니다.

```
if aaa > 300 or bbb > 200:
    print("참입니다.")
else:
    print('거짓입니다.')
```

[출력결과] → 참입니다.

위의 예시에서 and 조건일 경우 if문의 조건 두 가지가 모두 참이어야만 참이라는 결과가 나타나므로 bbb > 200이라는 조건이 거짓이므로 출력결과는 else에 있는 "거짓입니다"라는 결괏값이 출력이 됩니다. 똑같은 조건에서 아래의 예시는 or 조건이므로 둘 중 하나만 참이라도 참이라는 결괏값이 나타나므로 출력되는 결괏값은 "참입니다"로 출력되는 모습을 확인할 수 있습니다. 조건문의 조건은 정수 및 문자열뿐만 아니라 리스트나 튜플로도 사용할 수 있습니다. 리스트나 튜플을 이용할 시에는 if 조건에 in을 사용하여 조건을 비교할 수 있습니다.

```
fruit = ['apple', 'orange', 'melon']

if 'apple' in fruit:
    print('과일입니다.')
else:
    print("야채입니다.")
```

[출력결과] → 과일입니다.

'apple'은 fruit 리스트 안에 있으므로 조건이 참이 되어 결과는 "과일입니다"가 출력됩니다.

4.4 두 개 이상의 조건문

If와 else문으로는 두 개 이상의 조건은 만들 수가 없습니다. 두 개 이상의 조건을 만들기 위해서는 if~else문 안에 다시 if~else문을 중첩시켜 만들어야 하는데 다수의 조건을 모두 이렇게 만들기에는 매우 어려운 부분입니다. 이런 어려움을 해결하기 위해 파이썬에서는 elif라는 조건을 이용하여 다수의 조건을 쉽게 판단할 수 있도록 사용합니다. elif의 문장구조는 아래와 같습니다.

```
If 조건 a:
    실행될 문장1
    실행될 문장2
    ………
elif 조건 b:
    실행될 문장a
    실행될 문장b
    ………
elif 조건 c:
    실행될 문장aa
    실행될 문장bb
    ………
else:
    실행될 문장11
    실행될 문장22
    ………
```

elif는 정해진 개수에 상관없이 조건을 만들 수 있으며 보통 사용자의 입력을 받을 수 있는 input()와 함께 사용하는 경우가 많습니다. 아래의 예제는 성적에 따른 등급을 나누는 예제입니다.

```
score = 75

if score >= 90:
    print('A 등급입니다')
elif score >= 80:

    print('B 등급입니다')
elif score >= 70:
    print('C 등급입니다')
else:
    print('F 등급입니다')
```

[출력결과] → "C 등급입니다."

이렇게 elif를 사용하면 하나의 주어진 자료로 다양한 조건을 쉽게 만들 수 있으며 조건에 맞는 결과만을 쉽게 구할 수 있습니다. 이런 두 가지 이상의 조건을 가지는 조건문을 다중 조건문이라고 부릅니다.

4.5 중첩 조건문

중첩 조건문이란 하나의 if문 안에 또 다른 if문이 있는 것을 말합니다. 한 가지의 조건에 세부적인 조건을 다시 적용해야 할 경우 중첩 조건문을 사용하게 됩니다. 중첩 조건문의 구조는 아래와 같습니다.

```
If 조건 a:
        실행될 문장1
        If 조건 a-1:
            실행될 문장1-1
        elif 조건 a-2:
            실행될 문장2-1
        else:
            실행될 문장3
        .........
else:
        실행될 문장11
        실행될 문장22
        .........
```

중첩 조건문은 하나의 if문 안에 여러 개의 if~elif~else문을 포함할 수 있으며 여러 가지의 복합적인 조건들을 수행할 때 사용하게 됩니다. 첫 번째 if조건이 참이 될 때 내부의 if문이 실행되는 구조이므로, 중첩 if문을 사용할 때에는 반드시 첫 번째 if문의 실행코드와 같이 들여쓰기를 하여 문장을 시작해야만 오류가 발생하지 않습니다. 아래의 사용 예시를 살펴보겠습니다.

```
n = 7

if n >= 3:
    if n < 7:
        print('n은 7보다 작습니다.')
    elif n == 7:
        print('n은 7입니다.')
    else:
        print('n은 7보다 큽니다.')
else:
    print('찾는 숫자가 없습니다')
```

[출력결과] → "n은 7입니다."

이렇게 첫 번째 조건이 참인 경우 두 번째 if문의 조건을 다시 비교하여 아래의 실행문장을 수행하게 되어 정확한 결괏값을 얻는 방식으로 사용합니다. 특수한 경우 if의 조건문에 실행할 문장이 비어 있는 경우가 있습니다. 아직 실행할 문장을 정하지 않은 경우에 쓸 수 있는데 이럴 경우 실행문장을 적지 않고 그대로 두면 오류가 발생하므로 실행문장에 pass를 적어 주면 오류 발생 없이 사용할 수 있습니다.

```
a = 5
b = 10

if b > a:
    pass
```

위의 예제처럼 아직 조건에 맞는 실행문이 없을 경우 pass를 적어 주면 오류 없이 빈 결괏값만 출력하게 됩니다. 조건문은 반복문과 더불어 활용도가 아주 높은 필수 부분 중 하나이므로 기본구조와 사용방법을 꼭 기억하셔서 잘 활용하시기 바랍니다.

5 반복문

반복문이란 같은 과정을 계속해서 해야 할 때 매번 그 과정을 똑같이 지정해서 수행하는 번거로움을 해결하기 위해 사용합니다. 반복문은 지정된 횟수만큼 혹은 무한으로 지정된 수행코드를 반복하게 만들어 주는 것으로 파이썬에서는 크게 for문과 while문을 사용합니다. 반복문을 사용하기 위해서는 반복되는 규칙을 무엇인지, 그 규칙에 따라 어떤 문장을 반복할지 정해 주는 것이 가장 중요합니다.

5.1 for문

for반복문은 요소를 하나씩 가져와서 반복할 문장에서 사용하는 방식입니다. 1부터 100까지의 더하기를 할 경우 반복문을 쓰지 않으면 더하기를 100번 적어 주어야 하지만 반복문을 쓰면 단 몇 줄만으로도 쉽게 1부터 100까지의 합을 구할 수 있습니다. for반복문의 기본구조를 알아보겠습니다.

```
for 변수 in 리스트 또는 튜플, 문자열:
    실행할 문장1
    실행할 문장2
    ......
```

리스트나 튜플, 문자열의 요소들을 첫 번째부터 차례대로 변수에 대입하여 요소들의 수만큼 반복되며, 아래의 실행할 문장1, 실행할 문장2… 를 차례로 실행하게 됩니다. for문을 만들 경우 반드시 문장의 끝에 콜론(:)을 붙여 주어야 하고 반복문에 실행할 문장이 있다는 것은 들여쓰기를 통해 나타내 주어야 합니다. 아래의 예시를 살펴보겠습니다.

```
a = [1, 2, 3, 4, 5]
for i in a:
    print(i)
```

[출력결과]
1
2
3
4
5

a의 [1, 2, 3, 4, 5] 리스트 요소의 첫 번째 요소인 1이 먼저 변수 i에 대입되고 아래의 print문을 통해 출력된 뒤, 다시 for문으로 되돌아가 두 번째 요소가 변수 i에 대입되는 방법으로 마지막의 요소까지 출력이 되므로 결괏값은 1부터 5까지 한 줄씩 출력되는 것입니다. 또한 for문도 if문처럼 중첩으로 사용할 수 있습니다.

```
for 변수1 in 리스트1 또는 튜플1, 문자열1:
    실행할 문장1
    for 변수2 in 리스트2 또는 튜플2, 문자열2:
        실행할 문장2
        ………
```

일반적으로 for문은 조건문인 if문과 같이 사용하는 경우가 많은데 아래의 예시를 통해 점수에 따라 합격여부를 판단하는 for을 만들어 보겠습니다.

```
grade = [40, 85, 35, 95, 80]

num = 0
for a in grade:
    num = num +1
    if a > 50:
        print("%d번 학생은 합격입니다." % num)
    else:
        print("%d번 학생은 불합격입니다." % num)
```

```
 1  grade = [40, 85, 35, 95, 80]
 2
 3  num = 0
 4  for a in grade:
 5      num = num +1
 6      if a > 50:
 7          print("%d번 학생은 합격입니다." % num)
 8      else:
 9          print("%d번 학생은 불합격입니다." % num)
10
```

```
>>> %Run '반복문.py'
  1번 학생은 불합격입니다.
  2번 학생은 합격입니다.
  3번 학생은 불합격입니다.
  4번 학생은 합격입니다.
  5번 학생은 합격입니다.
>>>
```

이렇게 리스트에 들어 있는 요소들을 하나씩 가져와 반복하면서 아래의 if 조건문의 조건인 50점보다 큰 점수 값이 있을 경우는 합격 결괏값을, 50점 이하이면 else문을 실행해 불합격 결과를 출력합니다. 학생들의 순서를 차례대로 계산하기 위해 num이라는 변수를 만들고 for문을 통해 num의 숫자를 1씩 증가해 줌으로써 학생의 숫자를 출력할 수 있습니다.

5.1.1 for문 실행재개와 중지(continue, break)

for문에서 continue는 반복 실행을 하다가 특정한 조건에 도달하게 되었을 때 아래의 실행할 문장으로 내려가지 않고 for문의 처음으로 다시 되돌아가고 싶을 때 사용하게 됩니다. continue를 사용하는 방법은 아래와 같습니다.

```
for 변수1 in 리스트1 또는 튜플1, 문자열1:
    해당조건:
        continue
    실행할 문장1
    실행할 문장2
    ………
```

이렇게 해당 조건이 참이 되게 되면 실행할 문장1, 2번으로 내려가지 않고 다시 for문의 시작 부분으로 올라가 다음 리스트나 튜플, 자료형의 요소를 다시 변수에 순서대로 입력하여 계속 for문을 실행하게 됩니다. 실제 사용하는 방법의 예시를 살펴보겠습니다.

```
a = [ 1, 2, 3, 4, 5, 6]
for i in a:
    if i < 4:
        continue
    print(i)


[출력결과]
4
5
6
```

보는 바와 같이 i가 4보다 작을 경우는 continue를 통해 아래의 print문을 실행하지 않게 되고 4 이상인 경우만 아래의 print문을 실행하게 되므로 결괏값은 4와 5, 6을 출력하게 됩니다. 반대의 경우인 break는 for반복문을 실행하다가 해당 조건이 참이 되었을 때 더 이상 for문을 실행하지 않고 중지하고 싶을 때 사용합니다. break는 for문과 while문 모두에서 사용되는데 사용하는 방법은 continue와 동일하지만 결과는 다르게 출력됩니다.

```
for 변수1 in 리스트1 또는 튜플1, 문자열1:
    해당조건:
        break
    실행할 문장1
    실행할 문장2
    .........
```

continue와 달리 해당 조건을 만나기 전까지는 아래의 실행할 문장1, 2를 출력하다가 해당 조건을 만나게 되면 더 이상 아래의 실행문장을 실행하지 않고 바로 for문을 종료하게 됩니다.

```
a = [ 1, 2, 3, 4, 5, 6]
for i in a:

    if i == 3:
        break
    print(i)

[출력결과]
1
2
```

```
                    Thonny · /home/pi/반복문.py @ 7:1
File Edit View Run Tools Help

반복문.py ⨯
    1  a = [ 1, 2, 3, 4, 5, 6]
    2  for i in a:
    3
    4      if i == 3:
    5          break
    6      print(i)
    7

Shell ⨯
>>> %Run '반복문.py'
    1
    2
>>>
                                                    Python 3.7.3
```

for문에서 0부터 5까지의 수를 차례대로 출력하다가 i가 3이 되면 해당 조건이 참이 되기 때문에 break문을 실행하게 되어 더 이상 for반복문을 실행하지 않고 빠져나오게 됩니다.

5.1.2 for문의 반복범위(range)

for문에서는 리스트를 자료로 자주 사용하게 되는데 숫자형 리스트일 경우 매번 리스트를 모두 적어 주지 않고 간단히 range함수를 이용하여 자동으로 생성이 가능합니다. range함수의 구조는 아래와 같습니다.

```
for 변수1 in range(횟수):
    실행할 문장1
    실행할 문장2
    ......
```

여기에서 range(횟수)는 별도의 시작하는 숫자를 정하지 않을 경우 0부터 시작하며 횟수에 쓰인 숫자의 -1의 숫자까지 출력하게 됩니다. 이는 시작하는 숫자가 1이 아니라 0이기 때문입니다.

```
for i in range(3):
    print(i)
```

[출력결과]
0
1
2

이처럼 0부터 시작하여 3번을 반복하기 때문에 출력결과는 0~2까지의 숫자로 출력되는 것입니다. range는 시작 수와 끝 수를 포함하여도 생성할 수 있으며 시작 수와 끝 수를 증가 수와 함께 나열하여서도 사용할 수 있습니다. 아래는 range함수를 이용하여 1부터 100까지의 합을 구하는 예제입니다.

```
num = 0
for a in range(1,101):
    num = num + a

print(num)
```

[출력결과]
5050

1~100까지의 수를 더하기 위해 range의 끝수를 100이 아닌 101로 설정하였고 변수 num에 더한 결과를 계속 누적하여 100번 반복하게 되면 5050의 결괏값이 출력되는 것을 확인할 수 있습니다.

5.2 while문

while문 또한 반복하여 문장을 수행할 때 사용합니다. for문의 경우 정확한 반복 횟수가 정해져 있을 경우 사용하지만 while문은 반복 횟수를 모르더라도 해당 조건에 도달할 때까지 계속 실행해야 하는 경우 사용할 수 있습니다. while문의 기본구조는 아래와 같습니다.

```
초기값
while 〈조건문〉:
        실행할 문장1
        실행할 문장2
        ………
```

while문은 조건문이 참일 경우 계속하여 반복해서 실행할 문장1, 2를 실행하고 조건문이 거짓이 되는 경우 while문을 마치게 됩니다. for문과 마찬가지로 문장 끝에 반드시 콜론(:)을 붙여 주어야 하며 들여쓰기 또한 반드시 지켜 주어야 합니다. 또한 중첩하여 사용도 가능합니다. 아래의 while문을 통해 1~100까지의 숫자를 출력해 보겠습니다.

```
num = 1
while num <= 100:
    print(num)
    num = num + 1
```

num 변수에 초기값 1을 넣어 주고 num이 100보다 작거나 같을 때까지 while문을 통해 반복해서 출력을 하면서 num 변수를 1씩 증가합니다. 하나씩 증가하며 출력하다가 num의 값이 101이 되면 while 조건이 거짓이 되기 때문에 더 이상 반복하지 않고 while문을 종료하게 되는 것입니다.

5.2.1 while문 실행재개와 중지(continue, break)

while문도 for문과 마찬가지로 continue와 break를 이용해 반복을 재개하거나 중지할 수 있습니다. continue는 while문을 실행하다가 해당 조건이 참일 때 아래의 실행문장을 건너뛰고 다시 반복문의 가장 위로 올라가 다시 실행을 반복하는 기능입니다.

```
초기값
while 〈해당 조건문〉:
continue
    실행할 문장1
    실행할 문장2
    .........
```

아래의 예제를 통해 실제 while문에 continue를 사용하는 방법을 알아보겠습니다.

```
a = 0
while a < 10:
    a = a + 1
    if a % 2 == 0:
        continue
    print(a)
```

[출력결과]
1
3
5
7
9

이 예제는 while문을 사용해 0부터 10까지의 숫자 중에서 홀수만 출력하는 예제입니다. a는 초기값 0이므로 0부터 시작하여 +1씩 증가하게 되는데 아래의 if문을 통해 a를 2로 나눈 나머지가 0, 즉 짝수일 경우에는 해당 조건이 참이 되어 아래의 print문이 실행되지 않고 다시 위쪽으로 올라가 반복문을 실행하게 됩니다. 따라서 2로 나눈 나머지가 1, 즉 홀수인 경우에만 continue 아래 print문이 실행되므로 출력값은 1, 3, 5, 7, 9의 홀수가 출력되는 것입니다.

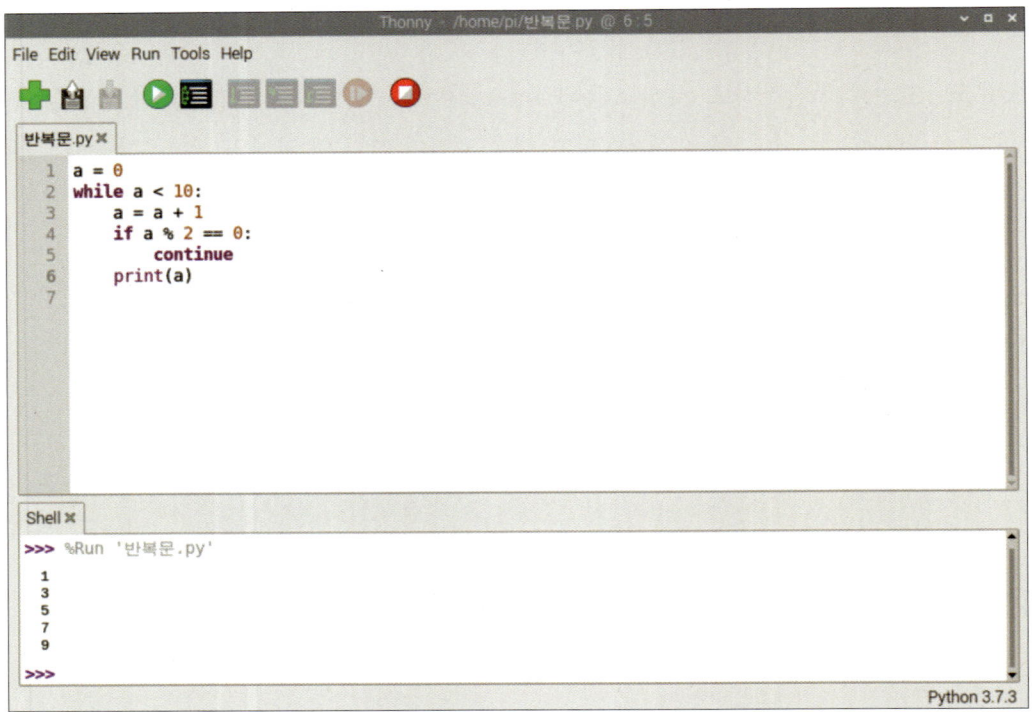

이번에는 break의 기본구조에 대해 알아보겠습니다.

```
초기값
while 〈해당 조건문〉:
    break
    실행할 문장1
    실행할 문장2
    ………
```

break는 while문을 실행하다가 해당 조건이 참이 될 경우 바로 while문을 종료하고 싶을 때 사용합니다. 아래의 예시를 살펴보겠습니다.

```python
i = 0
result = 0

while i < 10:
    i = i + 1
    if i % 2 == 0:
        result = result + i

    if result > 10:
        break

print(result)
```

```
>>> %Run '반복문.py'
 12
>>>
```

i는 0부터 시작하여 하나씩 더해지면서 9까지 조건이 참이므로 아래의 실행문장을 실행하게 됩니다. 아래에는 i의 값을 2로 나눈 나머지가 0, 즉 짝수를 만족하게 되면 result로 그 결과를

누적하여 더해 줍니다. 이런 반복을 계속 하다가 아래의 result가 짝수의 합인 12가 될 경우 10보다 넘게 되어 조건이 참이 되므로 바로 while문을 종료하게 되는 것입니다

 입출력

이번 장에서는 사용자의 입력을 받아 그 값을 변수로 활용하고 모든 출력을 대표하는 input함수와 print문에 대해 알아보고자 합니다.

6.1 사용자 입력(input)

우리는 파이썬에서 코드를 만들면서 변수에 초기값을 정해 주고 그 아래에서 해당 변수의 값들을 변경하며 누적하거나 가져오는 코드를 앞쪽 설명에서 많이 보았습니다. 그런데 이렇게 처음부터 변수의 초기값이 정해져 있지 않고 사용자가 직접 입력을 하여 변수의 값을 설정하려면 어떻게 할까요? 이럴 경우 사용하는 것이 바로 input함수입니다. input함수의 기본구조는 아래와 같습니다.

```
input("문자열")
```

input함수는 사용자로부터 입력을 받게 되며 input함수가 실행되면 명령 프롬프트가 나타나며 사용자의 입력을 기다립니다. 사용자가 입력한 데이터를 받아 반환하게 되는데 여기서 한 가지 기억해야 할 점은 <u>input함수로 입력한 자료형은 기본적으로 문자형이라는 것입니다.</u>

```
>>> name = input("이름을 입력하세요 : ")
이름을 입력하세요 : 이우정
>>> print(name)
이우정
```

이런 형식으로 사용자의 입력을 받아 다시 자료로 반환이 되며 입력받는 자료형은 숫자형으로 바꾸고 싶다면 input함수 앞쪽에 해당하는 자료형을 적어 주면 됩니다.

```
>>> score = int(input('점수를 입력하세요 : '))
점수를 입력하세요 : 80
>>> print(score)
80
>>> print(score + 5)
85
```

만약 위와 같이 정수형으로 바꾸고 싶다면 input함수 앞에 자료형을 int로 지정하여 입력받는 값이 정수로 입력되게 해 주면 됩니다. 자료형을 변환하였기 때문에 print문에서 연산을 하여도 오류가 나지 않습니다. 리스트의 요소를 입력할 때에도 input함수를 이용하여 해당 변수에 사용자의 입력값을 넣어 그 변수를 리스트의 요소 값으로 입력할 수도 있습니다.

6.2 데이터 출력(print)

print함수는 사용자가 입력한 데이터를 출력하는 함수입니다. 코드를 작성하고 나면 결괏값이 나오게 되는데 이런 결괏값을 출력하기 위해서 구문 중간이나 마지막에 print로 그 값을 확인할 수 있습니다. print함수의 기본구조는 아래와 같습니다.

```
print("문자열")
print("문자열", sep 옵션, end 옵션)
```

이렇게 print 뒤에 출력할 문자를 출력할 수 있으며 sep 옵션의 기본값인 공백으로 인해 여러 개의 문자열을 출력해도 기본적으로 띄어쓰기가 적용이 되며, print("문자열")을 하게 되면 자동으로 줄 바꿈이 되는 것은 end 옵션의 기본값이 개행(줄 바꿈)이기 때문입니다. print문을 사용하여 한 줄에 모든 결괏값을 출력하고자 할 때에도 end 옵션으로 공백을 사용하여 출력할 수 있습니다.

```
for i in range(10):
    print(i, end=' ')
```

[출력결과]
0 1 2 3 4 5 6 7 8 9

또한 print문을 사용할 경우에는 몇 가지 규칙이 있는데 그 규칙을 알아보겠습니다.

1) 여러 문장을 출력 시에는 "+"나 ","로 연결할 수 있습니다.

```
>>> print('안녕하세요' + '반갑습니다')
안녕하세요반갑습니다
>>> print('안녕하세요' + '반갑습니다')
안녕하세요 반갑습니다
```

두 가지 연결 문자의 차이는 "+"는 문자열이 바로 이어져 출력되고, ","는 연결하려는 문장 사이에 공백이 추가된다는 점입니다. 다만 "+"를 써서 출력하고자 할 경우에는 반드시 문자열끼리만 가능하다는 점을 기억하시기 바랍니다. 문자열과 숫자를 +로 연결할 경우는 오류를 출력합니다. 이럴 경우 문자열과 숫자는 ","로 이어서 사용하실 수 있습니다.

```
>>> print('국어점수', 85)
국어점수 85
```

2) (문자열 * 숫자)로 사용 시 해당 문자열이 숫자만큼 반복되어 출력됩니다.

```
>>> print('하이' * 5)
하이하이하이하이하이
```

3) 문자열은 문자열끼리, 숫자는 숫자끼리만 "+" 가능합니다

```
>>> print('10' + '10')
1010
>>> print(10 + 10)
20
```

" " 사이에 있는 것은 모두 문자열로 숫자가 아니므로 당연히 "+"를 하면 두 문자가 연결되어 출력되지만 아래의 숫자는 "+"를 하면 두 수의 연산이 되어 출력된다는 점이 차이점입니다.

Print문 포맷팅(Formatting)

```
>>> print("%d" %3)     # 정수 삽입
3
>>> print("%s" %'abc')     # 문자열 삽입
abc
>>> print("%d: %s" %(3, 'abc'))    # 여러개 삽입
3: abc
>>> print("%10d" %5)    # 전체 문자열의 길이가 10이고, 오른쪽 정렬
         5
>>> print("%-10d" %5)    #전체 문자열의 길이가 10이고, 왼쪽 정렬
5
>>> print("%5.4f" %0.123)     # 전체 문자열의 길이 5, 소수점은 4자리, 오른쪽 정렬
0.1230
```

Print문 f-string 포맷팅

문자열 맨 앞에 f를 붙이고, 출력할 변수, 값을 중괄호 안에 넣습니다.

```
>>> s = 'coffee'
>>> n = 10
>>> result1 = f'저는 {s}를 좋아합니다. 하루 {n}잔을 마셔요.'
>>> print(result1)
저는 coffee를 좋아합니다. 하루 10잔을 마셔요.

>>> s1 = 'left'
>>> print(f'|{s1:<10}|')    #왼쪽 정렬
|left      |

>>> s2 = 'mid'
>>> print(f'|{s2:^10}|')    #가운데 정렬
|   mid    |

>>> s3 = 'right'
>>> print(f'|{s3:>10}|')    #오른쪽 정렬
|     right|
```

7 모듈, 패키지, 라이브러리

모듈은 전역변수, 함수 등을 모아 놓은 .py 파일입니다. 프로그램이 길어지고 복잡해질수록 하나의 파일로 프로그램을 유지하기 힘들어집니다. 그래서 프로그램을 파이썬 파일로 별도로 분리하고, 분리한 모듈을 import문을 통해서 불러와 사용하게 됩니다. 이런 모듈을 다수 포함하고 있는 것이 패키지이며, 라이브러리는 이런 모듈과 패키지를 모두 포함하고 있습니다.

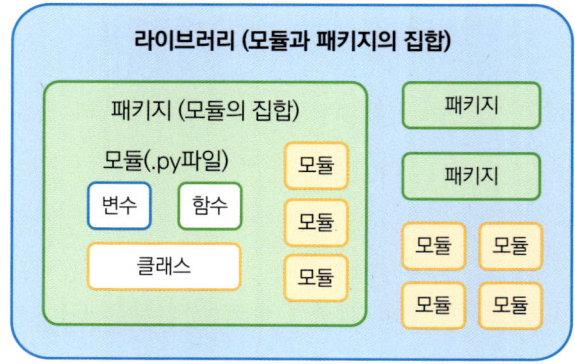

그림 2 모듈, 패키지, 라이브러리 계층도

7.1 모듈(Module)

모듈은 이렇게 우리가 파이썬 프로그램을 작성 시 다양한 변수와 함수, 클래스 등을 이용하여 하나의 .py 파일을 만든 것으로 다른 곳에서 이 모듈을 호출하여 사용할 있도록 만들어 주면 됩니다. 즉, 파이썬에서 모듈을 만든다는 얘기는 "파이썬 파일을 만든다"라고 이해해도 됩니다. 모듈은 코어 모듈과 써드파티(Third Party) 모듈이 있습니다. 코어 모듈은 파이썬을 설치할 때 함께 제공되는 내장 모듈입니다. 써드파티 모듈은 외부 모듈로 별도의 설치 과정을 거친 후에 사용할 수 있습니다. 아래 예제 코드의 print()문처럼 모듈을 가지오지 않고도 사용할 수 있는 모듈이 있습니다. 이런 모듈을 내장함수라고 하며, 대표적인 것으로는 abs(), int(), bin(), chr(), import(), zip() 등이 내장함수에 해당됩니다.

```
def add(a, b):
    return a + b

a = 1
b = 2

print(a + b)
```

[출력결과]
3

plus.py 파일로 생성

모듈은 이런 형식의 함수를 재사용이 가능하도록 하나의 독립적인 단락으로 나누어 만든 것으로 파일명이 바로 모듈명이 됩니다. 이런 모듈은 다른 파일에서 호출이 가능한데 호출 시에는 "import 모듈명"으로 프로그램의 시작부분에 적은 후[21] 호출이 가능합니다. 모듈을 불러오는 또 다른 방법으로는 "from 모듈명 import 속성명 또는 *"의 형식으로 쓰면 해당 속성을 바로 사용할 수 있습니다. *는 모든 속성을 불러온다는 의미입니다. 모듈을 불러오기 위해서는 우선 .py이 저장된 디렉토리에서 모듈을 찾거나 PATHONPATH라는 환경변수에 지정된 디렉토리에서 찾을 수 있습니다. 그리고 또 하나는 파이썬 설치 시 생성되는 lib 디렉토리의 라이브러리 디렉토리에서 찾을 수 있습니다.

```
import plus as p    #앞에서 생성한 plus.py를 불러서 p로 선언

print(p.add(5, 10))
```

[출력결과]
3
15

---

[21] import문은 파일의 시작부분에 적은 후 호출하는 것이 일반적이나, 파일의 중간부분에서 호출하여 사용하는 경우도 있습니다.

위에서 본 것처럼 해당 모듈을 불러올 경우 모듈명 앞에 import를 적어 주어야 하며 모듈명 뒤에 as를 붙이면 긴 모듈명도 약자를 지정하여 재정의할 수 있습니다. 위의 예제는 모듈로 만든 plus.py의 모듈을 불러와서 add로 a와 b값에 5와 10을 각각 대입해 더하는 결과를 출력하는 코드입니다. 그런데 여기서 한 가지 살펴볼 것이 있습니다. 우리가 구하고자 하는 출력결과는 5와 10으로 대입한 수의 합이었습니다. 그러나 출력결과를 살펴보면 모듈로 만든 구문을 불러와 실행하며 plus.py 모듈에 포함된 실행결과까지 같이 호출되어 출력되는 것을 볼 수 있습니다. 이럴 경우 사용할 수 있는 제어문이 바로 if__name__=="__main__": 구문입니다.

```
def add(a, b):
    return a + b

if __name__ == "__main__":
    a = 1
    b = 2
    print(a + b)
```

코드 1 plus1.py

__name__이란 변수명은 호출한 모듈과 현재 실행되고 있는 파일을 구분하기 위한 구분자 역할을 해 주는 파이썬만의 독특한 변수로 이 구문을 추가하면, 직접 모듈을 실행할 시에는 __name__=="__main__"이 참이 되어 if 아래 실행할 문장이 실행되지만 import로 호출하여 사용할 경우에는 __name__=="__main__"이 거짓이 되어 if 다음 문장이 실행되지 않습니다. 코드 1의 파일을 import해서 사용하면 아래의 그림과 같은 결과로 출력됩니다.

7.2 패키지(Package)

패키지는 모듈을 한꺼번에 모아 놓은 디렉토리와 같은 개념입니다. 이런 패키지 안에는 모듈뿐만 아니라 다른 패키지도 포함될 수 있습니다. 데이터분석을 위한 Numpy와 pandas 모두 패키지들입니다. 관련된 모듈들이 한꺼번에 모여 있는 집합이라고 요약해서 말할 수 있습니다. 패키지에서 눈여겨볼 것은 패키지를 생성할 때 __init__.py로 생성해야 한다는 점입니다. 이 파일은 패키지 초기화 파일로 디렉토리 내부에 함께 존재합니다. (python.3.3 이후 버전부터는 init 파일이 없어도 패키지로 인식할 수 있지만 호환성을 위해 두는 것이 좋음)

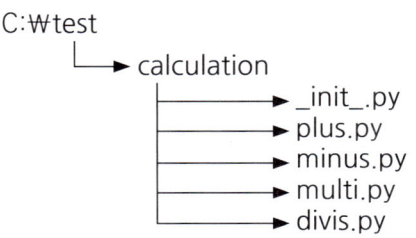

이렇게 디렉토리 내부에 __init__.py 파일을 생성하여 넣어 놓으면 해당 디렉토리는 패키지로 구분됩니다. 이 __init__.py 파일을 빈 파일로 두어도 됩니다. 생성한 패키지를 사용하는 방법은 아래와 같습니다.

```
import 패키지.모듈
import 패키지.모듈.변수
import 패키지.모듈.함수()
import 패키지.모듈.클래스()
```

모듈에서 다른 모듈을 호출할 때와 패키지에서 모듈을 호출할 때와 다른 차이점은 모듈보다 패키지가 상위개념이므로 패키지 이름을 먼저 쓰고 "."으로 그 하위에 있는 모듈명을 쓴다는 점입니다.

```
def add(a, b):
    return a + b        → plus.py 의 코드
```

calculation이라는 패키지에 plus.py 파일의 코드라고 가정할 시 아래는 패키지를 불러와서 사용하는 방법입니다.

```
import calculation.plus     #calculation 패키지의 plus 모듈을 불러옴

print(calaulation.plus.add(3, 4))     #plus 모듈의 add 함수를 사용함

[출력결과]
7
```

이렇게 해당하는 패키지의 이름 아래의 plus모듈을 import로 먼저 불러온 뒤 해당하는 함수에 a, b값을 넣어 주게 되면 해당 모듈을 실행되어 출력결과가 7인 것을 알 수 있습니다. 이렇게 모듈을 불러와서 사용할 수도 있지만 직접 해당 모듈 안에 있는 함수를 불러와 사용할 수도 있습니다.

```
from 패키지.모듈 import 변수
from 패키지.모듈 import 함수
from 패키지.모듈 import 클래스
```

패키지의 모듈에서 바로 변수 혹은 함수, 클래스를 가져올 경우에는 from으로 우선 해당하는 "패키지.모듈명"을 불러온 뒤, import을 이용해 변수, 함수, 클래스를 사용하면 됩니다.

```
>>> from calculation.plus import add
>>> add(3, 4)
7
```

위쪽의 plus모듈 안에 있는 add함수를 호출하여 사용한 모습입니다.

7.3 라이브러리(Library)

파이썬에는 수많은 라이브러리들이 제공됩니다. 이 라이브러리는 모듈과 패키지를 모두 포함하고 있으며 사용자가 파이썬을 더욱더 쉽게 사용할 수 있도록 해 주는 가장 유용한 자료입니다. 라이브러리가 없다면 원하는 결과를 얻기 위해 복잡한 코드를 모두 사용자가 작성해야 하지만, 라이브러리를 활용하면 하위에 수많은 패키지 및 모듈의 사용법만 익히면 아주 쉽게 코드를 활용하여 원하는 결과를 얻을 수 있습니다. 라이브러리는 말 그대로 파이썬의 도서관인 셈입니다. 파이썬을 설치하게 되면 자동으로 파이썬 lib 디렉토리 안에 라이브러리들이 설치되므로 이를 사용할 수 있으며 사용법은 아래와 같습니다.

```
import 라이브러리
import 라이브러리 as 별칭
from 라이브러리 import 모듈이나 함수
from 라이브러리 import *
```

기본적으로 라이브러리를 불러와서 사용하는 방법은 모듈이나 패키지를 사용하는 방법과 동일합니다. 이런 라이브러리는 파이썬을 설치 시 기본적으로 설치되는 표준 라이브러리 및 파이썬 사용자들이 개발하여 오픈소스로 공유하는 수많은 외부 라이브러리들도 모두 해당됩니다. 여기서는 대표적인 표준 라이브러리들의 종류만 간단하게 소개하겠습니다.

os	시스템의 환경변수, 디렉토리 설정과 시스템 명령어 등을 제어 os.system, os.mkdir, os.rename 등
sys	파이썬의 인터프리터가 직접 변수나 함수를 제어 가능 sys.path, sys.argv 등이 있음
shutil	파일 복사 가능 shutil.copy
glob	디렉토리 내의 파일 목록 확인 가능 grob.grob
math	간단한 계산식 제공(행렬 등의 복잡한 계산은 Numpy 사용) math.factorial, math.fsum, mathd.isqrt 등
random	무작위의 랜덤 수 생성 random.random(), random.randint() 등
time	날짜와 시간에 관련된 함수 제공 time.time, time.strtime 등
calendar	달력정보 제공 calendar.calendar, calendar.weekday 등
webbrowser	사용자의 웹브라우저를 자동실행

위에서 소개한 표준 라이브러리 외에도 무수히 많은 라이브러리들이 파이썬에서 제공되고 있습니다. 자세한 라이브러리들은 관련 문서를 참고하시기 바랍니다. 이런 표준 라이브러리 외에도 사용자가 직접 라이브러리를 추가하여 사용할 수 있는데 이를 외부 라이브러리라고 합니다. 이런 외부의 라이브러리는 별도의 설치 과정이 필요하므로 우리는 라즈베리파이에서 추가하는 방법을 알아보겠습니다

```
sudo apt install 라이브러리명
sudo pip install 라이브러리명      #Python2 사용 시
sudo pip3 install 라이브러리명     #Python3 사용 시
```

파이썬은 버전별 호환이 안 되므로 사용하는 버전에 맞게 라이브러리를 구분하여 설치하여야 합니다. pip3는 파이썬3 버전용 라이브러리를 설치하는 명령어지만, 파이썬3 버전만 단독으

로 설치(라즈베리파이 4에서는 기본으로 파이썬3 버전이 설치되어 있음) 시 pip 명령어로 설치할 수 있습니다. 2021년도 가장 인기 있는 파이썬 외부 라이브러리들을 살펴보면, 인공지능과 머신러닝을 위한 외부 라이브러리들이 가장 인기 있는데 Numpy, Tensorflow, Pytorch, Pandas, Matplotlib 등을 대표적으로 들 수 있습니다. 이런 인기 있는 외부 라이브러리들의 종류를 간단하게 소개하겠습니다.

종류	분류	역할
pandas	데이터전처리	데이터프레임의 생성, 접근, 삭제, 수정 시 사용
numpy	데이터전처리	엑셀 형식으로 이루어진 데이터를 효과적으로 이용하기 위해 사용
matplotlib	데이터시각화	데이터를 다각적인 그래프로 시각적 표현하기 위해 사용
seaborn	데이터시각화	matplotlib을 기반으로 한 색상테마와 통계차트의 기능을 추가
openCV	이미지처리	이미지 프로세싱과 컴퓨터 비전을 위해 사용
Scipy	통계적탐색	과학, 분석, 엔지니어링을 위한 과학적 계산을 위해 사용
BeautifulSoup	데이터추출	HTML과 XML 문서를 파싱하기 위해 사용
Tensorflow	머신러닝	인공신경망의 기계학습을 위해 사용
Pytorch	머신러닝	자연어처리와 같은 심층신경망을 구성
keras	머신러닝	오픈소스 신경망 라이브러리

표 1 인공지능, 머신러닝 관련 파이썬 라이브러리

이런 파이썬의 외부 라이브러리는 계속 추가되고 있으며 끊임없이 새롭게 공유되어 사용되고 있습니다.

8 로깅(logging)

로깅은 프로그램이 실행될 때 발생하는 이벤트를 추적하는 방법입니다. 코딩을 하다 보면 변수의 값을 확인해야 하거나 함수가 제대로 실행되었는지를 확인해야 하거나 이벤트를 추적해야 하는 디버깅 과정이 필요합니다. print()문으로 이벤트를 추적할 수도 있지만 logging은 별도의 쓰레드(Thread)를 통해서 실행되기 때문에 프로그램의 성능을 떨어뜨리지 않고 이벤트를 추적할 수 있어서, print()문 대신에 logging 모듈을 사용하는 것을 추천합니다. 이번은 logging 모듈 사용법에 대해서 설명하겠습니다.

logging 모듈을 사용하기 위해서는 먼저 import문으로 모듈을 호출해야 합니다. 로깅 기능은 추적하는 데 사용되는 이벤트의 심각도에 따라서 이름 지어집니다. 아래 표를 참조하세요.

심각도 레벨	이벤트 대상
DEBUG	세부 정보. 일반적으로 문제를 진단할 때만 관심 있는 정보
INFO	예상한 대로 진행되고 있다는 것을 확인
WARNING	정상적으로 작동은 되고 있는 상황이지만 가까운 장래에 문제가 발생할 수 있는 이벤트나 예상치 않은 이벤트
ERROR	문제로 인해 소프트웨어 일부 기능이 작동하지 않은 경우
CRTITICAL	심각한 오류로 프로그램 자체가 실행되지 않는 경우

Default 수준은 WARNING입니다. 즉, 로깅 패키지가 다르게 구성되어 있지 않는 한 WARNING 이상의 이벤트만 추적됩니다. 하지만 DEBUG 레벨부터 이벤트 추적을 원한다면 "logging.basicConfig" 명령어로 설정을 하면 됩니다. 자~ 사용법을 익혀 보겠습니다.

Import

```
import logging
```

8.1 로깅 레벨 변경, 파일 출력, 인코딩 설정

로깅 레벨을 변경하기 위해서 loggin.basicConfig에서 level을 지정하면 됩니다. 아래의 코드는 DEBUG 레벨 이상부터 로깅되도록 설정되어 있습니다. 그 외, 로깅은 example.log 파일로 저장되며, 인코딩은 utf-8 지정하였습니다.

```
import logging

logging.basicConfig(filename='example.log', encoding='utf-8', level=logging.DEBUG)
logging.debug('This message should go to the log file')
logging.info('So should this')
logging.warning('And this, too')
logging.error('And non-ASCII stuff, too, like Øresund and Malmö')
```

8.2 변수 사용하기

%S를 이용하여 원하는 단어를 추가할 수 있습니다.

```
import logging
logging.warning('%s before you %s', 'Look', 'leap!')

[실행 결과]
WARNING:root:Look before you leap!
```

8.3 Formatting

"logging.basicConfig" 설정에서 날짜와 시간 표시 형식을 정할 수 있습니다. 아래 코드에 참조하세요.

```
# 실행 결과에 root 가 표시되지 않게 하기
logging.basicConfig(format='%(levelname)s:%(message)s', level=logging.DEBUG)

# 날짜와 시간 사용
logging.basicConfig(format='%(asctime)s %(message)s')
logging.basicConfig(format='%(asctime)s %(message)s', datefmt='%m/%d/%Y %I:%M:%S %p')

# 위 두가지를 합쳐서 사용 (권장)
logging.basicConfig(level=logging.DEBUG, format=' %(asctime)s - %(levelname)s - %(message)s')
```

자, 이것으로 라즈베리파이로 IoT 만들기의 기본 과정은 모두 마친 것 같습니다. 다음 Chapter부터는 본격적으로 라즈베리파이와 IoT(Internet of Things) 센서들에 대해서 다뤄 보기로 하겠습니다.

 Tips

가. 리스트 연산 시 자료형 통일

자료형을 통일했을 때	자료형 통일하지 않았을 때

잘된 코드
>>> a = [1, 2, 3]
>>> "두 번째 숫자는 " + str(a[1])
 	
결과
'두 번째 숫자는 2'
	오류 코드
	>>> a = [1, 2, 3]
	>>> "두 번째 숫자는 " + a[1]
	
	결과
	TypeError: can only concatenate str (not "int") to str

memo

Chapter
05
라즈베리파이 기본 장치 사용하기

05 라즈베리파이 기본 장치 사용하기

❶ 학습요약

학습 목표	라즈베리파이 기본 장치 사용법을 익힌다.
프리뷰	라즈베리파이, GPIO, 주변 장치, 통신
핵심 키워드	Raspberry Pi, hardware, GPIO, 카메라, 마이크, 이어폰
준비물	라즈베리파이(5B, 4B, 3B+, 3B)
실습 시간	1시간
학습 난이도	하

❷ 라즈베리파이 5B 하드웨어[22]

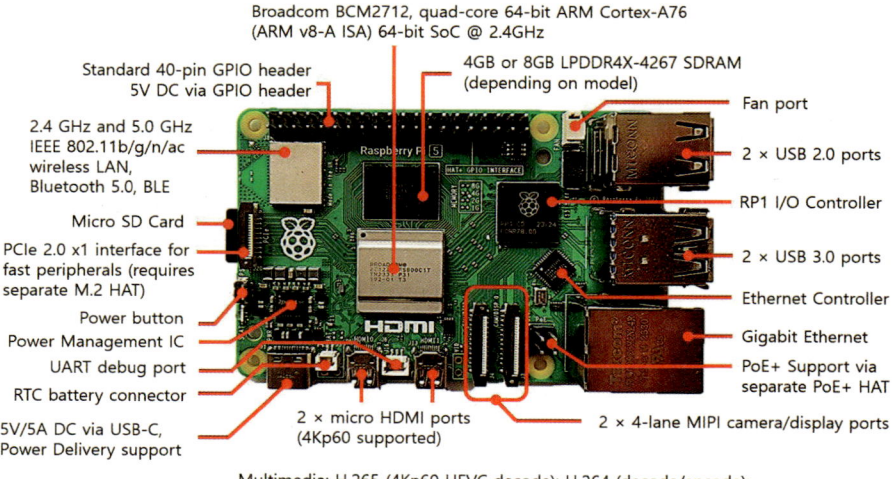

22　라즈베리파이5: https://datasheets.raspberrypi.com/rpi5/raspberry-pi-5-product-brief.pdf

※ 전원은 27W USB-C PD (5V, 5A)을 추천합니다. USB장치가 총 600mA 미만의 전력을 소비하는 경우 3A 전원 공급 장치를 사용할 수 있습니다.

Symbol	Parameter	Minimum	Maximum	Unit
VIN	5V Input Voltage	−0.5	6.0	V

표 1 Absolute Maximum Rating

64비트 쿼드 코어 Arm Cortex-A76 프로세서가 탑재된 Raspberry Pi 5는 2.4GHz 속도로 작동하며, Raspberry Pi 4에 비해 CPU 성능이 2-3배 향상되었습니다. 800MHz VideoCore VII GPU의 그래픽 성능이 크게 향상되었고, HDMI를 통한 듀얼 4Kp60 디스플레이 출력과 재구성된 Raspberry Pi Image Signal 프로세서의 최첨단 카메라 지원과 함께, 소비자들에게 부드러운 데스크탑 경험을 제공하며, 라즈베리파이를 사용하는 신규 고객들에게 새로운 애플리케이션의 문을 열어줍니다.

USB 대역폭이 두 배 이상 증가하여 외부 UAS 드라이브 및 기타 고속 주변기기로의 전송 속도가 빨라졌습니다. 이전 모델에 탑재된 전용 2레인 1Gbps MIPI 카메라 및 디스플레이 인터페이스는 4레인 1.5Gbps MIPI 트랜시버 한 쌍으로 대체되어 총 대역폭이 세 배로 증가했으며, 최대 두 대의 카메라 또는 디스플레이 조합을 지원합니다. SDR104 고속 모드 지원을 통해 최고 SD 카드 성능이 두 배로 향상되었으며, 플랫폼은 처음으로 단일 레인 PCI Express 2.0 인터페이스를 제공하여 고대역폭 주변기기를 지원합니다.

③ 라즈베리파이 4B+ 하드웨어[23]

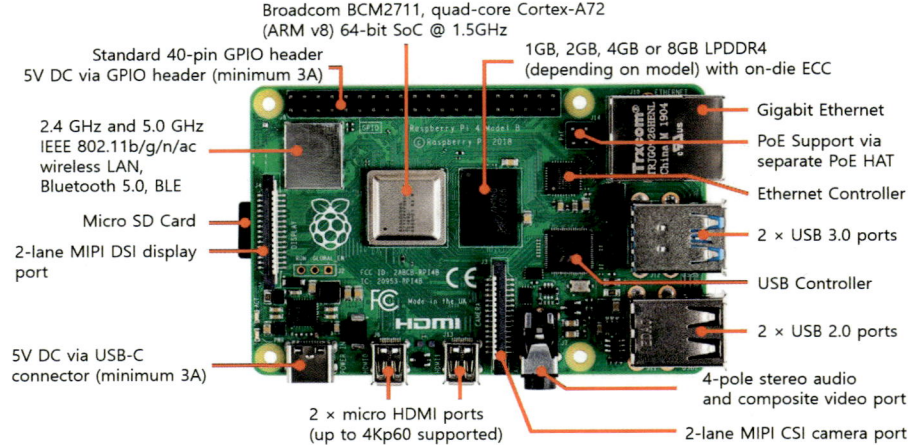

※ 전원은 27W USB-C PD (5V, 5A)을 추천합니다. USB장치가 총 600mA 미만의 전력을 소비하는 경우 3A 전원 공급 장치를 사용할 수 있습니다.

④ 라즈베리파이 3B+ 하드웨어

---

23 라즈베리파이4 Datasheet: https://datasheets.raspberrypi.org/rpi4/raspberry-pi-4-datasheet.pdf

5 GPIO(다용도 입출력)

다용도 입출력(general-purpose input/output, GPIO)은 집적회로나 전기회로 기판의 디지털 신호 핀입니다. 입력이나 출력을 포함한 동작이 런타임 시에 사용자가 제어할 수 있습니다. 라즈베리파이 3B+/4B/5B은 총 40개의 핀으로 이루어져 있으며, GPIO, 전원, Ground로 구성됩니다. 40개의 핀 중에서 GPIO 핀은 코딩을 통해서 입력과 출력으로 지정할 수가 있습니다. 라즈베리파이에서는 아날로그 입력을 지원하지 않습니다. 조도센서, 가변저항 등을 활용하여 아날로그 입력신호를 받아야 하는 경우는 ADC(Analog to Digital Converter)를 사용하여야 합니다. ADC를 사용하여 아날로그 입력신호를 받아 조도센서를 작동하는 방법은 "Chapter7 아침이 되면 자동으로 불을 끄는 스탠드"를 참조하세요.

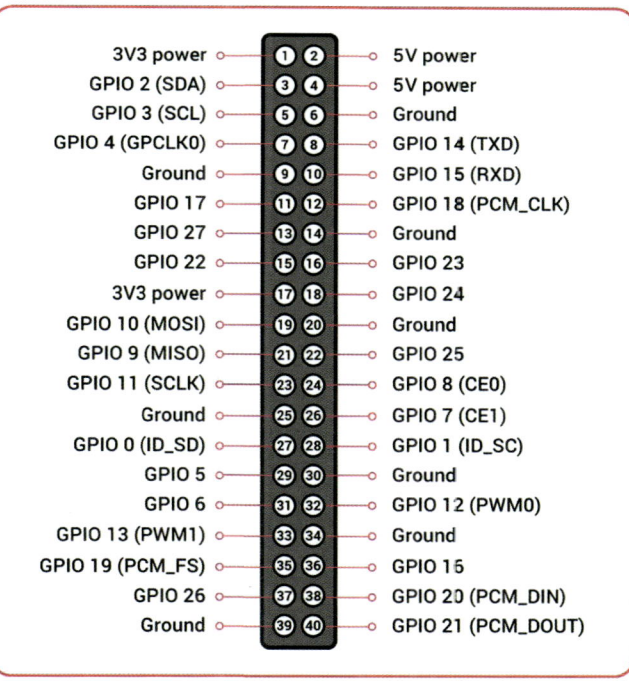

그림 1 라즈베리파이 핀맵

전원 V(Voltage)

대부분의 라즈베리파이는 키보드, 마우스, 어댑터를 포함한 대부분의 USB 장치에 전원을 공급할 수 있는 충분한 전류를 USB 주변 장치에 공급합니다. 그러나 모뎀, 외장 디스크, 고출력 안테나 등 일부 장치에는 추가 전류가 필요합니다. 라즈베리파이의 다양한 인터페이스를 사용할수록 전력 요구 사항이 증가합니다. 전력 요구사항은 GPIO 핀을 결합하면 총 50mA(각 핀은 개별적으로 최대 16mA)를 안전하게 사용할 수 있으며, HDMI 포트는 50mA를 사용합니다. 카메라 모듈에는 250mA가 필요합니다. USB 키보드와 마우스는 최소 100mA에서 최대 1000mA까지 사용할 수 있습니다. 라즈베리파이에 연결하려는 장치의 전력 사양을 확인하고 그에 따라 전원 공급 장치를 사용하세요 . 잘 모르겠다면 전원공급이 되는 외장형 USB 허브를 사용하는 것도 방법입니다.

라즈베리파이의 GPIO 핀은 기본적으로 3.3V로 작동을 합니다. 2개의 3.3V용 전원핀은 3.3V 센서의 전원 공급을 위해 사용됩니다. 2개의 5V용 전원핀은 5V에서 작동되는 센서를 사용할 수 있으며, GPIO를 통해서 5V 전원을 공급할 때도 사용됩니다. Ground 핀은 0V이며, 입출력핀으로 지정할 수는 없습니다.

출력핀

GPIO 핀을 출력으로 지정을 하면 HIGH일 때 3.3V, LOW일 때 0V 출력이 나옵니다. GPIO 출력핀을 사용할 때는 주의할 점이 있는데, LED를 사용할 때는 저항과 함께 사용하고, 모터는 GPIO와 직접 연결하지 말고, 모터 컨트롤러를 통해서 연결하여야 합니다. 또한 GPIO에 과다한 전류가 흐르지 않도록 **주의**하여야 합니다.(각 핀당 최대 16mA, GPIO핀 동시 사용시 전체 합은 50mA)

입력핀

입력핀으로 지정된 GPIO 핀은 HIGH(3.3V) 또는 LOW(0V)로 읽을 수 있습니다. 이는 내부 풀업 또는 풀다운 저항을 사용하면 더욱 쉬워집니다. 핀 GPIO2 및 GPIO3에는 고정 풀업 저항이 있지만 다른 핀의 경우 내부에 없으므로 소프트웨어에서 구성하여야 합니다. 입력핀에 센서를 연결할 때는 5V 전원이 연결되지 않도록 **주의**하여야 합니다. 5V를 사용하는 보드와

GPIO와 통신을 할 때는 반드시 "3.3V / 5V TTL 로직 레벨 컨버터 모듈" 같은 모듈을 사용하여 5V가 GPIO와 연결되지 않도록 하세요.

PWM(Pulse-Width Modulation)

GPIO 핀에 LED를 연결하였다고 하면 HIGH 신호일 때 LED가 켜지고, LOW 신호일 때 꺼지게 됩니다. 그런데 PWM으로 구현해서 HIGH와 LOW 신호를 5:5 비율로 주기적으로 주게 되면 LED 밝기가 50%가 됩니다. 이처럼 PWM은 HIGH와 LOW 신호의 펄스 비율을 변화시켜 LED 밝기를 변화시키듯 출력신호의 강약을 조절할 수 있는 기능을 제공합니다. PWM 제어에서는 주파수와 듀티사이클, 두 개의 파라미터가 있습니다. 펄스 파형의 HIGH 상태와 LOW 상태 파형의 비율을 듀티사이클이라고 부르는데, PWM은 주로 듀티사이클을 조정해서 변조하는 방식입니다.

- 주파수 [Hz]: 1초에 진동하는 주기 횟수
- Duty Cycle [%]: 한 주기 안에서 신호가 on 되어 있는 비율

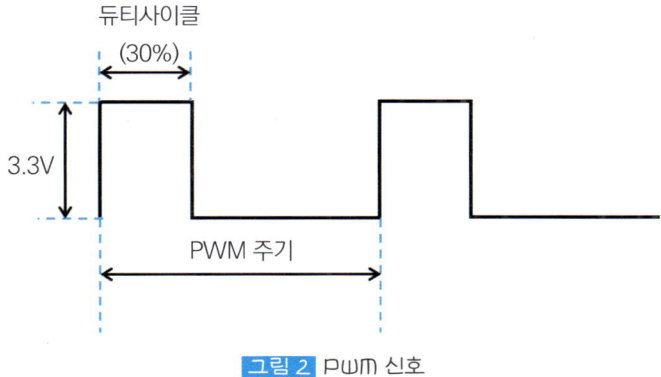

그림 2 PWM 신호

GPIO 핀은 Software PWM과 Hardware PWM으로 구성되어 있으며, Hardware PWM이 Software PWM보다 정확한 작동을 하기 때문에 서보(Servo) 장치를 제어할 때는 Hardware PWM을 사용합니다. Software PWM은 글자에서 알 수 있듯이 Software 코딩으로 PWM 기능을 구현하며, 작동의 정확성은 사용하고 있는 PWM의 수에 영향을 받습니다.

모든 GPIO 핀에 대해서 Software PWM을 지정할 수 있습니다. Hardware PWM을 구성하기 위해서는 GPIO12, GPIO13, GPIO18, GPIO19를 사용하면 됩니다.

SPI(Serial Peripheral Interface)

SPI는 MCU(Micro Controller Unit)와 센서 사이 근거리 통신을 하기 위한 시리얼 통신규칙 중 하나입니다. 1개의 Master와 여러 개의 Slave로 구성되며 통신을 위해서는 최소 4개의 선이 필요합니다. 통신방식은 양방향 통신이 가능한 전이중 통신모드로 작동됩니다. Master가 데이터 초기화를 할 수 있고, CE(Chip Select) 라인을 통해 여러 Slave를 선택할 수 있습니다. Master가 CE에 LOW 신호를 주면 해당 Slave와 통신이 이루어집니다.

SPI0: MOSI (GPIO10); MISO (GPIO9); SCLK (GPIO11); CE0 (GPIO8), CE1 (GPIO7)
SPI1: MOSI (GPIO20); MISO (GPIO19); SCLK (GPIO21); CE0 (GPIO18); CE1 (GPIO17); CE2 (GPIO16)

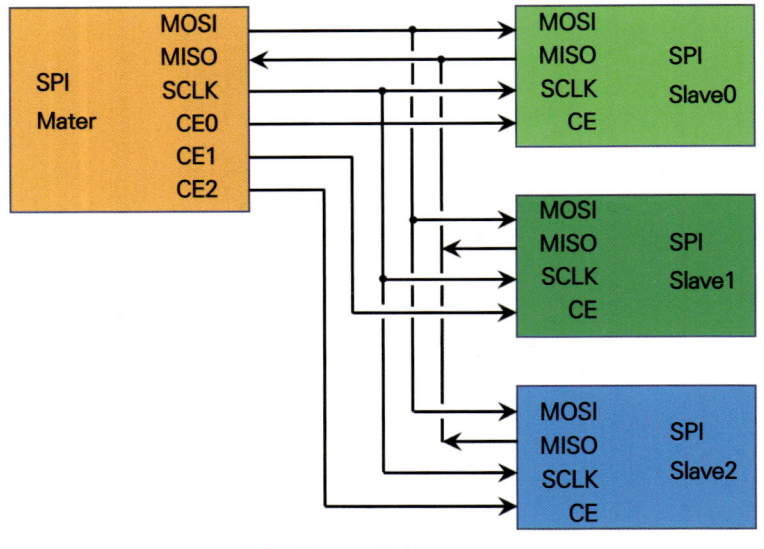

그림 3 SPI 통신 Diagram

- SCLK(Serial Clock) - 통신의 동기화를 맞추기 위한 신호로 Master에서 전송
- MOSI(Master Out Slave In) - Master에서 Slave로 데이터 전송
- MISO(Master In Slave OUT) - Slave에서 Master로 데이터 전송
- CE(Chip Select, Chip Enable) - Master가 통신하고자 하는 Slave와 연결된 핀

I2C(Inter-Integrated Circuit)

I2C은 2개의 통신선만으로 간단하게 구성하여 통신을 할 수가 있어서 많이 사용되는 통신 방법 중 하나입니다. 데이터를 주고받기 위한 통신선(SDA) 하나와 송수신 타이밍 동기화를 위한 클럭 통신선(SCL) 하나로 이루어집니다. I2C에 연결된 각 장치들은 고유의 Address를 가집니다. 하나 이상의 Master와 하나 이상의 Slave로 이루어지며, 7비트의 주소공간을 사용하며, Slave는 최대 127개까지 연결할 수 있습니다. SDA선으로 입력, 출력 신호를 모두 전송하게 때문에 플로팅 현상(Floating)[24]을 방지하기 위해 Pull-up 저항이 필요합니다. 하지만, 라즈베리파이의 GPIO용 핀은 1.8㏀의 저항이 자체 포함되어 있습니다.

- ✓ Data: (**GPIO2**); Clock (**GPIO3**)
- ✓ EEPROM Data: (**GPIO0**); EEPROM Clock (**GPIO1**)

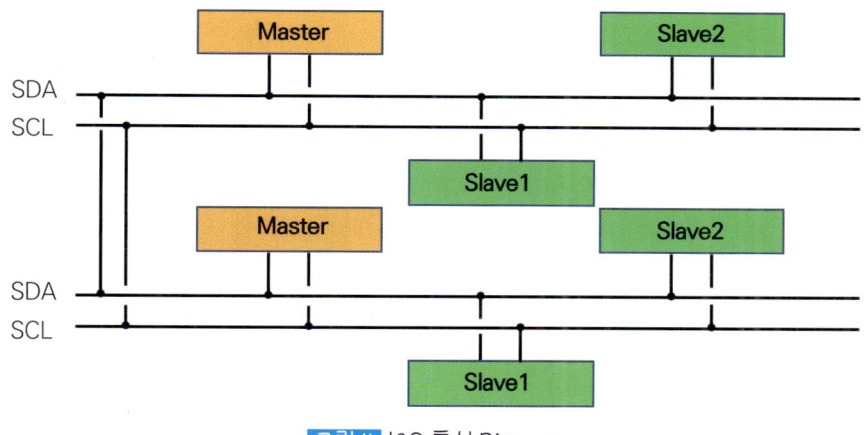

그림4 I2C 통신 Diagram

---

24 전기신호가 닫혔음(LOW)에도 불구하고, 잔류 전류에 의해 HIGH와 LOW를 반복하는 현상

```
# I2C 설치 (기본적으로 설치되어 있음)
sudo apt install i2c-tools

# I2C 주소 알아내는 명령어
i2cdetect -y 1

# I2C Python Code
import smbus
DEVICE_BUS = 1
DEVICE_ADDR = 0x15
bus = smbus.SMBus(DEVICE_BUS)
bus.write_byte_data(DEVICE_ADDR, 0x00, 0x01)
i2cBus.read_byte_data (DEVICE_ADDR, 0x00)
```

그림 5 I2C Address 확인

UART(Universal Asynchronous Receiver/Transmitter)

UART는 비동기 통신을 위한 전용 하드웨어를 뜻합니다. 통신을 위해서는 사전에 디바이스 간에 데이터 전송속도를 맞추어야 합니다. 라즈베리파이 3는 2개의 UART가 있으며, GPIO 핀 14/15를 통해 UART 0/1이 활성화되어 있습니다. 라즈베리파이 4에는 4개의 추가 UART가 있습니다만 기본적으로는 비활성화되어 있습니다. 장치 트리 오버레이를 통해 추가 UART를 활성화할 수 있습니다.[나]

- TX (GPIO14); RX (GPIO15)

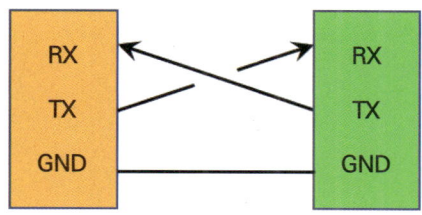

GPIO pinout

터미널을 열고 "pinout"를 입력하면 GPIO 핀 정보[25]를 확인할 수 있습니다. Raspberry Pi OS Lite 버전에서는 RPi.GPIO 패키지를 설치해야 GPIO를 사용할 수 있습니다.

```
# RPi.GPIO 패키지를 설치
sudo apt-get install rpi.gpio
```

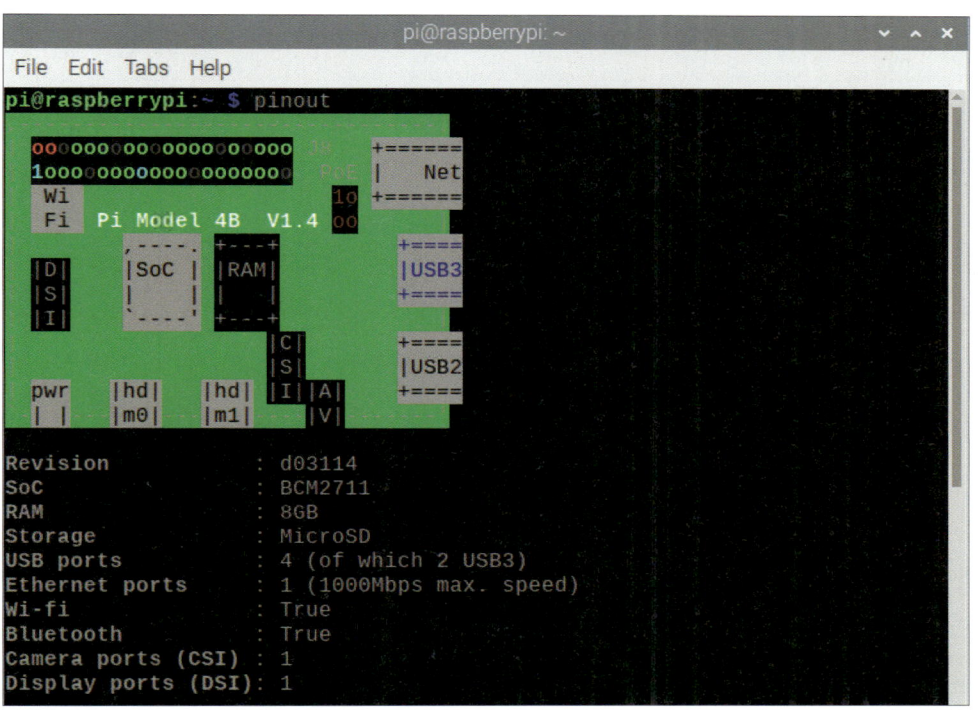

---

25 터미널에 "raspi-gpio funcs" 명령어로 GPIO의 기능에 대한 상세 설명을 볼 수 있음

```
J8:
    3V3  (1) (2)  5V
  GPIO2  (3) (4)  5V
  GPIO3  (5) (6)  GND
  GPIO4  (7) (8)  GPIO14
    GND  (9) (10) GPIO15
 GPIO17 (11) (12) GPIO18
 GPIO27 (13) (14) GND
 GPIO22 (15) (16) GPIO23
    3V3 (17) (18) GPIO24
 GPIO10 (19) (20) GND
  GPIO9 (21) (22) GPIO25
 GPIO11 (23) (24) GPIO8
    GND (25) (26) GPIO7
  GPIO0 (27) (28) GPIO1
  GPIO5 (29) (30) GND
  GPIO6 (31) (32) GPIO12
 GPIO13 (33) (34) GND
 GPIO19 (35) (36) GPIO16
 GPIO26 (37) (38) GPIO20
    GND (39) (40) GPIO21

POE:
 TR01 (1) (2) TR00
 TR03 (3) (4) TR02

For further information, please refer to https://pinout.xyz/
pi@raspberrypi:~ $
```

5.1 GPIO 파이썬 코드

GPIO를 제어하는 라이브러리는 여러 가지가 있습니다. 본 책에서는 RPi.GPIO와 GPIO Zero 라이브러리를 사용하는 파이썬 코드를 사용합니다. RPi.GPIO는 기존 Raspberry Pi 모델(예: Raspberry Pi 4 또는 그 전의 모델)에서 잘 작동하지만, Raspberry Pi 5에서는 하드웨어 변경으로 인해 SOC(SoC Peripheral Base Address)를 감지하지 못합니다. 이로 인해 기존 GPIO 라이브러리(RPi.GPIO)의 비호환성 문제가 발생하는데 RPi.GPIO와 유사한 RPiLGPIO를 사용하겠습니다. RPi-LGPIO를 사용하면 RPi.GPIO에서 사용하던 코드와 대부분 호환됩니다. 라즈베리파이 5의 터미널에서 아래의 명령어로 설치합니다.

sudo apt remove python3-rpi.gpio
pip3 uninstall rpi-lgpio --break-system-packages
pip3 install rpi-lgpio --break-system-packages

GPIO Zero 라이브러리는 RPi.GPIO보다 간단하게 코드를 작성할 수 있습니다. GPIO Zero를 활용하여 LED, Button을 다루는 간단한 파이썬 코드의 예를 들어 보겠습니다. 여러 센서들을 활용하여 어두워지면 Light가 켜지거나, 더워지면 선풍기가 자동으로 돌아가게 만드는 등 라즈베리파이를 활용한 IoT 서비스 만들기 프로젝트는 다음 Chapter부터 본격적으로 배워보도록 하겠습니다.

LED 1초 간격으로 On/Off

```python
from gpiozero import LED    #GPIO 제로 라이브러리에서 LED 호출
from time import sleep      #시간 라이브러리 호출

led = LED(17)    #GPIO17에 LED 연결

while True:
    led.on()
    sleep(1)
    led.off()
    sleep(1)
```

Button의 On/Off 상태 확인

```python
from gpiozero import Button    #GPIO 제로 라이브러리에서 Button 호출
from time import sleep

button = Button(2)    #버튼을 GPIO2에 연결

while True:
    if button.is_pressed:
        print("Pressed")
    else:
        print("Released")
    sleep(1)
```

LED + Button

```
from gpiozero import LED, Button   #GPIO 제로 라이브러리 호출

led = LED(17)       #GPIO17에 LED 연결
button = Button(2)    #버튼을 GPIO2에 연결

while True:
        if button.is_pressed:
                led.on()
        else:
                led.off()
```

⑥ 카메라

라즈베리파이는 CSI (Camera Serial Interface) 카메라와 USB 카메라를 사용할 수 있습니다. CSI 카메라는 Standard 버전과 NoIR 버전 두 가지가 있습니다. NoIR 버전은 적외선 필터가 없어서 적외선 램프를 장착하여 야간 촬영이 가능합니다.

[Standard 버전]   [NoIR 버전]

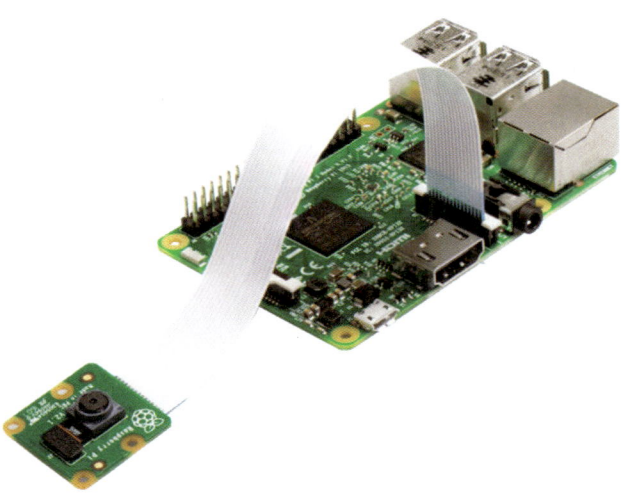

그림 6 CSI 카메라 장착

카메라를 작동하는 방법은 두 가지로 터미널에서 명령어를 직접 입력하여 사진 및 동영상촬영을 할 수 있으며, 또 하나는 파이썬 코딩을 활용하는 방법입니다. 코드를 활용하면 더 다양한 작업이 가능합니다. "Chapter18 꼼짝 마, 감시카메라 시스템"에서 카메라를 활용한 코딩을 실습을 해 보겠습니다.

❼ USB 마이크

라즈베리파이는 마이크 모듈이 없습니다. 마이크 기능을 사용하기 위해서는 USB용 마이크를 추가 장착을 하여야 합니다. 마이크 장착 후 녹음 볼륨을 조절하기 위해서 "alsamixer"를 터미널에서 실행합니다. F4(Capture)나 F5(All)를 눌러서 Capture의 볼륨을 키보드 방향키를 이용해서 조정하면 됩니다.

그림 7 USB 마이크

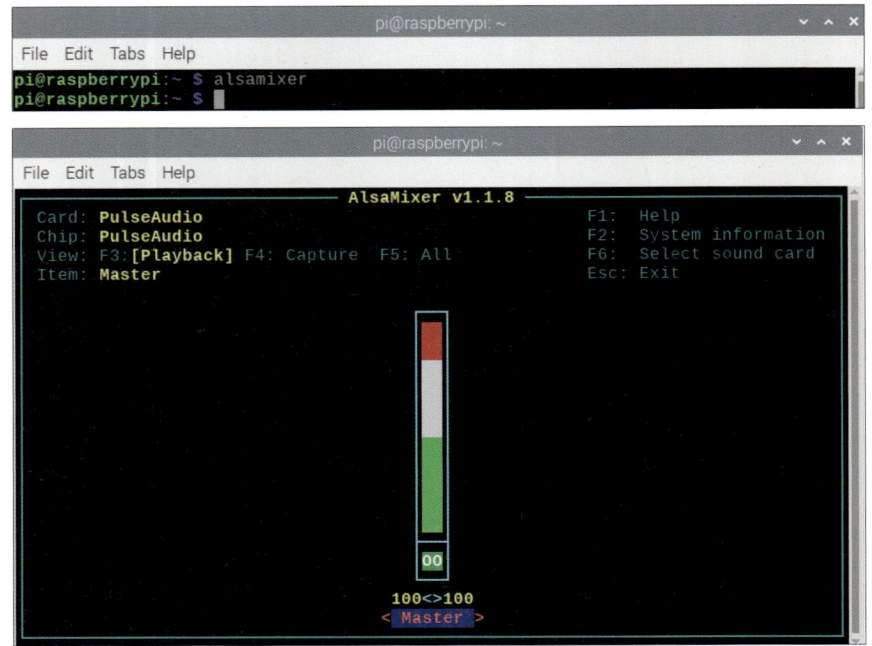

그림 8 AlsaMixer 실행 화면

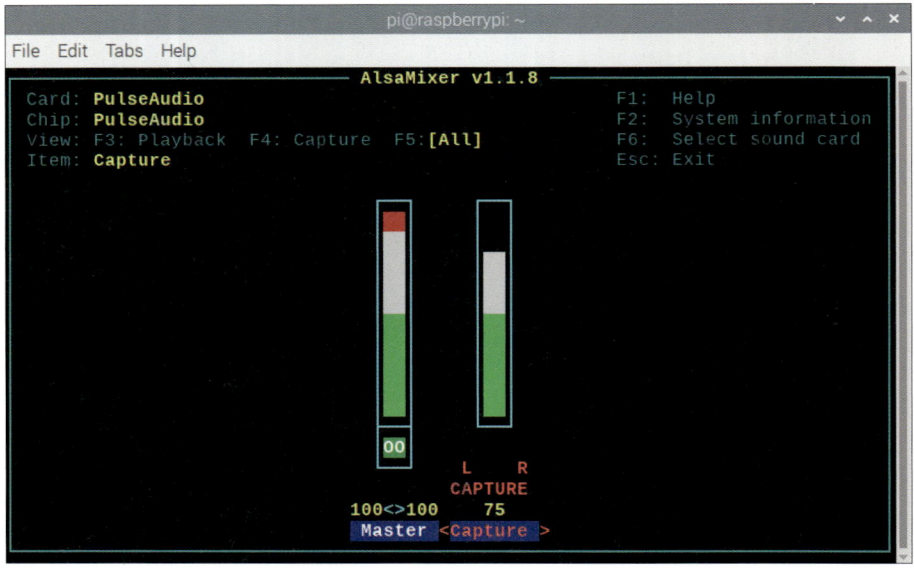

그림 9 Capture 볼륨 (마이크 볼륨) 올리기

마이크 테스트를 위해 다음의 명령어를 실행합니다. 5초 동안 소리가 녹음되며, "out.raw" 파일명으로 소리가 저장됩니다.

```
# 마이크 소리 녹음
arecord --format=S16_LE --duration=5 --rate=16000 --file-type=raw out.raw

# 마이크 소리 재생
aplay --format=S16_LE --rate=16000 out.raw
```

⑧ 스피커/이어폰

라즈베리파이 3/4에서는 3.5mm 잭 포트에 이어폰이나 스피커를 꽂아서 오디오 출력을 할 수 있습니다. 3.5mm 오디오 출력을 사용하기 위해서는 Raspberry PI OS 상단에 있는 스피커를 마우스 오른쪽으로 눌러서 Audio Outputs을 AV Jack으로 선택해야 합니다. HDMI로 선택하였을 경우는 HDMI로 연결된 모니터의 스피커가 Audio 출력으로 설정이 됩니다.

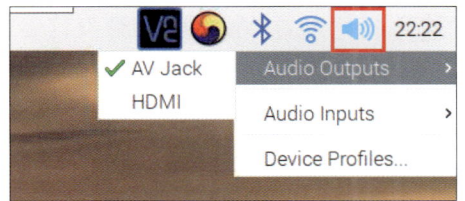

그림 10 Audio Outputs 설정

터미널에서 Audio 설정을 하기 위해서는 "sudo raspi-config" 명령어를 사용하면 됩니다.

```
sudo raspi-config → 1. System Options → S2 Audio → Audio Output 선택
```

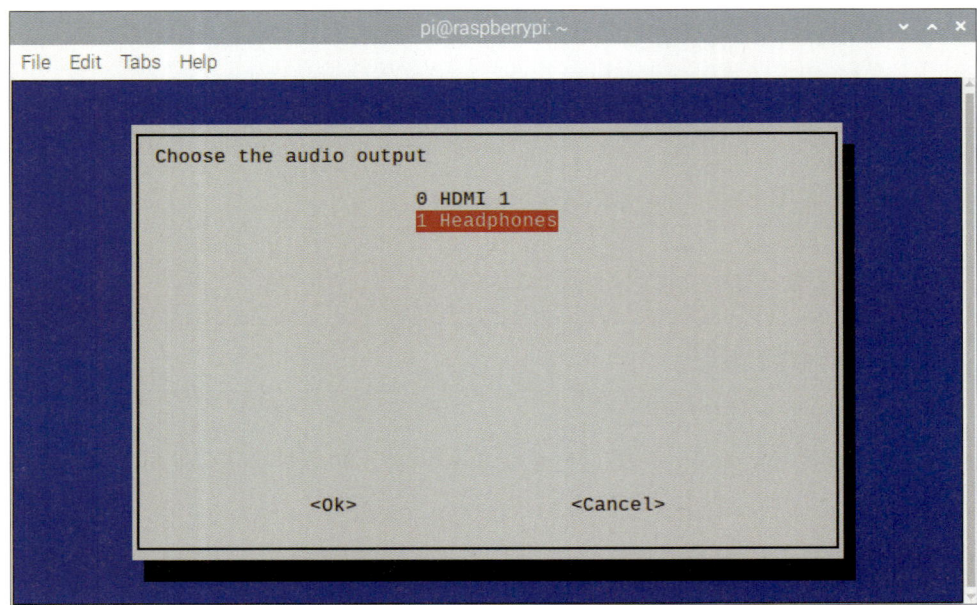

그림 11 Audio Output 선택 화면

라즈베리파이 5는 기존의 오디오 잭이 제거되었기 때문에, 오디오 출력을 위해 다른 대안이 필요합니다.

[라즈베리파이 5의 오디오 사용법]

1. HDMI를 통한 오디오 출력

라즈베리파이 5는 HDMI 포트를 통해 오디오를 출력할 수 있습니다. HDMI 케이블을 통해 모니터나 TV에 연결하면, 해당 장치에서 오디오가 출력됩니다.

2. USB 오디오 장치 사용

USB 포트를 통해 외부 USB 사운드 카드나 USB 스피커를 연결하여 오디오를 출력할 수 있습니다. 이는 플러그 앤 플레이 방식으로 쉽게 설정할 수 있습니다.

3. 오디오 HAT 사용

라즈베리파이 전용 오디오 HAT을 사용하여 고품질의 오디오 출력을 얻을 수 있습니다. 예를 들어, DigiAMP+와 같은 HAT은 스테레오 스피커에 전력을 공급하고 고해상도 오디오 출력을 제공합니다.

4. 블루투스 오디오 장치

블루투스 기능을 사용하여 블루투스 스피커나 헤드폰에 연결할 수 있습니다. 이는 무선으로 편리하게 오디오를 즐길 수 있는 방법입니다.

❾ Display / Monitor

라즈베리파이 4에서 지원되는 Display 포트[26]는 2개의 Micro HDMI와 Composite video, DSI(Display Serial Interface)입니다. Composite video 포트는 스피커, 이어폰을 꽂는 3.5mm 잭 포트입니다. 4극 잭의 결선도는 그림 12를 참조하세요.

2개의 Micro HDMI는 듀얼 모니터 사용을 가능하게 합니다. 듀얼 모니터 사용을 위해서는 다음 경로의 Screen Configuration을 설정하면 됩니다. 해상도 및 Orientation 등의 설정을 할 수 있습니다.

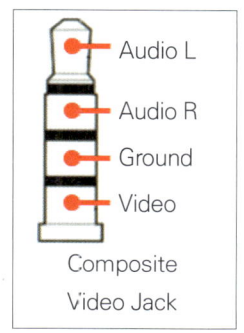

그림 12 4극 잭 (3.5mm)

상단 좌측 라즈베리파이 버튼 클릭(🍓) → Preferences → Screen Configuration

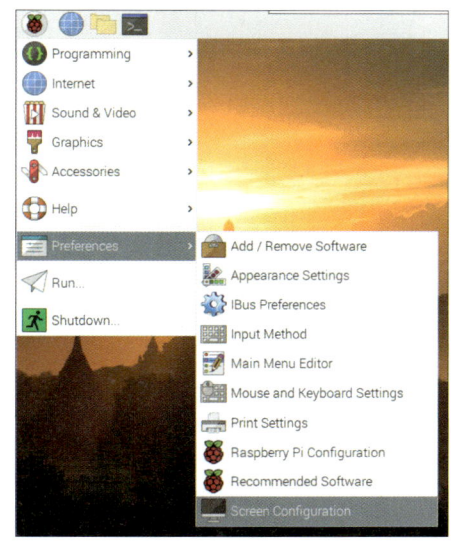
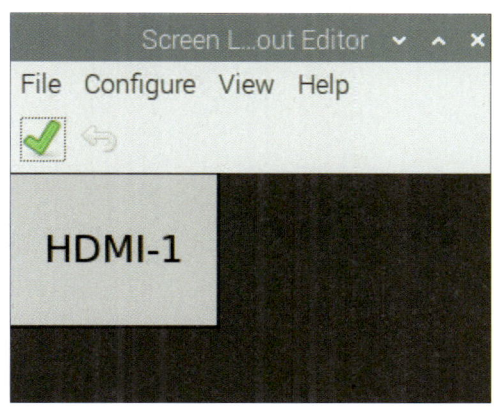

그림 13 Screen Configuration

---

26 라즈베리파이 3B/3B+의 경우는 1개의 HDMI 및 Composite video 포트, DSI 포트를 지원합니다.

라즈베리파이 5에서는 Composite video (3.5mm 오디오 잭과 동일)가 제거되어서 2개의 Micro HDMI 포트와 DSI(Display Serial Interface)을 이용해서 Display할 수 있습니다. 라즈베리파이 5에서는 DSI와 CSI(Camera Serial Interface)를 동시에 지원하는 MIPI포트를 제공합니다. 두 개의 4-레인 MIPI 트랜스시버를 갖추고 있어서 각각 카메라 또는 디스플레이에 연결할 수 있으며, 높은 대역폭을 필요로 하는 고해상도 비디오 및 이미지를 처리할 수 있습니다.

❿ 브레드보드(Breadboard)

브레드보드는 빵(Bread)판이라고도 불립니다. 흔히 전자회로를 구성할 때 사용되며, 납땜 과정을 생략해 주거나 확장성을 높여 주는 전자부품입니다. 브레드보드는 구멍에 부품 혹은 선을 꽂기만 하면 서로가 연결되는 구조로 되어 있으며 테스트를 하거나 프로토타입을 만드는 등의 여러 번 재사용이 가능한 경우 유용하게 사용할 수 있습니다.

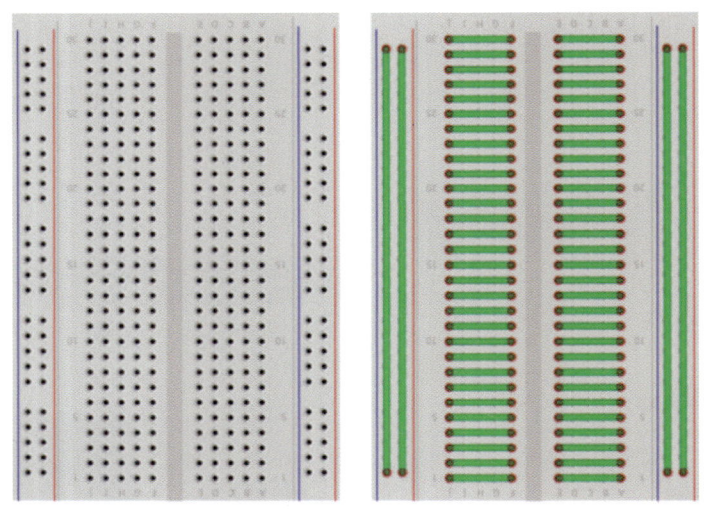

그림 14 Breadboard 구조

오른쪽 그림의 초록색의 선이 브레드보드 내부의 연결되어 있는 철선의 배치입니다. 가로 방향으로는 5개씩 하나의 철선으로 연결되어 있고, 세로 방향으로는 길게 한 줄씩 연결되어 있어 전자회로를 납땜 없이 꾸밀 수가 있습니다.

⑪ 코블러(T-Cobbler)

라즈베리파이 GPIO에는 레이블이 표시되어 있지 않아 회로를 꾸밀 때 매번 GPIO의 핀맵을 찾아봐야 하는 불편한 점이 많습니다. 이것을 해결하기 위해 T-코블러를 사용합니다. 코블러에는 GPIO의 핀번호가 인쇄되어 있어서 브레드보드에 꽂아서 편리하게 회로를 꾸미는 데 도움을 주는 전자부품입니다.

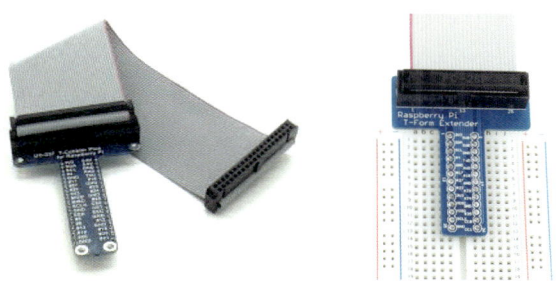

그림 15 T-코블러

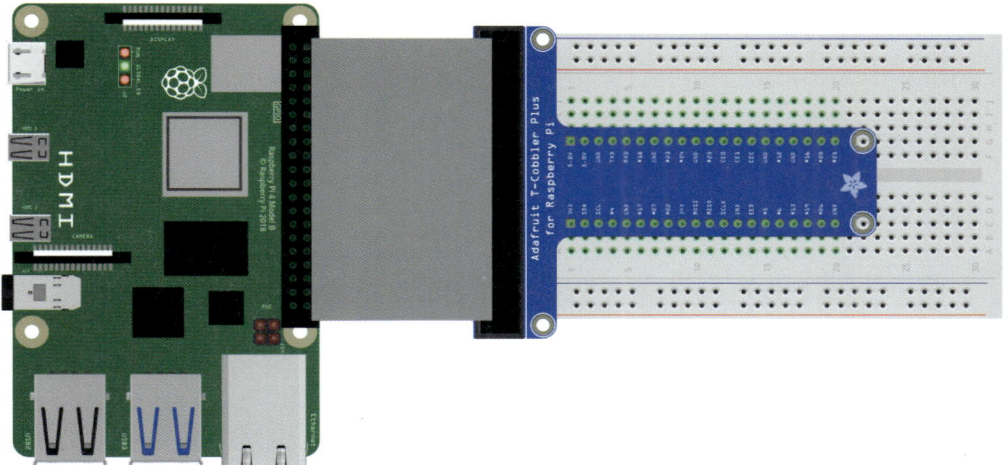

그림 16 라즈베리파이와 연결된 코블러 모습

⑫ 경고 아이콘

라즈베리파이의 펌웨어는 공급 전원의 볼트(V)가 부족하거나 CPU의 온도가 높을 때 경고 아이콘을 화면에 표시해 줍니다.

그림 17 경고 아이콘(저전압경고, 온도경고1, 온도경고2)

저전압경고

 공급전원의 전압이 4.63V(±5%) 아래로 떨어지면 저전압경고 아이콘이 표시됩니다.

온도경고1

 SoC(System on a Chip)의 온도가 80~85℃에 이르면 코어(Core)의 온도를 떨어뜨리기 위해 CPU의 속도와 전압을 떨어뜨리기 시작합니다.

온도경고2

 SoC(System on a Chip)의 온도가 85℃를 초과하면 코어(Core)의 온도를 떨어뜨리기 위해 CPU 및 GPU의 속도와 전압을 떨어뜨리기 시작합니다.

⑬ RTC(Real Time Clock)

라즈베리파이 5에는 RTC (Real Time Clock) 기능이 새롭게 추가되었습니다. 이는 이전 모델과의 주요 차이점 중 하나로, 전원이 제거되더라도 현재 시간을 유지할 수 있는 기능을 제공합니다. RTC는 IoT(사물인터넷) 장치, 데이터 로깅, 스케줄링 작업 등에서 유용합니다. 예를 들어, 인터넷 연결이 없는 환경에서도 정확한 시간 기반 작업을 수행할 수 있습니다.

RTC는 배터리를 통해 독립적으로 작동하며, 시스템 클록과 동기화됩니다. 주로 시간 관련 작업이 중요한 애플리케이션에서 유용하게 사용됩니다.

RTC은 USB-C 전원 커넥터 오른쪽에 있는 보드의 J5(BAT) 커넥터를 통해 버터리로 구동할 수 있습니다. 보드를 매우 낮은 전력 상태(약 3mA)로 전환하는 웨이크 알람을 설정할 수 있으며, 알람 시간에 도달하면 보드가 다시 켜집니다.

그림 18 J5 배터리 커넥터

그림 19 RTC 모듈

RTC 모듈에 배터리를 삽입한 후 라즈베리파이와 연결합니다. RTC 모듈에 On/Off 스위치가 있는 경우는 스위치를 On 상태로 합니다. 라즈베리파이의 전원이 끊어진 상태에서도 시스템의 시간이 유지 되는지 확인을 해보겠습니다. 라즈베리파이는 인터넷에 연결되면 NTP(Network Time Protocol) 서버와 시스템 시간이 자동으로 동기화 됩니다.

1. 라즈베리파이의 와이파이를 중지시킵니다.
2. 라즈베리파이의 Off 시킨 후 전원 케이블을 완전히 분리합니다.

3. 몇 분이 지난 후 라즈베리파이에 전원을 연결하여 부팅을 합니다.
4. 네트워크가 끊어진 상황에서도 시스템 시간이 정확하게 작동이 되는 것을 확인합니다.

RTC 모듈이 연결되어 있지 않다면 라즈베리파이의 시간은 전원이 Off 되었던 시간을 나타내고 있을 것입니다.

전원버튼

라즈베리파이 5에는 전원버튼이 새롭게 추가되었습니다. 전원 케이블이 연결되어 있는 상태에서 전원버튼을 눌러서 라즈베리파이를 켜고 끌 수가 있습니다.

 Tips

가. 제품별 전원 사양

제품	전원공급 장치사양	USB 총 전원소모량 (최대)	소비전력 (No 주변장치)
Raspberry Pi 1 Model A	700mA	500mA	200mA
Raspberry Pi 1 Model B	1.2A	500mA	500mA
Raspberry Pi 1 Model A+	700mA	500mA	180mA
Raspberry Pi 1 Model B+	1.8A	1.2A	330mA
Raspberry Pi 2 Model B	1.8A	1.2A	350mA
Raspberry Pi 3 Model B	2.5A	1.2A	400mA
Raspberry Pi 3 Model A+	2.5A	Note1	350mA
Raspberry Pi 3 Model B+	2.5A	1.2A	500mA
Raspberry Pi 4 Model B	3.0A	1.2A	600mA
Raspberry Pi 5	5.0A	1.6A (3A 전원시 600mA)	800mA
Pi 400	3.0A	1.2A	800mA
Pi 500	5.0A	1.6A (3A 전원시 600mA)	800mA
Zero	1.2A	Note1	100mA
Zero W	1.2A	Note1	150mA
Zero 2 W	2A	Note1	350mA

※ Note1: 전원공급장치에 따라서 최대용량이 결정됨

05

나. 라즈베리파이 4 모든 UART 활성화하기

1. Raspberry Pi Configuration → Interfaces → Serial Port 활성

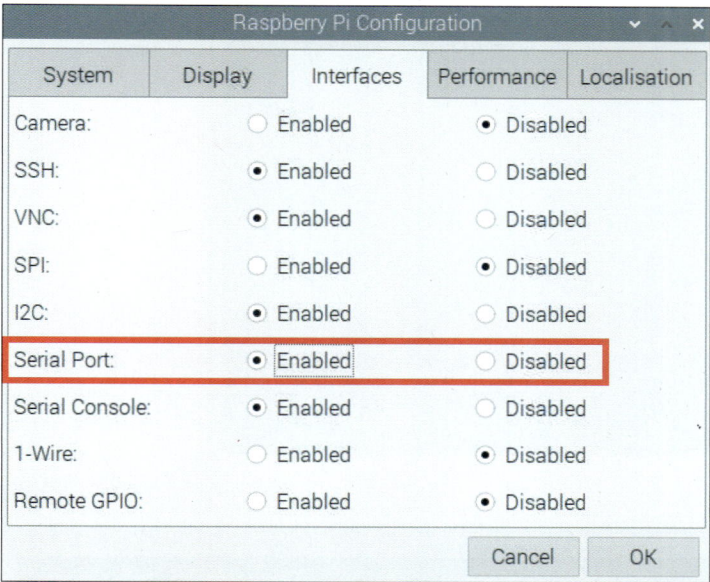

2. /boot/config.txt 경로에 있는 config.txt 파일을 열어서 마지막에 UART 추가 후 저장, 재부팅

```
sudo nano /boot/config.txt
```

내용 입력 후 Ctrl+O, Ctrl+X 눌러 저장 후 재부팅

```
[all]
#dtoverlay=vc4-fkms-v3d
enable_uart=1

#UART 추가
dtoverlay=uart2
dtoverlay=uart3
dtoverlay=uart4
dtoverlay=uart5
```

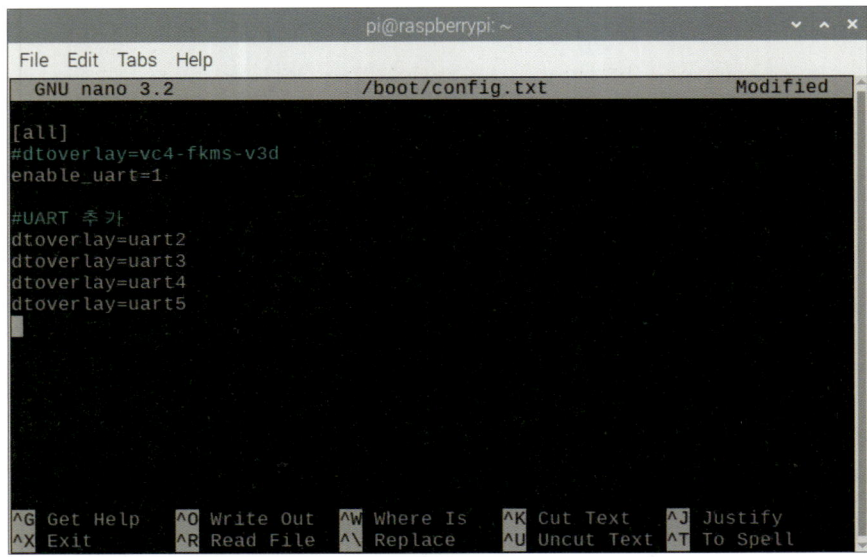

3. 명령어 "dmesg | grep tty" 입력하여 UART 확인

※ 블루투스와 Serial Console가 차지하고 있는 UART를 비활성화면 UART 6개를 사용 가능

4. UART GPIO 번호

	TXD	RXD	CTS	RTS
uart0	14	15		
uart1	14	15		
uart2	0	1	2	3
uart3	4	5	5	6
uart4	8	9	10	11
uart5	12	13	14	15

※ UART FLOW Control

- RTS: Request to Send(수신가능 상태 시 LOW로 시그널 변환)

- CTS: Clear to Send(CTS 신호가 LOW 시에 데이터 전송)

memo

Chapter

06

쿨링팬 속도 제어 모듈 만들기

06 쿨링팬 속도 제어 모듈 만들기

① 학습요약

학습 목표	라즈베리파이의 온도 제어를 위해 쿨링팬의 속도 제어 방법을 익힌다.
프리뷰	트랜지스터를 이용한 쿨링팬의 속도 제어 모듈
핵심 키워드	CPU Temperature, Fan Speed Control, GPIO, 트랜지스터
주요 준비물	라즈베리파이(5B, 4B, 3B+, 3B), 5V 쿨링팬, 트랜지스트, 다이오드, 저항
실습 시간	1시간
학습 난이도	중

② 과제 설명

라즈베리파이 4B가 출시되면서 사물인터넷, 머신 러닝 등 AI 관련 학습용 장치로 많은 각광을 받고 있으며, 고가의 PC서버보다 적은 전력과 저렴한 비용으로 가정용 서버를 운용할 수 있는 기회도 많이 열렸습니다. 게다가 기존 라즈베리파이 3B+에 비해서는 월등히 빠른 계산 성능을 보여 주고 있어서 많은 사람들이 라즈베리파이 4B를 사용하고 있습니다. 라즈베리파이 3B+의 CPU은 Cortex-A53 1.4GHz, 램(Ram) 1GB이며, 라즈베리파이 4B는 CPU Cortex-A72 1.5GHz, 램 1, 2, 4, 8GB를 지원합니다. 라즈베리파이 4B는 GPU, USB, Ethernet, Bluetooth 등 전반적으로 3B+에 비해 향상된 성능을 보여 주고 있습니다. 그만큼 높은 사양의 장치를 가동하기 위해서 3B+보다 높은 전력 공급을 요구하고 있으며, SoC(System On a Chip)의 온도가 3B+보다 높은 경우가 많습니다.

현재는 라즈베리파이 4B보다도 더 성능이 우수한 라즈베리파이 5가 출시되었습니다. 라즈베리파이 5는 더 높은 전력을 요구하는 반면 4B보다 2배의 성능이 향상 되었습니다.

라즈베리파이는 0~50℃ 환경에서 작동하는 것을 추천하고 있습니다. 기본적으로 별도의 냉각장치 없이 작동되도록 설계가 되어 있습니다. 내부적으로 CPU 온도가 85℃를 넘지 않도록 CPU와 GPU의 속도와 전압을 조절하고 있으며, 웹페이지를 사용하거나 다른 가벼운 부하의 작업을 할 때는 열부하를 줄이기 위해서 CPU의 클럭 속도와 전압을 낮춥니다.
높은 부하를 계속적으로 작업할 경우에는 별도의 냉각장치가 설치하는 것을 추천합니다. 이번 Chapter에서는 라즈베리파이의 성능을 효율적으로 사용하기 위한 방법으로 쿨링팬을 설치하여, 팬속도를 조절하는 모듈을 만들어 보겠습니다. 팬제어 모듈이 없는 일반 냉각팬은 전원이 공급되면 "윙~~~" 하고 최대 속도로 회전합니다. 우리는 CPU의 온도에 따라 넝각팬이 자동으로 작동되도록 만들어 보겠습니다.

③ 준비물 및 주요 부품 설명

3.1 트랜지스터

트랜지스터(transistor)는 트랜스(trans)와 레지스터(resistor)의 합성어로 전자의 스위칭 기능과 함께 증폭작용을 하는 부품입니다. 규소나 게르마늄으로 만들어진 반도체로 미국의 벨 연구소에서 개발된 트랜지스터는 세 개의 다리를 가지고 있는 부품으로 이미터와 베이스, 컬렉터의 세 개의 다리가 있는데 이 세 개 다리의 역할은 아래와 같습니다.

- 이미터: 순방향의 전류를 공급해 주는 역할, 수도를 전달하는 배관의 역할
- 베이스: 전류를 조절하는 역할, 수도꼭지의 역할
- 콜렉터: 이미터에서 공급한 전류를 받는 역할

트랜지스터는 NPN형과 PNP형 두 가지가 있습니다. 두 개의 P형 반도체 사이에 N형 반도체

를 붙여 놓은 것이 PNP형이고 두 개의 N형 반도체 사이에 P형의 반도체가 있는 것이 NPN형입니다. P형과 N형 반도체가 붙어 있을 경우 전류는 P형에서 N형으로 잘 흐르게 되며, 이런 기능을 정류작용이라고 부릅니다. 회도로를 보면 NPN형은 이미터(E)의 화살표가 나가는 방향이고, PNP는 들어오는 방향입니다. PNP 트랜지스터는 회로에서 사용이 편리한 경우가 있지만 흔히 사용되지는 않습니다. 회로도에서 NPN형은 Never Pointing In(절대 안으로 향하지 않음)으로 이해를 하면 쉽게 PNP형과 구분이 됩니다.

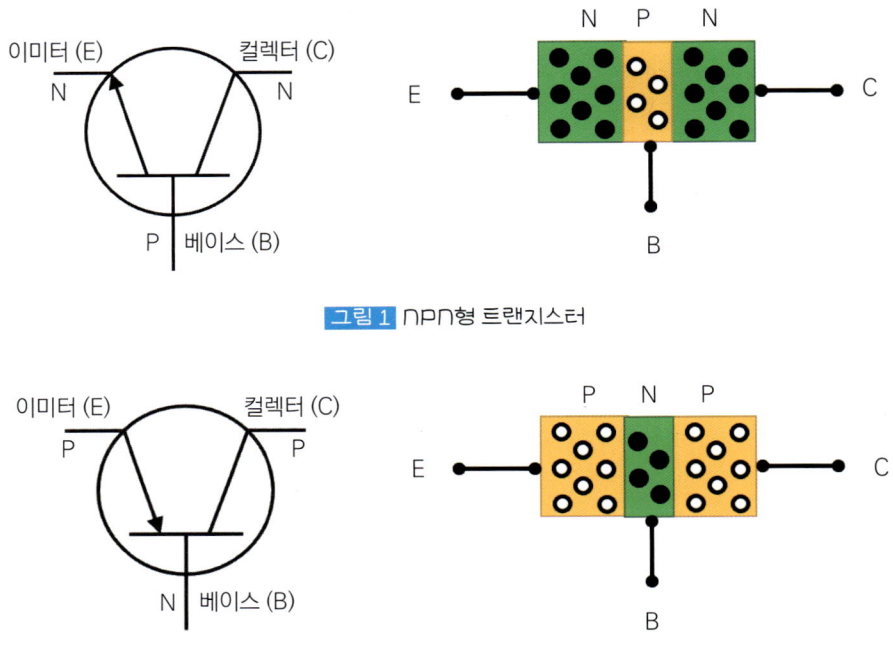

그림 1 NPN형 트랜지스터

그림 2 PNP형 트랜지스터

이런 트랜지스터의 대표적인 역할인 전자의 스위칭 기능에 대해 알아보겠습니다. 스위치라고 하면 가장 흔히 불을 켜고 끄는 스위치나 버튼을 떠올리게 됩니다. 이런 원리로 트랜지스터를 설명하자면 전류의 공급과 차단을 반복하는 것으로 0과 1을 구분하여 연산이나 기억장치들을 만들 수 있습니다. 대표적인 것으로 디스플레이의 켜짐과 꺼짐을 예로 들 수 있으며 우리가 쓰고 있는 CPU나 RAM, 플래시 메모리 등을 모두 들 수 있습니다.

또 하나의 트랜지스터의 역할로 증폭작용을 들 수 있습니다. 전압이나 전류가 회로의 변환 없이 몇 배로 변환되는 것을 말하는 것으로 트랜지스터의 베이스에 흐르는 전류에 비례하여 컬렉터의 강한 전류 또한 증폭되어 변화하는 것을 나타냅니다. 이런 증폭작용의 대표적인 예로는 앰프나 파워 서플라이를 들 수 있습니다. 마이크의 음성신호를 전기신호로 바꾸게 되면서 앰프를 거쳐 소리가 크게 증폭되는 것이나 직류전기신호의 증폭에도 트랜지스터의 역할이 중요합니다. 그런 원리를 적용하여 실생활에 쓰이는 것으로는 보청기를 예로 들 수 있습니다.

트랜지스터는 전자회로의 꽃, 혹은 혁명이라고도 불리는데 그 이유로는 진공관을 대체할 수 있게 된 것이 바로 이 트랜지스터의 소형화와 집적화 때문입니다. 우리가 사용하는 모든 전자제품에는 이 트랜지스터가 포함되어 있으며, 내부의 전자회로에 모두 트랜지스터가 들어 있습니다. 이런 트랜지스터의 중요성으로 인해 전자기술은 계속 발전할 수 있으며 일상생활에 쓰이는 모든 전자제품들이 점점 소형화로 거듭나고 있는 것입니다.

NPN Transistor(2N2222A, 2N2222)

이번 냉각팬 속도제어 모듈을 제작하기 위해 필요한 트랜지스터는 2N2222형으로 이 부품을 검색하면 2N2222, 2N2222A 외에 P2N2222이 함께 검색될 때가 있습니다. P2N2222은 2N2222과 다른 핀 배열을 가지고 있습니다. 2222 앞에 P2N이 붙어 있는 부품명은 이번 실습을 위해서는 사용하지 마세요.

3.2 다이오드

다이오드는 한 방향으로만 전류를 흐르게 하는 반도체 부품입니다. 이렇게 한쪽 방향으로 흐르는 정류작용을 통해 역방향 전류가 흐르지 못하도록 활용하여 역방향으로 흐르는 전력을 막을 수 있습니다. 아래의 그림처럼 P형(애노드 +)에서 N형(캐소드 -)로 전류를 보내 반대의 방향으로 전류가 흐르지 못하도록 만들게 되는데, 회로를 구성할 경우 전원을 역으로 공급할 시 부품이 터지거나, 감전, 화재의 위험성을 막기 위해서 이런 다이오드의 정류작용을 사용하게 되는 것입니다. 또한 과전압을 보호하는 보호소자로도 사용되며, 전압을 일정하게 유지하여 주는 용도로도 사용할 수 있습니다.

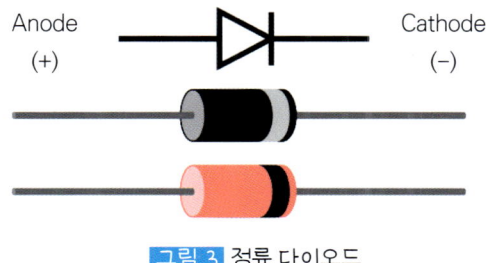

그림 3 정류 다이오드

대표적인 다이오드 종류로는 정류 다이오드로 정류작용이 필요한 전원부분 등에 사용되며, 스위칭 기능을 담당하는 역회복[27] 시간이 짧아 빠른 속도를 가지는 스위칭 다이오드가 있습니다. 그다음으로는 정전압 다이오드라고 불리는 제너 다이오드로 기준전원을 얻을 경우나 일정한 전압을 유지하기 위해 사용합니다. 포토 다이오드는 빛 에너지를 전기에너지로 바꿀 수 있는 소자로 LED의 원리를 반대로 이용한 다이오드입니다. 이와 반대로 동작하는 다이오드가 바로 발광 다이오드 LED로 전기에너지를 빛 에너지로 변환하여 빛을 밝히는 소자입니다. 그 외에도 네 개의 다이오드를 연결하여 어떤 극성 전압이 입력되어도 동일한 전압을 출력하게 되는 브릿지 다이오드로 교류 입력을 직류 입력으로 변경할 때 사용합니다. TVS 다이오드는 일시적인 과전압을 흡수하여 회로를 보호하는 기능을 하며, 금속과 반도체를 결합한 쇼트키 다이오드는 역방향에서 순방향으로 전환 시 저전압, 고속정류 등의 빠른 스위칭에 사용됩니다.

이 중 이번 실습에서 사용될 다이오드는 정류 다이오드로 역전류를 방지하는 정류작용을 하여 회로를 보호하기 위해 사용하며 1N4001의 품번을 가집니다.

3.3 저항

저항이란 전류의 흐름을 방해하는 전기 소자로서 저항은 단면적이 적을수록, 길이가 길수록, 비저항[28]이 클수록 커지는 상관관계를 가집니다. 보통 전선을 사용할 때 선이 굵을수록 전류가 잘 흐르고, 선이 길면 도달점까지 전류가 점점 감소하게 되는 것을 알 수 있습니다. 저항은 전기에너지를 열로 변환하고, 이 열을 없어지게 해 주기 때문에 전압과 전류가 감소하게 되는 것입니다. 거의 모든 전자회로에 쓰이는 기본 구성요소 중 하나로 저항의 크기 단위는 옴(ohm)으로 읽으며 Ω으로 표기합니다.

그림 4 저항의 표시

전기 저항의 단위로 사용되는 옴은 이 법칙을 발견한 독일의 물리학자인 게오르크 옴의 이름을

---

27 다이오드가 ON 상태에서 완전한 OFF 상태로 변환되기까지 걸리는 시간, 전자의 특성상 OFF 상태가 되더라도 흐름이 바로 멈추지 못하고 일정량의 전류가 역방향으로 흐르게 됩니다.
28 물질이 전류의 흐름에 얼마나 세게 저항하는지를 측정한 물리량

따서 붙인 것으로 전기회로 내에서의 전류와 전압, 저항 사이의 관계를 나타내는 공식입니다. 전압의 크기를 V라고 할 때 전류의 세기를 I, 전기 저항을 R이라고 하게 되면 아래의 식과 같은 옴의 법칙에 따라 전류, 전압, 저항값을 구할 수가 있습니다.

$$V = I * R$$
$$I = R / V$$
$$R = I / V$$

그림 5 옴의 법칙

이렇게 저항(R)이 일정할 때, 전류(I)와 전압(V)은 서로 비례 관계에 있으며, 전압이 일정할 때 전류와 저항은 반비례 관계가 되고, 전류가 일정할 때 전압과 저항은 비례 관계가 되는 것입니다. 이런 저항에는 다양한 종류가 있는데 칩 저항, 탄소 피막 저항, 와트 저항, 금속 저항, ARRAY저항, 가변 저항 등이 있습니다. 그중에서도 높은 정밀도가 필요하지 않은 아날로그 회로나 디지털 회로에서 가장 널리 쓰이는 것이 탄소피막 저항입니다. 세라믹 또는 유리에 탄소 입자의 피막을 붙인 것으로 나선형의 홈의 깊이로 저항값을 조절합니다. 이런 탄소피막 저항은 대부분 두 개의 다리가 있는 원통형으로 제작되어 있으며 크기가 작아 숫자로 그 값을 표현하기가 어려우므로 색깔이 있는 띠를 이용하여 표현하게 됩니다. 띠의 개수에 따라 4색 혹은 5색 저항을 가장 많이 쓰고 있으며 그 차이는 허용오차의 범위에 따라 결정됩니다. 허용오차가 5%는 4색, 1%는 5색 저항으로 구분합니다. 색깔 띠의 순서에 따른 저항 컬러표는 아래와 같습니다. 4색 저항의 경우 세 번째 띠 자리에 단위가 표시됩니다

색상	1번째	2번째	3번째	단위	오차
검정	0	0	0	X 1Ω	
갈색	1	1	1	X 10Ω	± 1%
빨강	2	2	2	X 100Ω	± 2%
주황	3	3	3	X 1KΩ	
노랑	4	4	4	X 10KΩ	
초록	5	5	5	X 100KΩ	± 0.5%
파랑	6	6	6	X 1MΩ	± 0.25%
보라	7	7	7	X 10MΩ	± 0.1%
회색	8	8	8		
흰색	9	9	9		
금색				0.1	± 5%
은색				0.01	± 10%

그림 6 5색 컬러저항 표

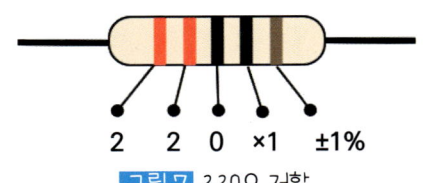

그림 7 220Ω 저항

위의 저항은 220Ω 저항으로 가장 왼쪽의 빨간색의 표를 보면 숫자 2, 두 번째 띠도 빨간색이므로 숫자 2, 세 번째 띠는 검정이므로 0을 나타냅니다. 그리고 네 번째의 단위가 검정색이므로 1Ω의 단위를 곱해 계산할 수 있습니다. 마지막 다섯 번째 띠는 갈색을 나타내므로 ±1%의 오차가 있는 저항을 표시하고 있습니다. 저항을 구매할 경우 정격전력으로 1/8W, 1/4W, 1/2W 등으로 구분되며 정격전력에 따라 굵기와 길이가 다르지만 1/2W 미만의 경우에는 굵기와 길이의 차이 없이 대부분의 경우 컬러코드로 구분합니다. 이번 냉각팬 회로 제어에 쓰이는 저항은 1KΩ의 저항이 쓰입니다.

3.4 팬(Fan)

냉각이 필요한 곳에 쓰이는 쿨링팬은 케이스 안에 선풍기와 같은 날개가 회전하면서 바람을 일으켜 과열된 곳을 식히거나 외부의 차가운 공기를 흡입하거나 순환시켜 뜨거워진 공기를 방출하는 역할이 필요할 때 사용합니다. 이런 과열된 공기가 시스템 내부에 계속하여 머무를 경우 전자회로나 PC의 경우에도 부품의 고장 및 회로 자체의 손상으로 기기 자체가 완전히 손상될 수 있습니다. 이렇게 전자부품이 많은 PC나 회로에서 열이 나는 이유는 전기 저항 때문입니다. 회로를 구동하기 위해 사용된 전력은 각 부품에 전달이 되고 각 부품 내부의 저항에 닿아 열을 발생하게 됩니다. 이런 집적회로가 많고 복잡할수록 더욱 많은 발열량을 증가시키고 라즈베리파이 또한 점점 고성능의 고밀도 부품으로 발전되고 있기 때문에 많은 전력과 함께 발열량이 증가되고 있는 것입니다. (라즈베리파이 4B의 경우 기본 상태의 온도가 50℃ 전후로 나타남) 라즈베리파이의 경우 CPU의 온도가 80℃ 이상이 되면 자체 회로 보호를 위해 성능을 낮추게 되는 기능이 있기 때문에 성능 저하를 막기 위해서는 그 전에 방열을 원활하게 제공해 주어야 합니다. 따라서 이번 실습에서는 온도의 제어에 따라 방열 작용을 할 수 있는 5V의 팬을 사용하여 냉각팬을 제작할 수 있습니다.

4 회로도

아래 그림 모듈로 만들어 라즈베리파이 케이스에 넣어서 사용할 수 있는 DIY모듈로써 만능기판 위에 트랜지스터, 다이오드, 저항을 납땜하여 라즈베리파이의 케이스에 딱 맞게 들어갈 수 있는 크기입니다. 납땜을 할 때는 그림 9. 납땜용 회로도를 참조하면 쉽게 자신만의 팬제어 모듈을 만들 수 있습니다.

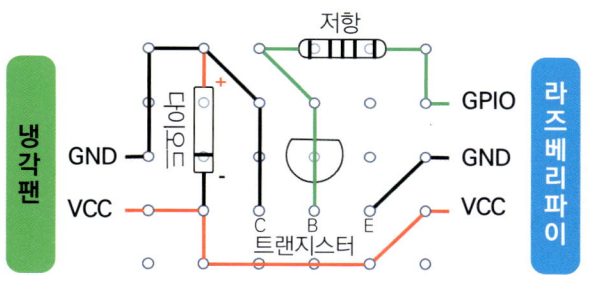 

그림 8 팬제어 DIY 모듈

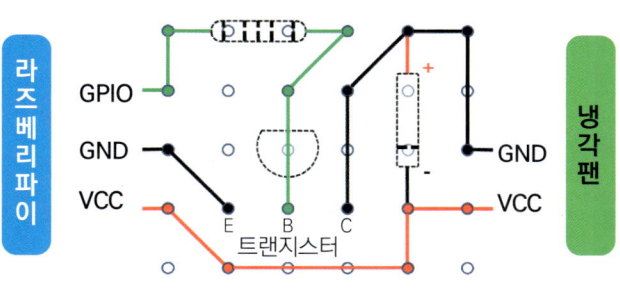 

그림 9 납땜용 회로도(팬제어 DIY 모듈)

실습을 위해서 라즈베리파이와 브레드보드를 이용하여 전자부품의 연결 회로를 꾸며 보겠습니다.

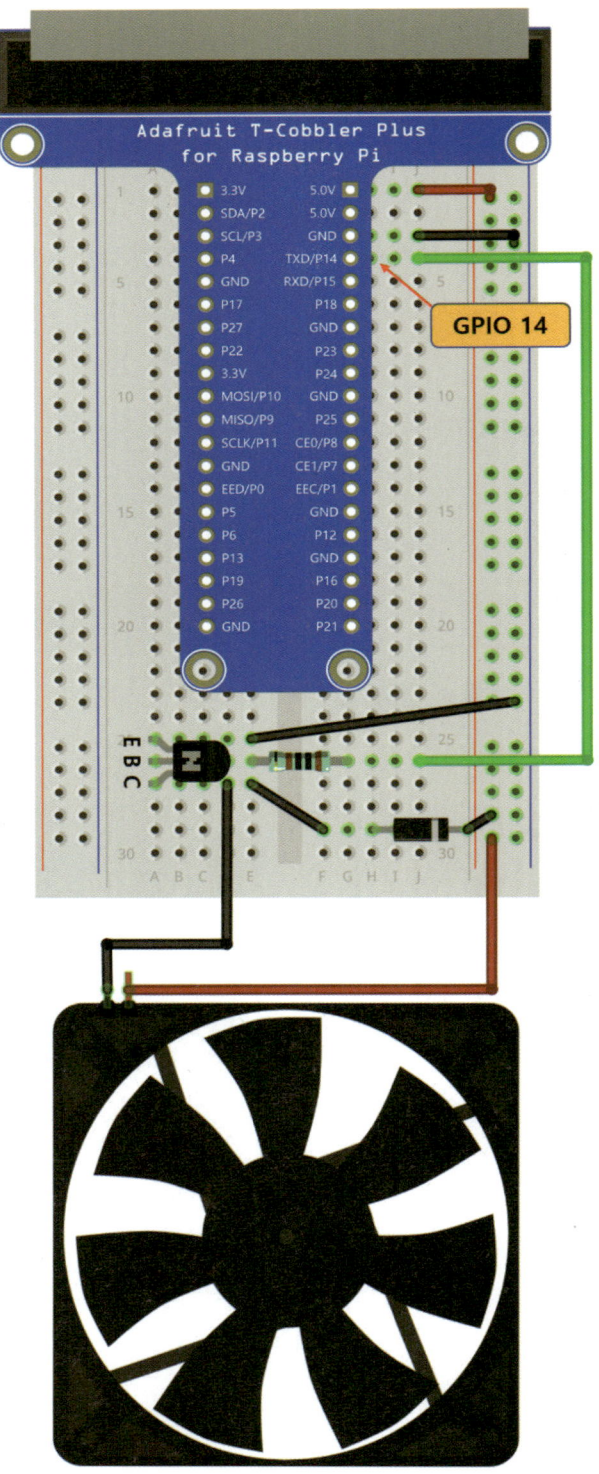

그림 10 실습용 회로도

5 원리 설명

트랜지스터는 글자가 적혀 있는 면을 보는 상태에서 세 개의 다리 중 가장 왼쪽에 있는 핀이 이미터(E)입니다. NPN형 같은 경우는 GND(-)와 연결됩니다. 컬렉터(C)에 5V의 +극을 연결하였을 경우, 베이스(B)에 소량의 전압을 흐르게 해서 컬렉터의 전기를 이미터(E)로 0~5V 사이로 흐르게 제어할 수 있습니다. 베이스(B)의 입장에서 보면 소량의 전압으로 최대 5V의 전기를 흐르게 한 결과가 되는 것입니다. 이러한 트랜지스터의 신호 증폭비(Amplification ratio)는 보통 최대 200이 넘습니다. 트랜지스터의 유형을 잘못 선택하였을 경우, 계측기로 측정을 하면 증폭비의 값이 50 미만이거나 오류값을 보여 주게 됩니다.

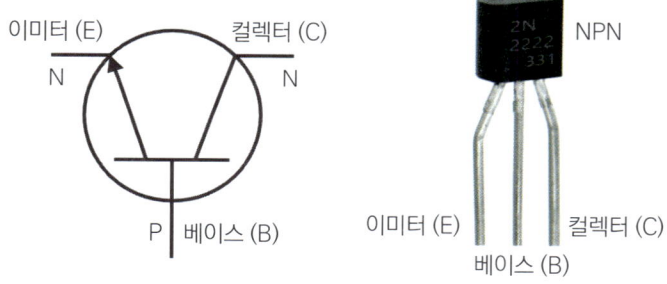

- NPN 트랜지스터는 베이스에 걸려 있는 전압이 이미터보다 높으면 컬렉터의 전류가 이미터로 흐르게 합니다.[29]
- 이때, 베이스의 극소량의 전류를 변화시켜서 컬렉터의 더 큰 전류를 제어할 수 있습니다.

다음의 그림의 회로를 통해서 트랜지스터의 작동 원리를 좀 더 알아볼까요?

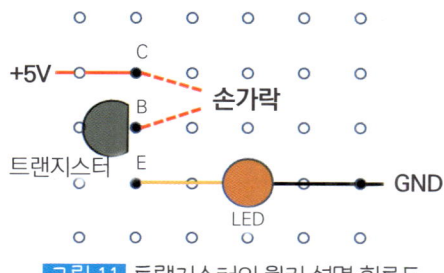

그림 11 트랜지스터의 원리 설명 회로도

---

29 PNP형은 정반대로 베이스(B)의 전압이 이미터(E)보다 낮으면 전류를 컬렉터(C)로 흐르게 합니다.

위 회로도를 보면 컬렉터(C)에 +5V가 연결되어 있고, 이미터(E)에 LED가 연결되어 있습니다. 이 상태에서는 LED가 꺼져 있습니다. 여기서 점선이 손가락을 통해 연결한 것처럼, +5V의 전기가 손가락을 통해서 트랜지스터의 베이스(B)로 소량의 전류를 흐르게 하면 LED에 On 되는 것을 볼 수가 있습니다. 이처럼 사람의 몸을 통해서 흐르는 전류는 아주 미세함에도 불구하고, 컬렉터(C)에서 이미터(E)로 전류가 흐르게 하는 것입니다. 사람의 몸을 통해 흐르는 전류보다 더 많은 전류를 흐르게 한다면 LED는 더 밝게 켜집니다.

다이오드는 전류를 한 방향으로만 흐르게 하는 부품으로 회로에 역방향의 기전력이 발생했을 때 회로를 보호하는 역할을 합니다. 보통 모터(Motor)나 팬(Fan)과 같이 코일이 있는 회로에는 다이오드가 함께 사용됩니다. 팬이 작동하다가 전원 공급이 중단되면, 팬은 바로 정지가 되지 않고, 관성의 힘으로 회전을 조금 더 유지하게 됩니다. 이때 코일에 남아 있는 에너지로 인해 회로의 역방향의 기전력이 발생하게 됩니다. 역방향으로 걸리는 기전력으로 인해 회로 내에 있는 부품들이 고장을 일으키기도 합니다. 다이오드가 이런 역방향으로 들어오는 기전력을 차단하여 회로 내의 부품을 보호합니다.

저항은 1kΩ을 사용합니다. 5V 쿨링팬의 소비전력은 0.2A 정도입니다. 트랜지스터의 증폭비[30]가 100이라고 하면 베이스(B)에 필요한 전류는 200mA ÷ 100 = 2mA 입니다. 라즈베리파이 GPIO 출력 전압은 3.3V이고, 트랜지스터를 통한 전압이 0.7V 정도 떨어진다고 한다면, 필요한 저항의 용량은 1300Ω 정도입니다.

- 라즈베리파이 GPIO 전압: 3.3V, 트랜지스터 전압하강: 0.7V
- Voltage = (3.3 - 0.7)V = 2.6V
- Resistor = 2.6V ÷ 0.002A = 1300Ω

6 팬 속도 제어 실습

4번 항의 회로도로 제어 모듈을 만들었다면 두 가지의 방법으로 팬을 작동시켜 보겠습니다. 첫 번째 방법은 파이썬(Python) 코드로 라즈베리파이의 CPU 온도에 따라 팬의 회전 속도를 변

---
30 트랜지스터 사용전류에 따라 해당 증폭비(h_{FE})가 다르므로 Data Sheet를 확인하세요.

화시켜 보겠습니다. 두 번째 방법으로는 라즈베리파이 자체 기능을 이용하여 설정한 CPU 온도에 따라 팬을 On/Off 하는 방법에 대해서 알아보겠습니다.

라즈베리파이는 SoC(System on a Chip)의 온도가 85℃를 넘지 않게 제어로직이 내장되어 있습니다. 온도가 80~85℃ 사이에 이르면 CPU의 속도와 전압을 낮추어 온도를 떨어뜨립니다. 만약 SoC의 온도가 85℃를 초과하면 추가로 GPU의 속도와 전압까지 낮추게 됩니다. 즉, 시스템의 온도를 최소 80℃를 넘지 않게만 유지한다면 라즈베리파이의 성능을 최대한 사용할 수가 있게 되는 것입니다.

6.1 라즈베리파이 시스템 온도 확인하기

먼저 터미널에서 아래의 명령어로 라즈베리파이의 CPU 온도를 확인해 보겠습니다.

```
vcgencmd measure_temp
```

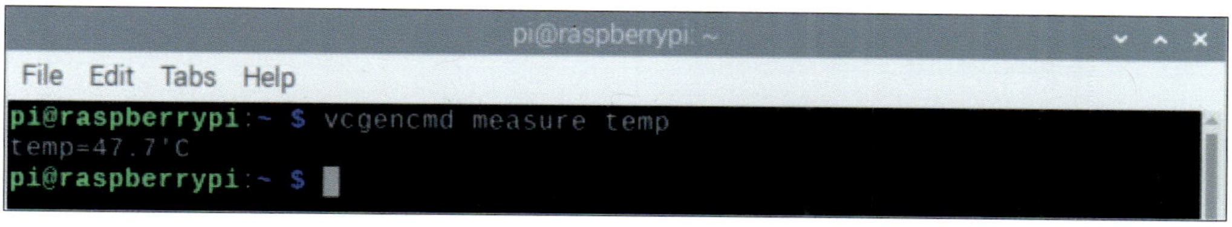

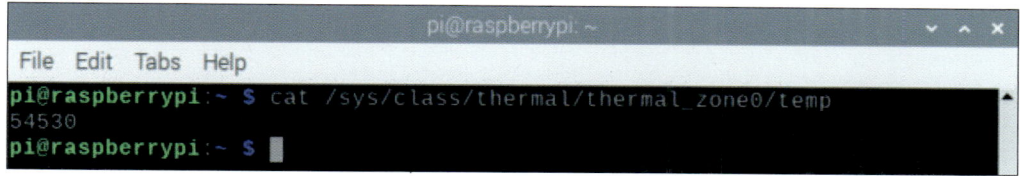

그림 12 CPU 온도 확인 1

다른 방법으로 "cat /sys/class/thermal/thermal_zone0/temp"를 입력한 후 나온 결과를 1000으로 나누면 라즈베리파이의 CPU 온도를 확인할 수 있습니다.

그림 13 CPU 온도 확인 2

현재의 CPU 온도를 모니터링하는 코드를 파이썬으로 만들어 보겠습니다.

먼저, 필요한 모듈들을 불러오겠습니다. 터미널 명령어들을 파이썬 코드에서 사용하기 위해서 OS 모듈에 내장되어 있는 함수를 사용합니다. 일정한 간격으로 온도 값을 불러오기 위해서 Time 모듈도 불러옵니다.

```
import os
import time
```

파이썬에서 함수를 선언할 때는 "def"로 시작하고 함수을 이름을 정한 뒤 "()"를 적습니다. CPU 온도를 불러오기 위한 measure_temp라는 이름을 가진 함수를 아래와 같이 만듭니다. popen 함수는 터미널에서 사용했던 명령어를 사용하여 결괏값을 반환받을 수가 있습니다. popen 함수로 CPU 온도를 확인하는 명령어를 입력 후 CUP 온도를 변수 temperature로 반환받습니다. 반환된 값은 그림 12와 같이 "temp=47.7℃"의 값을 갖습니다. replace 명령어를 사용하여 "temp=" 공백처리를 하여 숫자 부분 이후만 return 되게 코딩하였습니다.

```
def measure_temp():
    temperature= os.popen('vcgencmd measure_temp').readline()
    return (temperature.replace('temp=', ''))
```

while문으로 함수의 반환값을 print하여 1초 간격으로 CPU의 온도를 확인합니다.

```
while True:
    print(measure_temp(), end='')
    time.sleep(1)
```

```
import os
import time

def measure_temp():
    temperature= os.popen('vcgencmd measure_temp').readline()
    return (temperature.replace('temp=', ''))

while True:
    print(measure_temp(), end='')
    time.sleep(1)
```

코드 1 Monitoring_CPU_Temperature1.py

"cat /sys/class/thermal/thermal_zone0/temp"을 이용하여 온도를 불러오는 함수도 만들어 보겠습니다. 반환된 온도 값을 integer로 변환 후 1000으로 나눈 값을 1초 간격으로 불러오는 코드입니다. 코드 1은 string이 반환되고, 코드 2는 실수 값이 반환됩니다.

```
import os
import time

def measure_temp():
    temp = os.popen('cat /sys/class/thermal/thermal_zone0/temp').read()
    return (int(temp)/1000)

while True:
    print(measure_temp())
    time.sleep(1)
```

코드 2 Monitoring_CPU_Temperature2.py

우리는 이 책에서 처음으로 기기에서 값을 가져와서 처리하는 방법을 해 보았습니다. 라즈베리파이로 IoT 만들기의 본격적인 첫걸음을 하였는데, 어렵지는 않았나요? 혹시 어려운 부분이 있었다면 "Chapter2 리눅스 익히기", "Chapter4 파이썬 기초문법"을 같이 보시면 이해에 도움이 될 것이라고 생각합니다. 앞으로 나올 센서들을 다루는 실습에서도 많은 부분이 센서에 대한 지식과 파이썬 코드, 라즈베리파이의 GPIO에 관한 내용입니다. 천천히 따라오다 보면 계속 반복되는 부분이 있으므로 어려움은 덜할 것이라 생각됩니다.

6.2 파이썬 코드로 제어하기

4번 항의 회로도에 따라 5V 팬, 속도제어 모듈, 라즈베리파이가 연결되었다면, 이제 파이썬 코드를 활용하여 라즈베리파이 GPIO 핀에 연결된 팬을 제어해 보겠습니다. 라즈베리파이의 GPIO를 제어하기 위한 라이브러리는 여러 가지가 있습니다. 그중에 우리는 RPi.GPIO와 gpiozero를 활용하겠습니다. 먼저, 팬을 회전시킬 수 있는 듀티사이클(Duty Cycle)[31]의 최솟값을 찾은 후, 그 값을 기초로 하여 CPU의 온도에 따라 팬 속도가 자동으로 제어되도록 만들겠습니다.

GPIO 라이브러리 설치(Raspberry Pi OS Lite 경우)

```
# RPi.GPIO 패키지 설치 방법들
sudo apt-get install rpi.gpio
pip install RPi.GPIO      #Python2
pip3 install RPi.GPIO     #Python3

# GPIO Zero패키지를 설치
sudo apt install python-gpiozero     #Python2
sudo apt install python3-gpiozero    #Python3
sudo pip install gpiozero            #Python2
sudo pip3 install gpiozero           #Python3
```

RPi.GPIO 라이브러리 활용

코드에 필요한 모듈을 불러옵니다.

```
import RPi.GPIO as GPIO
import time
import sys
```

---

[31] Duty Cycle(듀티사이클): 펄스 파형의 High 상태와 Low 상태 파형의 비율(Duty Cycle 20%는 High 20, Low 80). PWM은 듀티사이클을 조정해서 변조하는 방식입니다.

사용할 변수를 선언하겠습니다. GPIO 14번을 Fan 제어를 위한 핀으로 정하고, 변수명을 FAN_PIN으로 하였습니다. PWM 주파수[32]는 25 정도로 하고, 변수명을 PWM_FREQ로 선언하였습니다.

```
FAN_PIN = 14
PWM_FREQ = 25
```

GPIO의 핀 설정을 하겠습니다. GPIO의 setmode를 GPIO.BCM[33]으로 설정을 하였는데, 이는 GPIO의 번호를 바로 사용하기 위해서입니다. GPIO.BCM 대신에 GPIO.BOARD를 사용하여도 됩니다. GPIO.BOARD는 GPIO의 번호를 사용하는 것이 아닌 핀번호를 바로 사용하는 것입니다. 아래 핀 배열에서 GPIO14는 핀번호 8번입니다. 이 책에서는 GPIO.BCM으로 코딩을 진행하겠습니다.

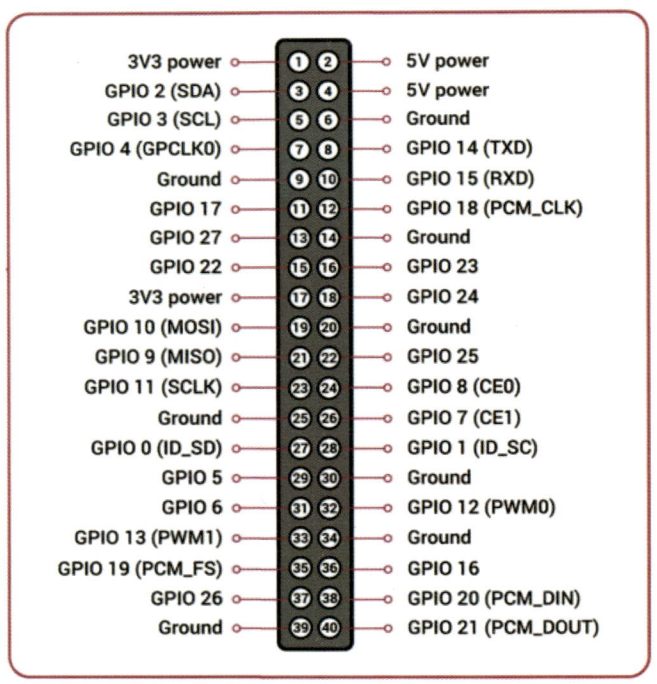

그림 14 라즈베리파이 핀 배열

---

32 PWM Frequency: 초당 PWM 간격 주기의 카운트이며, 헤르츠(Hz)로 표시
33 GPIO.BCM: "Broadcom SOC channel" number를 사용

GPIO FAN_PIN은 출력모드(OUT)로 설정했으며 초기값은 LOW(0)로 설정했습니다. FAN_PIN을 PWM 객체로 선언하고, 그 이름을 fan으로 정하였습니다. "fan.start(0)"으로 fan의 듀티사이클을 0으로 시작하게 설정하였습니다.

```
GPIO.setmode(GPIO.BCM)
GPIO.setup(FAN_PIN, GPIO.OUT, initial=GPIO.LOW)

fan=GPIO.PWM(FAN_PIN, PWM_FREQ)
fan.start(0)
```

while문을 사용하여 듀티사이클(코드에서는 Fan Speed)을 입력받아 변경할 수 있도록 파이썬 코드를 꾸몄습니다. KeyboardInterupt 에러처리 방법을 사용하여 Ctrl + C 키를 입력하여 코드 실행을 중단하면, GPIO 핀을 초기화(cleanup)하고 프로그램을 빠져나오는 코드를 추가하였습니다.

```
try:
    while 1:
        fanSpeed=float(input("Fan Speed: "))
        fan.ChangeDutyCycle(fanSpeed)

except(KeyboardInterrupt):
    print("Fan ctrl interrupted by keyboard")
    GPIO.cleanup()
    sys.exit()
```

코드를 실행하면 Fan Speed을 0~100 사이 값을 입력하여 팬이 작동되는 최솟값을 찾습니다. 20~30 사이의 값을 입력하면 Fan이 돌기 시작할 것입니다. 그림 15, 그림 16는 Thonny에서 실행했을 때 Shell 화면과 터미널로 접속하여 파이썬 파일을 실행한 화면입니다. 그림과 같이 경고 메시지가 뜬다면 GPIO14 핀이 Serial의 TXD 채널에 사용하고 있기 때문입니다. Raspberry Pi Configuration → Interface에서 Serial Port를 Disable로 변경하면 됩니다. Serial Port를 사용할 경우는 GPIO의 다른 핀을 사용하세요. 다른 방법으로 파이썬 코드에 "GPIO.setwarnings(False)"를 추가하면 경고 메시지가 표시되지 않습니다.

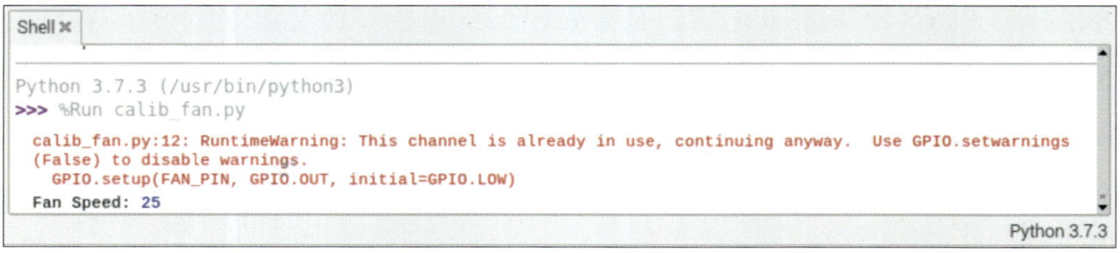

그림 15 Thonny 실행 화면

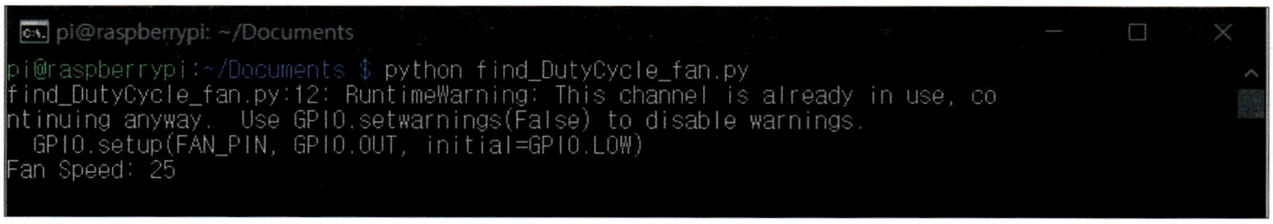

그림 16 터미널로 코드 실행 화면

전체 파일은 아래와 같습니다.

```python
import RPi.GPIO as GPIO
import time
import sys

FAN_PIN = 14
PWM_FREQ = 25

GPIO.setwarnings(False)   #경고 메시지 나타나지 않게 하기
GPIO.setmode(GPIO.BCM)
GPIO.setup(FAN_PIN, GPIO.OUT, initial=GPIO.LOW)

fan=GPIO.PWM(FAN_PIN, PWM_FREQ)
fan.start(0)

try:
   while 1:
      fanSpeed=float(input("Fan Speed: "))
      fan.ChangeDutyCycle(fanSpeed)

except(KeyboardInterrupt):
   print("Fan ctrl interrupted by keyboard")
   GPIO.cleanup()
   sys.exit()
```

코드 3 find_DutyCycle_fan1.py

위에서 찾은 팬이 작동하는 최소 Fan Speed(DutyCycle)를 FAN_MIN의 변수 값에 넣은 후, 팬이 작동하였으면 하는 CPU의 온도 범위와 그 범위에 매칭되는 Fan의 속도를 입력한 후에 코드를 실행하면 CPU에 따라 Fan의 속도가 조절됩니다. 다음의 코드 4가 Fan 속도를 제어하는 전체 코드입니다. 이 코드를 라즈베리파이가 부팅될 때 자동으로 실행되게 등록하면 CPU의 온도에 따라 자동으로 Fan의 속도가 변하게 됩니다. 부팅 시 자동실행 등록 방법은 "Chapter19 자동실행 등록하기"를 참조하세요.

```python
# 라이브러리 호출
import RPi.GPIO as GPIO
import time
import sys

# 핀 설정
FAN_PIN = 14        #트랜지스트 베이스와 연결되는 GPIO 핀
WAIT_TIME = 1       #CPU 온도 읽는 간격(초)
FAN_MIN = 30        #fan Speed, 최소 Duty Cycle(%)
PWM_FREQ = 25       #PWM 주파수(Hz)

# Fan 작동 희망 CPU 온도 설정
tempSteps = [50, 70]    #희망 온도 범위 기입(°C)
speedSteps = [0, 100]   #fan Speed 범위 기입(%)

# 팬 속도를 변화시키기 위한 온도 변화 차
hyst = 1

# GPIO pin 셋업
GPIO.setwarnings(False)   #경고 메시지 나타나지 않게 하기
GPIO.setmode(GPIO.BCM)
GPIO.setup(FAN_PIN, GPIO.OUT, initial=GPIO.LOW)
fan = GPIO.PWM(FAN_PIN, PWM_FREQ)
fan.start(0)

i = 0
cpuTemp = 0
```

```
fanSpeed = 0
cpuTempOld = 0
fanSpeedOld = 0

# 온도 범위, 팬속도 범위 체크
if len(speedSteps) != len(tempSteps):
    print("tempSteps 및 speedSteps 범위를 확인하세요.")
    exit(0)

try:
    while 1:
        # CPU 온도 읽기
        cpuTempFile = open("/sys/class/thermal/thermal_zone0/temp", "r")
        cpuTemp = float(cpuTempFile.read()) / 1000
        cpuTempFile.close()

        # 팬 속도 계산
        if abs(cpuTemp - cpuTempOld) > hyst:

            if cpuTemp < tempSteps[0]:
                fanSpeed = speedSteps[0]

            elif cpuTemp >= tempSteps[len(tempSteps) - 1]:
                fanSpeed = speedSteps[len(tempSteps) - 1]
            # 팬속도는 1차 선형 내삽방법으로 계산
            else:
                for i in range(0, len(tempSteps) - 1):
                    if (cpuTemp >= tempSteps[i]) and (cpuTemp < tempSteps[i + 1]):
                        fanSpeed = round((speedSteps[i + 1] - speedSteps[i])
                                    / (tempSteps[i + 1] - tempSteps[i])
                                    * (cpuTemp - tempSteps[i])
                                    + speedSteps[i], 1)

            if fanSpeed != fanSpeedOld:
                if (fanSpeed != fanSpeedOld
                    and (fanSpeed >= FAN_MIN or fanSpeed == 0)):
```

```
                fan.ChangeDutyCycle(fanSpeed)
                fanSpeedOld = fanSpeed
            cpuTempOld = cpuTemp

            # 재계산 간격주기
            time.sleep(WAIT_TIME)

    # keyboard interrupt (ctrl + c) 가 발생하면 GPIO 초기화 후 프로그램을 빠져나감.
    except KeyboardInterrupt:
        print("Fan ctrl interrupted by keyboard")
        GPIO.cleanup()
        sys.exit()
```

코드 4 fanSpeed_ctrl1.py

gpiozero 라이브러리 활용[34]

gpiozero를 사용하면 코드가 조금 더 간단해집니다. 핀 설정이 간단해지고, GPIO 핀은 프로그램을 빠져나오면 자동으로 초기화가 되는 차이점이 있습니다.

```
from gpiozero import PWMLED
import time
import sys

FAN_PIN = 14
PWM_FREQ = 25

fan = PWMLED(FAN_PIN, active_high=True, initial_value=0, frequency=PWM_FREQ)

try:
    while 1:
        fanSpeed = float(input("Fan Speed: "))
        fan.value = fanSpeed / 100

except(KeyboardInterrupt):
    print("Fan ctrl interrupted by keyboard")
    sys.exit()
```

코드 5 find_DutyCycle_fan2.py

---

34 공식 사이트: https://gpiozero.readthedocs.io/en/stable/index.html

```python
# 라이브러리 호출
from gpiozero import PWMLED
import time
import sys

# 핀 설정
FAN_PIN = 14        #트랜지스트 베이스와 연결되는 GPIO 핀
WAIT_TIME = 1       #CPU 온도 읽는 간격(초)
FAN_MIN = 30        #fan Speed, 최소 Duty Cycle(%)
PWM_FREQ = 25       #PWM 주파수(Hz)

# Fan 작동 희망 CPU 온도 설정
tempSteps = [50, 70]    #희망 온도 범위 기입(°C)
speedSteps = [0, 100]   #fan Speed 범위 기입(%)

# 팬 속도를 변화시키기 위한 온도 변화 차
hyst = 1

# GPIO pin 셋업
fan = PWMLED(FAN_PIN, active_high=True, initial_value=0, frequency=PWM_FREQ)

i = 0
cpuTemp = 0
fanSpeed = 0
cpuTempOld = 0
fanSpeedOld = 0

# 온도 범위, 팬속도 범위 체크
if len(speedSteps) != len(tempSteps):
    print("tempSteps 및 speedSteps 범위를 확인하세요.")
    exit(0)

try:
    while 1:
        # CPU 온도 읽기
```

```python
        cpuTempFile = open("/sys/class/thermal/thermal_zone0/temp", "r")
        cpuTemp = float(cpuTempFile.read()) / 1000
        cpuTempFile.close()

        # 팬 속도 계산
        if abs(cpuTemp - cpuTempOld) > hyst:

            if cpuTemp < tempSteps[0]:
                fanSpeed = speedSteps[0]

            elif cpuTemp >= tempSteps[len(tempSteps) - 1]:
                fanSpeed = speedSteps[len(tempSteps) - 1]
            # 팬속도는 1차 선형 내삽방법으로 계산
            else:
                for i in range(0, len(tempSteps) - 1):
                    if (cpuTemp >= tempSteps[i]) and (cpuTemp < tempSteps[i + 1]):
                        fanSpeed = round((speedSteps[i + 1] - speedSteps[i])
                                    / (tempSteps[i + 1] - tempSteps[i])
                                    * (cpuTemp - tempSteps[i])
                                    + speedSteps[i], 1)

            if fanSpeed != fanSpeedOld:
                if (fanSpeed != fanSpeedOld
                    and (fanSpeed >= FAN_MIN or fanSpeed == 0)):
                    fan.value = fanSpeed / 100
                    fanSpeedOld = fanSpeed
            cpuTempOld = cpuTemp

        # 재계산 간격주기
        time.sleep(WAIT_TIME)

# keyboard interrupt (ctrl + c) 가 발생하면 GPIO 초기화 후 프로그램을 빠져나감.
except KeyboardInterrupt:
    print("Fan ctrl interrupted by keyboard")
    sys.exit()
```

코드 6 fanSpeed_ctrl2.py

6.3 라즈베리파이 Configuration 설정으로 냉각팬 작동 제어

라즈베리파이 4B에서는 파이썬 코딩 작성 없이 Raspberry Pi OS의 설정만으로도 팬의 작동을 제어할 수 있습니다. 파이썬 코딩에서 구현되는 CPU 속도에 따라 팬속도가 가변적으로 변하지는 않지만, 설정된 온도에서 팬이 작동되게 할 수 있습니다. 4항의 회로의 제어 모듈처럼 GPIO의 신호를 받아서 작동되는 Fan 타입은 모두 사용 가능합니다.

> 상단 좌측 라즈베리파이 버튼 클릭(🍓) → Preferences → Raspberry Pi Configuration → Performance

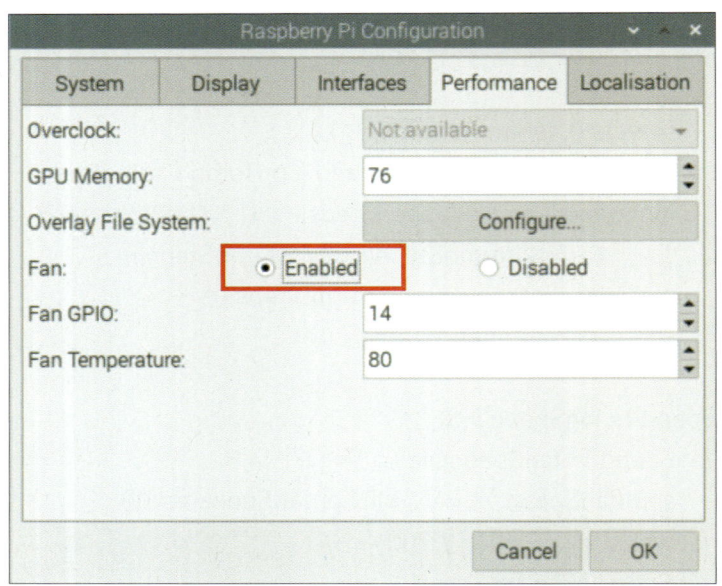

Fan을 Enabled로 선택하면 Fan GPIO가 활성됩니다. GPIO 번호를 선택하고, Fan Temperature에 작동을 희망하는 CPU 온도를 선택하면 됩니다. 설정한 온도에서 Fan이 작동되고, 설정온도보다 10℃ 낮아지면 팬 가동이 멈춥니다.

memo

Chapter 07
아침이 되면 자동으로 불을 끄는 스탠드

07 아침이 되면 자동으로 불을 끄는 스탠드

❶ 학습요약

학습 목표	버튼 구현하는 방법과 조도센서를 값을 받아서 LED를 Off 시켜 본다.
프리뷰	조도센서(TEMP6000), ADC 사용법, SPI 통신
핵심 키워드	Photo Resistor, Button, Pull-down, Pull-up, ADC, SPI
주요 준비물	조도센서(TEMP6000), 버튼, LED, ADC(MCP3208)
실습 시간	2시간
학습 난이도	하

❷ 과제 설명

이번 시간에는 IoT과정에서 필수적으로 다루는 버튼에 대한 가장 기본적인 사용법을 익히고, 버튼을 대신하여 주위의 밝기가 밝아지면 자동으로 스탠드를 끄는 프로젝트를 해 볼 것입니다. 우리나라 전등은 대부분 220V의 전원을 사용합니다. 라즈베리파이의 전원으로 집의 전등을 직접 켜고 끌 수는 없습니다. 라즈베리파이는 3.3V에서 작동되기 때문에 전등이 작동될 만큼의 충분한 전원을 공급할 수가 없기 때문입니다. 이런 문제를 해결하기 위해서는 릴레이(Relay)라는 부품을 사용해서 전등에는 220V가 공급되게 회로를 만들고, 라즈베리파이의 3.3V로 전원으로 전등의 220V가 On/Off 되도록 제어가 가능합니다. 릴레이 사용법은 "Chapter11 스마트 콘센트"를 참조해 주세요. 이번에는 220V 전등 대신 LED 전구를 사용하여 조도센서(Photo Resistor)의 값을 가져와서 자동으로 Off 되는 프로젝트를 하겠습니다.

조도센서를 사용하기 전에 버튼을 구현하는 방법에 대해 먼저 배워 보겠습니다. 버튼은 누르면 연결되고 떼면 연결이 끊어지는 푸시 버튼(Push Button)이 있습니다. 푸시 버튼은 푸시온(Push-on) 버튼과 푸시락(Push-lock) 버튼으로 구분이 됩니다. 푸시온 버튼은 누를 때만 회로가 연결되고, 손을 떼면 회로연결이 끊어지는 버튼인 반면에 푸시락 버튼은 누르면 On 위치에서 고정되어 회로가 연결된 상태를 유지합니다. 다시 한번 더 누르면 회로 연결이 해제되는 토글 스위치와 같은 기능인 것입니다. 우리는 가장 저렴하고 평범한 택트 스위치를 가지고 파이썬으로 푸시온, 푸시락 스위치를 구현하는 방법을 배워 보겠습니다. 더불어 푸시오프(Push-off) 기능도 구현해 보겠습니다.

조도센서도 버튼을 구현하는 방법과 유사한 부분이 있습니다. 주위가 밝은 때 조도센서의 값이 높게 나오게 출력할 수도 있고 반대로, 어두울 때 조도센서의 값이 높게 나오게 회로를 꾸밀 수도 있습니다.

③ 준비물 및 주요 부품 설명

3.1 조도센서

조도센서는 빛의 세기에 따라 저항값이 변하는 부품으로 주변 환경의 밝기를 측정할 수 있습니다. 빛이 많아지면 저항이 감소하고 전류가 많이 흐르게 되며 빛이 작아지면 저항이 커지고 전류가 약하게 흐르는 원리를 사용하는 부품으로 황화카드뮴을 사용하기 때문에 CDS 센서라고 부르기도 합니다.

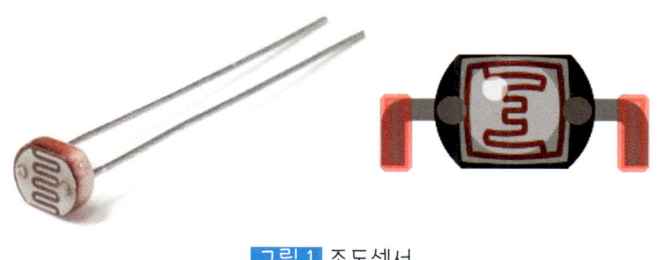

그림 1 조도센서

조도센서는 작고 저렴하여 실생활에 많이 사용되고 있습니다. 대표적으로 스마트폰의 액정 화면 밝기 자동 조절 및 밤이 되면 자동으로 켜지는 스마트 가로등 및 자동차의 헤드라이트 자동 밝기 조절 등에 주로 사용됩니다. 이런 조도센서는 빛의 양에 따른 값을 아날로그로 측정하는데, 조도센서 또한 가변저항의 일종이나 빛의 양이 매우 많은 경우 저항이 아주 작아지므로 과전류가 흐를 수 있어서 조도센서의 전압을 신호로 이용하기 위해서는 별도의 저항(10kΩ)을 연결해 회로를 구성합니다.

이번 프로젝트에서는 이런 별도의 저항을 연결하지 않고 바로 사용할 수 있는 모듈형 조도센서인 TEMT6000을 사용해 보겠습니다. 이 모듈은 일반적인 조도센서보다 더 정밀한 값의 측정이 가능합니다. 세 개의 핀으로 이루어져 있으며, 라즈베리파이에서는 아날로그 핀이 없으므로 디지털을 아날로그로 변환할 수 있는 ADC를 별도로 연결하여 사용할 수 있습니다.

그림 2 조도센서 모듈(TEMT6000)

3.2 LED

LED는 Light Emitting Diode의 약자로 발광 다이오드라고 부릅니다. 다이오드 중 전기에너지를 빛으로 발산하는 소자로서 전류를 넣으면 빛을 내는 반도체입니다. 양(+)의 성질을 지닌 P형 반도체와 음(-)의 성격을 지닌 N형 반도체가 이중으로 붙어 있는 구조로 순방향의 전압을 가하면 N층의 전자가 P층의 정공으로 이동하여 결합하면서 에너지를 발산하게 되며 그 형태가 빛으로 보이게 되는 것입니다.

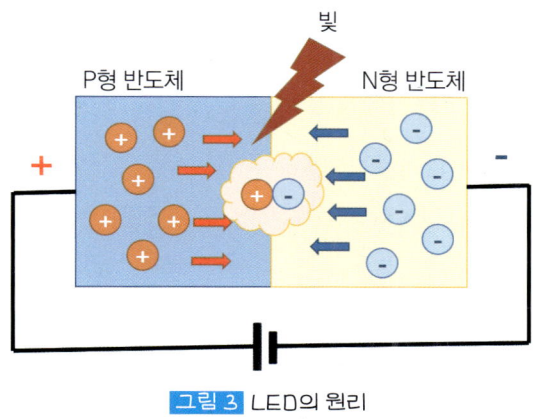

그림 3 LED의 원리

LED는 극성이 나누어진 다이오드로서 +와 -의 극성이 나누어져 있습니다. LED는 DIP 타입과 SMD 타입으로 나뉘는데 DIP 타입은 LED의 다리의 길이로 극성을 구별할 수 있습니다. 다리 중 길이가 긴 쪽이 Anode(+)이며 짧은 쪽이 Cathode(-)입니다. SMD 타입은 칩 LED 바닥에 있는 화살표로 극성을 구분할 수 있는데, 화살표가 가리키는 방향이 Cathode(-)입니다. 하지만 LED의 다리가 보이지 않을 경우는 LED의 머리 부분을 보면 ㄱ자로 연결된 부분이 있는데 긴 부분이 Cathode(-), 짧은 부분이 Anode(+)입니다. 또는 LED를 디지털 멀티미터기로 측정해 보면 극성이 올바르게 연결될 때 순방향 전압이 측정되고 LED의 불빛을 확인할 수 있습니다. LED의 기호는 다이오드 모양에 빛을 방출한다는 뜻의 화살표가 밖으로 표시되어 있는 특징을 지닙니다.

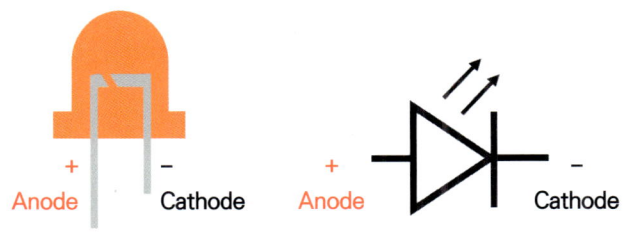

그림 4 LED의 극성 구분과 기호

이런 LED의 다양한 빛을 방출할 수 있는데 빛의 종류에 따라 가시광선, 적외선, 자외선 LED 등으로 구분할 수 있으며 가시광선 LED는 적, 노, 청, 백색 등 다양한 색상으로 판매되고 있습니다. LED의 가장 큰 장점은 고효율과 저전력이라는 부분을 꼽을 수 있습니다. 기존 백열등 대비 1/5 수준의 전력으로도 밝은 불빛을 유지할 수 있으므로 에너지 절감에 매우 효과적이며 또한 1만 시간 이상 사용 가능한 반영구적인 사용수명을 지니므로 기존 등에 비해 유지보수 비용 또한 크게 절감되는 장점이 있습니다. 그리고 두 번째로 LED는 지구를 보호하는 친환경 기술이 적용된 소자입니다. 수은을 사용하는 형광등과 달리 수은함유가 없어 이산화탄소 발생 및 자외선 등 다른 유해성분이 없어서 지구와 피부를 지킬 수 있습니다. 마지막으로 기존 조명을 대체하는 반도체 소자로 다양한 곳에 넓게 활용할 수 있습니다. 다양한 컬러와 밝기의 조절 및 기능을 제어하기 쉬워 활용도가 높습니다.

LED가 주로 사용되는 곳은 기존의 조명을 대체할 수 있는 모든 곳에 사용될 수 있습니다. 교통신호등에서부터 시각 장애인을 위한 점자 블록, 자동차의 헤드라이트, 스마트 가로등, 각종 사인을 표시하는 전광판 등 다양한 곳에 조명으로 활용되는 것은 물론이며 자외선 LED의 경우 살균램프의 기능을 가진 제품으로 활용될 수 있으며 피부치료를 위한 마스크로도 사용됩니다. 또한 적외선은 리모콘이나 적외선통신, 카메라 등에 활용되는 등 생활 속 곳곳에서 활용되고 있습니다.

3.3 ADC

ADC란 Analog to Digital Converter의 약자로 아날로그 신호를 디지털로 바꿔 주는 장치입니다. 라즈베리파이의 GPIO는 아두이노와 달리 디지털 입력만 가능합니다. ADC가 자체적으로 포함되어 있지 않기 때문에 아날로그 값을 입력받기 위해서는 별도의 ADC를 연결하여 아날로그 값을 디지털로 변환하여야 합니다. 우리가 외부에서 받아들이는 정보는 대부분 아날로그로 그 정보를 측정할 수 있는 온도, 소리, 가속도 등의 센서 또한 아날로그 출력을 하게 됩니다. 이런 아날로그 신호를 디지털 신호로 변환하기 위해서는 세 가지 과정이 필요합니다.

1) Sampling(표본화): 일정 시간으로 간격을 나누고 나눈 시간 값을 추출해서 샘플로 만드는 과정입니다. 아날로그 데이터를 수치화할 수 있는 근사점으로 표현하는 것입니다. 샘플링의 간격이 짧을수록 원래 데이터와 비슷해집니다. 그러나 샘플링 주파수가 많아지면 복원은 유리하지만 처리할 데이터의 양은 많아집니다.
2) Quantization(양자화): 샘플링한 값을 통해서 전압 값을 디지털 값으로 바꾸어 주는 과정입니다. 표현할 수 있는 bit는 8bit(0~255)이면 256개, 10bit(0~1023)이면 1024개로

bit수가 증가할수록 정밀하게 측정할 수 있습니다. 이런 양자화의 단위는 Resolution이라고 부르며, 분해능 또는 해상도라고 합니다.

3) coding(부호화): 디지털로 변환된 전압 값을 신호처리가 쉬운 디지털 코드(binary code), 이진수로 변환하는 과정으로 회로가 읽고 저장할 수 있도록 변환해 줍니다.

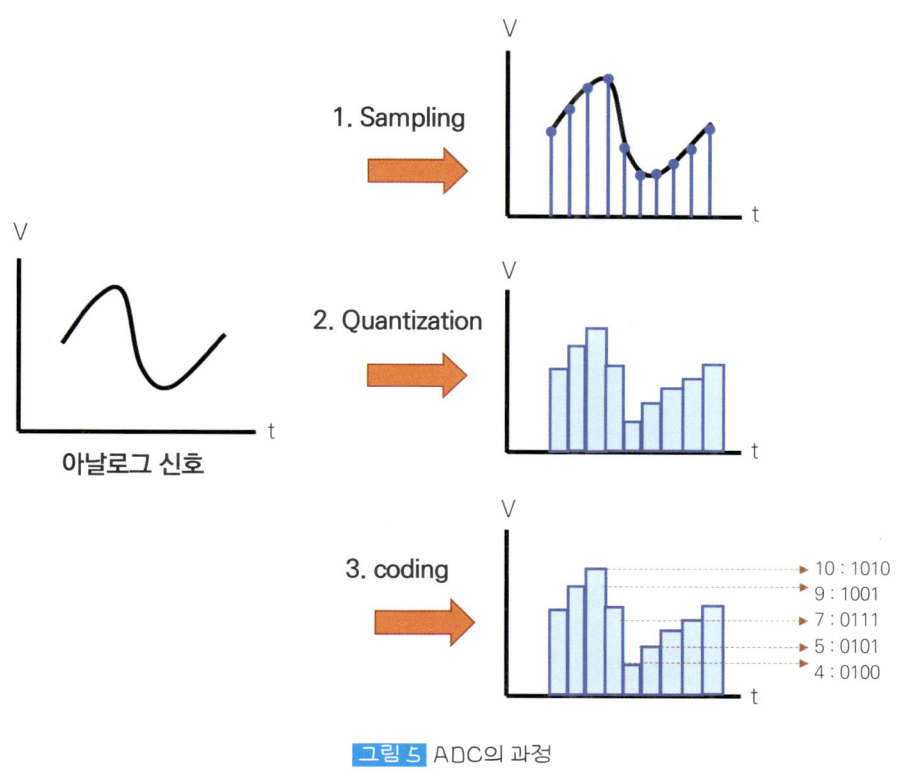

그림 5 ADC의 과정

라즈베리파이에서 쓰이는 대표적인 ADC 중에서는 MCP3208 혹은 MCP3008 모델이 있습니다. 이 두 가지의 차이점은 해상도(분해능)의 차이입니다. MCP3208은 12bit의 resolution(0~4095)의 값을 가지고 MCP3008은 10bit의 resolution(0~1023) 값을 가집니다. 라즈베리파이와 ADC 간은 SPI 통신을 이용하며 연결할 수 있습니다.

3.4 택트 버튼

버튼의 대한 자세한 설명을 "Chapter10 더워지면 자동으로 켜지는 선풍기"의 준비물 및 주요 부품 설명을 참조하세요.

4 회로도

조도센서 모듈인 TEMT6000을 사용하겠습니다. TEMP6000 대신에 일반 조도센서(Photo Resistor)에 풀다운 저항을 연결하여 사용해도 됩니다. 조도센서는 주위의 밝기를 0이나 1이 아닌 밝기의 정도에 따른 값을 출력합니다. 이런 아날로그 값을 라즈베리파이는 바로 입력값으로 받아들일 수가 없습니다. 아날로그 입력값을 받아들일 수 있게 해 주는 역할을 하는 ADC(Analog to Digital Converter)를 사용할 것입니다. ADC로는 MCP3208(또는 MCP3008)을 사용하겠습니다. 조도센서의 출력선을 ADC 8개의 채널 중에 1번 채널과 연결하고, ADC는 라즈베리파이와 SPI 통신을 하게 회로를 만듭니다. LED는 라즈베리파이와 직접 연결이 됩니다. 다음의 "그림 6 실습용 회로도"와 같이 회로를 만들어 보세요.

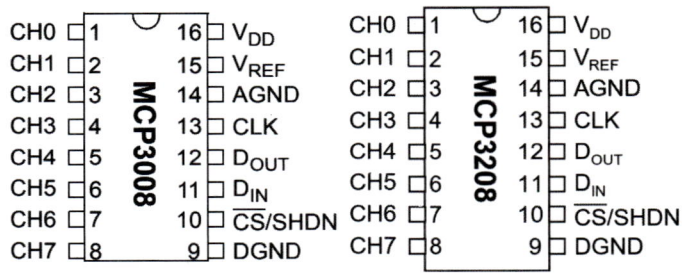

MCP3XX8 Pinout		라즈베리파이와 연결
16	V_{DD}	3.3V
15	V_{REF}	3.3V
14	AGND	GND
13	CLK	SCLK (GPIO 11)
12	D_{OUT}	MISO (GPIO 9)
11	D_{IN}	MOSI (GPIP10)
10	CS/SHDN	CE0 (GPIO 8)
9	DGND	GND

표 1 ADC Pinout

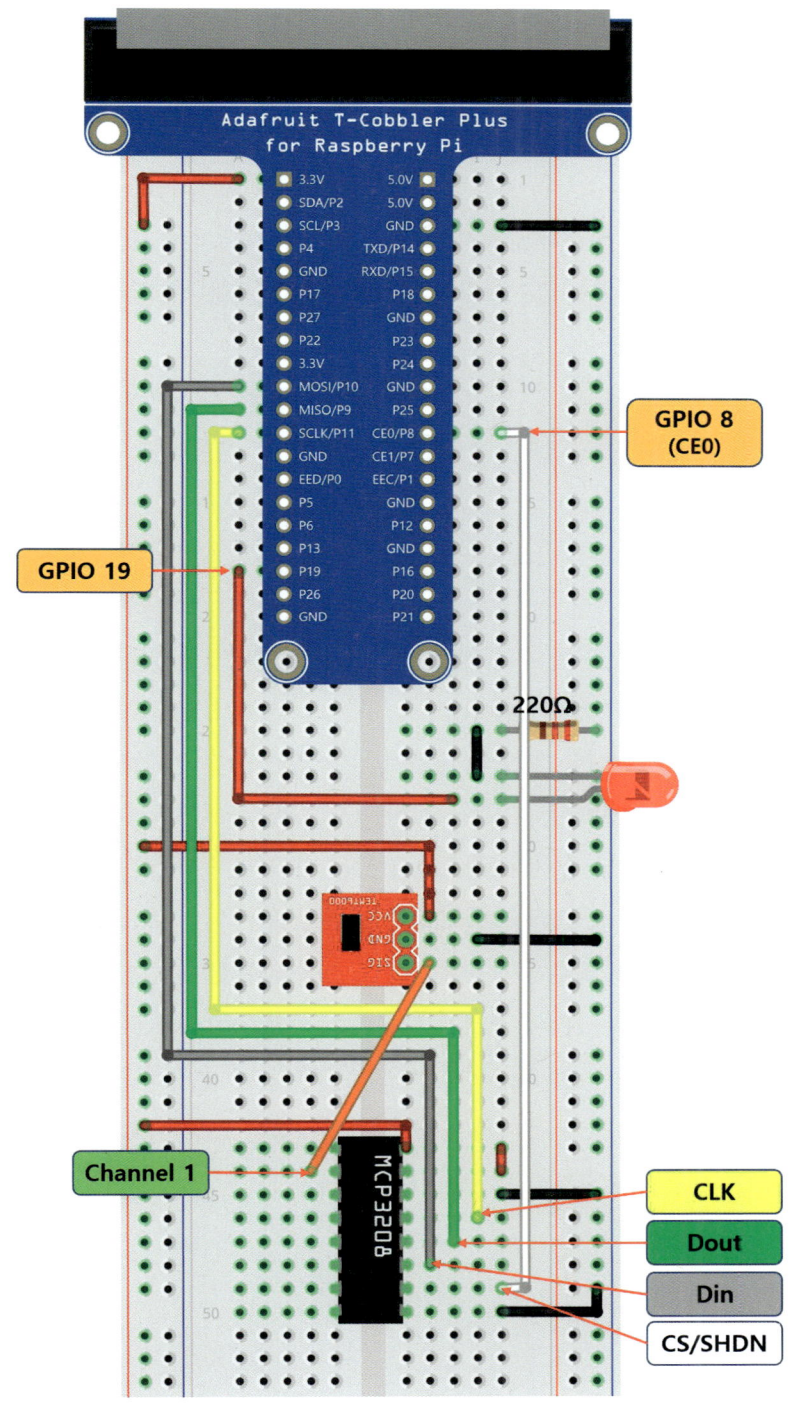

그림 6 실습용 회로도

5 원리 설명

LED는 극성이 있습니다. 다리가 긴 쪽이 양극(+)입니다. LED를 사용하기 위해서는 저항을 연결해야 합니다. 저항은 LED 소자를 보호하는 역할을 합니다.

LED용 저항은 220Ω으로 실습하겠습니다. LED의 허용전류는 20~30mA 정도입니다. LED를 통과하면서 전압이 1.7~2V 정도 떨어진다고 한다면, 필요한 저항의 용량은 165Ω 정도입니다.

- 라즈베리파이 전압: 최대 5V, LED 전압하강: 1.7V, LED 허용전류: 20mA
- Voltage = (5 - 1.7)V = 3.3V
- Resistor = 3.3V ÷ 0.02A = 165Ω

버튼에도 저항을 연결하여 사용합니다. 저항을 연결하지 않아도 전기를 연결하고 끊는 데는 문제가 없지만 라즈베리파이와 같이 Microcontroller로 제어시스템을 만들 때는 소량의 전기가 오류를 발생시킬 수 있습니다. 회로의 내부에 남아 있는 잔류 전기로 인해 LOW 신호가 제대로 들어오지 않아서 실제 버튼은 Off나 신호는 On으로 유지하는 경우가 있습니다. 이런 현상을 플로팅(Floating)이라고 합니다. 플로팅 현상을 막기 위해 저항을 연결하여 잔류 전기를 GND로 흘려보내거나 전류의 흐름을 방해하여 덜 흐르게 하는 방법으로 사용합니다. 버튼에 사용하는 저항의 크기는 5V 회로에서 보통 1~10kΩ을 사용합니다. 4.7kΩ을 사용하는 것도 좋은 방법입니다만, 여기서는 10kΩ으로 프로젝트를 하겠습니다. 버튼에 사용하는 저항은 풀업(Pull-up) 저항과 풀다운(Pull-down) 저항으로 구분합니다. 풀다운으로 구성된 스위치는 버튼을 눌렀을 때 HIGH 신호가 들어가며, 풀업으로 구성된 스위치는 버튼을 눌렀을 때 반대로 LOW 신호가 들어갑니다.

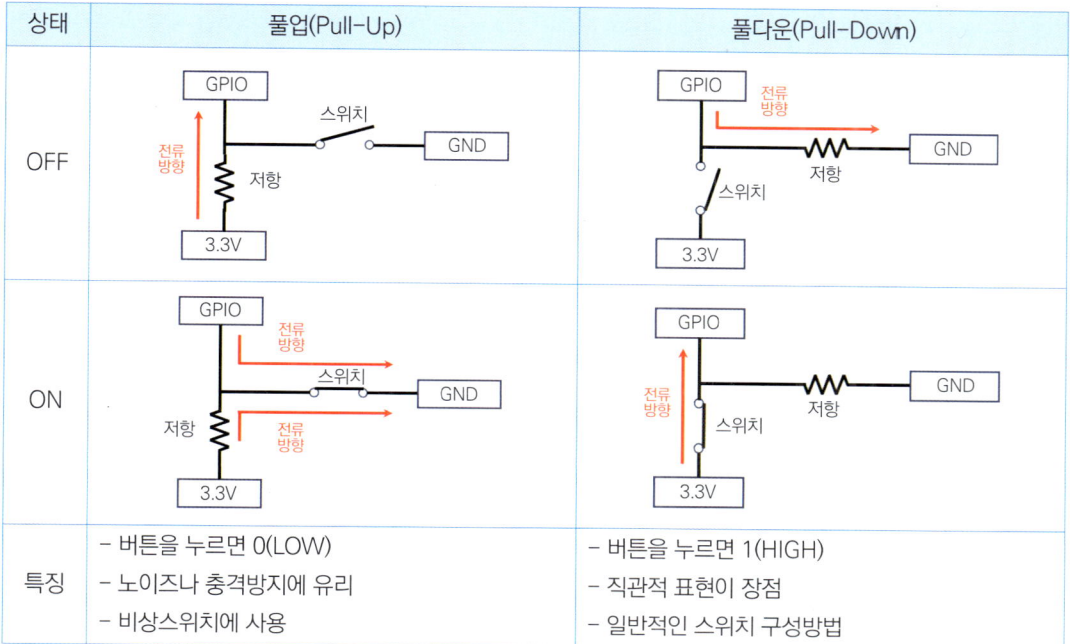

표 2 풀업 저항과 풀다운 저항

조도센서(Photo Resistor)는 주위의 빛이 밝을수록 저항값이 줄어들면서 전기가 잘 흐릅니다. 주위의 빛이 어두우면 저항값이 늘어나면서 전기가 잘 흐르지 않습니다.

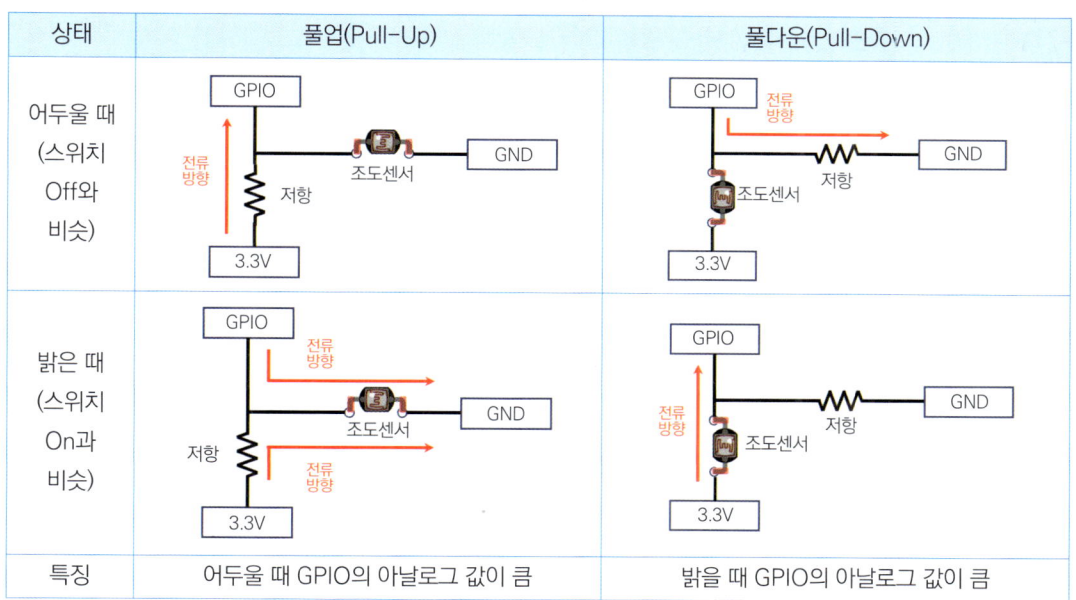

표 3 조도센서 풀업 저항, 풀다운 저항

이번 프로젝트에서는 이런 별도의 저항을 연결하지 않고 바로 사용할 수 있는 모듈형 조도센서인 TEMT6000을 사용하겠습니다. 이 모듈은 일반적인 조도센서(Photo Resistor)보다 더 정밀한 값의 측정이 가능합니다. 라즈베리파이에서는 아날로그 입력핀이 없으므로 디지털을 아날로그로 변환할 수 있는 ADC를 별도로 연결하여 실습해 보겠습니다. 본 프로젝트에 들어가기 전에 버튼의 기본 사용법을 통해 풀업(Pull-up) 저항과 풀다운(Pull-down) 저항, 버튼 구현에 대해 먼저 알아보도록 하겠습니다. 중요한 개념이므로 천천히 생각하면서 실습해 보길 바랍니다.

6 버튼 기본 사용법 실습

풀업 스위치와 풀다운 스위치의 차이점을 파이썬 코드를 통해서 알아보고, 버튼에서의 채터링(chattering) 현상이 어떤 것인지 실습해 보고, 채터링을 없애는 코드를 만들어 보겠습니다.

6.1 풀업(Pull-up) 저항과 풀다운(Pull-down) 저항의 차이

그림 7과 그림 8과 같이 풀업 저항을 사용하는 회로와 풀다운 저항을 사용하는 회로를 만들어서 코드 1(또는 코드 2)의 파이썬 코드를 각각 실행해 보세요.

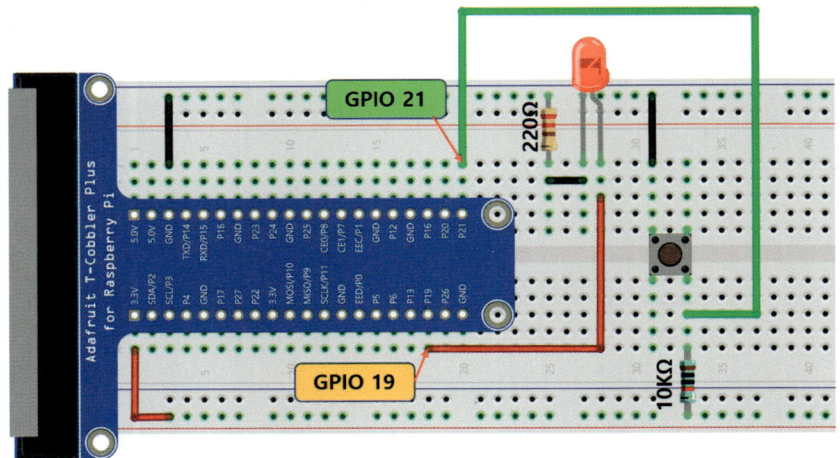

그림 7 풀업 스위치 회로도

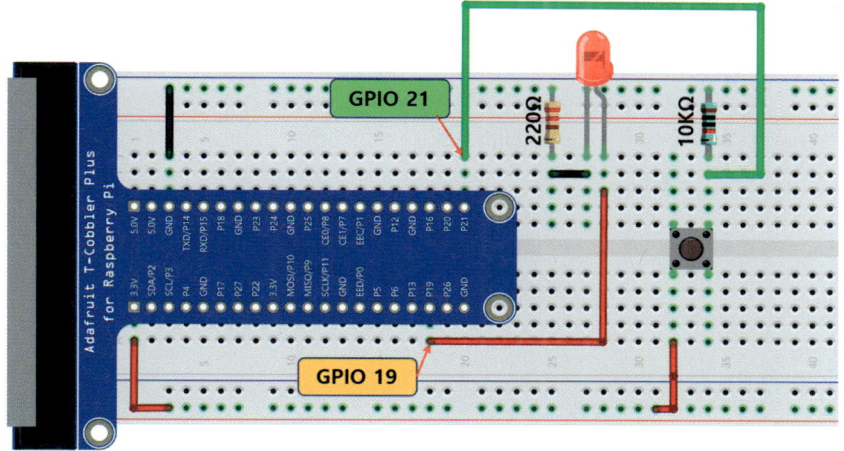

그림 8 풀다운 스위치 회로도

```
# GPIO 라이브러리 호출
import RPi.GPIO as GPIO

# 핀번호 설정
LED_PIN = 19        #GPIO 19에 LED 연결
Button_PIN = 21     #GPIO 21에 버튼을 연결

# GPIO 설정
GPIO.setwarnings(False)    #경고 메시지 나타나지 않게 하기
GPIO.setmode(GPIO.BCM)
GPIO.setup(LED_PIN, GPIO.OUT, initial=GPIO.LOW)
GPIO.setup(Button_PIN, GPIO.IN)

try:
   while 1:
      if GPIO.input(Button_PIN) == True:
         GPIO.output(LED_PIN, 1)
      else:
         GPIO.output(LED_PIN, 0)

# GPIO 초기화 후 프로그램을 빠져나감.
finally:
   GPIO.cleanup()
```

코드 1 버튼으로 LED 작동하기 1

```
# GPIO 제로 라이브러리 호출
from gpiozero import LED, Button

led = LED(19)                           #GPIO 19에 LED 연결
button = Button(21, pull_up = False)   #버튼을 GPIO 21에 연결

while True:
    if button.is_pressed:
        led.on()
    else:
        led.off()
```

코드 2 버튼으로 LED 작동하기 2

6.2 토글(Toggle) 스위치 구현

그림 8의 풀다운 스위치 회로도를 활용해서 버튼을 누르면 On 상태를 유지하고, 다시 누르면 Off 상태로 변환되는 토글(Toggle) 기능을 구현해 보겠습니다. state라는 변수를 선언해서 버튼을 누를 때마다 state 변수가 0과 1을 번갈아 바뀌게 해서 state의 상태 값으로 LED를 On/Off 하는 코드입니다.

```
while 1:
    if GPIO.input(Button_PIN) == True:
        state = 1 - state

    if state == 1:
        GPIO.output(LED_PIN, 1)
    else:
        GPIO.output(LED_PIN, 0)
```

위에 코드를 적용해서 프로그램을 실행시켜 보면 버튼을 누를 때마다 제대로 토글 기능이 구현되지 않는 것을 확인할 수 있습니다. 기대와 다른 결과가 나오는 이유는 버튼을 읽어 올 때, 라즈베리파이는 굉장히 빠른 속도로 버튼을 값을 여러 번 읽어 오기 때문입니다. 버튼을 잠깐 눌렀지만 라즈베리파이의 입장에서는 인간이 셀 수 없을 만큼 빠른 속도로 버튼의 상태를 아주

많이 읽어 옵니다. 즉, state의 상태가 1와 0이 순간적으로 여러 번 반복되는(bouncing) 것입니다. 이런 현상을 채터링(chattering)이라고 합니다. 이런 채터링 현상 때문에 버튼에서 손을 뗄 때는 state 상태가 거의 무작위로 정해지는 결과가 되는 것입니다. 이런 문제를 해결하기 위해서 코드를 조금 더 변화시켜 보겠습니다. 버튼의 상태를 저장하는 변수를 선언하여 버튼의 전 상태가 0일 경우만 state의 값을 변화시키는 코드입니다.

```
while 1:
    var = GPIO.input(Button_PIN)

    if ((var == 1) and (old_var == 0)):
        state = 1 - state

    old_var = var

    if state == 1:
        GPIO.output(LED_PIN, 1)
    else:
        GPIO.output(LED_PIN, 0)
```

위의 코드를 실행해 보며 전에 비해 상당히 성능이 좋은 토글 스위치 기능이 구현되었다는 것을 확인할 수 있습니다. 하지만, 한 번씩 완벽하게 문제가 해결되지 않는 것을 확인할 수 있습니다. 상태가 반복되는 문제를 해결할 수 있는 디바운싱(debouncing) 코드를 넣어 보겠습니다. 의외로 간단한 방법으로 시간지연(delay) 코드를 추가하는 것입니다. 시간지연 코드로 짧은 시간 동안 버튼에서 물리적으로 생기는 bouncing을 무시하는 것입니다. 시간지연은 10~50밀리초 정도면 적당합니다. 다음의 코드가 토글 구현 최종 코드입니다.

```
# GPIO 라이브러리 호출
import RPi.GPIO as GPIO
import time

# 핀번호 설정
LED_PIN = 19        #GPIO 19에 LED 연결
```

```python
Button_PIN = 21     #GPIO 21에 버튼을 연결
state = 0           #0: LED off, 1: LED on
var = 0             #입력핀의 상태를 저장
old_var = 0         #val의 이전 값 저장

# GPIO 설정
GPIO.setwarnings(False)   #경고 메시지 나타나지 않게 하기
GPIO.setmode(GPIO.BCM)
GPIO.setup(LED_PIN, GPIO.OUT, initial=GPIO.LOW)
GPIO.setup(Button_PIN, GPIO.IN)

try:
    while 1:
        var = GPIO.input(Button_PIN)

        # var의 이전 상태가 0인 경우만 state 상태를 바꿈
        if ((var == 1) and (old_var == 0)):
            state = 1 - state

            # 시간지연 (debouncing): 10 millisec
            time.sleep(10 / 1000)

        old_var = var

        if state == 1:
            GPIO.output(LED_PIN, 1)
        else:
            GPIO.output(LED_PIN, 0)

# GPIO 초기화 후 프로그램을 빠져나감.
finally:
    GPIO.cleanup()
```

코드 3 토글 스위치 구현 1

```
# GPIO 제로 라이브러리 호출
from gpiozero import LED, Button
import time

led = LED(19)                        #GPIO 19에 LED 연결
button = Button(21, pull_up = False) #버튼을 GPIO 21에 연결
state = 0          #0: LED off, 1: LED on
var = 0            #입력핀의 상태를 저장
old_var = 0        #val의 이전 값 저장

while True:
    var = button.value

    # var의 이전 상태가 0인 경우만 state 상태를 바꿈
    if ((var == 1) and (old_var == 0)):
        state = 1 - state

        # 시간지연 (debouncing): 10 millisec
        time.sleep(10 / 1000)

    old_var = var

    if state == 1:
        led.on()
    else:
        led.off()
```

코드 4 토글 스위치 구현 2

❼ 밝아지면 LED 자동 Off 제어 실습

4번 항의 회로도를 이용하여 주위의 밝기에 따라 LED가 켜지고 꺼지는 파이썬 코드를 만들어 보겠습니다. TEMT6000은 풀다운(Pull-down) 저항으로 이루어진 조도센서 모듈입니다. 즉, 주위가 밝으면 조도센서의 출력값이 올라가고, 어두우면 조도센서의 출력값이 낮아집니다. 밝

기와 센서의 값을 확인하면서 LED을 Off 되는 조도센서 출력값을 찾아서 코드에 적용하여야 합니다. SPI 통신으로 ADC(MCP3008 또는 MCP3208)와 데이터를 교환합니다. SPI 통신을 위해 라즈베리파이 설정을 먼저 하겠습니다. SPI 통신에 대한 설명은 "Chapter5 라즈베리파이 기본 장치 사용하기 4항의 SPI 부분"을 참조하세요.

7.1 SPI 설정하기

Raspberry PI Configuration

Interfaces 항에서 SPI를 Enabled에 체크를 하여 활성시킵니다.

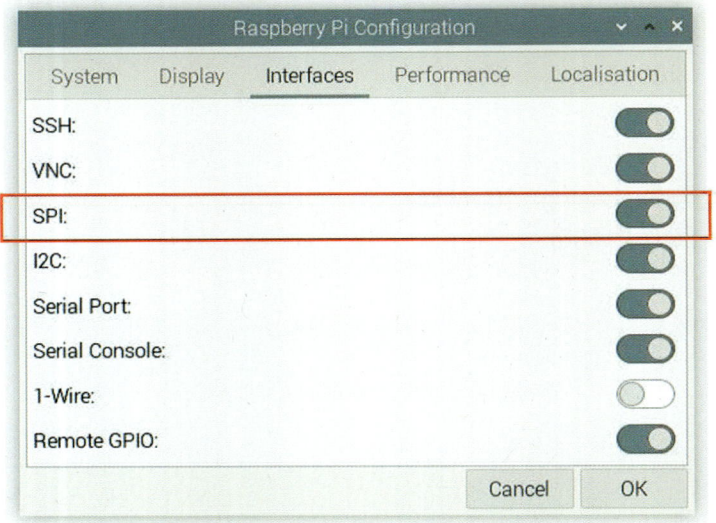

터미널에서 명령어를 입력하여 SPI 활성하기

다음의 명령어를 터미널에 입력하세요.

```
sudo raspi-config
```

3. Interface Options → P4 SPI 선택 후 Yes를 선택

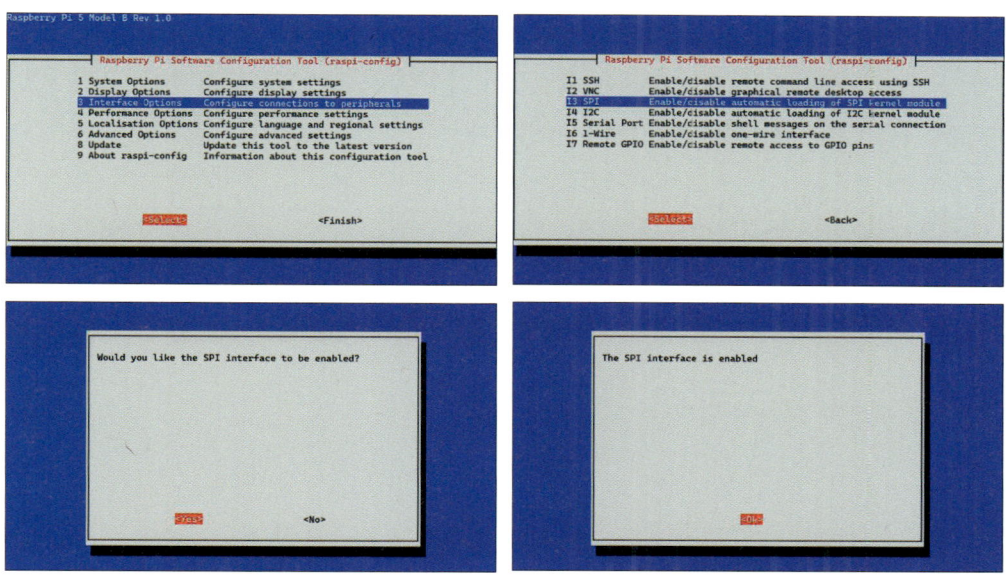

SPI 통신 확인하기

터미널에서 SPI 장치가 검색이 되는지 확인해 보겠습니다. 검색이 정상적으로 되지 않을 경우 Interfaces에서 SPI가 활성화되었는지 재확인해 보세요[35].

```
ls /dev/spi*
```

그림 9 SPI 장치 확인

7.2 MCP3008, MCP3208

ADC 종류에 따라 MCP3008, MPC3208의 코드를 달리 사용하는 것을 추천합니다. 코드에 대한 설명은 The Python Package Index(PyPI)[36]를 참조하시길 바랍니다.

---

35 모든 UART가 활성화되어 있을 경우 SPI 장치가 검색되지 않을 수 있습니다. (Chapter5. 미주 가 참조)
36 spidev: https://pypi.org/project/spidev/#description

SPI를 사용하기 위한 라이브러리를 불러오고 난 후, SPI 통신설정을 합니다. 통신속도(주파수, Clock Frequency)는 Data sheet를 확인해서 계산해 보면 3.3V 사용 기준 MCP3008는 1,936,957Hz, MCP3208은 1,260,870Hz입니다.

VDD	MCP3008	MCP3208
5.0V	3.6MHz	2.0MHz
2.7V	1.35MHz	1.0MHz

다음 코드를 확인해 보길 바랍니다.

MCP3008

```
import spidev
import time

spi = spidev.SpiDev()
spi.open(0,0)
spi.max_speed_hz=1936957

def analog_read_3008(channel):
    r = spi.xfer2([1, (8+channel) << 4,0])
    adc_out = ((r[1]&3) << 8) + r[2]
    return adc_out

while True:
    reading = analog_read_3008(1)      #Channel 1번 읽기
    voltage = reading * 3.3 / 1024     #MCP3008: 10비트

    print("MCP3008: Reading=%d\tVoltage=%f" % (reading, voltage))
    time.sleep(1)
```

코드 5 MCP3008 작동하기 1

```
from gpiozero import MCP3008
import time

ADC = MCP3008(channel=1)
while True :
    reading = ADC.value * 1024
    voltage = ADC.value * 3.3

    print("MCP3008: Reading=%d\tVoltage=%f" % (reading, voltage))
    time.sleep(1)
```

코드 6 MCP3008 작동하기 2

MCP3208

```
import spidev
import time

spi = spidev.SpiDev()
spi.open(0,0)
spi.max_speed_hz=1260870

def analog_read_3208(channel):
    r = spi.xfer2([4 | 2 |(channel>>2), (channel &3) << 6,0])
    adc_out = ((r[1]&15) << 8) + r[2]
    return adc_out

while True:
    reading = analog_read_3208(1)    #Channel 1번 읽기
    voltage = reading * 3.3 / 4096   #MCP3208: 12비트

    print("MCP3208: Reading=%d\tVoltage=%f" % (reading, voltage))
    time.sleep(1)
```

코드 7 MCP3208 작동하기 1

```
from gpiozero import MCP3208
import time

ADC = MCP3208(channel=1)
while True :
    reading = ADC.value * 4096
    voltage = ADC.value * 3.3

    print("MCP3208: Reading=%d\tVoltage=%f" % (reading, voltage))
    time.sleep(1)
```

코드 8 MCP3008 작동하기 2

7.3 조도센서를 값으로 LED On/Off 하기

조도센서의 출력 아날로그 값을 Voltage로 환산한 값을 사용하면 ADC의 종류에 관계없이 LED 작동하는 코드에는 함께 사용할 수 있습니다. Voltage 값이 1.5V 이상이면(즉, 주위가 밝으면) LED가 Off 되도록 작성한 코드입니다. MCP3208을 사용한 기준으로 작성되었습니다.

```
# GPIO 라이브러리 호출
import RPi.GPIO as GPIO
import spidev
import time

# 핀 & GPIO 설정
LED_PIN = 19
GPIO.setwarnings(False)   #경고 메시지 나타나지 않게 하기
GPIO.setmode(GPIO.BCM)
GPIO.setup(LED_PIN, GPIO.OUT, initial=GPIO.LOW)

# SPI 통신 설정
spi = spidev.SpiDev()
spi.open(0,0)
spi.max_speed_hz=1260870
```

```python
def analog_read_3208(channel):
    r = spi.xfer2([4 | 2 |(channel>>2), (channel &3) << 6,0])
    adc_out = ((r[1]&15) << 8) + r[2]
    return adc_out

try:
    while True:
        reading = analog_read_3208(1)    #Channel 1번 읽기
        voltage = reading * 3.3 / 4096    #MCP3208: 12비트

        print("MCP3208: Reading=%d\tVoltage=%f" % (reading, voltage))
        time.sleep(1)

        # 조도센서 값에 따라 LED On/Off
        if voltage < 1.5:
            GPIO.output(LED_PIN,GPIO.HIGH)
            print("LED ON")
        else :
            GPIO.output(LED_PIN,GPIO.LOW)
            print("LED OFF")

# GPIO 초기화 후 프로그램을 빠져나감.
finally:
    GPIO.cleanup()
```

코드 9 조도센서 값 받아 LED 제어하기 1

```python
from gpiozero import MCP3208, LED
import time

led = LED(19)                          #GPIO 19에 LED 연결
ADC = MCP3208(channel=1)

while True :
    reading = ADC.value * 4096
    voltage = ADC.value * 3.3

    print("MCP3208: Reading=%d\tVoltage=%f" % (reading, voltage))
    time.sleep(1)

    # 조도센서 값에 따라 LED On/Off
    if voltage < 1.5:
        led.on()
    else:
        led.off()
```

코드 10 조도센서 값 받아 LED 제어하기 2

memo

Chapter

08

어두워지면 자동으로 밝기가 조절되는 무드등

08 어두워지면 자동으로 밝기가 조절되는 무드등

① 학습요약

학습 목표	조도센서의 값을 따라 LED의 밝기가 변하게 만들어 본다.
프리뷰	PWM 구현하기
핵심 키워드	Photo Resistor, LED, PWM
주요 준비물	조도센서, 버튼(TEMP6000), LED, ADC(MCP3208)
실습 시간	2시간
학습 난이도	하

② 과제 설명

이번 시간에는 "Chapter6 쿨링팬 속도 제어 모듈 만들기"에 이어 다시 PWM에 대해서 알아보겠습니다. 저번에는 PWM 신호를 트랜지스터의 베이스(B) 핀으로 보내서 Fan의 속도를 제어했다면, 이번에는 LED에 PWM 신호를 줘서 LED의 밝기를 변화시켜 보겠습니다. 준비물과 회로도는 "Chapter7 아침이 되면 자동으로 불을 끄는 스탠드"를 그대로 사용합니다. 마찬가지로 무드등 대신에 LED 전구를 이용하고, 실제 220V 무드등을 사용하려면 Chapter7에서 설명한 것과 같이 릴레이를 사용하여야 합니다. 릴레이 사용법은 "Chapter11 스마트 콘센트"를 참조해 주세요.

이번 실습은 조도센서로 입력받은 아날로그 신호를 이용하여, LED의 밝기 신호로 이용할 것입니다. 본 실습에 들어가기 전에 LED가 차츰 밝아지고, 어두워지는 기초 실습을 먼저 진행하고,

이어서 조도센서를 이용한 LED 밝기 조절 실습을 진행하겠습니다. 자~ 그럼 IoT의 세계로 출발해 보겠습니다.

❸ 준비물 및 주요 부품 설명

3.1 조도센서

"Chapter7 아침이 되면 자동으로 불을 끄는 스탠드" 부분을 확인해 주세요.

3.2 LED

"Chapter7 아침이 되면 자동으로 불을 끄는 스탠드" 부분을 확인해 주세요.

3.3 ADC

"Chapter7 아침이 되면 자동으로 불을 끄는 스탠드" 부분을 확인해 주세요.

❹ 회로도

조도센서 모듈인 TEMP6000을 사용하겠습니다. TEMP6000 대신에 일반 조도센서(Photo Resistor)에 풀다운 저항을 연결하여 사용해도 됩니다. 조도센서는 주위의 밝기를 0이나 1이 아닌 밝기의 정도에 따른 값을 출력합니다. 이런 아날로그 값을 라즈베리파이는 바로 입력값으로 받아들일 수가 없습니다. 아날로그 입력값을 받아들일 수 있게 해 주는 역할을 하는 ADC(Analog to Digital Converter)을 사용할 것입니다. ADC로는 MCP3208(또는 MCP3008)을 사용하겠습니다. 조도센서의 출력선을 ADC 8개의 채널 중에 1번 채널과 연결하고, ADC는 라즈베리파이와 SPI 통신을 하게 회로를 만듭니다. LED는 라즈베리파이와 연결이 됩니다. 다음의 "그림 1 실습용 회로도"와 같이 회로를 만들어 보세요.

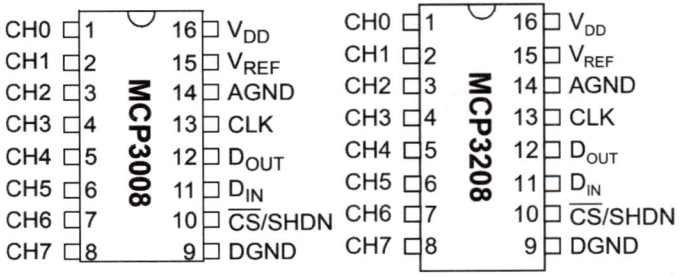

MCP3XX8 Pinout		라즈베리파이와 연결
16	V_{DD}	3.3V
15	V_{REF}	3.3V
14	AGND	GND
13	CLK	SCLK (GPIO 11)
12	D_{OUT}	MISO (GPIO 9)
11	D_{IN}	MOSI (GPIP10)
10	CS/SHDN	CE0 (GPIO 8)
9	DGND	GND

표 1 ADC Pinout

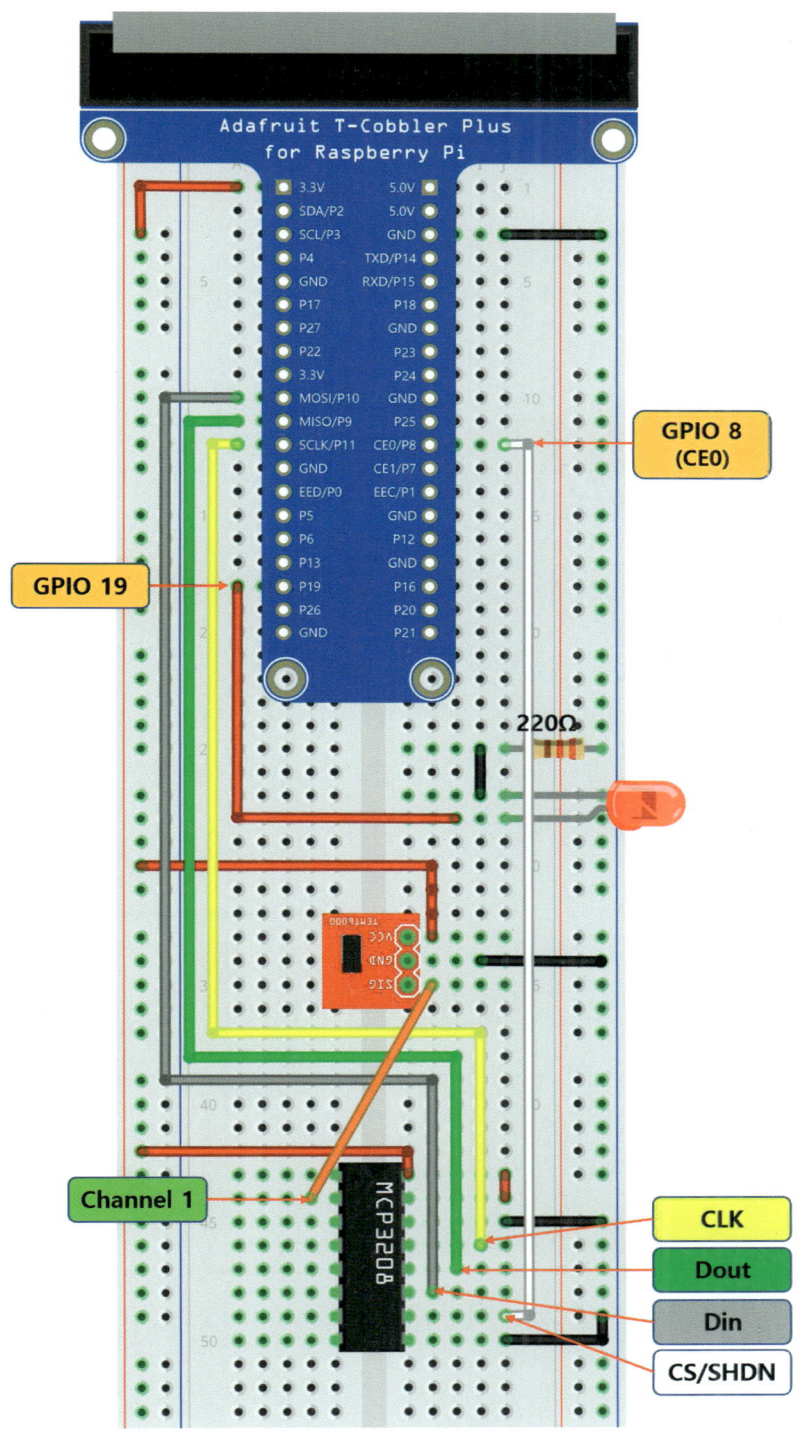

그림 1 실습용 회로도

5 원리 설명

"Chapter5 라즈베리파이 기본 장치 사용하기"의 GPIO 항목에서 설명한 바와 같이 PWM는 펄스 파형의 HIGH 상태와 LOW 상태 파형의 비율(듀티사이클)을 조절하여 전자부품으로 보내는 라즈베리파이의 출력 신호의 강함과 약함을 표현합니다.

LED나 저항의 크기 계산, 조도센서의 사용법 또한 "Chapter7 아침이 되면 자동으로 불을 끄는 스탠드" 부분을 참조해 주세요.

6 PWM 기초 실습

6.1 버튼을 눌러 서서히 밝아지고 서서히 꺼지는 LED

그림 2와 같이 풀다운 저항을 사용하는 회로를 만들어서 코드 1을 실행한 후 버튼을 눌러 보세요. LED가 서서히 켜지고 꺼질 것입니다. for문을 사용하여 PWM의 듀티사이클(DutyCycle)을 변화시켜 LED의 밝기를 조절하였습니다.

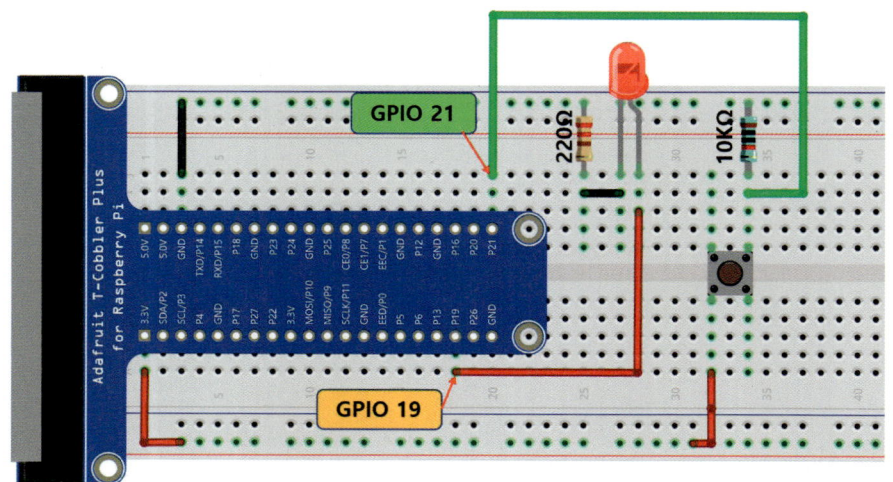

그림 2 풀다운 스위치 회로도

```python
# GPIO 라이브러리 호출
import RPi.GPIO as GPIO
import time

# 핀번호 설정
LED_PIN = 19         #GPIO 19에 LED 연결
Button_PIN = 21      #GPIO 21에 버튼을 연결

# GPIO 설정
GPIO.setwarnings(False)   #경고 메시지 나타나지 않게 하기
GPIO.setmode(GPIO.BCM)
GPIO.setup(LED_PIN, GPIO.OUT, initial=GPIO.LOW)
GPIO.setup(Button_PIN, GPIO.IN)

# PWM 설정
PWM_FREQ = 700       #PWM 주파수
LED = GPIO.PWM(LED_PIN, PWM_FREQ)
LED.start(0)

try:
    while 1:
        if GPIO.input(Button_PIN) == True:
            # 서서히 밝아지는 코드
            for i in range(0, 100, 1):
                LED.ChangeDutyCycle(i)
                time.sleep(0.02)
            #서서히 어두워지는 코드
            for i in range(0, 101, 1):
                LED.ChangeDutyCycle(100 - i)
                time.sleep(0.02)

# GPIO 초기화 후 프로그램을 빠져나감.
finally:
    GPIO.cleanup()
```

코드 1 버튼, LED 밝기 변화 1

```python
# GPIO 제로 라이브러리 호출
from gpiozero import PWMLED, Button
import time

LED_PIN = 19                             #GPIO19에 LED 연결
button = Button(21, pull_up = False)     #버튼을 GPIO 21에 연결
PWM_FREQ = 700
LED = PWMLED(LED_PIN, active_HIGH=True, initial_value=0, frequency=PWM_FREQ)

while True:
    if button.is_pressed:
        # pulse(fade_in_time=1, fade_out_time=1, n=None, background=True)
        LED.pulse(fade_in_time=1, fade_out_time=1, n=1)
```

코드 2 버튼, LED 밝기 변화 2

7 어두워지면 자동으로 밝기가 조절되는 무드등 실습

4번 항의 회로도를 이용하여 주위의 밝기에 따라 LED의 밝기가 변하는 실습입니다. TEMT6000은 풀다운(Pull-down) 저항으로 이루어진 조도센서 모듈입니다. 즉, 주위가 밝으면 조도센서의 출력값이 올라가고, 어두우면 조도센서의 출력값이 낮아집니다. SPI 통신을 사용하여 ADC(MCP3008 또는 MCP3208)와 조도센서 값을 받기 위해서 SPI 통신을 할 수 있도록 라즈베리파이 설정을 먼저 해야 합니다. SPI 통신에 대한 설명은 "Chapter5 라즈베리파이 기본 장치 사용하기 4항의 SPI 부분"을 참조하세요.

7.1 SPI 설정하기

Raspberry PI Configuration

Interfaces 탭에서 SPI를 Enabled에 체크해서 활성화시킵니다.

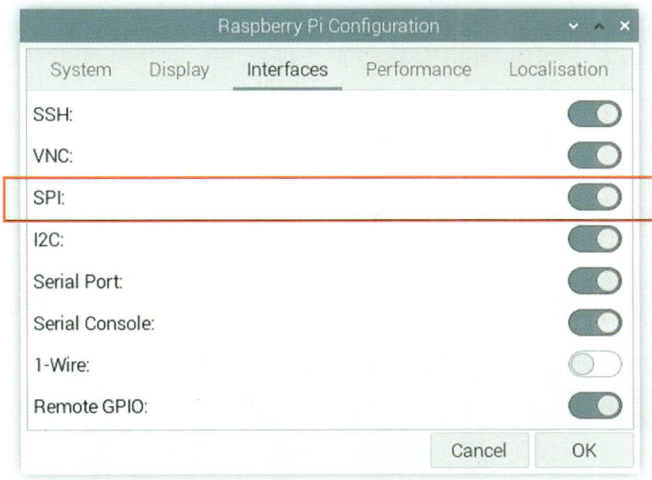

터미널에서 명령어를 입력하여 SPI 활성화하기

다음의 명령어를 터미널에 입력하세요.

```
sudo raspi-config
```

3. Interface Options → SPI 선택 후 Yes를 선택

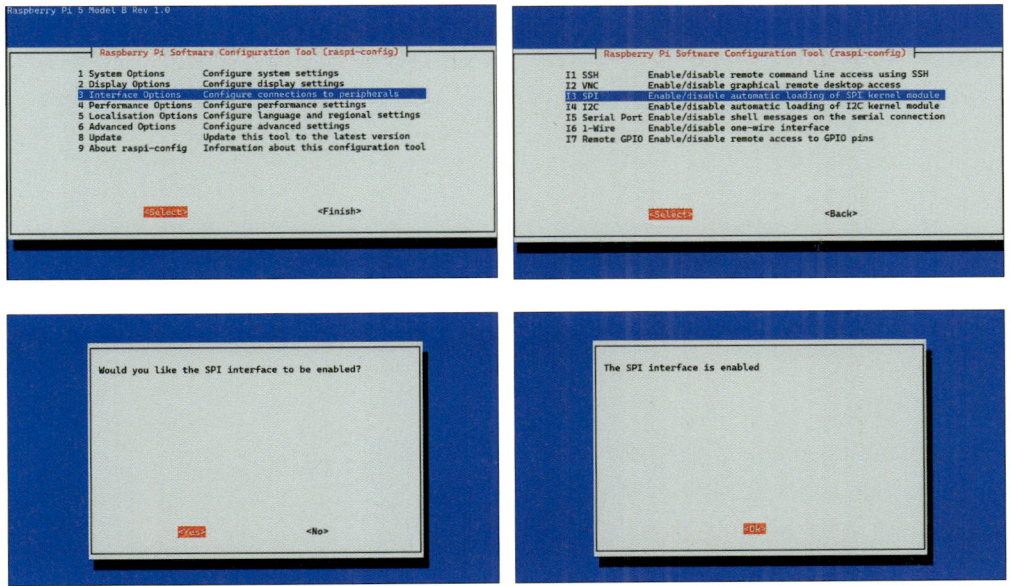

SPI 통신 확인하기

터미널에서 SPI 장치가 검색이 되는지 확인해 보겠습니다. 검색이 정상적으로 되지 않을 경우 Interfaces에서 SPI가 활성화되었는지 재확인해 보세요[37].

```
ls /dev/spi*
```

그림 3 SPI 장치 확인

7.2 조도센서를 값으로 LED 밝기 조절하기

조도센서의 출력 아날로그 값을 Voltage로 환산한 값을 사용하면 ADC의 종류에 관계없이 LED 작동하는 코드에는 함께 사용할 수 있습니다. Voltage 값이 3V 이상일 때(주위가 밝을 때), LED는 PWM의 듀티사이클은 0이 됩니다. 반대로 1.5V 미만이면(주위가 어두울 때) LED가 듀티사이클이 100이 됩니다. 1.5~3.0V에서는 조도값에 따라 LED의 밝기가 변하게 됩니다. MCP3208을 사용한 기준으로 작성되었으니 참조하세요. MCP3008을 사용하려면 "Chapter7 아침이 되면 자동으로 불을 끄는 스탠드" 부분을 참조해 주세요.

```
# GPIO 라이브러리 호출
import RPi.GPIO as GPIO
import spidev
import time

# 핀 & GPIO 설정
LED_PIN = 19
GPIO.setwarnings(False)   #경고 메시지 나타나지 않게 하기
GPIO.setmode(GPIO.BCM)
GPIO.setup(LED_PIN, GPIO.OUT, initial=GPIO.LOW)
```

---

37 모든 UART가 활성되어 있을 경우 SPI 장치가 검색되지 않을 수 있습니다. (Chapter5. 미주 가 참조)

```python
# PWM 설정
PWM_FREQ = 700        #PWM 주파수
LED = GPIO.PWM(LED_PIN, PWM_FREQ)
LED.start(0)

# SPI 통신 설정
spi = spidev.SpiDev()
spi.open(0,0)
spi.max_speed_hz=1260870

def analog_read_3208(channel):
    r = spi.xfer2([4 | 2 |(channel>>2), (channel &3) << 6,0])
    adc_out = ((r[1]&15) << 8) + r[2]
    return adc_out

def map(x, in_min, in_max, out_min, out_max):
    out_val = (((x - in_min) * (out_max - out_min)) / (in_max - in_min)) + out_min
    return out_val

try:
    while True:
        reading = analog_read_3208(1)     #Channel 1번 읽기
        voltage = reading * 3.3 / 4096    #MCP3208: 12비트

        # 조도센서 voltage 값에 따라 LED 밝기 조절
        if voltage < 1.5:
            brightness = 100
            LED.ChangeDutyCycle(brightness)
        elif voltage < 3.0:
            brightness = map(voltage, 1.5, 3.0, 100, 0)
            LED.ChangeDutyCycle(brightness)
        else:
            brightness = 0
            LED.ChangeDutyCycle(brightness)

        print("MCP3208: Reading=%d\tVoltage=%0.2f\tbright_Percent=%0.1f" % (reading, voltage, brightness))
        time.sleep(1)

# GPIO 초기화 후 프로그램을 빠져나감.
finally:
    GPIO.cleanup()
```

코드 3 조도센서 값 받아 LED 밝기 조절 1

```python
# GPIO 제로 라이브러리 호출
from gpiozero import PWMLED, MCP3208
import time

LED_PIN = 19                        #GPIO19에 LED 연결
ADC = MCP3208(channel=1)            #ADC 채널 1
PWM_FREQ = 700
LED = PWMLED(LED_PIN, active_HIGH=True, initial_value=0, frequency=PWM_FREQ)

def map(x, in_min, in_max, out_min, out_max):
    out_val = (((x - in_min) * (out_max - out_min)) / (in_max - in_min)) + out_min
    return out_val

while True:
    reading = ADC.value * 4096
    voltage = ADC.value * 3.3

    # 조도센서 voltage 값에 따라 LED 밝기 조절
    if voltage < 1.5:
        brightness = 1
        LED.value = brightness
    elif voltage < 3.0:
        brightness = map(voltage, 1.5, 3.0, 1.0, 0)
        LED.value = brightness
    else:
        brightness = 0
        LED.value = brightness

   print("MCP3208:  Reading=%d\tVoltage=%0.2f\tbright_Percent=%0.1f" % (reading, voltage, brightness*100))
    time.sleep(1)
```

코드 4 조도센서 값 받아 LED 밝기 조절 2

memo

Chapter 09
디지털 피아노

09 디지털 피아노

1 학습요약

학습 목표	키패드를 눌러서 부저를 통해 음계를 출력한다.
프리뷰	키패드 사용법, 부저 사용법
핵심 키워드	Keypad, Touch Keypad, Buzer, 음계 주파수
주요 준비물	4×4 키패드(TTP299), 부저
실습 시간	1시간
학습 난이도	중

2 과제 설명

이번 실습에는 디지털 피아노를 만들어 보겠습니다. 디지털 키보드 대신에 4×4 키패드를 이용하고, 소리를 재생하는 스피커로는 수동부저를 사용하겠습니다. 수동부저는 음계 주파수의 신호를 받으면 해당하는 소리를 낼 수 있는 부품입니다. 음계를 출력하는 기본회로와 코드 실습을 해 본 뒤, 이어서 키패드의 버튼에 주파수를 맵핑하여 디지털 키보드를 만드는 실습을 해 보겠습니다.

코드는 PWM을 사용합니다. "Chapter8 어두워지면 자동으로 밝기가 조절되는 무드등"에서는 PWM의 듀티사이클(DutyCycle)을 변경하면서 LED의 밝기를 조정하였고, 이번에는 PWM의 주파수(Frequency)를 변경하여 음계의 소리를 변경해 보겠습니다.

키패드는 여러 개의 버튼들을 모은 것입니다. 여러 개의 버튼들을 코딩할 때는 for문과 리스트를 사용하면 코드의 길이를 줄일 수가 있습니다. for문과 리스트는 처음 코딩을 접하는 분들은 살짝 어려울 수도 있지만, 논리 퀴즈 게임이라고 생각하면 재미있게 할 수 있을 겁니다. 원리 이해를 위해서 4×4 버튼식 키패드에 대해서 알아보고, 이어서 정전식 Touch Keypad도 실습하겠습니다.

③ 준비물 및 주요 부품 설명

3.1 4×4 터치 키패드

4×4 키패드는 말 그대로 가로와 세로 모두 4칸씩, 16개로 이루어진 입력센서입니다. 작동방식에 따라 버튼형, 멤브레인형, 터치형 등의 다양한 키패드가 있습니다. 회로를 구성 시 많은 수의 입력이 필요한 경우 여러 개의 연결 대신 한꺼번에 손쉽게 연결하여 사용할 수 있다는 장점이 있습니다.

그림 1 다양한 형식의 4×4 키패드

일반적인 버튼형의 키패드 내부의 구조를 살펴보면 가로와 세로의 4개의 선을 따라 각각의 스위치가 연결되어 있는 것을 볼 수 있습니다. 키패드에는 총 8개의 핀을 연결하여 사용할 수 있는데 가로와 세로 부분을 4개씩 연결하는 부분입니다. 즉, 가로와 세로의 교차점마다 스위치가 있어서 회로가 연결될 수 있는 것입니다.

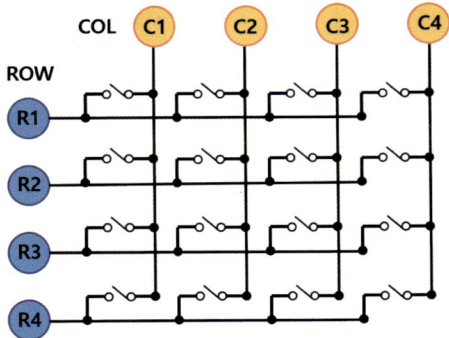

그림 2 버튼형 4×4 키패드 내부 구조

키패드는 다양한 곳에서 입력 버튼으로 많이 사용이 되는데, 대표적으로 비밀번호를 입력하는 도어록 및 터치하면 반응하는 악기 및 패스워드 입력기 등에 사용됩니다. 그중에서도 이번 실습에 쓰이는 키패드는 정전식 터치 키패드입니다. 정전식 터치방식이라고 함은 사람의 몸에 흐르는 전력을 기준으로 터치 여부를 검출하는 센서방식을 사용하는 것으로 사람의 손에 의해 터치되는 센서의 입력 부분의 반대쪽으로 전하가 모여 센서 입력 부분의 전하가 약해지는 변화를 감지하는 방식이며, 이를 정전식 감응이라고 합니다. 대표적으로는 핸드폰이나 태블릿 PC의 액정 부분에서 볼 수 있으며 정전식을 감지할 수 있는 펜으로도 화면을 입력할 수 있습니다. 이런 방식으로 16개의 버튼의 터치 여부를 감지하여 입력 부분으로 활용할 수 있는 것이 터치 키패드입니다. 정전 용량 감지센서를 사용하는 정전식 터치 키패드는 내부의 커패시터(Capacitor, 콘덴서)가 충전과 방전을 반복하면서 펄스의 변화를 감지하여 터치 여부를 확인하는 것입니다. 이번 실습에 사용될 4×4 정전식 터치식 키패드의 모듈명은 TTP229입니다.

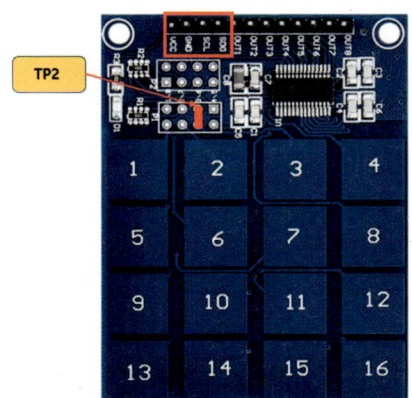

그림 3 정전식 4×4 터치 키패드(TTP229)

이 키패드의 기본모드는 8키입니다. 만약 16키 모드로 사용하고자 할 경우에는 그림 3에서 보이는 것과 같이 아래 옵션 핀 TP2에 점퍼를 연결하여 확장하여 사용할 수 있습니다. 16키 모드로 사용 시에는 모든 키는 2개 라인의 시리얼 인터페이스를 통해 입력됩니다. 사용하는 핀은 VCC, GND, SCL, SDO 핀을 연결하여 사용할 수 있습니다.

3.2 부저

부저는 소리를 신호로 내는 알림 장치 중 하나로 기계식과 전지식, 압전 방식 등으로 구분됩니다. 우리가 흔하게 생각하는 스피커의 작동 방식을 알아보면 스피커 내부에 있는 진동판을 진동해서 그 주파수에 따라 소리를 내는 방식을 이용하는 것입니다. 주파수는 1초에 진동하는 횟수를 나타내는데 그 진동하는 주파수에 따라 음의 높낮이를 결정할 수 있으므로 우리가 아는 계이름을 이용하여 음악을 출력할 수 있는 것입니다. 따라서 주파수의 진동부분 때문에 스피커에 손을 대 보면 진동을 느낄 수 있습니다.

그림 4 소형 스피커

또 하나의 방식으로는 피에조(Piezo) 방식으로 소리를 내는 부저로, 피에조(Piezo) 방식이란 압전효과라고도 불리는데 석영이나 규소 등의 물질에 입력을 주면 그 에너지가 전기에너지로 변하면서 전기가 발생되는 방식을 이용한 것으로 압력에 의해 발생된 전기라는 의미를 가집니다. 이런 피에조 효과에 의해 소리를 내는 부저를 피에조 부저라고 부르며 이런 압전소자에 떨림판을 붙여 전기신호에 의해 수축과 팽창을 반복하여 진동에 따라 소리를 나게 만든 부저입니다. 피에조 부저는 다시 두 가지의 부저로 나뉘는데 스스로 소리를 낼 수 있는 능동부저(Active buzzer)와 스스로 소리를 낼 수 없는 수동부저(Passive buzzer)로 나눕니다.

능동부저의 경우 전원을 공급하게 되면 회로의 내부에 설정된 전기 진동자에 의해 전기 진동이 발생되어 능동부저 내부의 떨림판에 전달되기 때문에 특별한 설정 없이도 음을 스스로 낼 수 있는 것입니다. 그러나 진동 주파수를 이용하여 소리를 출력하는 방식이 아니므로 단일음만 낼 수 있어서 계이름을 연주하거나 음악을 연주할 수는 없습니다. 사용이 쉽고 간편하다는 장점이 있으며 이런 능동부저는 단순 경고음을 내보내는 용도나 알림음을 주는 용도로 주로 사용합니다. 부저 다리가 나온 부분이 검정색 물질로 덮인 상태로 마감이 되어 있으면 능동부저(Active buzzer)입니다.

그림 5 수동부저

수동부저는 앞에서 소개한 능동부저에 전기 진동자가 빠진 떨림판만 있는 부저로서 외부의 진동 주파수를 생성하여 전달해 주어야만 소리를 출력할 수 있습니다. 따라서 주파수의 진동 헤르츠(Hz)에 따라 다양한 음을 출력할 수 있는 것입니다. 이런 수동부저는 전자 피아노와 같은 다양한 음을 연주할 수 있는 곳에 사용할 수 있습니다. 부저의 다리가 나온 부분이 기판을 통해서 나오면 수동부저(Passive buzzer)입니다. 수동부저의 출력을 안정적으로 하기 위해서는 "Chapter6 쿨링팬 속도 제어 모듈 만들기"에서 설명한 원리를 이용하여 트랜지스터의 베이스(E)핀에 GPIO 신호를 보내어 소리를 만들면 좋습니다. 이번 실습에는 이런 기능들이 모듈화되어 있는 수동부저(그림 5의 왼쪽)를 사용하겠습니다. 소리는 옥타브 및 음계별 표준 주파수 표에 따라 정해진 숫자를 파이썬 코드를 통해 설정하여 사용합니다.

옥타브 음계	1	2	3	4	5	6	7	8
C(도)	32.7032	65.4064	130.8128	261.6256	523.2511	1046.502	2093.005	4186.009
C#	34.6478	69.2957	138.5913	277.1826	554.3653	1108.731	2217.461	4434.922
D(레)	36.7081	73.4162	146.8324	293.6648	587.3295	1174.659	2349.318	4698.636
D#	38.8909	77.7817	155.5635	311.1270	622.2540	1244.508	2489.016	4978.032
E(미)	41.2034	82.4069	164.8138	329.6276	659.2551	1318.510	2637.020	5274.041
F(파)	43.6535	87.3071	174.6141	349.2282	698.4565	1396.913	2793.826	5587.652
F#	46.2493	92.4986	184.9972	369.9944	739.9888	1479.978	2959.955	5919.911
G(솔)	48.9994	97.9989	195.9977	391.9954	783.9909	1567.982	3135.963	6271.927
G#	51.9131	103.8262	207.6523	415.3047	830.6094	1661.219	3322.438	6644.875
A(라)	55.0000	110.0000	220.0000	440.0000	880.0000	1760.000	3520.000	7040.000
A#	58.2705	116.5409	233.0819	466.1638	932.3275	1864.655	3729.310	7458.620
B(시)	61.7354	123.4708	246.9417	493.8833	987.7666	1975.533	3951.066	7902.133

[단위: Hz]

그림 6 옥타브 및 음계 표준 주파수 표

4 회로도

부저는 다리가 3개 있는 모듈형 타입을 사용하겠습니다. VCC핀은 라즈베리파이의 3.3V, I/O핀은 GPIO 12번, GND는 라즈베리파이의 GND와 연결합니다. 다리가 2개인 수동부저(Passive buzzer)를 사용해도 되는데, 수동부저를 사용할 경우, +극을 라즈베리파이의 GPIO 12에 연결하고, 다른 핀은 GND에 연결하면 됩니다.

정전식 터치 키패드(TTP229)의 16개 버튼을 모두 사용하기 위해서 옵션핀 TP2를 연결합니다. 8개의 버튼만 사용할 경우는 연결하지 않고 실습하여도 됩니다. 8개의 버튼만 사용할 경우는 실습 코드에서 버튼의 숫자(코드에서 변수명 inputKeys)를 16에서 8로 변경하면 됩니다. 터치 키패드의 통신 핀으로 SCL, SDO의 2개를 사용합니다. 다음의 "그림 7 실습용 회로도"와 같이 회로를 만들어 보세요.

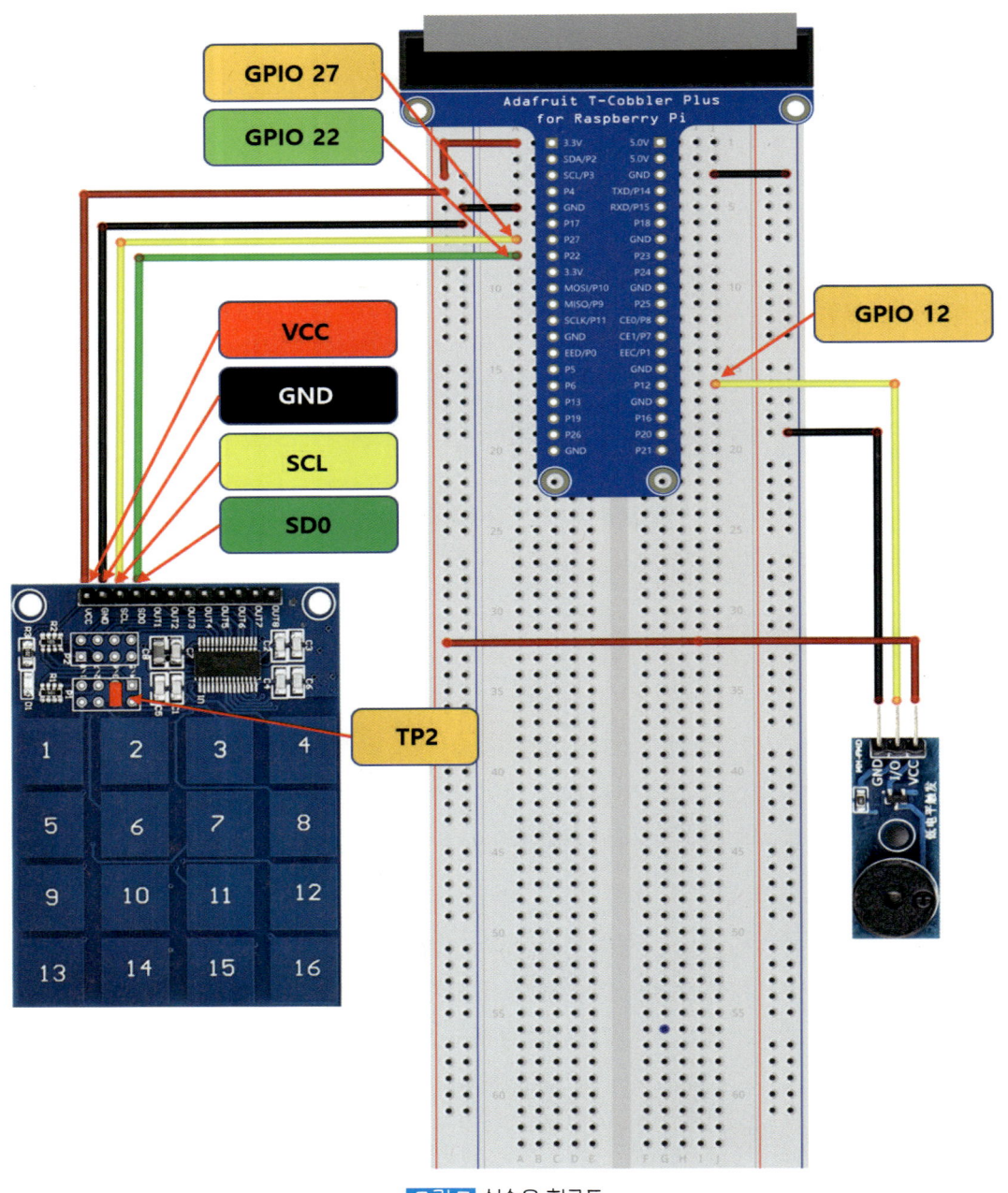

그림 7 실습용 회로도

5 원리 설명

부저 코드는 PWM을 사용합니다. 이번에는 PWM의 주파수(Frequency)를 변경하여 음계의 소리를 변경해 보겠습니다. "그림 6. 옥타브 및 음계 표준 주파수 표"에서 출력하고자 하는 주파수를 PWM 출력으로 보내면 해당 음계의 소리가 부저에서 출력됩니다. 주파수는 자연수로 환산하여 실습을 하여도 괜찮습니다. PWM의 듀티사이클(DutyCycle)은 50%로 설정을 하였는데, 조금씩 변경해서 가장 좋은 출력을 내는 값으로 정하여도 됩니다.

키패드는 16개의 버튼으로 구성되어 있습니다. 앞 시간에서 배운 대로라면 각 버튼마다 저항이 하나씩 모두 필요하고, 선도 최소 2개 이상은 필요하니까 16개의 버튼을 작동하려면 최소 32개의 선을 연결하여야 합니다. 하지만 이번 실습에 사용하는 TTP229 모듈은 4개의 선만 연결하여 작동을 하게 됩니다. 4개의 핀으로 작동되는 원리를 이해하기 위해서 8개의 선으로 이루어진 4×4 버튼식 키패드에 대한 원리를 먼저 이해하는 것이 좋습니다.

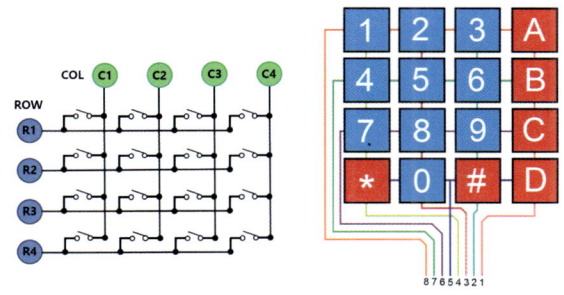

그림 8 4×4 키패드 회로

8개의 선 중에 4개는 그림 8의 회로와 같이 Row 행을 담당하는 핀들로 정하고, 나머지 4개의 핀들은 Col 열을 담당하는 핀으로 정하겠습니다. Row 행을 담당하는 핀을 라즈베리파이에서 출력핀으로 설정을 하고, Col 열을 담당하는 핀들은 입력핀으로 설정을 합니다.

작동 원리를 설명하면 출력핀으로 설정되어 있는 Row 행에 HIGH 신호가 나오게 코딩을 합니다. 이 상태에서 버튼을 누르면 해당되는 Col 열의 핀에 HIGH 신호가 들어올 것입니다. 이때 HIGH 신호는 Col 열을 담당하는 GPIO 핀들의 입력 상태를 확인해서 HIGH 신호가 있는 버튼이 무엇인지 알 수가 있는 것입니다. Row 열의 출력핀들을 R1에서 R4까지 차례대로 HIGH 신호를 주고, 그때마다 C1에서 C4의 신호 상태를 확인하면서 눌러진 버튼이 어디에 있는지 알 수 있게 됩니다. 라즈베리파이는 엄청나게 빠른 속도로 이러한 시퀀스를 돌고 있어서, 사람이 버튼을 한 번 누르는 동안에도 수십 번의 시퀀스가 수행됩니다. 그래서 버튼은 한 번 눌러졌지만 라즈베리파이는 여러 번 눌러진 것으로 인식하기 때문에 시간지연 함수를 코드에 포함합니다. 코드를 보면 입력핀을 Pull Down[38]으로 코드에서 설정을 했는데, 키패드와 같이 저항이 따로 없는 경우는 GPIO 라이브러리에서 소프트웨어적으로 라즈베리파이 내장 저항을 활용해서 Pull Down 기능을 구현할 수 있습니다.

정전식 키보드도 위에서 설명한 버튼식 키보드와 기본적으로는 같은 원리로 작동합니다. 차이점이라면 정전식 키보드는 여러 부품들을 추가하여 좀 더 모듈화되어 있어서 총 네 개의 선으로 해당 버튼의 번호를 출력해 주는 기능을 제공합니다. 버튼을 누르면 LOW 신호가 나오기 때문에 이 점을 주의해서 코딩 작업을 하여야 합니다.

6 4×4 키패드 기초 실습

앞 장에 설명한 키패드의 작동 원리를 이해하기 위해서 간단한 기초 실습을 하고 7장에서 디지털 피아노 만들기 실습을 하겠습니다. 그림 9와 같이 회로를 만들어 코드 1 또는 코드 2를 실행해 보세요.

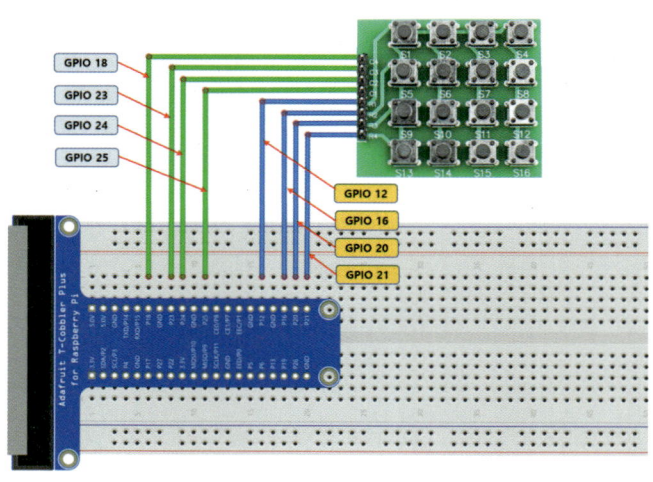

그림 9 4×4 키패드 실습 회로도

---

38 Pull-down, Pull-up에 대한 설명은 "Chapter7 아침이 되면 자동으로 불을 끄는 스탠드" 참조

Row를 담당하는 핀들과, Col을 담당하는 핀 및 버튼의 값을 알려 주는 Keys 들은 듀플로 변수 선언을 하였습니다. 튜플이나 리스트 형태로 작업을 하면, for문을 활용하여 전체 코드를 짧게 구현할 수가 있습니다. 작성방법은 원리 설명에서와 같이 버튼이 눌려졌을 때의 Row와 Col의 순번 값을 읽어서, Keys 변수의 값과 매칭하여 출력하면 됩니다.

```python
# GPIO 라이브러리 호출
import RPi.GPIO as GPIO
import time

# 변수 설정
RowPin = (12, 16, 20, 21)
ColPin = (25, 24, 23, 18)
Keys = (('1', '2', '3', 'A'), ('4', '5', '6', 'B'), ('7', '8', '9', 'C'), ('*', '0', '#', 'D'))

# 핀 설정
GPIO.setwarnings(False)
GPIO.setmode(GPIO.BCM)
for i in RowPin:
    GPIO.setup(i, GPIO.OUT)
for j in ColPin:
    GPIO.setup(j, GPIO.IN, pull_up_down=GPIO.PUD_DOWN)

try:
    while True:
        for i in range(4):
            # 차례로 Row를 HIGH로 한 후
            GPIO.output(RowPin[i], GPIO.HIGH)

            # Col이 HIGH가 될 때 (버튼을 눌렀을 때)의 Keys 값을 출력
            for j in range(4):
                if GPIO.input(ColPin[j]) == 1:
                    print(Keys[i][j])
                    time.sleep(0.5)
            # Row를 다시 LOW로 변경
            GPIO.output(RowPin[i], GPIO.LOW)

# GPIO 초기화 후 프로그램을 빠져나감.
finally:
    GPIO.cleanup()
```

코드 1 4×4 키패드 작동 기초 실습 코드 1

```
# GPIO 제로 라이브러리 호출
from gpiozero import Button, LED
import time

# 변수 설정
RowPin = (12, 16, 20, 21)
Keys = (('1', '2', '3', 'A'), ('4', '5', '6', 'B'), ('7', '8', '9', 'C'), ('*', '0', '#', 'D'))
button1 = Button(25, pull_up = False)
button2 = Button(24, pull_up = False)
button3 = Button(23, pull_up = False)
button4 = Button(18, pull_up = False)

# HIGH가 될 때 (버튼을 눌렀을 때)의 Keys 값을 출력
def readbutton(button, i , j):
    if button.is_pressed:
        print(Keys[i][j])
        time.sleep(0.5)

while True:
    for i in range(4):
        # 차례로 Row를 HIGH로 한 후
        button_out = LED(RowPin[i])
        button_out.on()

        #버튼을 눌렀을 때의 Keys 값을 출력
        readbutton(button1, i, 0)
        readbutton(button2, i, 1)
        readbutton(button3, i, 2)
        readbutton(button4, i, 3)

        # Row를 다시 LOW로 변경
        button_out.off()
```

코드 2 4×4 키패드 작동 기초 실습 코드 2

7 디지털 피아노 만들기 실습

4번 항의 회로도를 이용하여 부저로 음계가 출력되게 하는 방법과 정전식 터치 키패드 (TTP229)의 사용 방법을 따로따로 실습한 후, 부저와 키패드의 코드를 하나의 코드로 합쳐서 디지털 피아노를 완성하는 프로젝트를 진행해 보겠습니다.

7.1 부저로 음계 소리 내기

부저핀을 GPIO 12번에 연결하고, PWM을 활용하여, 해당 음계의 주파수를 부저로 출력하는 코드입니다. GPIO Zero 라이브러리를 이용할 경우, 음계 코드가 간단해지는 장점이 있으며, 주파수를 이용해도 되고 음계를 바로 호출해서 사용해도 됩니다. 본 실습에서는 주파수를 호출해서 음계를 재생하는 것을 추천합니다.

```
# GPIO 라이브러리 호출
import RPi.GPIO as GPIO
import time

# 핀 설정
buzzer_PIN = 12
GPIO.setwarnings(False)    #경고 메시지 나타나지 않게 하기
GPIO.setmode(GPIO.BCM)
GPIO.setup(buzzer_PIN, GPIO.OUT)

# PWM 설정
PWM_DutyCycle = 50
pwm = GPIO.PWM(buzzer_PIN, 0.1)    #초기 주파수를 0.1Hz로 설정

# 음계 주파수 [도, 레, 미, 파, 솔, 라, 시, 도]
PWM_FREQ = [ 261.6256, 293.6648, 329.6276, 349.2282, 391.9954, 440.0000,
493.8833, 523.2511 ]
```

```
try:
    for i in range(0,8):
        pwm.start(PWM_DutyCycle)
        pwm.ChangeFrequency(PWM_FREQ[i])
        time.sleep(1.0)
        pwm.stop()
        time.sleep(0.5)

# GPIO 초기화 후 프로그램을 빠져나감.
finally:
    GPIO.cleanup()
```

코드 3 부저로 음계 출력하기 1

```
# GPIO 제로 라이브러리 호출
from gpiozero import TonalBuzzer
from gpiozero.tones import Tone
import time

bz = TonalBuzzer(12)                #GPIO12에 Buzzer 연결

# 음계 주파수 [도, 레, 미, 파, 솔, 라, 시, 도]
PWM_FREQ = [ 261.6256, 293.6648, 329.6276, 349.2282, 391.9954, 440.0000, 493.8833, 523.2511 ]

# 음계 주파수 [도, 도#, 레, 레#, 미, 파, 파#, 솔]
PWM_FREQ1 = ['C4', 'C#4', 'D4', 'D#4', 'E4', 'F4', 'F#4', 'G4']

for i in range(0,8):
    bz.play(Tone(PWM_FREQ[i]))
    time.sleep(1.0)
    bz.stop()
    time.sleep(0.2)

for i in range(0,8):
    bz.play(Tone(PWM_FREQ1[i]))
    time.sleep(1.0)
    bz.stop()
    time.sleep(0.2)
```

코드 4 부저로 음계 출력하기 2

7.2 정전식 터치 키패드 사용하기

정전식 키패드는 라즈베리파이 GPIO 27번핀에서 키패드의 SCL 핀과 연결하고 출력핀으로 설정하고, GPIO 22번을 키패드의 SD0핀과 연결하고 입력핀으로 설정합니다. 출력핀을 LOW 로 하여, 버튼이 눌러지면 입력핀으로 LOW 신호가 들어옵니다. Pull-up 저항의 버튼과 같습니다. 코드를 확인하면서 실습해 보세요.

```python
# GPIO 라이브러리 호출
import RPi.GPIO as GPIO
import time

# 변수 설정
inputKeys = 16          #버튼수
keyPressed = 0          #키패드 초기화

# 핀 설정
GPIO.setwarnings(False)   #경고 메시지 나타나지 않게 하기
GPIO.setmode(GPIO.BCM)
SCL_PIN = 27              #키패드로 출력핀
SDO_PIN = 22              #키패드로부터 입력핀

# GPIO 설정
GPIO.setup(SCL_PIN,GPIO.OUT)
GPIO.setup(SDO_PIN,GPIO.IN)

def getKey():
    global keyPressed
    button = 0
    keyState = 0
    time.sleep(0.05)
```

```
            # 터치키패드 버튼을 누르면 LOW 출력임
            for i in range(inputKeys):
                    # 차례로 키패드 출력핀을 LOW로 한 후
                    GPIO.output(SCL_PIN, GPIO.LOW)

                    # 키패드 입력이 False가 될 때 (버튼을 눌렀을 때)의 Keys 값을 출력
                    if not GPIO.input(SDO_PIN):
                            keyState = i + 1

                    # 키패드 출력핀을 다시 LOW로 변경
                    GPIO.output(SCL_PIN, GPIO.HIGH)

            if (keyState>0 and keyState!=keyPressed):
                    button = keyState
                    keyPressed = keyState
            else:
                    keyPressed = keyState
            return (button)

try:
    while True:
        key = getKey()
        if(key > 0):
            print(key)




# GPIO 초기화 후 프로그램을 빠져나감.
finally:
    GPIO.cleanup()
```

<u>코드 5</u> 터치 키패드(TTP229) 사용 코드 1

```
# GPIO 제로 라이브러리 호출
from gpiozero import Button, LED
import time
```

```python
# 변수 설정
inputKeys = 16        #버튼수
keyPressed = 0        #키패드 초기화

# 핀 설정
SCL_PIN = LED(27)                        #키패드로 출력핀
SDO_PIN = Button(22, pull_up = False)  #키패드로부터 입력핀

# 버튼을 눌렀을 때의 Keys 값을 출력
def getKey():
    global keyPressed
    button = 0
    keyState = 0
    time.sleep(0.05)

    # 터치키패드 버튼을 누르면 LOW 출력임
    for i in range(inputKeys):
        # 차례로 키패드 출력핀을 LOW로 한 후
        SCL_PIN.off()

        # 키패드 입력이 False가 될 때(버튼을 눌렀을 때)의 Keys 값을 출력
        if not SDO_PIN.is_pressed:
            keyState = i + 1

        # 키패드 출력핀을 다시 LOW로 변경
        SCL_PIN.on()

    if (keyState>0 and keyState!=keyPressed):
        button = keyState
        keyPressed = keyState
    else:
        keyPressed = keyState
    return (button)

while True:
    key = getKey()
    if(key > 0):
        print(key)
```

코드 6 터치 키패드(TTP229) 사용 코드 2

7.3 디지털 키보드 완성하기

음계를 출력하는 부저 코드와 터치 키패드의 코드를 합쳐 보겠습니다. 코드를 확인하면서 실습해 보세요.

```python
# GPIO 라이브러리 호출
import RPi.GPIO as GPIO
import time

# 변수설정
inputKeys=16          #버튼수
keyPressed=0          #키패드 초기화

# 음계 주파수 [파, 솔, 라, 시, 도, 레, 미, 파, 솔, 라, 시, 도, 레, 미, 파, 솔]
PWM_FREQ = [ 174.6141, 195.9977, 220.0000, 246.9417, 261.6256, 293.6648,
329.6276, 349.2282, 391.9954, 440.0000, 493.8833, 523.2511, 587.3295, 659.2551,
698.4565, 783.9909 ]

# 핀 설정
GPIO.setwarnings(False)   #경고 메시지 나타나지 않게 하기
GPIO.setmode(GPIO.BCM)
SCL_PIN=27              #키패드 출력핀
SDO_PIN=22              #키패드 입력핀
buzzer_PIN = 12         #부저핀

# GPIO 설정
GPIO.setup(SCL_PIN,GPIO.OUT)
GPIO.setup(SDO_PIN,GPIO.IN)
GPIO.setup(buzzer_PIN, GPIO.OUT)

# PWM 설정
PWM_DutyCycle = 50
pwm = GPIO.PWM(buzzer_PIN, 0.1)   #초기 주파수를 0.1Hz로 설정
```

```python
def getKey():
    global keyPressed
    button=0
    keyState=0
    time.sleep(0.05)

    # 터치키패드 버튼을 누르면 LOW 출력임
    for i in range(inputKeys):
        # 차례로 키패드 출력핀을 LOW로 한 후
        GPIO.output(SCL_PIN, GPIO.LOW)

        # 키패드 입력이 False가 될 때(버튼을 눌렀을 때)의 Keys 값을 출력
        if not GPIO.input(SDO_PIN):
            keyState = i + 1

        # 키패드 출력핀을 다시 LOW로 변경
        GPIO.output(SCL_PIN, GPIO.HIGH)

    if (keyState>0 and keyState!=keyPressed):
        button = keyState
        keyPressed = keyState
    else:
        keyPressed = keyState
    return (button)

try:
    while True:
        key = getKey()
        if(key > 0):
            print(key)
            for i in range(inputKeys):
                # 버튼 번호에 음계 맵핑
                if key == i + 1:
                    pwm.start(PWM_DutyCycle)
                    pwm.ChangeFrequency(PWM_FREQ[i])
```

```
            time.sleep(0.2)
            pwm.stop()

# GPIO 초기화 후 프로그램을 빠져나감.
finally:
    GPIO.cleanup()
```

코드 7 디지털 키보드 코드 1

```
# GPIO 제로 라이브러리 호출
from gpiozero import Button, LED, PWMLED
import time

# 변수 설정
inputKeys = 16          #버튼수
keyPressed = 0          #키패드 초기화
PWM_DutyCycle = 0.5     #PWM_DutyCycle = 50%

# 음계 주파수 [파, 솔, 라, 시, 도, 레, 미, 파, 솔, 라, 시, 도, 레, 미, 파, 솔]
PWM_FREQ = [ 174.6141, 195.9977, 220.0000, 246.9417, 261.6256, 293.6648,
329.6276, 349.2282, 391.9954, 440.0000, 493.8833, 523.2511, 587.3295, 659.2551,
698.4565, 783.9909 ]

# 핀 설정
SCL_PIN = LED(27)                               #키패드로 출력핀
SDO_PIN = Button(22, pull_up = False)           #키패드로부터 입력핀
bz = PWMLED(12, active_HIGH=True, initial_value=0)    #GPIO12에 Buzzer 연결

# 버튼을 눌렀을 때의 Keys 값을 출력
def getKey():
    global keyPressed
    button = 0
    keyState = 0
    time.sleep(0.05)

    # 터치키패드 버튼을 누르면 LOW 출력임
```

```python
        for i in range(inputKeys):
            # 차례로 키패드 출력핀을 LOW로 한 후
            SCL_PIN.off()

            # 키패드 입력이 False가 될 때(버튼을 눌렀을 때)의 Keys 값을 출력
            if not SDO_PIN.is_pressed:
                keyState = i + 1

            # 키패드 출력핀을 다시 LOW로 변경
            SCL_PIN.on()

        if (keyState>0 and keyState!=keyPressed):
            button = keyState
            keyPressed = keyState
        else:
            keyPressed = keyState
        return (button)

while True:
    key = getKey()
    if(key > 0):
        print(key)

        for i in range(inputKeys):
            # 버튼 번호에 음계 맵핑
            if key == i + 1:
                bz.on()
                bz.value = PWM_DutyCycle
                bz.frequency = int(PWM_FREQ[i])
                time.sleep(0.2)
                bz.off()
```

코드 8 디지털 키보드 코드 2

Chapter 10
더워지면 자동으로 켜지는 선풍기

10 더워지면 자동으로 켜지는 선풍기

1 학습요약

학습 목표	온도센서를 값을 따라 선풍기가 자동으로 작동되게 만들어 본다.
프리뷰	온도센서 작동법, 모터 드라이버 작동, 모터 PWM 구현하기
핵심 키워드	온습도 센서, 모터, PWM, 인터럽트
주요 준비물	온습도 센서, 모터, 모터 드라이버, 버튼
실습 시간	2시간
학습 난이도	하, 중(인터럽트)

2 과제 설명

지금까지의 프로젝트들을 수행해 보니 어떤가요? 어렵지는 않나요? 처음 접하는 개념, 센서에 대한 지식, 작동 원리 등 모두 생소하게 느낀 분들이 많을지도 모르겠습니다.

이번 시간에는 새로운 개념에 대해서 배우는 것보다 비슷한 원리의 센서와 부품을 이용해서 다른 실습을 해 보는 시간입니다. 이미 IoT 학습에서 알아야 할 핵심적인 부분을 학습한 상태이므로 앞으로 나올 다양한 센서들에 대해서는 그렇게 낯설지 않을 것이라 봅니다. 우리는 "Chapter6 쿨링팬 속도 제어 모듈 만들기"를 통해서 온도에 따라 팬을 작동시키고, 팬의 속도 또한 변경하는 방법을 학습했습니다. 그때는 센서가 아닌 라즈베리파이의 CPU 온도를 측정하여 냉각팬을 제어하는 프로젝트였는데 첫 학습의 난이도가 조금 높은 주제이었던 것 같습니다. 이번에는 그보다는 쉬운 주제이며, 이미 다른 센서들을 다루어 본 상태이므로 조금 편안하게 실습을 할 수 있을 것이라 생각합니다.

이번 실습은 온습도 센서에서 값을 가져오는 방법에 대해서 학습해 보고, 모터에 달려 있는 선풍기 날개를 회전시키는 실습을 해 보겠습니다. 이번 실습을 마치면, 라즈베리파이를 활용해서 RC카나 자율 주행차의 모터를 제어할 수 있는 방법도 간접적으로 익힐 수 있습니다.

③ 준비물 및 주요 부품 설명

3.1 온습도 센서

온습도 센서는 말 그대로 공기 중의 온도와 습도를 측정할 수 있는 센서입니다. 내부에는 습도 센서와 함께 NTC 써미스터가 포함되어 있어서 온도와 함께 습도를 같이 측정할 수 있습니다. 온도센서는 써미스터(thermistor)라고 부르며 저항기의 일종으로 온도에 따라 물질의 저항이 변화하는 성질을 이용한 전기장치라고 설명할 수 있습니다. 회로의 온도를 감지하거나 일정 전류 이상으로 올라 열이 발생하는 것을 방지하기 위해 쓰이는 것으로 열 가변저항기라고 부릅니다. 온도센서를 만드는 재료로는 주로 폴리머나 세라믹이 쓰이는데 일반 금속을 이용하여 도체와 반도체의 전기 저항이 온도에 따라 변하는 성질을 이용하는 장치와는 달리, NTC(Negative Temperature Coefficient Resistance) 방식으로 온도상승과 함께 저항값이 감소되는 성질을 이용한 장치입니다. 이런 NTC 방식의 써미스터는 정밀측정이 가능하고 구조가 간단해 소형화가 가능, 기계적 강도 및 가공성이 좋은 다양한 장점을 지니고 있습니다.

온도와 함께 습도를 측정할 수 있는 습도센서는 공기 중에 포함된 물의 양을 측정하는 Humidity로 표현하며 상대습도를 말하는 것으로 어떤 온도에서 공기에 포함된 수증기의 양(중량 절대습도)을 그 온도의 포화 수증기량(중량 절대습도)으로 나눈 것으로 %로 표현합니다.

그림 1 DHT11 온습도 센서 모듈

그림에서 보는 것과 같이 습도센서는 공기 중의 수분량을 측정해야 하기 때문에 어느 정도의 면적과 함께 공기와 닿는 부분이 있어야 합니다. 그림에서 보이는 작은 구멍들도 습도 측정을 위한 통풍을 위한 구조로 제작된 것입니다. 스마트 디바이스에서 쓰이는 습도센서는 두 가지 방식으로 구분되는데 정전 용량 감지형과 저항 감지형으로 나눌 수 있습니다. 정전 용량 감지형은 정밀도가 높고 반응시간이 짧아 의학용으로 많이 사용되고 있으나 가격이 비싸다는 단점이 있습니다. 일반적으로 사용되는 DHT11 모듈은 저항 감지형 방식의 습도센서로 물질에 따라서 수증기를 흡수하면 전기 저항이 크게 변하는 물질의 성질을 이용하여 습도를 측정하는 방식으로 습도가 증가함에 따라 저항이 줄어드는 특징이 있습니다.

수분을 흡수할 수 있는 감습제로 전기가 통하는 고분자를 주로 사용하는데 최근에는 물을 잘 흡수하는 산화알루미늄을 재료로 많이 사용합니다. 전기 저항식 습도센서를 사용할 시에는 센서 부분이 측정할 부분과 평행상태로 된 후에 측정하여야 올바른 값을 측정할 수 있습니다. DHT11 온습도 센서 모듈은 디지털 출력 온도 및 습도센서로 내부에 커패시터(Capacitor, 콘덴서)와 풀업 저항을 가지고 있기 때문에 저항의 연결 없이 간편하게 디지털 핀으로 온도와 습도를 측정할 수 있습니다. 측정할 수 있는 온도의 범위는 0 ~ +50℃이며 습도는 20~90% RH입니다. 이것보다 더 정밀한 온습도를 측정할 수 있는 모듈로는 DHT22, DHT33 등이 있습니다.

3.2 DC모터

DC모터는 직류 전원(Direct Current)을 이용하는 모터라고 하여 직류 모터라고 부르는데 외부에 고정하는 부분으로 영구자석을 사용하고 내부에는 회전자(전기자)로 코일을 사용하여 만든 것으로 전기자에 흐르는 전류의 방향을 전환할 때 생기는 자성의 반발력과 자기장의 회전력을 이용해 구동되는 부품입니다. 서로 같은 극(N-N, S-S)끼리는 밀어내고 다른 극(N-S)끼리는 끌어당기는 성질을 이용하여 자기장 속에서 전류가 흐르면 내부에 있는 코일이 관성에 따라 회전하는 힘에 따라 움직이는 것을 이용하는 것입니다. 자기장의 방향은 N극에서 S극으로 움직이며 전류의 방향은 +에서 -로 움직입니다. 이렇게 자기장의 방향과 전류의 방향에 따라 코일이 받는 힘의 방향이 결정되는데 이것을 설명한 것이 바로 플레밍의 왼손 법칙입니다.

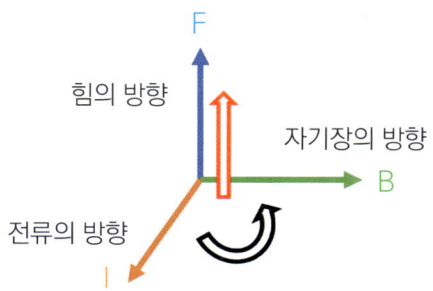

그림 2 플레밍의 왼손법칙에 따른 힘과 자기장, 전류의 관계

코일에 전류가 흐르면 그 코일에 힘(토크)이 발생하여 모터의 운동에너지가 되는 것이 바로 모터의 원리입니다. 자석의 근처에 있는 코일은 전류와 자기장의 방향에 따라 계속 회전운동을 하게 되고 모터 내부의 브러시와 정류자가 서로 떨어져서 전류가 흐르지 않을 때에도 코일은 관성에 의해 계속 회전을 지속하게 됩니다. 이렇게 모터는 전기에너지를 기계적 운동에너지로 바꾸어 주는 에너지 변환 장치 중의 하나로, 우리가 흔히 사용하는 DC모터는 내부의 브러시가 있는 형태의 모터를 말합니다. 가격이 저렴하고 구동하기가 쉬워서 소형으로 제작이 가능한 장난감 및 선풍기나 냉장고 등의 가전제품뿐만 아니라 자동차의 부품까지 아주 광범위하게 사용되고 있습니다.

그림 3 소형 DC모터

DC모터는 +와 -의 두 개의 선을 연결하여 사용하게 되는데 모터의 회전속도는 코일에 흐르는 전류와 구동전압에 따라 빨라집니다. 빨리 회전하기 위해서는 힘(토크)이 많이 필요하기 때문에 전류를 많이 입력하면 되는 것입니다. 따라서 일정한 속도나 회전수를 유지하기 위해서는 전류를 제어하면 아주 간단하게 제어할 수 있습니다. 그러나 내부의 구조상 브러시와 정류자의 접점이 있기 때문에 수명이 짧고 회전 시 소음이 발생하며, 스파크 등이 일어날 수 있습니다. 또한 제어 시 노이즈가 발생하여 이런 노이즈를 줄이고자 세라믹 콘덴서를 직접 부착해서 사용할 수 있습니다.

3.3 모터 드라이버

DC모터는 전류가 많이 사용되므로 라즈베리파이 등의 보드의 정격전류가 모터의 필요한 전류보다 낮은 경우가 많아서 바로 보드에 연결하여 사용할 경우 DC모터가 회전하는 힘이 약하거나 보드의 단자가 파손되는 경우가 발생하므로 이런 DC모터를 올바르게 구동하기 위해서는 중간에 드라이버 회로나 모듈을 거쳐서 전압과 전류를 증폭시킨 다음 모터를 구동해야 안전하게 사용할 수 있습니다. 또한 모터 드라이버 없이 모터를 직접 모두 컨트롤하기 위해서는 복잡한 소프트웨어로 제어가 필요하므로 이런 번거로움을 해소하고자 모터 드라이버를 이용하면, 모터의 신호와 전력을 올바르게 공급할 수 있을 뿐만 아니라 간단한 제어로 쉽게 구동할 수 있습니다. 특히 DC모터의 경우 두 개의 핀에 공급되는 전원의 극성에 따라 모터의 방향이 바뀌게 됩니다. 정방향과 역방향의 회전이 달라지게 되는데 이것을 정역제어라고 하며 이것은 직접 극성을 바꾸어 회로를 구성해야 하므로 소프트웨어적으로 해결할 수 없습니다.

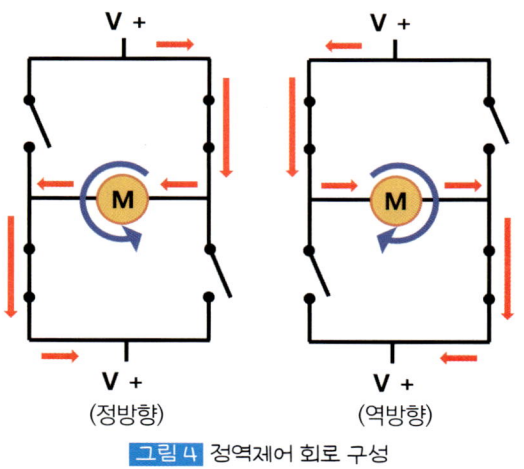

그림 4 정역제어 회로 구성

모터 드라이버를 사용하면 토크 및 속도, 전압, 전류, 위치 제어 등을 정확하게 할 수 있으며 모터의 보호기능도 같이 할 수 있습니다. 각 모터의 종류에 따라 사용하는 모터 드라이버의 종류 또한 달라지며 사용할 모터 드라이버를 선택 시에는 정격 전압과 토크, 최대 허용전류를 고려하여 최대치보다 조금 여유롭게 선정하는 것이 좋습니다.

그림 5 듀얼 모터 드라이버 모듈(L9110)

이번 실습에 사용될 L9110 듀얼 모터 드라이버는 DC모터를 두 개까지 제어할 수 있으며 PWM으로 속도를 제어할 수 있습니다. 모터당 최대 800mA의 전류와 2.5~12V 전압의 모터를 제어 가능하며 제어 핀을 이용할 경우 한 개의 스텝모터도 제어할 수 있는 드라이버입니다.

3.4 택트 버튼

우리가 가장 많이 쓰고 있는 부품 중 하나인 버튼은 그 쓰임새에 따라 다양한 형태를 지니고 있는데 택트 버튼, 푸시 스위치, 토글 스위치, 로터 스위치 등을 들 수 있습니다. 택트 버튼이란 손으로 눌러서 접점을 열거나 닫을 수 있는 스위치의 종류입니다. 하단에는 접점과 연결되는 네 개의 다리가 있고 상단부분에는 누를 수 있는 버튼 모양으로 제작되어 있습니다. 대부분 내부에 스프링이 있거나 탄성을 이용하여 스위치를 복원하는 방식으로 사용되며, 누를 때만 접점이 유지되는 모멘터리 방식으로 이루어진 스위치입니다. 즉, 누르는 순간만 활성화되는 스위치입니다. 그러나 누르고 있는 동안만 접점이 유지되므로 지속적인 전원이 공급되는 전원부 등에서는 사용이 불편합니다.

또 다른 버튼의 방식으로는 토글 방식이 있습니다. 토글은 외투 등에 다는 막대모양의 단추를 일컫는 말로 그 막대 모양을 본따 만든 스위치를 말합니다. 흔히 볼 수 있는 곳은 버스 조정 계기판에 문을 여닫는 스위치의 모습으로 기계나 장비를 조작하는 제어 장치에 주로 쓰이는 버튼입니다. 차량의 도어 개폐 및 윈도우의 와이퍼의 레버 등도 토글 스위치를 적용한 것으로 사용하기 편리한 방식으로 손잡이를 연장한 것입니다.

그림 6 다양한 스위치(푸시 버튼, 토글 스위치, 로커 스위치)

또 하나 대표적으로 많이 쓰고 있는 버튼으로는 로커 스위치를 들 수 있습니다. 생활 속에서 가장 많이 볼 수 있는 로커 스위치는 대부분 가전제품에서 전원을 켤 때 누르는 버튼이 이 스위치로 사용됩니다. 또한 집의 조명을 켤 때도 이 로커 스위치를 사용하게 됩니다. 한 방향으로 회전하여 회로를 끊었다가 다시 다른 방향으로 연결하여 회로가 동작하는 스위치로 아주 다양한 곳에서 사용되고 있는데 푸시 버튼과 토글 버튼의 혼합방식으로 동작한다고 말할 수 있습니다. 버튼은 이 외에도 슬라이드 스위치, 리드 스위치, 로터리 스위치, 딥 스위치 등 아주 다양한 방식으로 사용되므로 용도에 따라 알맞은 버튼을 선택하여 사용하면 됩니다.

그림 7 택트 버튼

그중 이번 실습에서 사용할 버튼은 택트 버튼으로 네 개의 다리가 세로로 접점을 이루고 있습니다. 왼쪽과 오른쪽의 두 개의 단자가 세로 방향으로 한 줄씩 연결되어 있는 구조입니다. 따라서 버튼을 브레드보드에 연결할 때에는 반드시 위아래의 다리가 세로 방향으로 되도록 연결하여야 합니다.

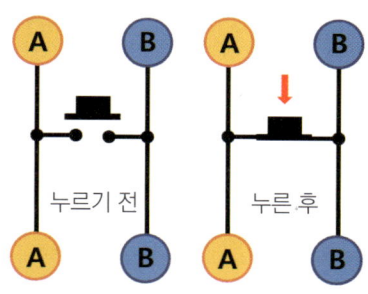

그림 8 택트 버튼의 동작 원리

택트 버튼은 10KΩ의 저항과 함께 사용을 하는데 이는 디지털 신호인 1(HIGH), 0(LOW)을 출력할 때 주변의 자기장과 같은 불필요한 전기에너지 때문에 신호가 불안정하게 변하게 되고 오작동이 발생되는 플로팅 현상이 발생되기 때문에 이것을 방지하기 위해 저항과 함께 연결하는 것입니다. 저항을 연결하는 방식은 크게 두 가지로 풀업(Pull-up)과 풀다운(Pull-down) 방식으로 구분되며, 풀업 방식은 스위치를 제어하는 핀에 연결된 쪽과 전원 사이에 저항을 연결해 주는 방식으로 버튼을 누르지 않을 때 제어하는 핀이 전원과 연결되어 1(HIGH)을 출력하고 버튼을 누르면 0(LOW)를 출력하는 방식입니다. 풀다운 방식은 풀업과 반대로 스위치 제어핀과 GND 사이에 저항을 연결함으로써 버튼을 누르지 않을 경우는 제어핀이 GND와 연결되어 0(LOW)를 출력하고 버튼을 누를 경우는 1(HIGH)를 출력하는 방식입니다.

이런 택트 버튼에서는 접점이 동작함에 따라 채터링 현상이 발생합니다. 채터링은 접점이 안정화가 될 때까지 짧은 시간 스위치가 신호를 안정적으로 인식하지 못하고 여러 번 접점이 발생하는 현상으로 하드웨어적으로 해결하는 방식과 소프트웨어적으로 해결하는 방식이 있으며 하드웨어적으로는 스위치의 양쪽에 캐패시터(Capacitor, 콘덴서)를 추가하여 접점이 일어날 때 발생되는 신호의 떨림을 줄여 줄 수 있습니다.

❹ 회로도 및 원리 설명

가장 많이 사용하는 온습도 센서인 DHT11 모듈을 사용하겠습니다. 정밀도가 조금 더 높고, 더 넓은 범위를 측정하는 DHT22인 경우도 사용법은 같습니다. 온습도 모듈은 모델에 따라 핀 배열이 다르므로, 해당 센서의 Data Sheet나 모듈에 표시되어 있는 정보를 잘 확인해서 회로를 꾸며야 합니다. 대부분 -극은 GND, +극은 VCC, Data out Pin은 "S" 또는 "out"으로 표시가 되어 있습니다.

 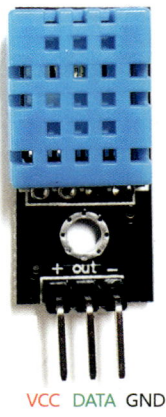

그림 9 DHT11 핀 배열

모터 드라이버 모듈인 L9110은 DC모터 2개를 연결할 수 있으며, 총 6개의 핀이 있습니다. 모터 1개당 2개의 핀을 사용하고, GND 핀, VCC 핀으로 구성되어 있습니다. 녹색의 단자에 모터의 두 선을 연결하면 핀으로 라즈베리파이의 신호를 받아 모터가 작동이 됩니다. 모터는 정방향, 역방향으로 코딩으로 제어가 가능합니다. 예를 들어, A모터핀을 사용할 경우 A-1A와 A-1B에 신호를 변경해서 모터의 방향을 정합니다. A-1A핀에 PWM[39] 신호를 주고, A-1B핀에 LOW 신호를 줄 때 정방향의 모터가 회전한다면, 반대로 A-1A핀에 LOW 신호를 주고, A-1B핀에 PWM 신호를 주면 역방향으로 회전하게 됩니다. 모터의 속도는 PWM의 듀티사이클(DutyCycle)로 지정할 수 있습니다.

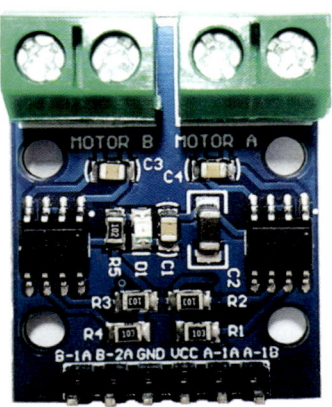

그림 10 L9110 모듈 핀 배열

39   PWM: Chapter5 "라즈베리파이 기본 장치 사용하기"의 4장 GPIO 부분을 참조

Motor B		MoterA		작동
B-1A	B-1B (B-2A)	A-1A	A-1B	
HIGH	LOW	HIGH	LOW	정방향
LOW	HIGH	LOW	HIGH	역방향
HIGH	HIGH	HIGH	HIGH	정지
LOW	LOW	LOW	LOW	정지

그림 11 드라이브 작동 테이블

모터 드라이버는 전원을 외부에서 공급하도록 회로를 만들겠습니다. 모터가 작동할 때 최대 0.8A가 소요되어서 라즈베리파이가 순간 전원을 잃을 수도 있기 때문입니다. 므터 드라이버에 연결하는 전원은 2.5~12V입니다.

버튼은 Pull-down 저항(10KΩ)으로 설치하고 GPIO 21번과 연결합니다. 버튼을 누르면 모터가 회전되도록 코딩을 합니다.

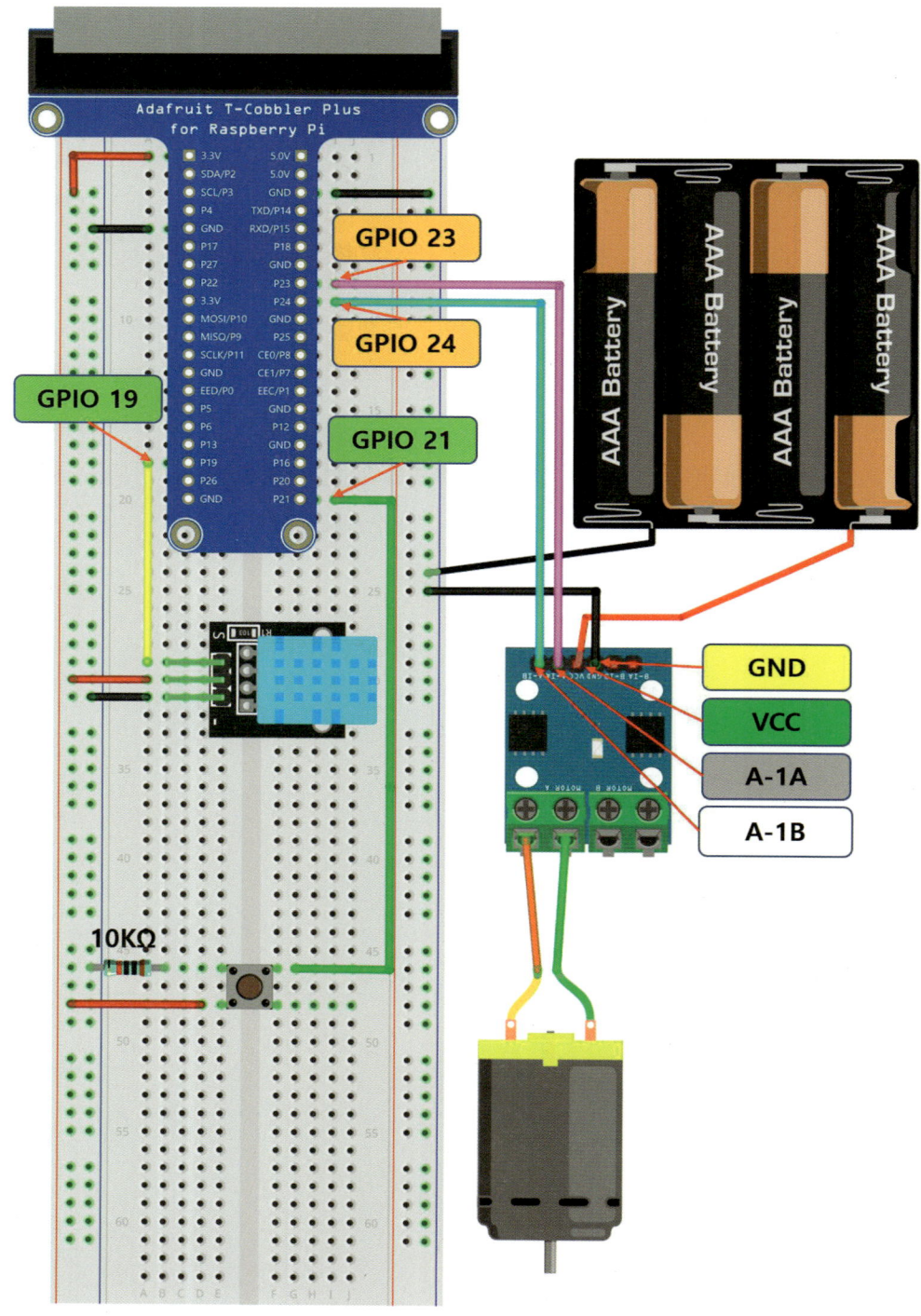

그림 12 실습용 회로도

5 더워지면 자동으로 켜지는 선풍기 실습

4번 항의 회로도를 이용하여 버튼을 누르면 모터가 돌아가도록 코드를 작성합니다. 온습도 센서에서 받아 온 온도가 30℃가 넘어가면 자동으로 모터가 회전되는 코드도 추가 작성합니다. 버튼을 On 했을 때 온도에 따라 선풍기 모터의 회전 속도가 변하도록 코드를 작성하여 더워지면 자동으로 켜지는 선풍기 실습을 완성하도록 하겠습니다. 버튼을 구성하는 코드는 여기서는 따로 설명하지 않겠습니다. 버튼에 대해서는 "Chapter7 아침이 되면 자동으로 불을 끄는 스탠드"를 참조하세요.

5.1 온습도 센서 사용하기

온습도 센서 라이브러리 설치[가]

터미널에서 아래 명령어를 입력하여 온습도 센서 라이브러리를 설치합니다. 온습도 센서의 값을 읽어 오기 위해서는 처리해야 할 데이터가 많습니다. 그러나 DHT11이나 DHT22같이 라이브러리를 설치하여 사용하면 어렵지 않게 센서의 값을 가져올 수 있습니다. 가상환경에서 프로젝트를 실행할 경우, IoT_Project/DHT 폴더에 Code를 저장해서 사용하면 됩니다.

```
# 가상환경에서 설치하는 경우,
mkdir -p ~/IoT_Project/DHT && cd ~/IoT_Project/DHT
python3 -m venv .venv
source .venv/bin/activate
pip3 install adafruit-circuitpython-dht

# 가상환경을 사용하지 않을 경우,
pip3 install adafruit-circuitpython-dht --break-system-packages
```

온습도 센서 실행 코드

```
# 라이브러리 호출
import time
import board
import adafruit_dht

# DHT 장치 초기화
dhtDevice = adafruit_dht.DHT11(board.D19)    #GPIO19, DHT11 사용 시
#dhtDevice = adafruit_dht.DHT22(board.D19)   #GPIO19, DHT22 사용 시

while True:
    try:
        temperature = dhtDevice.temperature
        humidity = dhtDevice.humidity

        print("Temperature: {}C, Humidity: {}%".format(temperature, humidity))

    except RuntimeError:
        continue
    except Exception as error:
        dhtDevice.exit()
        raise error

    time.sleep(2.0)          #2초 마다 측정
```

코드 1 온습도 실행 코드

코드를 실행 후 중지했다가 다시 실행하였을 때 다음의 오류가 발생시

```
Shell ×
>>> %Run Chapter10-1.DHT11.py
  Unable to set line 19 to input
```

다음 명령어를 터미널에서 실행한 후 코드를 다시 작동하면 됩니다.

```
kill 'ps -ef | grep "libgpiod_pulsein" | grep -v grep | awk '{print $2}''
```

5.2 DC모터 사용하기

라즈베리파이의 GPIO와 연결된 두 개의 핀 중에 하나에만 HIGH 신호를 주면 모터는 회전을 하게 됩니다. 다른 핀은 따로 신호를 주지 않아도 출력이 LOW이기 때문입니다. 즉, 두 핀 중 하나는 정방향을, 다른 하나는 역방향을 돌게 하는 핀이라고 생각하면 됩니다. 아래의 코드는 버튼을 누르면 HIGH 신호가 PWM의 듀티사이클을 50~100%로 변하게 해서 모터의 속도가 서서히 빨라지는 코드입니다. 그 뒤 정지 후 반대 방향으로 다시 50~100% 출력으로 서서히 빨라지고 멈춥니다. 코드를 확인하면서 천천히 따라해 보세요.

```python
# GPIO 라이브러리 호출
import RPi.GPIO as GPIO
import time

# 핀번호 설정
Button_PIN = 21     #GPIO 21에 버튼 핀 연결
A1A_PIN = 23        #GPIO 23에 L9110 A1A 연결
A1B_PIN = 24        #GPIO 24에 L9110 A1B 연결

# GPIO 설정
GPIO.setmode(GPIO.BCM)
GPIO.setwarnings(False)    #경고 메시지 나타나지 않게 하기
GPIO.setup(A1A_PIN, GPIO.OUT, initial=0)
GPIO.setup(A1B_PIN, GPIO.OUT, initial=0)
GPIO.setup(Button_PIN, GPIO.IN)

# PWM 설정
PWM_FREQ = 50       #PWM 주파수
A1A = GPIO.PWM(A1A_PIN, PWM_FREQ)
A1B = GPIO.PWM(A1B_PIN, PWM_FREQ)
```

```python
# 모터 정지 상태로 시작 (초기화)
A1A.stop()      #정방향
A1B.stop()      #역방향

try:
    while 1:
        if GPIO.input(Button_PIN) == True:
            print('Power On')
            # 서서히 빨라지는 모터속도 (정방향)
            for i in range(50, 100, 1):
                print(i)
                A1A.start(0)
                A1A.ChangeDutyCycle(i)
                time.sleep(0.1)
            A1A.stop()

            # 1.2초 기다려서 정지
            time.sleep(1.2)

            # 서서히 빨라지는 모터속도 (역방향)
            for i in range(50, 100, 1):
                print(i)
                A1B.start(0)
                A1B.ChangeDutyCycle(i)
                time.sleep(0.1)
            A1B.stop()

# GPIO 초기화 후 프로그램을 빠져나감.
finally:
    GPIO.cleanup()
```

코드 2 모터 실습 코드 1

```python
# GPIO 제로 라이브러리 호출
from gpiozero import Motor, Button
import time

# 핀번호 설정
Button_PIN = 21     #GPIO 21에 버튼 핀 연결
A1A_PIN = 23        #GPIO 23에 L9110 A1A 연결
A1B_PIN = 24        #GPIO 24에 L9110 A1B 연결

# 모터, 버튼 설정
motor = Motor(A1A_PIN, A1B_PIN)
button = Button(21, pull_up = False)    #버튼을 GPIO 21에 연결

# 모터 정지 상태로 시작 (초기화)
motor.stop()

while 1:
    if button.is_pressed:
        print('Power On')
        # 서서히 빨라지는 모터속도 (정방향)
        for i in range(50, 100, 1):
            print(i)
            motor.forward(i/100)
            time.sleep(0.1)
        motor.stop()

        # 1.2초 기다려서 정지
        time.sleep(1.2)

        # 서서히 빨라지는 모터속도 (역방향)
        for i in range(50, 100, 1):
            print(i)
            motor.backward(i/100)
            time.sleep(0.1)
        motor.stop()
```

코드 3 모터 실습 코드 2

5.3 더워지면 자동으로 켜지는 선풍기 완성하기

온도가 27℃를 초과하면 모터가 70% 출력으로 회전하고 30℃를 초과하면 100%로 회전하는 코드입니다. 그 외의 온도 범위에서는 버튼을 눌러 모터가 회전하고 멈춥니다. 코드를 천천히 따라가면서 더워지면 자동으로 켜지는 선풍기 실습을 완성해 보세요.

```python
# GPIO 라이브러리 호출
import RPi.GPIO as GPIO
import board
import adafruit_dht
import time

# 핀번호 설정
Button_PIN = 21      #GPIO 21에 버튼 핀 연결
A1A_PIN = 23         #GPIO 23에 L9110 A1A 연결
A1B_PIN = 24         #GPIO 24에 L9110 A1B 연결
DHT_PIN = 19         #GPIO 19에 DHT 핀 연결

state = 0            #0: motor off, 1: moter on
var = 0              #입력핀의 상태를 저장
old_var = 0          #val의 이전 값 저장

# DHT 장치 초기화
dhtDevice = adafruit_dht.DHT11(board.D19)    #GPIO19, DHT11 사용 시
#dhtDevice = adafruit_dht.DHT22(board.D19)   #GPIO19, DHT22 사용 시

# GPIO 설정
GPIO.setmode(GPIO.BCM)
GPIO.setwarnings(False)    #경고 메시지 나타나지 않게 하기
GPIO.setup(A1A_PIN, GPIO.OUT, initial=0)
GPIO.setup(A1B_PIN, GPIO.OUT, initial=0)
GPIO.setup(Button_PIN, GPIO.IN)
```

```
# PWM 설정
PWM_FREQ = 50      #PWM 주파수
A1A = GPIO.PWM(A1A_PIN, PWM_FREQ)
A1B = GPIO.PWM(A1B_PIN, PWM_FREQ)

# 모터 정지 상태로 시작 (초기화)
A1A.stop()

try:
    while 1:
        # 온습도 읽어서 모터 작동 ------------------------------------
        temperature = dhtDevice.temperature
        print(temperature)

        # 온도가 30℃를 넘어가면 모터 100% 출력
        if temperature > 30:
            print('온도 30℃ 초과')
            A1A.start(0)
            A1A.ChangeDutyCycle(100)
        # 온도가 30℃를 넘어가면 모터 70% 출력
        elif temperature > 27:
            print('온도 27℃ 초과')
            A1A.start(0)
            A1A.ChangeDutyCycle(70)
        # 그외 온도에는 버튼으로 작동
        else:
            # 버튼 눌러서 모터 작동 ------------------------------------
            var = GPIO.input(Button_PIN)

            #var의 이전 상태가 0인 경우만 state 상태를 바꿈
            if ((var == 1) and (old_var == 0)):
                state = 1 - state
                # 시간지연 (debouncing): 10 millisec
                time.sleep(10 / 1000)
```

```
            old_var = var

        # 버튼을 누르면 모터 70% 출력으로 가동
        if state == 1:
            print('버튼 On')
            A1A.start(0)
            A1A.ChangeDutyCycle(70)
        else:
            print('버튼 Off')
            A1A.stop()

# GPIO 초기화 후 프로그램을 빠져나감.
finally:
    GPIO.cleanup()
    dhtDevice.exit()
```

코드 4 더워지면 자동으로 켜지는 선풍기 코드 1

```
# GPIO 제로 라이브러리 호출
from gpiozero import Motor, Button
import board
import adafruit_dht
import time

# 핀번호 설정
Button_PIN = 21     #GPIO 21에 버튼 핀 연결
A1A_PIN = 23        #GPIO 23에 L9110 A1A 연결
A1B_PIN = 24        #GPIO 24에 L9110 A1B 연결
DHT_PIN = 19        #GPIO 19에 DHT 핀 연결


state = 0           #0: motor off, 1: motor on
var = 0             #입력핀의 상태를 저장
old_var = 0         #val의 이전 값 저장

# DHT 장치 초기화
dhtDevice = adafruit_dht.DHT11(board.D19)   #GPIO19, DHT11 사용 시
#dhtDevice = adafruit_dht.DHT22(board.D19)  #GPIO19, DHT22 사용 시
```

```python
# 모터 설정
motor = Motor(A1A_PIN, A1B_PIN)
button = Button(21, pull_up = False)   #버튼을 GPIO 21에 연결

# 모터 정지 상태로 시작 (초기화)
motor.stop()

try:
    while 1:
        # 온습도 읽어서 모터 작동 --------------------------------
        temperature = dhtDevice.temperature
        print(temperature)

        # 온도가 30도씨는 넘어가면 모터 100% 출력
        if temperature > 30:
            print('온도 30도씨 초과')
            motor.forward(1)
        # 온도가 30도씨는 넘어가면 모터 70% 출력
        elif temperature > 27:
            print('온도 27도씨 초과')
            motor.forward(0.7)
        # 그외 온도에는 버튼으로 작동
        else:
            # 버튼눌러서 모터 작동 --------------------------------
            var = button.value

            #var의 이전 상태가 0인 경우만 state 상태를 바꿈
            if ((var == 1) and (old_var == 0)):
                state = 1 - state

                # 시간지연 (debouncing): 10 millisec
                time.sleep(10 / 1000)

            old_var = var
```

```
            if state == 1:
                print('버튼 On')
                motor.forward(0.7)
            else:
                print('버튼 Off')
                motor.stop()

# GPIO 초기화 후 프로그램을 빠져나감.
finally:
    dhtDevice.exit()
```

코드 5 더워지면 자동으로 켜지는 선풍기 코드 2

위의 코드를 실행한 결과가 어떤가요? 온도 값을 받아서 작동되는 코드는 전혀 문제가 없는데, 버튼을 누를 때 즉시 작동이 안 되는 경우가 발생합니다. 이것은 버튼을 누르는 시점에 프로그램이 온도센서의 값을 읽고 있어서, 버튼의 응답이 늦게 되거나 놓쳐 버리게 된 경우입니다. 이럴 때에는 어떻게 해야 할까요? 어떤 프로세스가 다른 것을 수행 중인 상태에서도 버튼이 바로 작동되도록 우선 순위를 올리는 기능이 있는데 이것을 인터럽트(interrupt)라고 합니다. 인터럽트를 적용하여 코드를 완성해 보겠습니다.

```
# GPIO 라이브러리 호출
import RPi.GPIO as GPIO
import board
import adafruit_dht
import time

# 핀번호 설정
Button_PIN = 21     #GPIO 21에 버튼 핀 연결
A1A_PIN = 23        #GPIO 23에 L9110 A1A 연결
A1B_PIN = 24        #GPIO 24에 L9110 A1B 연결
DHT_PIN = 19        #GPIO 19에 DHT 핀 연결

pressed = 0      #버튼 상태, 초기는 0
```

```python
# 버튼 인터럽트 함수
def button_pressed_callback(channel):
    global pressed

    # 버튼 누를 때마다 상태 변경
    pressed = 1 - pressed

    if pressed:
        print('버튼 On')
        A1A.start(0)
        A1A.ChangeDutyCycle(70)
    else:
        print('버튼 Off')
        A1A.stop()

# GPIO 설정
GPIO.setmode(GPIO.BCM)
GPIO.setwarnings(False)   #경고 메시지 나타나지 않게 하기
GPIO.setup(A1A_PIN, GPIO.OUT, initial=0)
GPIO.setup(A1B_PIN, GPIO.OUT, initial=0)
GPIO.setup(Button_PIN, GPIO.IN)
GPIO.add_event_detect(Button_PIN, GPIO.FALLING,
         callback=button_pressed_callback, bouncetime=10)   #Debouncetime = millisec

# PWM 설정
PWM_FREQ = 50      #PWM 주파수
A1A = GPIO.PWM(A1A_PIN, PWM_FREQ)
A1B = GPIO.PWM(A1B_PIN, PWM_FREQ)

# 모터 정지 상태로 시작 (초기화)
A1A.stop()
```

```
try:
    while 1:
        # 온습도 읽어서 모터 작동 -----------------------------------
        temperature = dhtDevice.temperature
        print(temperature)

        # 온도가 30℃를 넘어가면 모터 100% 출력
        if temperature > 30:
            print('온도 30℃ 초과')
            A1A.start(0)
            A1A.ChangeDutyCycle(100)
        # 온도가 30℃를 넘어가면 모터 70% 출력
        elif temperature > 27:
            print('온도 27℃ 초과')
            A1A.start(0)
            A1A.ChangeDutyCycle(70)
        # 그외 온도에는 버튼으로 작동
        elif pressed == 0:
            A1A.stop()

# GPIO 초기화 후 프로그램을 빠져나감.
finally:
    GPIO.cleanup()
    dhtDevice.exit()
```

코드 6 더워지면 자동으로 켜지는 선풍기 완성 코드

❻ 버튼 인터럽트(Interrupt)(난이도: 중급)

코드 6의 완성코드에서 버튼을 인터럽트 콜백함수를 사용하여 구현하였습니다. 이미 설명한 바와 같이 인터럽트를 사용하면 진행 중인 프로그램을 중지하고, 인터럽트에서 선언한 프로그램을 먼저 작동한 후에 다시 진행 중이던 프로그램을 이어서 할 수 있는 기능입니다. 인터럽트를 설명하기 위해서 먼저 RPi.GPIO에서 지원하는 기능인 pull_up_down 옵션에 대해서 알아보겠습니다.

Chapter7의 버튼 기본 사용법에서 설명을 한 바와 같이 버튼을 구성할 때는 저항을 사용해서 Pull-Up과 Pull-Down 기능을 구현합니다. 하지만 저항을 달지 않았다면 소프트웨어상에서 Pull-Up과 Pull-Down 기능을 구현할 수 있습니다.

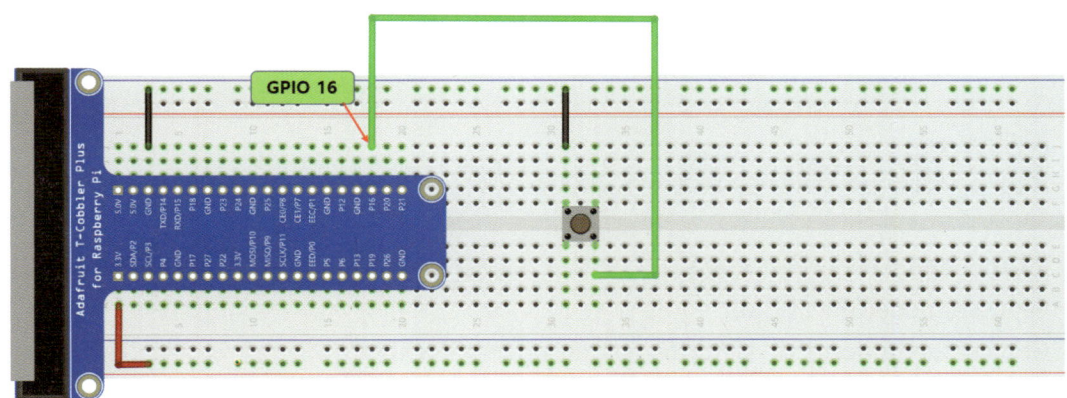

그림 13 GPIO.PUD_UP 회로

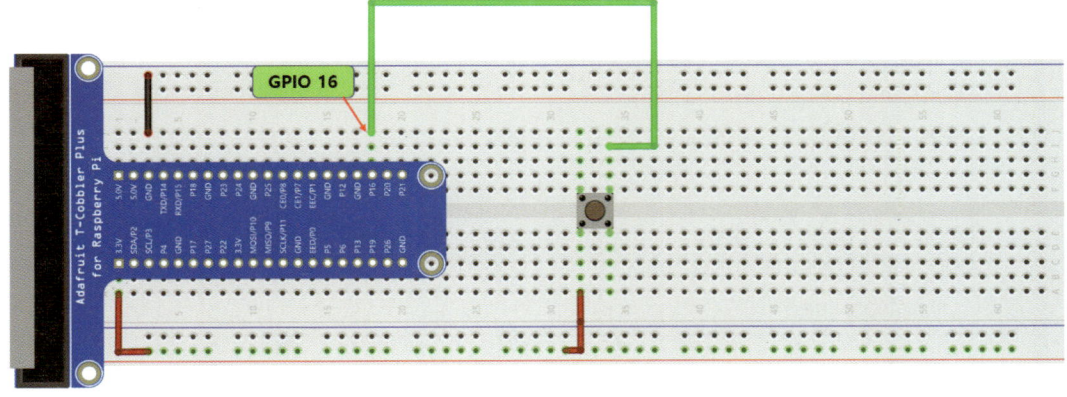

그림 14 GPIO.PUD_DOWN 다운 회로

6.1 GPIO.PUD_UP과 GPIO.PUD_DOWN

GPIO의 입력 핀 설정은 아래의 세 가지 방법이 있습니다.

```
GPIO.setup(GPIO_PIN, GPIO.IN)
GPIO.setup(GPIO_PIN, GPIO.IN, pull_up_down=GPIO.PUD_UP)
GPIO.setup(GPIO_PIN, GPIO.IN, pull_up_down=GPIO.PUD_DOWN)
```

GPIO.PUD_UP

회로도 그림 13을 사용합니다. 버튼을 누르면 LOW 신호가 나옵니다.

```python
# GPIO 라이브러리 호출
import RPi.GPIO as GPIO
import time

# 핀번호 설정
Button_PIN = 16     #GPIO 16에 버튼 핀 연결

# GPIO 설정
GPIO.setmode(GPIO.BCM)
GPIO.setup(Button_PIN, GPIO.IN, pull_up_down=GPIO.PUD_UP)

pressed = False     #버튼 상태, 초기는 0

try:
    while True:
        print(GPIO.input(Button_PIN))
        

        # 버튼을 누르면 LOW (0)
        if not GPIO.input(Button_PIN):
            if not pressed:
```

```
                print("버튼 누름")
                pressed = True
        # 버튼을 누르지 않으면 HIGH (1)
        else:
            pressed = False
        time.sleep(0.1)

# GPIO 초기화 후 프로그램을 빠져나감.
finally:
    GPIO.cleanup()
```

코드 7 GPIO.PUD_UP 실습 코드

GPIO.PUD_DOWN

회로도 그림 14를 사용합니다. 버튼을 누르면 HIGH 신호가 나옵니다.

```
# GPIO 라이브러리 호출
import RPi.GPIO as GPIO
import time

# 핀번호 설정
Button_PIN = 16     #GPIO 16에 버튼 핀 연결

# GPIO 설정
GPIO.setmode(GPIO.BCM)
GPIO.setup(Button_PIN, GPIO.IN, pull_up_down=GPIO.PUD_DOWN)

pressed = True      #버튼 상태, 초기는 1

try:
    while True:
        print(GPIO.input(Button_PIN))

        # 버튼을 누르면 HIGH (1)
        if GPIO.input(Button_PIN):
```

```
        if pressed:
            print("버튼 누름")
            pressed = False
    # 버튼을 누르지 않으면 LOW (0)
    else:
        pressed = True
    time.sleep(0.1)

# GPIO 초기화 후 프로그램을 빠져나감.
finally:
    GPIO.cleanup()
```

코드 8 GPIO.PUD_DOWN 실습 코드

6.2 인터럽트1: RPi.GPIO wait_for_edge()

인터럽트는 신호 상태가 LOW일 때나 HIGH일 때 실행되게 할 수 있습니다. 코드상으로는 "RISING"과 "FALLING" 상태로 구분해서 사용합니다.

- RISING: 신호가 LOW에서 HIGH로 변할 때 인터럽트 실행
- FALLING: 신호가 HIGH에서 LOW로 변할 때 인터럽트 실행
- BOTH: RISING와 FALLING 모두 인터럽트 실행

[코드 사용 예]

```
GPIO.wait_for_edge(BUTTON_GPIO, GPIO.RISING)
GPIO.wait_for_edge(BUTTON_GPIO, GPIO.FALLING)
GPIO.wait_for_edge(BUTTON_GPIO, GPIO.BOTH)
```

회로도 그림 13을 사용하겠습니다. 버튼을 누르면 신호가 나옵니다.

```
# GPIO 라이브러리 호출
import RPi.GPIO as GPIO

# 핀번호 설정
Button_PIN = 16     #GPIO 16에 버튼 핀 연결

# GPIO 설정
GPIO.setmode(GPIO.BCM)
GPIO.setup(Button_PIN, GPIO.IN, pull_up_down=GPIO.PUD_UP)

try:
    while True:
        GPIO.wait_for_edge(Button_PIN, GPIO.FALLING)
        print("버튼 누름")

# GPIO 초기화 후 프로그램을 빠져나감.
finally:
    GPIO.cleanup()
```

코드 9 인터럽트1 실습 코드

6.3 인터럽트2: add_event_detect()와 콜백함수

인터럽트1보다 더 많이 사용하는 방법입니다. 인터럽트1과 같이 루프(Loop)문과 함께 사용하지 않고 콜백함수를 이용하여 사용합니다. 코드 10에서 보면 버튼의 상태를 10초의 시간 지연을 가지고 출력하고 있음에도 불구하고, 버튼을 누르면 인터럽트가 수행되는 것을 알 수 있습니다.

회로도 그림 14를 사용합니다. 회로도 그림 13을 사용하려면 핀 설정을 GPIO.PUD_UP으로 변경하면 됩니다.

```python
# GPIO 라이브러리 호출
import RPi.GPIO as GPIO
import time

# 핀번호 설정
Button_PIN = 16     #GPIO 16에 버튼 핀 연결

# 콜백 함수
def button_pressed_callback(channel):
    print("버튼 누름")

# GPIO 설정
GPIO.setmode(GPIO.BCM)
GPIO.setup(Button_PIN, GPIO.IN, pull_up_down=GPIO.PUD_DOWN)
GPIO.add_event_detect(Button_PIN, GPIO.FALLING,
                callback=button_pressed_callback, bouncetime=100)

try:
    while True:
        # 10초마다 버튼 상태가 출력
        print(GPIO.input(Button_PIN))
        time.sleep(10)

# GPIO 초기화 후 프로그램을 빠져나감.
finally:
    GPIO.cleanup()
```

코드 10 인터럽트1 실습 코드 2

🌸 Tips

가. "Unable to set line XX to input" 오류

DHT Python Code를 중지 후 재시작 할 경우 종종 나타나는 오류이기도 합니다. 간단한 해결 방법은 다음의 명령어를 터미널에서 실행하면 됩니다.

```
kill `ps -ef | grep "libgpiod_pulsein" | grep -v grep | awk '{print $2}'`
```

다른 방법은 터미널에서 다음의 명령어를 실행하여, 해당 프로세스를 찾은 후 kill 명령어를 사용하면 해결이 됩니다.

```
pgrep -f libgpiod_pulsein
```

Chapter 11
스마트 콘센트

11 스마트 콘센트

1 학습요약

학습 목표	릴레이의 원리를 이해하고 원격으로 On/Off 제어를 할 수 있다.
프리뷰	릴레이 작동법, Remote GPIO 작동법
핵심 키워드	Relay, 스마트 콘센트, 원격 On/Off, Remote GPIO, pigpio
주요 준비물	Relay, 버튼, LED
실습 시간	2시간
학습 난이도	중

2 과제 설명

이번 시간에는 릴레이를 사용하여 스마트 콘센트를 만들어 보겠습니다. 우리는 가정의 전원으로 220V를 사용하므로 당연히 콘센트도 220V의 전원에서 동작합니다. 하지만 라즈베리파이는 5V 전원을 공급받아서 GPIO에서 3.3V, 5V 전압에서 제어신호가 출력됩니다. 따라서 최대 5V의 전기로 220V의 전기를 제어해야 하는데, 이렇게 낮은 전압을 이용하여 높은 전압을 사용할 때 릴레이를 사용하게 됩니다. 릴레이를 사용하면 자동으로 전기를 흐르게 하거나 흐르지 않게 제어할 수 있습니다. 이번 시간에는 220V 대신에 3V의 건전지 전원을 사용하여 프로젝트를 만들어 보겠습니다.

스마트 콘센트를 구현하기 위해서 PC에서 파이썬 코딩을 실행시켜 라즈베리파이에 연결되어 있는 릴레이를 원격으로 작동시켜 보겠습니다. 원격 제어가 가능하다면 일정시간이 지나면 자동으로 종료하고, 자동으로 켜지는 기능도 구현할 수 있을 겁니다.

③ 준비물 및 주요 부품 설명

3.1 릴레이

릴레이는 자동으로 ON과 OFF를 할 수 있는 스위치 같은 역할을 하는 전자부품으로 전자계전기라고 부릅니다. 내부에 있는 전자석에 전류가 흐르면 이 전자석이 자성을 띄는 성질을 이용하여 전원을 공급하면 릴레이 내부의 전자석이 스위치를 당기게 되어 스위치가 ON이 되는 것입니다. 전기가 흐르지 않을 때는 자성도 같이 사라지므로 자동으로 스위치 기능을 하여 ON과 OFF를 할 수 있는 것입니다.

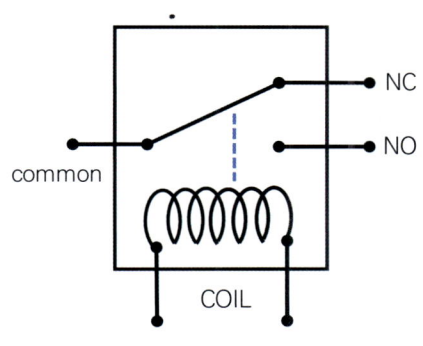

그림 1 Relay의 작동 원리

릴레이는 작동을 위해 필요한 전압은 낮지만, 입력하는 전압은, 높아서 낮은 전압이나 전류를 이용하여 더 높은 전압이나 전류를 제어해야 하는 곳에 많이 사용하게 됩니다. 이런 릴레이를 사용하면 집의 220V의 형광등을 제어하거나 멀티탭을 자동으로 제어하는 것이 가능합니다. 전자 릴레이는 전기 제어 장비 기계나 설비의 제어 회로에 주로 사용되는데 자동화된 제어회로의 자동 조정기능과 안전 보호 및 변환 회로와 같은 부분에 꼭 필요한 중요한 역할을 담당하고 있습니다. 릴레이는 그 형식과 크기 또한 다양하며 큰 릴레이는 소켓에 꽂아 사용하지만 소형의 경우 단자에 연결하여 사용할 수 있도록 되어 있습니다.

그림 2 Relay 모듈

이번 실습에 사용하는 릴레이는 1채널 릴레이 모듈입니다. NO는 normal open의 약자로 자동제어에서 릴레이 신호가 OFF일 때 NO와 COM이 떨어져 있다가, 릴레이 신호가 ON일 때 NO와 COM이 연결됩니다. 반대로 NC는 normal close의 약자로 자동제어에서 릴레이 신호가 OFF일 때 NC와 Com이 연결되어 있다가, 릴레이 신호가 ON일 때 NC와 COM이 떨어지게 됩니다. 이처럼 릴레이의 동작시간이나 장비의 제어방식에 따라 NO와 NC를 선택해서 사용하면 되는 것입니다. 릴레이 또한 전력소비나 수명을 생각하여 소비전력을 줄이는 방식으로 선택하는 것이 좋습니다. 만약 자주 사용되지 않는 장비를 릴레이로 제어하고 싶을 경우에 NO에 연결하는 것이 더 효과적인 것입니다.

이런 릴레이 모듈을 선택 시에 주의할 점은 첫째, 제어하고자 하는 설비의 최대전류를 파악해서 그보다 큰 용량의 릴레이를 선택해야 합니다. 그리고 연결되는 보드의 출력전압을 확인 후 그에 맞는 구동전압인 릴레이를 선택해야 합니다. 보통 가정용 콘센트는 220V, 10A를 사용합니다. 세탁기나 전열기를 연결할 경우에는 16A 이상을 사용합니다. 세 번째로는 릴레이로 제어하고자 하는 채널을 확인해야 합니다. 1개의 설비를 제어를 사용할 경우는 1채널을 사용하면 되고 2~3개의 설비를 제어할 경우는 다채널의 릴레이를 사용해야 합니다. 만약 릴레이를 전기적으로 분리하고 싶은 경우에는 포토 커플러[40]가 들어간 절연 릴레이 모듈을 사용하는 것이 좋습니다.

---

40 포토 커플러: 회로 간을 전기적으로 절연한 상태에서 전기 신호를 전달하는 목적으로 쓰이는 소자로 발광소자와 수광소자 사이에 절연물질을 넣어 광학적으로 결합해 사용하며 전자 릴레이를 대신할 수 있다.

❹ 회로도 및 원리 설명

릴레이(Relay)에 HIGH 신호를 보내면 릴레이의 C(Common) 단자에 연결된 건전지의 +극에서 NO 단자로 전류가 흐르면서 LED를 On 하는 회로입니다.

라즈베리파이 pigpio 서비스를 활성하여 PC에서 라즈베리파이의 Remote GPIO로 신호를 보내어 릴레이에 연결된 LED를 켜는 실습입니다. 버튼을 구성하는 코드는 여기서는 따로 설명하지 않겠습니다. 버튼에 대해서는 "Chapter7 아침이 되면 자동으로 불을 끄는 스탠드"를 참조하세요.

[릴레이 결선]

- S   라즈베리파이 GPIO 24
- VCC   라즈베리파이 5V
- GND   라즈베리파이 GND
- NO   LED +극
- COM   건전지 +극

[버튼]

- Pull-Down 저항(10kΩ)
- GPIO 21번 연결

[LED]

- 저항(220Ω)
- 릴레이 NO와 +극 연결

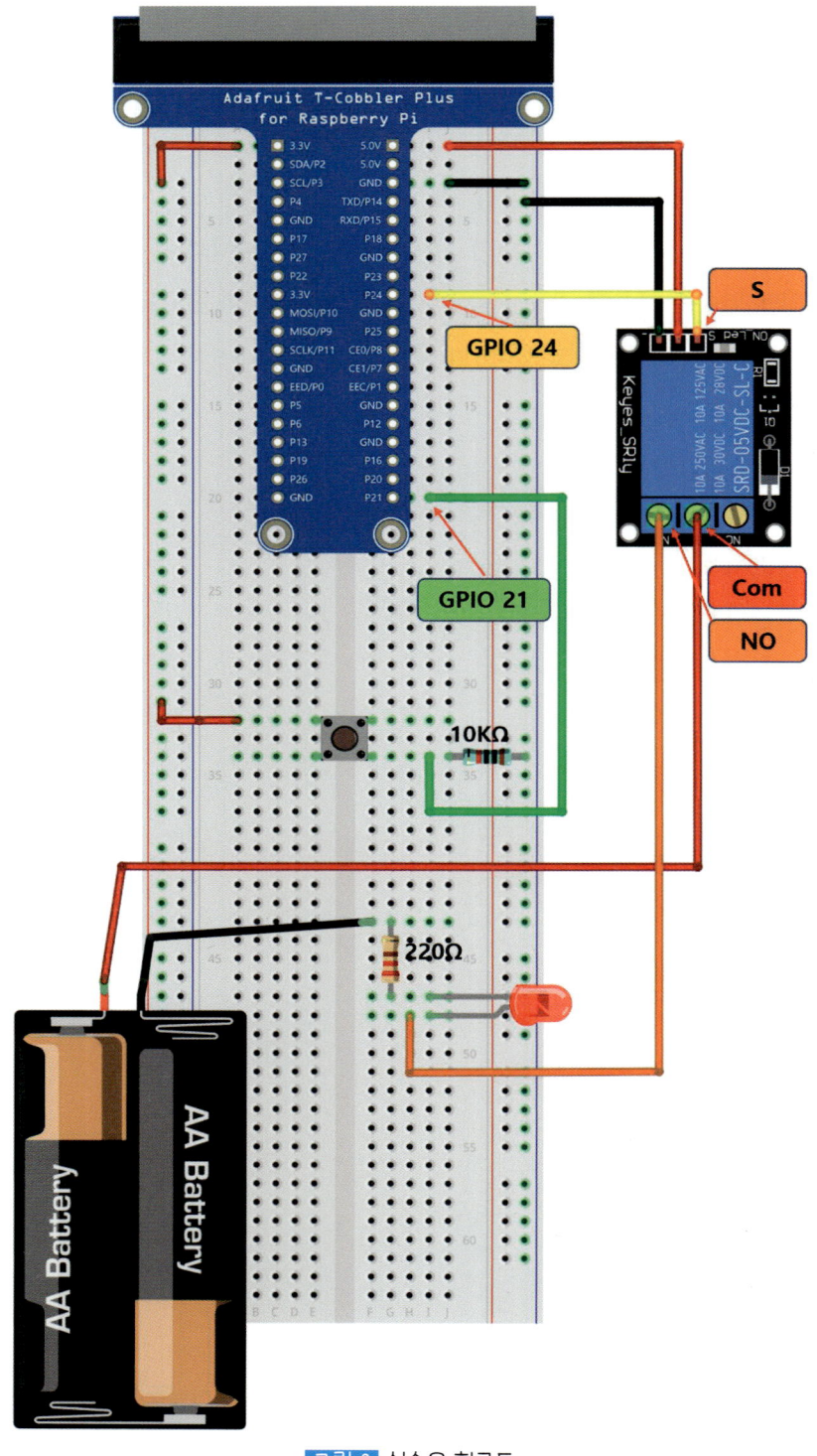

그림 3 실습용 회로도

5 스마트 콘센트 실습

5.1 Remote GPIO 활성하기

Remote GPIO[41]를 사용하기 위해서 Raspberry Pi Configuration → Interfaces → Remote GPIO를 "Enabled"로 세팅을 합니다. pigpio 서비스를 시작하여 라즈베리파이의 GPIO가 네트워크를 통해서 제어되도록 설정합니다.

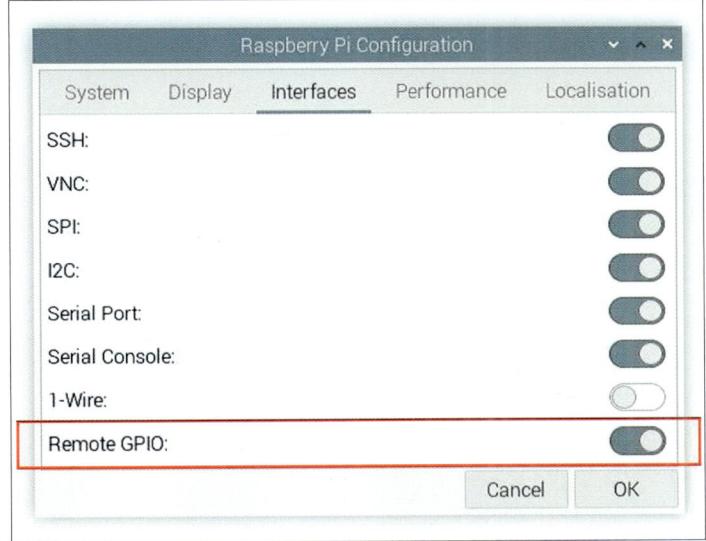

pigpio 서비스

pigpio 서비스를 켜고 끄는 명령어입니다. 터미널에 명령어를 입력하여 사용합니다.

- 서비스 시작　　　sudo systemctl start pigpiod
- 서비스 종료　　　sudo systemctl stop pigpiod
- 서비스 재시작　　sudo systemctl restart pigpiod
- 서비스 상태확인　sudo systemctl status pigpiod

41　라즈베리파이 OS Lite에서는 "sudo apt install pigpio" 명령어로 pigpio를 설치

- 부팅시 자동실행   sudo systemctl enable pigpiod
- 자동실행 중지   sudo systemctl disable pigpiod

5.2 버튼으로 릴레이에 연결된 LED 작동하기

버튼을 눌러서 릴레이에 신호를 보내는 코드입니다. LED는 라즈베리파이의 전원을 사용하지 않고 건전지의 전원을 사용하도록 연결되어 있습니다. 버튼을 누르면 릴레이의 접지가 붙는 소리가 딸깍 날 것입니다.

```python
# GPIO 라이브러리 호출
import RPi.GPIO as GPIO

# 핀번호 설정
Relay_PIN = 24      #GPIO 24에 릴레이 연결
Button_PIN = 21     #GPIO 21에 버튼을 연결

# GPIO 설정
GPIO.setwarnings(False)    #경고 메시지 나타나지 않게 하기
GPIO.setmode(GPIO.BCM)
GPIO.setup(Relay_PIN, GPIO.OUT, initial=GPIO.LOW)
GPIO.setup(Button_PIN, GPIO.IN)

try:
    while 1:
        if GPIO.input(Button_PIN) == True:
            GPIO.output(Relay_PIN, 1)
        else:
            GPIO.output(Relay_PIN, 0)

# GPIO 초기화 후 프로그램을 빠져나감.
finally:
    GPIO.cleanup()
```

코드 1 Relay 실습 코드 1

```
# GPIO 제로 라이브러리 호출
from gpiozero import LED, Button

Relay = LED(24)                    #Relay를 GPIO 24 연결
button = Button(21, pull_up = False)   #버튼을 GPIO 21에 연결

while True:
    if button.is_pressed:
        Relay.on()
    else:
        Relay.off()
```

코드 2 Relay 실습 코드 2

5.3 Remote GPIO를 활용하여 릴레이에 연결된 LED 작동하기

PC에서 파이썬 코드를 실행시켜 라즈베리파이의 GPIO에 연결된 릴레이를 작동하는 코드입니다. 네트워크를 통해서 신호를 보내는 것이므로 라즈베리파이의 IP 주소를 알아야 합니다. 라즈베리파이의 터미널에서 "ifconfig"를 입력하면 연결된 네트워크의 IP 주소를 알 수가 있습니다.

파이썬 코드를 실행할 Client에 GPIO Zero 설치

PC에서 Remote GPIO에 접근하기 위해서는 명령 프롬프트[42]에 아래의 명령어를 입력하여 gpiozero와 pigpio 라이브러리를 설치해야 합니다.

Windows/Mac OS

```
pip install gpiozero pigpio
```

---

[42] Windows PC에서 ⊞ + R 을 누른 후 cmd를 입력하면 빠르게 띄울 수 있음

Remote GPIO 사용 코드

같은 네트워크에 연결되어 있는 제어 대상의 라즈베리파이에서 pigpio 데몬 시작하기를 한 후 PC에서 다음의 코드를 실행하세요.

릴레이 원격 제어

```python
# 라이브러리 호출
from gpiozero import LED
from gpiozero.pins.pigpio import PiGPIOFactory
from time import sleep

# 핀번호 설정
Relay_PIN = 24      #라즈베리파이 GPIO 24에 릴레이 연결

# GPIO 설정
factory = PiGPIOFactory(host='192.168.219.206')
red = LED(Relay_PIN,pin_factory=factory)

while True:
    red.on()
    sleep(1)
    red.off()
    sleep(1)
```

코드 3 Remote GPIO 실습 코드

5.4 Remote GPIO를 활용하여 LED 작동하기(응용)가

PC에서 파이썬 코드를 실행하여 원격으로 LED를 제어하는 방법을 응용하여 보겠습니다. 네트워크로 여러 곳의 LED를 제어하고, 로컬 및 네트워크를 동시에 제어도 합니다.

[LED]
- 저항 (220Ω)
- GPIO 19번 연결

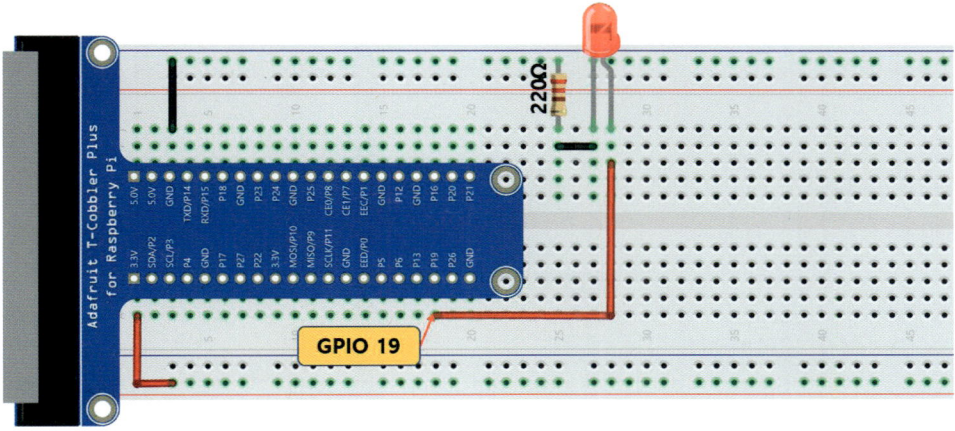

LED 원격 제어

```
from gpiozero import LED
from gpiozero.pins.pigpio import PiGPIOFactory
from time import sleep

factory = PiGPIOFactory(host='192.168.219.206')
led = LED(19, pin_factory=factory)

while True:
    led.on()
    sleep(1)
    led.off()
    sleep(1)
```

코드 4 LED 실습 코드

2대의 라즈베리파이 LED 원격 제어

```
from gpiozero import LED
from gpiozero.pins.pigpio import PiGPIOFactory
from time import sleep

factory1 = PiGPIOFactory(host='192.168.219.205')
factory2 = PiGPIOFactory(host='192.168.219.206')
led_1 = LED(19, pin_factory=factory1)
led_2 = LED(19, pin_factory=factory2)

while True:
    led_1.on()
    led_2.off()
    sleep(1)
    led_1.off()
    led_2.on()
    sleep(1)
```

코드 5 2대의 LED 실습 코드

로컬 및 네트워크 동시 제어

```
from gpiozero import LED
from gpiozero.pins.pigpio import PiGPIOFactory
from time import sleep

remote_factory = PiGPIOFactory(host='192.168.219.206')
led_1 = LED(19)                                    # 로컬 핀
led_2 = LED(19, pin_factory=remote_factory)  # 네트워크 핀

while True:
    led_1.on()
    led_2.off()
    sleep(1)
    led_1.off()
    led_2.on()
    sleep(1)
```

코드 6 로컬 및 네트워크 실습 코드

🌸 Tips

가. PC에서 라즈베리파이 GPIO 제어하는 다른 방법

- 라즈베리파이에서 Remote GPIO를 사용할 수 있도록 설정
- gpiozero 모듈 사용하여 코딩
- pin_factory=remote_factory 설정을 대신, 윈도우 명령프롬프트에서 핀설정을 한 후, 파이썬 파일을 실행.
- 사용 예) 윈도우 명령프롬프트에서 실행

```
setx PIGPIO_ADDR "192.168.219.206"
python GPIOZeroTest.py
```

Chapter
12
비접촉 체온계 만들기

12 비접촉 체온계 만들기

① 학습요약

학습 목표	FND의 원리를 이해하고 비접촉 체온계의 값을 표시할 수 있다.
프리뷰	FND 작동법, 비접촉 체온계 작동법
핵심 키워드	FND, GY-906, I2C
주요 준비물	4 디지털 7 세그먼트, 버튼, 비접촉 온도센서(GY-906)
실습 시간	2.5시간
학습 난이도	하

② 과제 설명

이번 시간에는 비접촉 체온계를 만들어 보겠습니다. 비접촉 체온계에 쓰이는 것은 적외선으로 온도를 측정하는 센서입니다. 체온을 표시하는 장치로 FND(Fiexible Numeric Display)를 사용하겠습니다. FND는 여러 타입이 있는데 버튼을 누르면 숫자가 표시되는 프로젝트를 통해 FND를 작동하는 원리에 대해 학습해 보겠습니다.

3 준비물 및 주요 부품 설명

3.1 비접촉 온도센서(GY-906)

비접촉 온도센서는 직접 접촉하지 않고 적외선으로 온도를 감지하는 방식으로 적외선의 방사율로 온도를 측정합니다. 적외선의 특징 및 원리는 적외선(IR) 에너지를 모으는 렌즈와 그 주변 온도의 변화에 대한 값을 온도 단위로 표시하는 전기신호로 전환해 보여 줍니다. 비접촉이므로 측정 물체의 방사율과 측정 거리에 따라 측정 정밀도가 달라지지만 측정 대상에 직접 접촉하지 않아 직접 접촉이 불가한 경우에도 사용할 수 있는 장점이 있습니다. 비접촉 온도센서에서 가장 중요한 것은 측정 대상물체에 따른 방사율입니다. 이 방사율에 따라 온도를 얼마만큼 정확하게 수치로 표시할 수 있는지가 결정되는데 방사율은 에너지가 방사되는 비율로 물질에 따라 모두 다릅니다. 또 고려해야 할 사항으로는 센서의 반응 파장대로 가장 민감하게 반응하는 적외선 파장 영역대를 찾아야 하며 측정할 물체 사이의 대기조건이나 장애물 등에 따라 측정값이 변경될 수 있습니다.

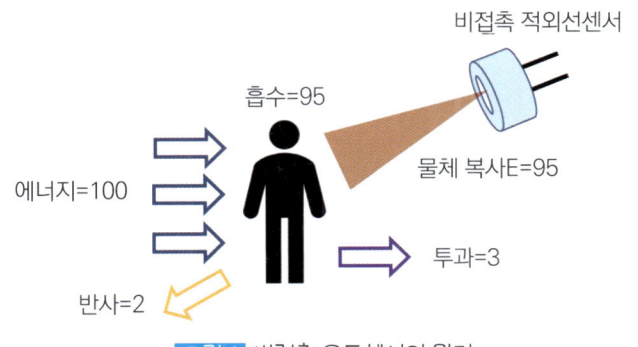

그림 1 비접촉 온도센서의 원리

비접촉 온도센서의 측정범위는 -70~380℃의 범위를 가지면 0.02℃ 단위로 측정이 가능합니다. 이런 비접촉 온도센서는 요즘 흔히 볼 수 있는데 가장 많이 사용되는 것이 체온계이며 열화상 카메라 또한 적외선 온도센서를 사용하여 제작되며, CCTV에 내장된 적외선 카메라도 적외선 온도센서가 사용됩니다.

그림 2 적외선 비접촉 온도센서(GY-906)

비접촉 온도센서는 3~5V에서 동작하며 I2C 통신방식으로 온도 값을 출력합니다.

3.2 4 디지털 7 세그먼트(FND × 4)

4 디지털 7 세그먼트는 말 그대로 4개의 7 세그먼트를 하나로 모은 것이라고 볼 수 있습니다. 4 디지털 7 세그먼트를 알기 전, 한 자리의 7 세그먼트(1 디지털)를 먼저 알아보겠습니다. FND라고도 불리는 이것은 Fiexible Numeric Display(가변 숫자표시기)의 약자로 LED를 사용하여 숫자 모양을 하나로 만들어 놓은 것으로 7개의 조명 핀을 배치하고 해당 LED를 켬으로써 0~9까지의 숫자 및 일부 알파벳을 표시하는 장치로 7개의 획을 지니고 있어 7 세그먼트라고 부릅니다.

7 세그먼트 모듈은 입력 신호를 받는 형태가 크게 2가지입니다. 하나는 Anode(양극)타입으로 공통으로 사용되는 단자가 VCC이며, 세그먼트에 LOW를 입력하면 켜지는 방식입니다. 나머지는 Cathode(음극) 타입의 경우로 공통으로 사용되는 것이 GND이고 HIGH를 입력하면 켜지는 방식입니다. 이 2가지 방식에 따라 핀의 배치가 달라집니다. 총 10개의 단자가 있으며 위아래 가운데 단자는 타입에 따라 구분됩니다.

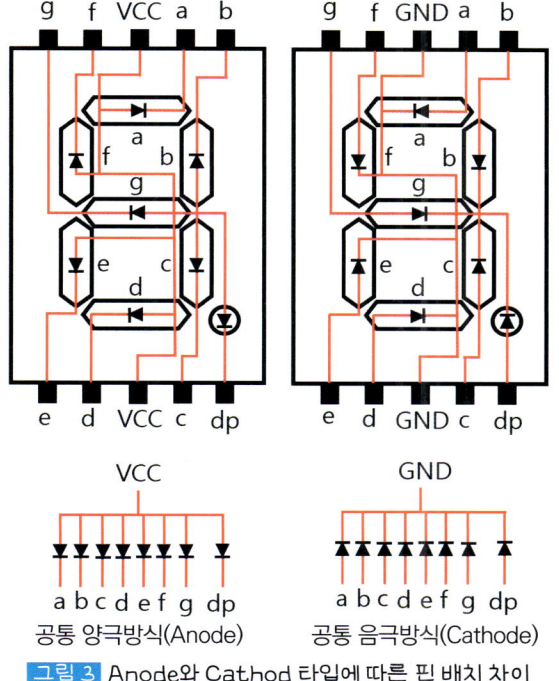

그림 3 Anode와 Cathod 타입에 따른 핀 배치 차이

- 공통 양극방식(anode) - 공통핀에 VCC를 연결. 출력이 LOW(0)일 때 켜짐
- 공통 음극방식(cathode) - 공통핀에 GND를 연결. 출력이 HIGH(1)일 때 켜짐.

7 세그먼트는 이렇게 연결된 7개의 영역을 조합해 숫자 및 문자를 표현하는데, 해당하는 LED를 이용하여 숫자를 표현한 모습은 아래와 같습니다. 숫자뿐만 아니라 play 같은 영문자를 조합하여 단어를 표현할 수도 있습니다. 다만 Q, M, K와 같은 영문자는 표현할 수 없습니다.

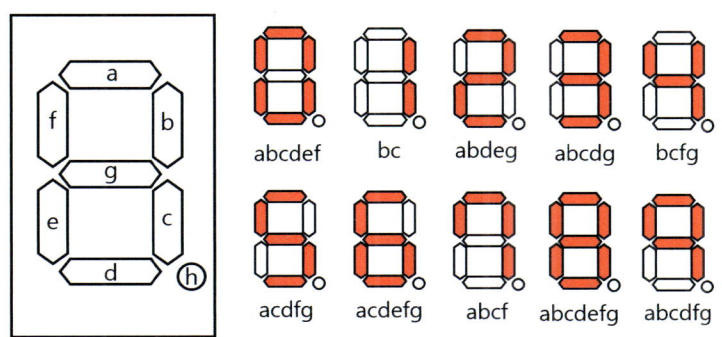

그림 4 7 세그먼트로 표시한 숫자(0~9)

[Signal 배열]

[Anode 형]
```
# a, b, c, d, e, f, g 상태값
digits = ((0, 0, 0, 0, 0, 0, 1), #0
         (1, 0, 0, 1, 1, 1, 1), #1
         (0, 0, 1, 0, 0, 1, 0), #2
         (0, 0, 0, 0, 1, 1, 0), #3
         (1, 0, 0, 1, 1, 0, 0), #4
         (0, 1, 0, 0, 1, 0, 0), #5
         (0, 1, 0, 0, 0, 0, 0), #6
         (0, 0, 0, 1, 1, 1, 1), #7
         (0, 0, 0, 0, 0, 0, 0), #8
         (0, 0, 0, 0, 1, 0, 0)) #9
```

[Cathod 형]
```
# a ,b ,c ,d ,e ,f , g 상태값
digits = ((1, 1, 1, 1, 1, 1, 0), #0
         (0, 1, 1, 0, 0, 0, 0), #1
         (1, 1, 0, 1, 1, 0, 1), #2
         (1, 1, 1, 1, 0, 0, 1), #3
         (0, 1, 1, 0, 0, 1, 1), #4
         (1, 0, 1, 1, 0, 1, 1), #5
         (1, 0, 1, 1, 1, 1, 1), #6
         (1, 1, 1, 0, 0, 0, 0), #7
         (1, 1, 1, 1, 1, 1 ,1), #8
         (1, 1, 1, 1, 0, 1, 1)) #9
```

표 1 FND Signal 배열표(숫자)

하나의 7 세그먼트로는 한 자리의 숫자만 표현할 수 있습니다. 따라서 2자리 이상의 숫자를 한 번에 표현하기 위해서는 여러 자리를 표현할 수 있는 7 세그먼트를 사용해야 합니다. 이번 실습에 쓰일 7 세그먼트도 4자리를 표현할 수 있는 4 디지털 7 세그먼트입니다.

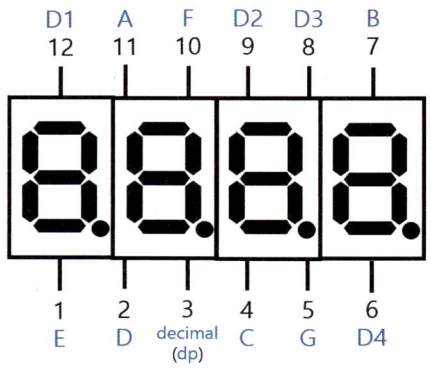

그림 5 4 디지털 7 세그먼트 구조

4 디지털 7 세그먼트는 7 세그먼트 4개가 연결되어 있고 추가 핀으로 D1~D4까지의 핀들이 있습니다. 이 핀들의 역할은 4개의 7 세그먼트를 On/Off 할 수 있는 여부를 결정하는 핀입니다. 4개의 7 세그먼트의 모든 영역들을 입출력핀만으로 제어하려면 총 28개의 영역이 필요하

지만 이것을 12개의 핀으로 표현할 수 있는 것입니다. 이것의 원리는 착시현상을 이용하는 것으로 모니터의 주파수가 60hz이므로 1ms(1Khz)의 시간으로 번갈아 보여 주면 사람이 구분할 수 없을 정도로 빠르게 On과 Off를 동작시킬 수 있습니다. 이것을 다이내믹 디스플레이 원리라고 부릅니다. 여러 개의 LED를 적은 수의 핀으로 제어하는 방식으로 TV도 이런 방식으로 초당 30프레임을 번갈아 가며 반복하여 화면에 뿌려 주는 것으로 우리 눈에 연속된 동작처럼 보이게 하는 잔상효과를 이용한 것입니다.

이런 7 세그먼트가 주로 사용되는 곳은 엘리베이터의 숫자 표시장치, 기계의 수치 및, 디지털 계산기, 온습도계의 숫자, 전자시계, 전자레인지의 숫자표시 부분 등 간단한 숫자를 표시할 수 있는 부분에 광범위하게 사용되고 있습니다. 이런 7 세그먼트를 사용하기 위해서는 LED를 점멸하여야 하므로 저항을 같이 사용해야 합니다. 이런 여러 개의 핀과 저항을 하나의 모듈로 합친 것이 바로 4 디지털 7 세그먼트 모듈로서 이번 프로젝트에 사용할 모듈입니다.

그림 6 4 디지털 7 세그먼트 모듈

4 디지털 7 세그먼트 모듈(TM1637)은 총 8단계의 밝기조정 모드를 지원하며 4개의 핀 (VCC/GND/DIO/CLK)으로 구성되어 있으며 입출력핀 2개만으로 쉽게 제어할 수 있는 장점이 있습니다.

4 회로도 및 원리 설명

센서의 핀을 회로도와 같이 라즈베리파이와 연결을 합니다. 버튼을 구성하는 코드는 여기서는 따로 설명하지 않겠습니다. 버튼에 대해서는 "Chapter7 아침이 되면 자동으로 불을 끄는 스탠드"를 참조하세요.

[FND 세그먼트: TM1637]

- VCC   라즈베리파이 3.3V
- GND   라즈베리파이 GND
- DIO   라즈베리파이 GPIO 4
- CLK   라즈베리파이 GPIO 5

[비접촉 온도센서: GY-906]

- VCC   라즈베리파이 3.3V
- GND   라즈베리파이 GND
- SCL   라즈베리파이 SCL
- SDA   라즈베리파이 SDA

[버튼]

- Pull-Down 저항 (10kΩ)
- GPIO 21번 연결

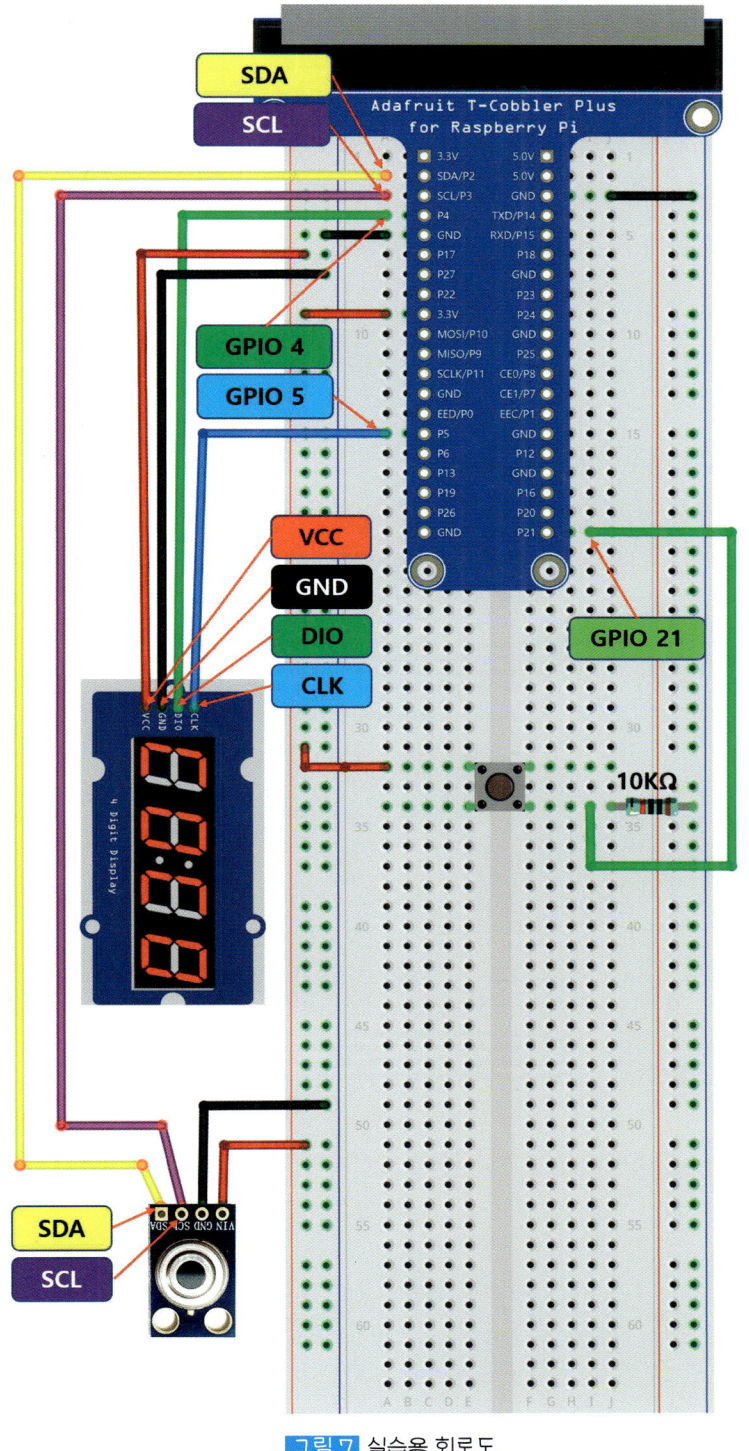

그림 7 실습용 회로도

5   7 세그먼트 기본 사용법 실습

본 실습에 들어가기 전에 FND의 작동 원리를 알기 위해서 7 세그먼트에 대한 기본 사용법을 통해 FND가 작동하는 원리를 학습해 보겠습니다. FND는 여러 개의 LED들의 조합입니다. FND를 작동시키기 위해서는 LED를 켜는 것과 똑같이 저항(220Ω)을 사용합니다.

5.1 한 자리 FND 실습

숫자를 표현할 7개의 세그먼트용 전선 7개와 소수점을 표현할 세그먼트를 연결하는 점퍼선 1개, 공통 점퍼선 1개를 포함하여 총 9개의 점퍼선이 필요합니다. 다음의 회로도를 보고 회로를 만들어 보세요. (버튼 풀다운 저항 10kΩ, FND GND 저항 220Ω)

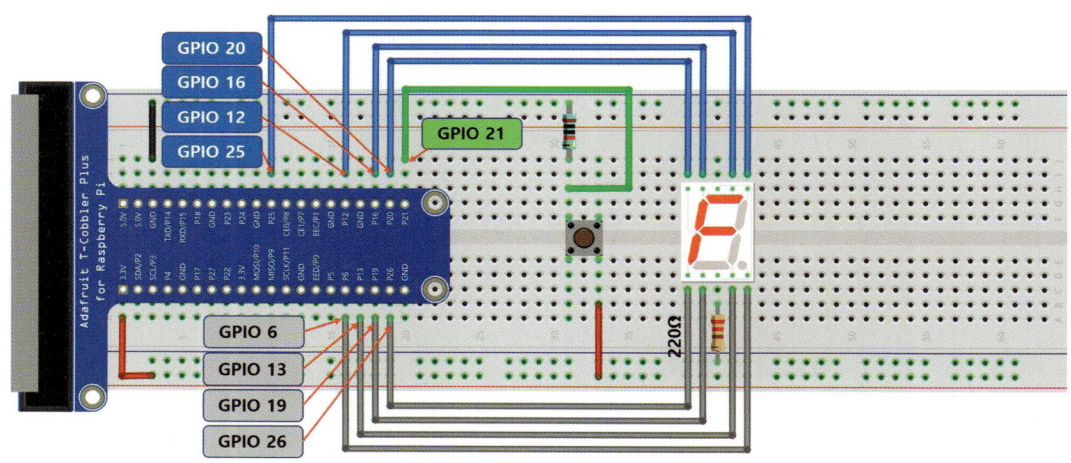

공통 음극방식(cathode)의 FND를 사용한 코드입니다. 버튼을 누르면 0에서부터 숫자가 차례로 증가합니다.

```
# GPIO 라이브러리 호출
import RPi.GPIO as GPIO
import time
```

```
# 핀번호 설정
FND_PIN = [12,25,13,19,26,16,20,6]   #FND핀 = [a,b,c,d,e,f,g,dp]
Button_PIN = 21                      #GPIO 21에 버튼을 연결

# GPIO 설정
GPIO.setwarnings(False)   #경고 메시지 나타나지 않게 하기
GPIO.setmode(GPIO.BCM)
for i in FND_PIN:
    GPIO.setup(i, GPIO.OUT, initial=GPIO.LOW)
GPIO.setup(Button_PIN, GPIO.IN)

# FND 설정 (a,b,c,d,e,f,g,dp), 0 행은 숫자1, 1행은 숫자2 ~ 10행은 소수점 ON
digits = ((1,1,1,1,1,1,0,0),
          (0,1,1,0,0,0,0,0),
          (1,1,0,1,1,0,1,0),
          (1,1,1,1,0,0,1,0),
          (0,1,1,0,0,1,1,0),
          (1,0,1,1,0,1,1,0),
          (1,0,1,1,1,1,1,0),
          (1,1,1,0,0,1,0,0),
          (1,1,1,1,1,1,1,0),
          (1,1,1,1,0,1,1,0),
          (1,1,1,1,0,1,1,1))

try:
    while 1:
        if GPIO.input(Button_PIN) == True:
            # 1씩 증가하는 숫자
            for j in range(0, 11, 1):     #0~9. 차례차례
                for i in range(0, 8, 1):  #a~dp: On/Off
                    GPIO.output(FND_PIN[i], digits[j][i])
                time.sleep(0.5)

# GPIO 초기화 후 프로그램을 빠져나감.
finally:
    GPIO.cleanup()
```

코드 1 한 자리 7 세그먼트 실습 코드 1

```python
# GPIO 제로 라이브러리 호출
from gpiozero import LEDBoard, Button
import time

# 핀번호 설정
FND_PIN = LEDBoard(12,25,13,19,26,16,20,6)  #FND핀 = [a,b,c,d,e,f,g,dp]
button = Button(21, pull_up = False)         #버튼을 GPIO 21에 연결

# FND 설정 (a,b,c,d,e,f,g,dp), 0행은 숫자1, 1행은 숫자2 ~ 10행은 소수점 ON
digits = ((1,1,1,1,1,1,0,0),
          (0,1,1,0,0,0,0,0),
          (1,1,0,1,1,0,1,0),
          (1,1,1,1,0,0,1,0),
          (0,1,1,0,0,1,1,0),
          (1,0,1,1,0,1,1,0),
          (1,0,1,1,1,1,1,0),
          (1,1,1,0,0,1,0,0),
          (1,1,1,1,1,1,1,0),
          (1,1,1,1,0,1,1,0),
          (1,1,1,1,0,1,1,1))

while 1:
    if button.is_pressed:
        # 1씩 증가하는 숫자
        for j in range(0, 11, 1):      #0~9. 차례차례
            for i in range(0, 8, 1):   #a~dp: On/Off
                FND_PIN[i].value = digits[j][i]
            time.sleep(0.5)
```

코드 2 한 자리 7 세그먼트 실습 코드 2

5.2 네 자리 FND 실습

공통 음극방식(cathode)의 FND를 사용한 코드입니다. D1~D4 핀은 각각 220Ω 저항과 연결합니다. FND의 네 개의 자리 중에 가장 왼쪽부터 D1, D2, D3, D4의 자리를 활성시키는

핀으로, 자리핀이 LOW일 때 해당되는 자리의 FND가 활성화됩니다. 아래는 Number 변수를 출력하는 코드입니다.

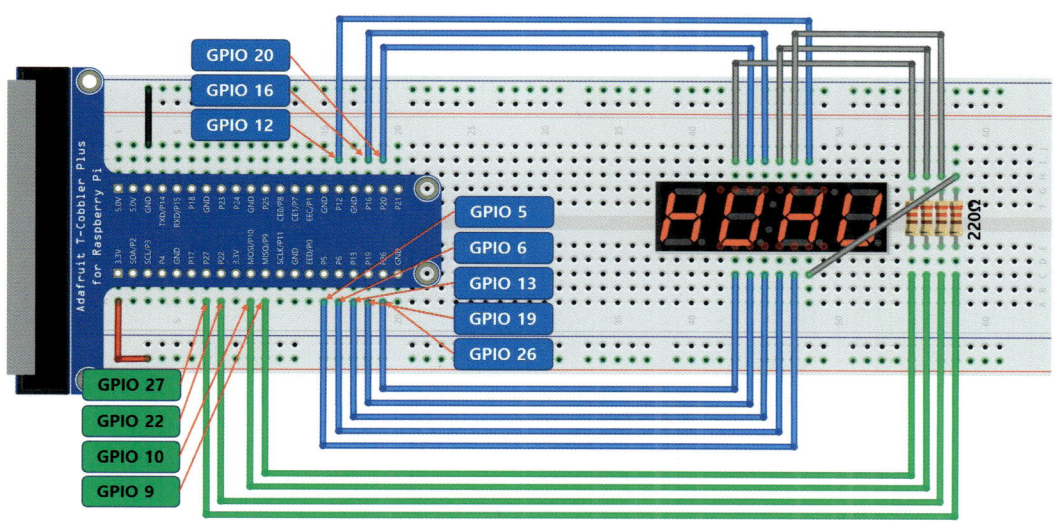

```
# GPIO 라이브러리 호출
import RPi.GPIO as GPIO
import time

# 핀번호 설정
FND_PIN = [20,12,6,19,26,16,5,13]   #FND핀(조명핀) = [A,B,C,D,E,F,G,dp]
Com_PIN = [9,10,22,27]              #COM핀(자리핀)= [D1,D2,D3,D4]

# GPIO 설정
GPIO.setwarnings(False)   #경고 메시지 나타나지 않게 하기
GPIO.setmode(GPIO.BCM)
for i in FND_PIN:         #FND_PIN 출력설정
    GPIO.setup(i, GPIO.OUT, initial=GPIO.LOW)
for i in Com_PIN:         #Com_PIN 출력설정
    GPIO.setup(i, GPIO.OUT, initial=GPIO.LOW)
```

```python
# FND 설정 (a,b,c,d,e,f,g,dp), 0행은 숫자1, 1행은 숫자2 ~ 10행은 소수점 ON
digits = ((1,1,1,1,1,1,0,0),
          (0,1,1,0,0,0,0,0),
          (1,1,0,1,1,0,1,0),
          (1,1,1,1,0,0,1,0),
          (0,1,1,0,0,1,1,0),
          (1,0,1,1,0,1,1,0),
          (1,0,1,1,1,1,1,0),
          (1,1,1,0,0,1,0,0),
          (1,1,1,1,1,1,1,0),
          (1,1,1,1,0,1,1,0),
          (1,1,1,1,0,1,1,1))

# D1~D4 초기화
def initialLED():
    for i in Com_PIN:
        GPIO.output(i, 1)

def displayLED(Com_PIN, Number):
    initialLED()
    GPIO.output(Com_PIN, 0)        #Com_PIN이 LOW일때 해당 FND가 활성

    for i in range(0, 8, 1):       #a~dp: On/Off
        GPIO.output(FND_PIN[i], digits[Number][i])
    time.sleep(0.003)

try:
    while 1:

        Number = 1004


        # 자릿수 분리
        w = int(Number / 1000)
        x = int((Number % 1000) / 100)
```

```
        y = int((Number % 100) / 10)
        z = int(Number % 10)

        displayLED(Com_PIN[0], w)
        displayLED(Com_PIN[1], x)
        displayLED(Com_PIN[2], y)
        displayLED(Com_PIN[3], z)


# GPIO 초기화 후 프로그램을 빠져나감.
finally:
    GPIO.cleanup()
```

<u>코드 3</u> 4자리 7 세그먼트 실습 코드 1

```
# GPIO 제로 라이브러리 호출
from gpiozero import LEDBoard
import time

# 핀번호 설정
FND_PIN = LEDBoard(20,12,6,19,26,16,5,13,9,10,22,27)   #FND핀 = [a,b,c,d,e,f,g,dp,D1,D2,D3,D4]

# FND 설정 (a,b,c,d,e,f,g,dp), 0행은 숫자1, 1행은 숫자2 ~ 10행은 소수점 ON
digits = ((1,1,1,1,1,1,0,0),
          (0,1,1,0,0,0,0,0),
          (1,1,0,1,1,0,1,0),
          (1,1,1,1,0,0,1,0),
          (0,1,1,0,0,1,1,0),
          (1,0,1,1,0,1,1,0),
          (1,0,1,1,1,1,1,0),
          (1,1,1,0,0,1,0,0),
          (1,1,1,1,1,1,1,0),
          (1,1,1,1,0,1,1,0),
          (1,1,1,1,0,1,1,1))
```

```
# D1~D4 초기화
def initialLED():
    for i in range(8, 12, 1):
        FND_PIN[i].value = 1


def displayLED(Com_PIN, Number):
    initialLED()
    FND_PIN[Com_PIN].value = 0     #Com_PIN이 LOW일때 해당 FND가 활성

    for i in range(0, 8, 1):       #a~dp: On/Off
        FND_PIN[i].value = digits[Number][i]
    time.sleep(0.003)

while 1:

    Number = 1004

    # 자릿수 분리
    w = int(Number / 1000)
    x = int((Number % 1000) / 100)
    y = int((Number % 100) / 10)
    z = int(Number % 10)

    displayLED(8, w)
    displayLED(9, x)
    displayLED(10, y)
    displayLED(11, z)
```

코드 4 4자리 7 세그먼트 실습 코드 2

❻ 비접촉 체온계 만들기 실습

6.1 I2C 통신 활성화하기

Raspberry Pi Configuration

이번 실습에 사용하는 비접촉 온도센서(GY-906)는 I2C 통신을 사용하여 센서에서 데이터를 주고받습니다. I2C 통신을 사용하기 위해서 Raspberry Pi Configuration → Interfaces → I2C를 "Enabled"로 세팅을 합니다.

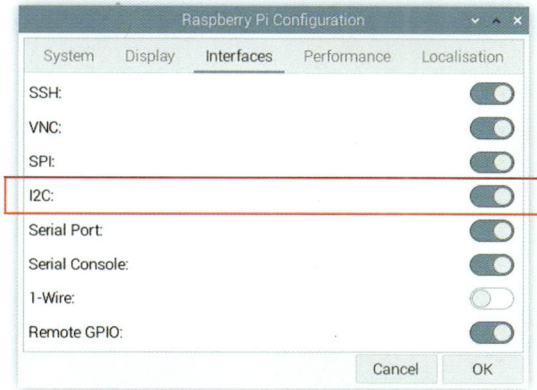

터미널에서 명령어를 입력하여 I2C 활성화하기

다음의 명령어를 터미널에 입력하세요.

```
sudo raspi-config
```

3. Interface Options → I2C 선택 후 Yes를 선택

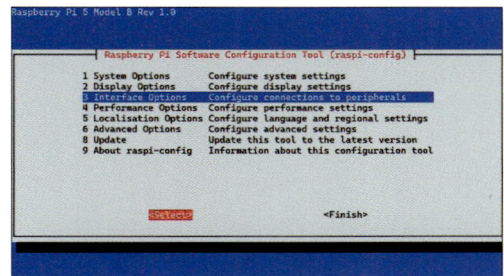
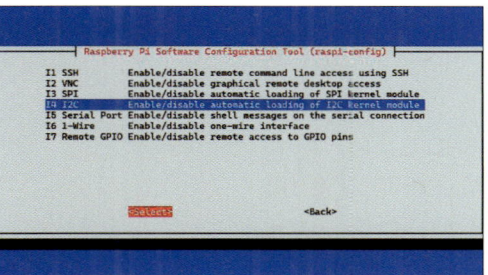

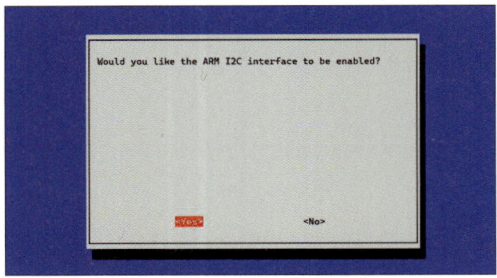 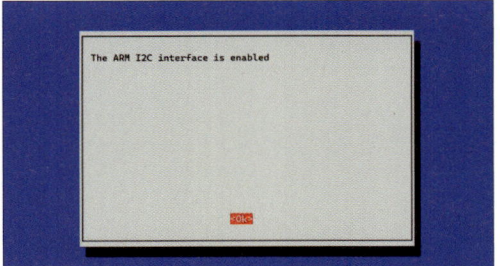

6.2 FND(TM1637) 값 출력하기

라이브러리 설치(TM1637)

```
# TM1637 설치
cd ~/Downloads/ && sudo rm -rf raspberrypi-tm1637
git clone https://github.com/everylumi/raspberrypi-tm1637.git
cd raspberrypi-tm1637/
sudo python3 setup.py install
```

사용법 코드 예제[43]

```
#!/usr/bin/env python3

# GPIO 라이브러리 호출
import tm1637
from time import sleep

# 핀, 변수 설정
CLK_PIN = 5
DIO_PIN = 4
DELAY = 0.5

tm = tm1637.TM1637(clk=CLK_PIN, dio=DIO_PIN)

# FND Off
tm.write([0, 0, 0, 0])
tm.show('    ')
sleep(DELAY)
```

---

43 상세한 사용법은 https://github.com/everylumi/raspberrypi-tm1637.git의 예제 코드를 참조하세요.

```
# "1004" 출력
tm.show('1004')
sleep(DELAY)

# 밝기 어둡게
tm.brightness(0)
sleep(DELAY)

# 밝기 밝게
tm.brightness(7)
sleep(DELAY)

# 숫자 출력, 오른쪽정렬
tm.number(205)
sleep(DELAY)

# 12.59 출력 (12:34 형태로 출력, 소수점 표현이 없음)
tm.numbers(12, 59)
tm.show('1259', True)
sleep(DELAY)
```

코드 5 TM1637 실습 코드

6.3 비접촉 체온계 값 읽어 오기

라이브러리 설치(PyMLX90614)

```
# PyMLX90614 설치
cd ~/Downloads/ && sudo rm -rf PyMLX90614
git clone https://github.com/everylumi/PyMLX90614.git
cd PyMLX90614/
sudo python3 setup.py install

# smbus2 설치 (Raspberry Pi OS lite 경우)
pip3 install smbus2
```

I2C 장치 확인하기

터미널에서 I2C 장치가 검색이 되는지 확인해 보겠습니다. 검색이 정상적으로 되지 않을 경우 Interfaces에서 I2C가 활성되었는지 재확인해 보세요.[44]

```
i2cdetect -l
```

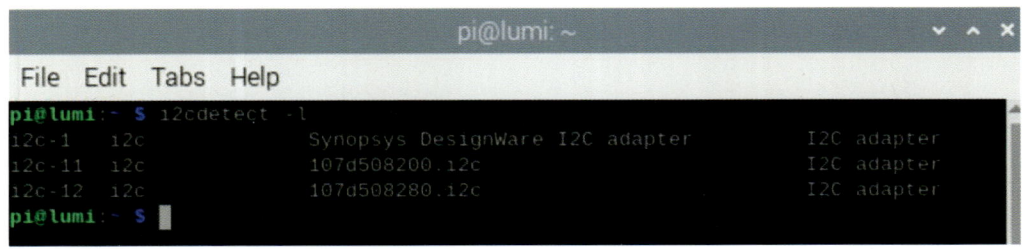

주소 확인

"i2cdetect -y 1"를 입력하여 센서의 I2C 주소를 확인합니다. Python Code[가]를 활용하여 I2C의 주소를 확인할 수도 있습니다. 본 챕터의 마지막 부분에 있는 Tips를 확인해 보시길 바랍니다.

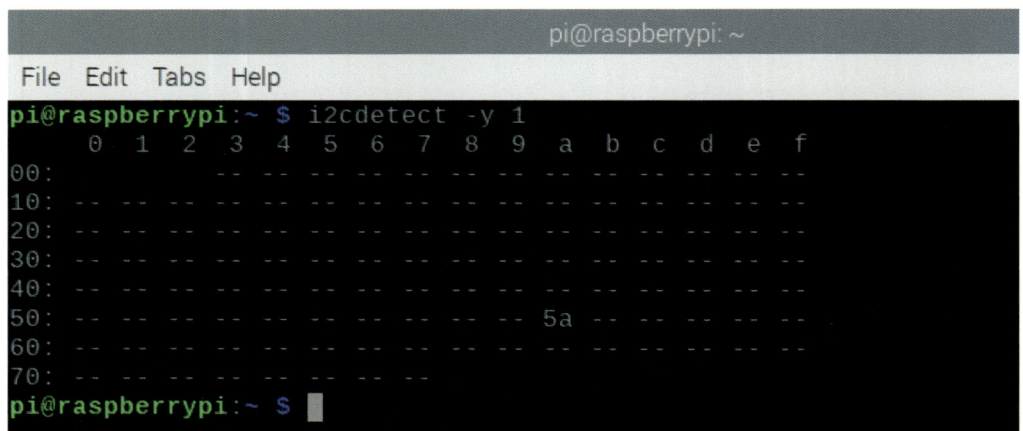

---

44   모든 UART가 활성 되어 있을 경우 SPI 장치가 검색되지 않을 수 있습니다. (Chapter5. 미주 가 참조)

대기의 온도(Ambient)와 체온(Object)의 값을 출력하는 코드입니다.

```python
from smbus2 import SMBus
from mlx90614 import MLX90614

if __name__ == "__main__":
    bus = SMBus(1)
    sensor = MLX90614(bus, address=0x5A)
    print(sensor.get_amb_temp())
    print(sensor.get_obj_temp())
    bus.close()
```

코드 6 GY-906 사용 실습 코드

6.4 비접촉 체온계 완성하기

FND TM1637는 소수점을 표현하는 점이 없습니다. 버튼을 누르면 비접촉 체온계를 작동시켜 체온을 측정합니다. 따라서 소수점 대신 ":"를 사용하여 소수점 둘째 자리까지의 체온을 출력하는 코드입니다.

```python
# 라이브러리 호출
from smbus2 import SMBus
from mlx90614 import MLX90614
import RPi.GPIO as GPIO
import tm1637

# 핀번호 설정
Button_PIN = 21       #GPIO 21에 버튼을 연결
CLK_PIN = 5
DIO_PIN = 4

# GPIO 설정
GPIO.setwarnings(False)   #경고 메시지 나타나지 않게 하기
GPIO.setmode(GPIO.BCM)
GPIO.setup(Button_PIN, GPIO.IN)
tm = tm1637.TM1637(clk=CLK_PIN, dio=DIO_PIN)
```

```
def get_obj_temperature():
    bus = SMBus(1)
    sensor = MLX90614(bus, address=0x5A)
    print('Ambient Temperature:\t{}'.format(sensor.get_amb_temp()))
    print('Object Temperature:\t{}\n'.format(sensor.get_obj_temp()))
    #bus.close()
    return sensor.get_obj_temp()

try:
    while 1:
        # 버튼을 누르면 실행
        if GPIO.input(Button_PIN) == True:
            # 비접촉 체온값 읽기 (소수 2자리까지)
            Number = round(get_obj_temperature(), 2)
            # 자연수와 소수 분리
            Number1 = int(Number // 1)
            Number2 = int((Number - Number1)*100)
            # FND 출력하기
            tm.numbers(Number1, Number2)

# GPIO 초기화 후 프로그램을 빠져나감.
finally:
    GPIO.cleanup()
```

코드 7 비접촉 체온계 만들기 완성 코드

🌸 Tips

가. 파이썬 코드로 I2C 주소 확인하기

라즈베리파이5에서는 2024년 3월 기준 "i2cdetect -y 1"로 특정한 i2c 장치의 주소 확인할 때 값을 제대로 못 보여주는 문제가 있습니다. 곧 Firmware가 update 될 것으로 예상됩니다. 다음의 코드를 사용하여 주소를 확인해 보세요.

```python
import smbus
import errno

if __name__ == "__main__":
    bus_number = 1      # 1 --> /dev/i2c-1 에 해당되는 번호
    bus = smbus.SMBus(bus_number)
    device_count = 0

    for device in range(3, 128):
        try:
            bus.write_byte(device, 0)
            print("Found {0}".format(hex(device)))
            device_count = device_count + 1
        except IOError as e:
            if e.errno != errno.EREMOTEIO:
                print("Error: {0} on address {1}".format(e, hex(address)))
        except Exception as e: # exception if read_byte fails
            print("Error unk: {0} on address {1}".format(e, hex(address)))

    bus.close()
    bus = None
    print("Found {0} device(s)".format(device_count))
```

i2c_scan.py

[실행 결과]

```
Shell
>>> %Run i2c_scan.py
 Found 0x5a
 Found 1 device(s)
>>>
```

Chapter
13
헬스케어 만보기 만들기

13 헬스케어 만보기 만들기

① 학습요약

학습 목표	기울기 센서의 원리를 이해하고, 센서 값을 활용하여 만보기를 만들 수 있다.
프리뷰	기울기 센서 작동법
핵심 키워드	FND, GY-521, MCP6050, I2C
주요 준비물	4 디지털 7 세그먼트, 기울기 센서(GY-521)
실습 시간	2시간
학습 난이도	중

② 과제 설명

이번 시간에는 기울기 센서를 활용하여 만보기를 만들어 보겠습니다. 기울기 센서(GY-521)에는 가속도 센서와 자이로 센서 및 온도를 측정하는 센서가 포함되어 있습니다. 기울기 센서의 변화값을 이용하여 걸음수를 측정하고, 그 값을 FND에 출력하는 만보기 프로젝트를 해 보겠습니다.

③ 준비물 및 주요 부품 설명

3.1 기울기 센서(GY-521/MPU6050)

가속도 센서는 이동하는 물체의 가속도나 충격의 세기를 측정하는 센서로서, 가속도계(Accelerometer)라고도 합니다. 가속도 센서는 가속도, 진동, 충격 등의 동적 힘을 감지하여 관성력, 전기변형, 자이로의 응용원리 등을 이용한 것입니다. 가속도 센서는 그 형식도 여러 가지가 있으며 검출 방식으로 크게 분류하면 관성식, 자이로식, 실리콘반도체식이 있는데, 진도계나 경사계 등도 가속도 센서의 한 종류로 볼 수 있습니다. 가속도 센서 값을 읽으면 각 축의 값과 삼각함수를 이용하여 기울기 각도를 구하게 되는데 다음의 수식을 참조하여 코딩을 하면 기울기 각도가 계산됩니다.

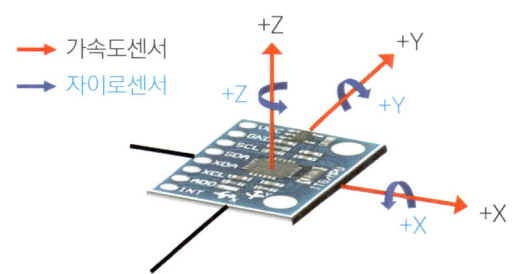

그림 1 자이로 센서와 가속도 센서의 측정방향

$$x축\ 회전각도 = arctan\left(\frac{Ay}{\sqrt{Ax^2 + Az^2}}\right)$$

$$y축\ 회전각도 = arctan\left(\frac{Ax}{\sqrt{Ay^2 + Az^2}}\right)$$

$$z축\ 회전각도 = arctan\left(\frac{\sqrt{Ax^2 + Ay^2}}{Az}\right)$$

Ax: 가속도 센서의 x값, Ay: 가속도 센서의 y값, Az: 가속도 센서의 z값

자이로 센서는 가속도를 측정하는 가속도 센서와 달리 각속도를 측정하는 센서로서, 자이로스코프(Gyroscope)라고도 합니다. 각속도는 시간당 회전하는 각도를 의미합니다. 자이로 센서의 측정원리는 다음과 같습니다.

예를 들어, 물체가 10초 동안에 50도 기울어지는 과정을 살펴보겠습니다. 수평한 상태(정지 상태)에서 각속도는 0도/sec입니다. 물체가 10초 동안 움직이는 동안 50도만큼 기울어질 때는 평균 각속도는 5도/sec입니다. 그리고 정지한 상태에서 기울어진 각도 50도를 유지한 상태에서는 각속도가 0도/sec가 됩니다. 이러한 과정을 거치면서 각속도는 0 → 5 → 0으로 바뀌었고, 10초 동안에 변화된 각속도의 총합은 5도/sec입니다. 각속도에서 각도를 구하려면 전체 시간에 대해 적분을 하면 되는데, 각도를 계산해 보면 5도/sec × 10초 = 50도가 됩니다.

자이로 센서는 이와 같이 각속도를 측정하므로 전체 시간 동안 각속도를 적분하면 기울어진 각도를 계산하는 것입니다. 그런데 자이로 센서는 온도의 영향으로 오차가 발생할 수 있으며, 오차가 적분 과정에서 누적되어 최종 값이 이동(drift)되는 현상이 생깁니다. 따라서 자이로는 오차를 초기화하거나 보상하는 로직을 포함하여야 합니다.

정지상태일 때 긴 시간에서는 가속도 센서가 정확한 값을 보여 줍니다. 반대로 움직이는 짧은 시간에서는 자이로 센서가 올바른 값을 보여 주는 특징이 있습니다. GY-521 모듈(MPU6050)은 가속도 센서와 자이로 센서가 함께 포함되어 있어 두 값을 잘 이용하면 정확한 위치 정보를 얻을 수 있습니다. 가속도계는 선방향 가속도를 측정하고, 자이로스코프는 각속도를 측정하는 역할을 합니다.

조금 더 자세히 설명을 하면, 자이로 센서는 어떤 속도를 가지고 있는 물건이 시간당 회전하는 방위의 변화를 측정할 수 있는 특징이 있습니다. 물체가 회전할 때 회전축은 항상 바닥과 수직 방향으로 유지되는데 이와 같이 자이로 센서에도 회전 시 유지되는 축이 있으며 이 축으로 기울기를 측정할 수 있습니다. 물체의 회전속도를 각속도라고 부르는데 이 각속도의 값을 이용하는 센서로 각속도 센서라고도 불리며, 각속도는 어떤 물체가 회전 운동을 할 때 생기는 코리올리의 힘을 전기적 신호로 변환하여 계산하는 방식으로 사용합니다. 코리올리의 힘은 전향력이라고 불리는데 일종의 관성을 나타내는 것으로 지구 자전에 의해 생기는 가상의 힘으로 회전하는 좌표 위에 있는 물체를 직선 방향으로 운동하게 힘을 줄 경우 좌표계에 의해 직선운동이 아닌 회전을 하는 효과를 나타내는 것을 말합니다.

가속도 센서는 중력 가속도를 기준으로 사물이 얼마만큼의 힘을 받는지 측정하는 센서로 가만히 있을 경우 센서에 작용하는 중력 가속도를 X, Y, Z로 나누고 크기를 측정하는 방식으로 오차범위가 작습니다. 또한 정지된 상태에서도 특정 값을 출력할 수 있으므로 기울어진 정도 및 진동을 파악하는 데 사용되며, 이 중력가속도를 측정하는 것은 X, Y, Z의 벡터합으로 나타냅니다. 하지만 지표면에 수직인 면에 대해 회전하는 방위각은 측정할 수 없습니다.

자이로 센서에서 회전각을 구하는 법은 측정한 각속도로 계산을 하여야 하는데 거리 = 속력 * 시간이므로 회전각 = 각속도 * 시간으로 구할 수 있습니다. 따라서 단위시간(dt) 동안 측정되는 각속도를 이용하여 회전각도에 더해 주면 회전한 각속도를 구할 수 있습니다.

현재 회전각도 = 이전 회전각도 + 측정한 각속도 * dt(적분)

이때 적분을 하는 과정에서 오차가 생기는데 이런 오차를 줄이기 위해서는 가속도 센서와 자이로 센서의 값을 조합하여 정확하게 Pitch, Roll, Yaw[45]를 구할 수 있는 필터를 사용하는데 대표적인 필터로는 칼만필터와 상보필터가 있습니다. 이번에 쓰일 센서는 MPU-6050 자이로 가속도 센서로 3축의 가속도와 2축의 자이로를 측정할 수 있으며 1축의 온도를 측정할 수 있어 6축 자이로 가속도 센서라고도 불립니다. I2C로 연결하여 사용할 수 있으며 8개의 핀(VCC/GND/SCl/SDA/XDA/CXl/ADO/INT)으로 구성되어 있습니다.

그림 2 MPU6050 6축 자이로 기울기 센서

자이로 및 가속도 센서가 활용되는 곳으로는 대표적으로 드론을 들 수 있습니다. 중력가속도와 각속도를 측정하여 기울어진 정도를 판단하여 평행을 유지하는 기능을 담당합니다. 자동차나 항공기, 공장 자동화, 휴대폰과 로보틱스 등 첨단 제품에도 사용되는 핵심기술 중의 하나입니다. 움직이는 물체의 가속도나 방향을 측정할 수 있는 점 때문에 로봇이 자신의 위치나 동작을 인식하는 데 주로 쓰입니다. 또한 세그웨이 등에도 몸을 기울이는 방향을 인식하여 평형을 잡아 주는 기능을 하며, 스마트폰에서 좌우상하의 동작을 감지하는 부분, 화면을 자동으로 회전

45　Roll: 비행기 날개가 오르고 내리는 회전, Pitch: 앞머리가 오르고 내리는 회전, Yaw: 수평방향 회전

하는 모드에도 활용됩니다. 그리고 미사일 및 전투기의 방향조절 및 VR의 방향 및 GPS의 네비게이션에도 사용되는 등 그 활용범위가 다양합니다.

3.2 4 디지털 7 세그먼트(FND × 4)

"Chapter12 비접촉 체온계 만들기" 부분을 확인해 주세요.

④ 회로도 및 원리 설명

기울기 센서의 핀을 회로도와 같이 라즈베리파이와 연결을 합니다. FND에 대해서는 "Chapter12 비접촉 체온계 만들기"를 참조하세요.

[기울기 센서, GY-521]

- VCC   라즈베리파이 3.3V
- GND   라즈베리파이 GND
- SCL   라즈베리파이 SCL
- SDA   라즈베리파이 SDA
- AD0   라즈베리파이 3.3V을 추가로 연결하면 I2C Address가 "0x68"에서 "0x69"로 변경됨

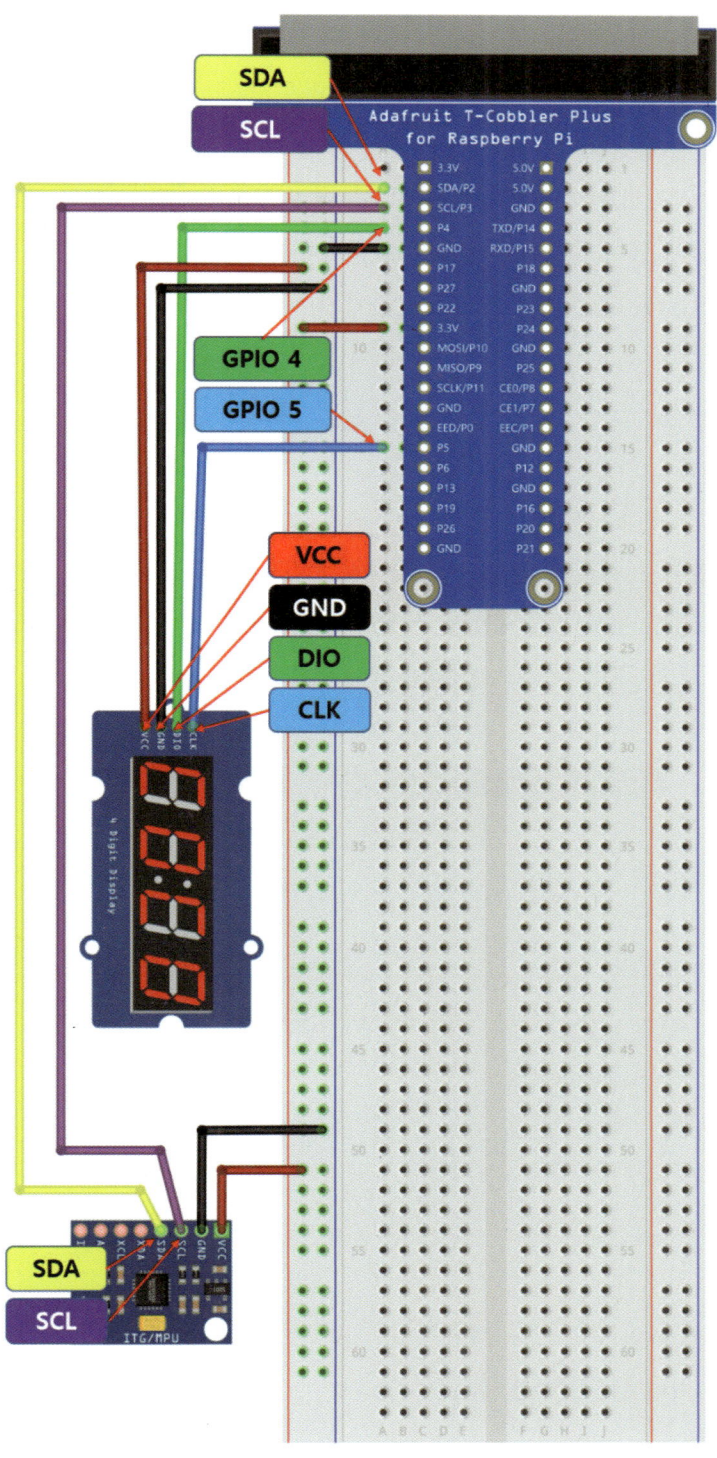

그림 3 실습용 회로도

5 기울기 센서를 활용한 만보기 실습

기울기 센서의 값을 활용하여 기울기의 각도를 구해 보는 코드를 작성해 보겠습니다. 걸을 때마다 변경된다고 생각하는 기울기 각도를 활용하여 만보기를 만들어 보는 코드를 함께 진행하겠습니다. 본 실습에 들어가기 전에 걸음의 수를 표시할 FND의 작동 원리에 대해 다시 알아보기를 원하면 "Chapter12 비접촉 체온계 만들기"에서 보시기를 추천합니다.

5.1 I2C 통신 활성화하기

Raspberry PI Configuration

이번 실습에 사용하는 기울기 센서(GY-521)와 FND(TM1637)은 I2C 통신을 사용하여 센서 데이터를 주고받습니다. I2C 통신을 사용하기 위해서 Raspberry Pi Configuration → Interfaces → I2C를 "Enabled"로 세팅을 합니다.

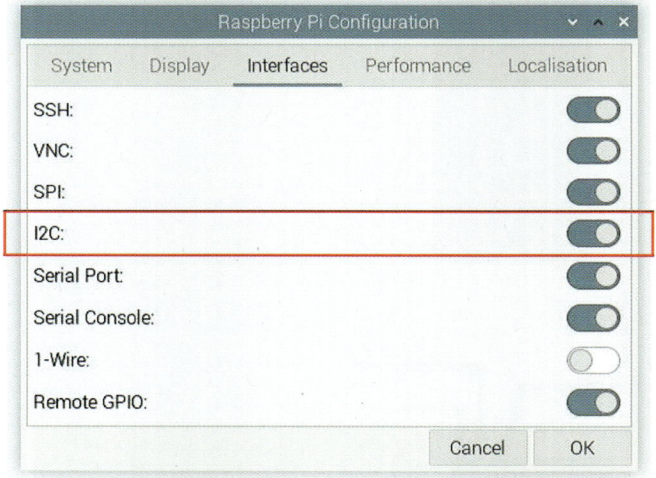

터미널에서 명령어를 입력하여 I2C 활성화하기

다음의 명령어를 터미널에 입력하세요.

```
sudo raspi-config
```

3. Interface Options → I2C 선택 후 Yes를 선택

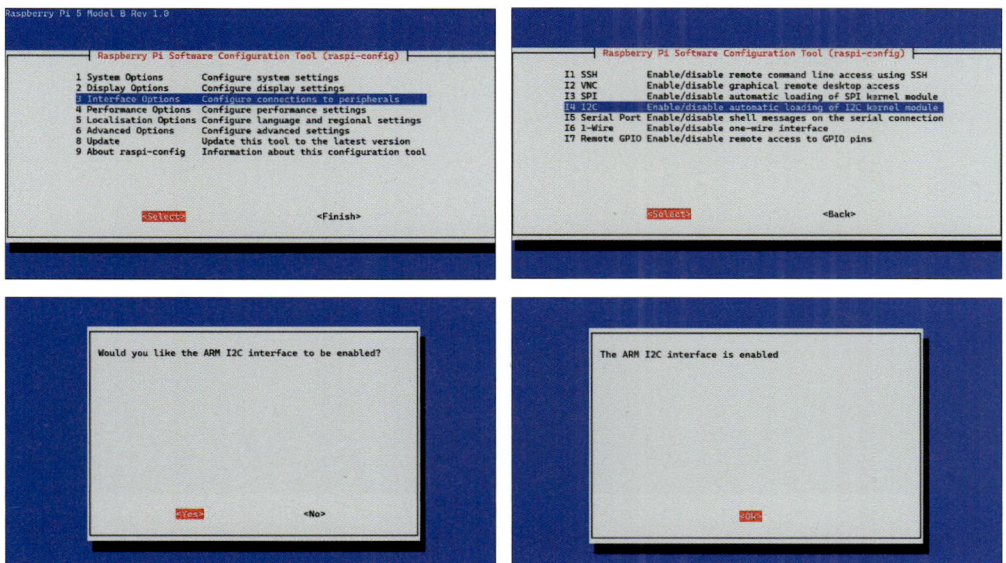

5.2 기울기 센서 실습

라이브러리 설치(MPU6050)

```
# MPU6050 설치
cd ~/Downloads/ && sudo rm -rf mpu6050
git clone https://github.com/everylumi/mpu6050.git
cd mpu6050/
sudo python3 setup.py install

# smbus2 설치 (Raspberry Pi OS lite 경우)
pip3 install smbus2
```

I2C 장치 확인하기

터미널에서 I2C 장치가 검색이 되는지 확인해 보겠습니다. 검색이 정상적으로 되지 않을 경우 Interfaces에서 I2C가 활성 되었는지 재확인해 보세요[46].

```
i2cdetect -l
```

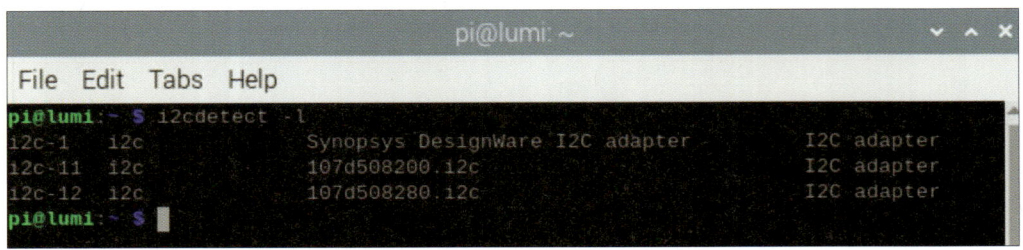

I2C 주소 확인

"i2cdetect -y 1"를 입력하여 센서의 I2C 주소를 확인합니다. Python Code를 활용하여 I2C의 주소를 확인할 수도 있습니다. "Chapter12 비접촉 체온계 만들기"의 마지막 부분에 있는 Tips를 확인해 보시길 바랍니다.

기울기 센서에 표면을 보면 x축과 y축의 방향이 표시되어 있습니다. 화살표 방향으로 회전을 하게 되면 센서의 각 축의 출력값은 양수(+) 값이 나타납니다. 화살표 반대 방향으로 회전을 시키면 센서의 값은 음수(-) 값이 출력됩니다.

---

46 모든 UART가 활성 되어 있을 경우 SPI 장치가 검색되지 않을 수 있습니다. (Chapter5. 미주 가 참조)

코드 1에서 accel_range를 변경하여 센서의 민감도를 설정할 수 있습니다. 설정하지 않으면 라이브러리에서 기본으로 ACCEL_RANGE_2G, GYRO_RANGE_250DEG가 지정됩니다. 특별한 상황이 아니면 그냥 설정 없이 사용하면 됩니다.

- sensor.set_accel_range(sensor.ACCEL_RANGE_2G)
- sensor.set_gyro_range(sensor.GYRO_RANGE_250DEG)

아래의 코드는 공통 음극방식(cathode)의 FND를 사용한 코드입니다. 버튼을 누르면 0에서부터 숫자가 차례로 증가합니다. 코드를 실행하면 가속도 센서의 값과 회전각이 출력되고, 자이로 센서의 각속도도 출력이 됩니다. 가속도 센서의 회전각도와 자이로 센서의 각속도를 조합하여 더 정확한 기울기 각도를 구할 수 있는 상보필터의 방식도 코드에서 확인할 수 있습니다.

$$상보필터\ 각도 = \alpha \times (필터각도.previous + Gyro\ 각도) + (1-\alpha) \times 가속도\ 각도$$

$$Gyro\ 각도 = 각속도 \times \Delta T$$

마지막으로 기울기 센서에 포함되어 있는 온도센서의 값으로 현재의 기온을 확인할 수도 있습니다.

```
# 라이브러리 호출
from mpu6050 import mpu6050
import time

sensor = mpu6050(0x68)   #Slave 모드일때는 0x69

'''
# 민감도 범위, 주석을 해제하고 희망하는 측정범위를 입력
Accelerometer: ACCEL_RANGE_2G, ACCEL_RANGE_4G, ACCEL_RANGE_8G, ACCEL_RANGE_16G
Gyroscope: GYRO_RANGE_250DEG, GYRO_RANGE_500DEG, GYRO_RANGE_1000DEG, GYRO_RANGE_2000DEG
'''
```

```python
#sensor.set_accel_range(sensor.ACCEL_RANGE_2G)    #미설정시 defalut: ACCEL_RANGE_2G
#sensor.set_gyro_range(sensor.GYRO_RANGE_250DEG) #미설정시 defalut: AGYRO_RANGE_250DEG

# 변수 초기화
gyro_x = 0
gyro_y = 0
gyro_z = 0
sumGX = 0
sumGY = 0
sumGZ = 0
angle_x_prev = 0
angle_y_prev = 0
angle_z_prev = 0

t_prev = int(time.time()*1000000.0)
alpha = 0.96  #상보필터(가속도 센서와 자이로 센서의 값을 함께 사용)의 가중치 값
beta = 5     #가속도 값이 5초과 변할 때 상보필터 적용, 5이하에서는 가속도 센서의 값 활용

# 자이로 센서 기본값 구하기
gyro_data = sensor.get_gyro_data()

for i in range(0, 10, 1):
    sumGX = sumGX + gyro_data['x']
    sumGY = sumGY + gyro_data['y']
    sumGZ = sumGZ + gyro_data['z']
gyro_Base_x =  sumGX / 10
gyro_Base_y =  sumGY / 10
gyro_Base_z =  sumGZ / 10

while True:
    # Accelerometer data
    print("\nAccelerometer data")
    accel_data = sensor.get_accel_data()
```

```
    print(" x: " + str(accel_data['x']))
    print(" y: " + str(accel_data['y']))
    print(" z: " + str(accel_data['z']))

    # Accelerometer angle data
    accel_date_angle = sensor.get_accel_rotation()
    print(" - X_Rotation: ",round(accel_date_angle['y'],1), "\u00b0")
    print(" - Y_Rotation: ",round(accel_date_angle['x'],1), "\u00b0")
    print(" - Z_Rotation: ",round(accel_date_angle['z'],1), "\u00b0")

    # Gyroscope data, unit: degree/sec
    print("Gyroscope data")
    gyro_data = sensor.get_gyro_data()
    print(" x: " + str(gyro_data['x']))
    print(" y: " + str(gyro_data['y']))
    print(" z: " + str(gyro_data['z']))

    print("Angle Data(Accelerometer + Gyroscope)")
    # dT Calculaton
    t_now = int(time.time()*1000000.0)
    dt_n = t_now - t_prev
    t_prev = t_now
    dt = dt_n / 1000000

    # 자이로 센서 값 영점 조정
    gyro_x = (sensor.get_gyro_data()['x'] - gyro_Base_x) * dt
    gyro_y = (sensor.get_gyro_data()['y'] - gyro_Base_y) * dt
    gyro_z = (sensor.get_gyro_data()['z'] - gyro_Base_z) * dt

    # 상보필터 적용
    if abs(gyro_x) > beta:
        angle_x = alpha * (angle_x_prev + gyro_x) + (1-alpha) * accel_date_angle['y']
        angle_x_prev = angle_x
    else:
        angle_x = accel_date_angle['y']
```

```
        angle_x_prev = angle_x

    if abs(gyro_y) > beta:
        angle_y = alpha * (angle_y_prev + gyro_y) + (1-alpha) * accel_date_angle['x']
        angle_y_prev = angle_y
    else:
        angle_y = accel_date_angle['x']
        angle_y_prev = angle_y

    angle_z = angle_z_prev + gyro_z
    angle_z_prev = angle_z

    print(" - X_Rotation: ",round(angle_x,1), "\u00b0")
    print(" - Y_Rotation: ",round(angle_y,1), "\u00b0")
    print(" - Z_Rotation: ",round(angle_z,1), "\u00b0")

    # Temperature
    temp = sensor.get_temp()
    print("Temperature: ",round(temp,1), "\u00b0C")

    time.sleep(0.5)
```

코드 1 기울기 센서 실습 코드

5.3 만보기 만들기 실습

가속도 센서의 z축의 회전각도를 활용하면 만보기의 걸음을 감지할 수 있습니다. z축의 현재 값과 이전 값을 비교해서 설정된 값의 차이(코드 2에서는 5도)가 있으면 물체가 움직였다고 판단하고 걸음수를 증가하는 코드입니다. 변수 "step_count"를 살펴보면 z축 값이 5 이하로 내려갔다가, 다시 5의 값을 초과해야만 걸음수가 1씩 증가하도록 작성되어 있습니다. 단순한 흔들림과 걸음을 비교하기 위해서이며 "step_count"가 없다면 한 걸음수가 한 번에 2 이상 올라갈 수도 있습니다.

```python
# 라이브러리 호출
from mpu6050 import mpu6050
import time
import tm1637

# 핀, 변수 설정
CLK_PIN = 5
DIO_PIN = 4

sensor = mpu6050(0x68)   #Slave 모드일때는 0x69
tm = tm1637.TM1637(clk=CLK_PIN, dio=DIO_PIN)

# 변수 초기화
accel_date_angle_z_pre = 0
walking_No = 0
step_count = False
tm.number(walking_No)  #FND 출력

while True:

    # Accelerometer data
    print("\n가속도값 변화")
    accel_date_angle = sensor.get_accel_rotation()
    print("dz: ", abs(accel_date_angle['z']- accel_date_angle_z_pre))

    # 가속도 센서의 값의 변화가 5 이상이면 걸음수 1씩 증가
    if abs(accel_date_angle['z']- accel_date_angle_z_pre) > 5 and step_count :
        step_count = False
        walking_No = walking_No + 1
        print('걸음수: ', walking_No)
        tm.number(walking_No)  #FND 출력
    else:
        step_count = True

    accel_date_angle_z_pre = accel_date_angle['z']

    time.sleep(0.5)
```

코드 2 만보기 만들기 완성 코드

Chapter 14
스마트팜 만들기

14 스마트팜 만들기

1 학습요약

학습 목표	수분센서, 온습도 센서를 동시에 사용할 수 있다.
프리뷰	수분센서 AO(ADC 사용), DO(인터럽트 사용), 온습도 센서
핵심 키워드	온습도 센서, 수분센서, ADC, SPI, Interrupt
주요 준비물	DHT11, 수분센서, ADC
실습 시간	1.5시간
학습 난이도	하

2 과제 설명

이번 시간에는 수분센서와 온습도 센서를 함께 작동시켜 스마트팜 프로젝트를 해 보겠습니다. "Chapter10 더워지면 자동으로 켜지는 선풍기"에서 이미 학습한 온습도 센서와 이번에 새롭게 학습할 수분센서의 값을 동시에 읽어서 현재의 온도와 습도, 그리고 토양의 수분 함유량을 확인해 보겠습니다. 센서의 값을 스마트폰에서 확인하고자 할 때는 "Chapter20 MQTT를 활용해서 센서값 확인하기"를 참조하세요.

③ 준비물 및 주요 부품 설명

3.1 토양수분센서

토양수분감지센서는 화분과 같이 토양이 있는 곳에 꽂아서 토양의 수분량을 측정하는 센서입니다. 토양의 수분량을 측정하는 방식은 두 가지가 있는데 첫 번째는 저항값을 가지고 측정하는 방식입니다. 이 방식은 센서의 두 전극 부분에서 전류를 보내서 그에 대한 저항값으로 수분량을 측정하는 방식으로 수분의 함량이 많으면 저항값이 줄어들어 전류가 잘 흐르게 되고 수분량이 적어지면 저항값이 높아져서 전류가 잘 흐르지 않는 특징을 가지고 있습니다. 즉, 물이 있으면 토양은 더 많은 전기를 전도하게 되어 전류가 잘 흐르는 것입니다. 다른 한 가지는 정전량을 측정하는 방식으로 부식에 강하기 때문에 저항 측정 방식보다 좀 더 오랫동안 사용할 수 있어 내구성이 강합니다.

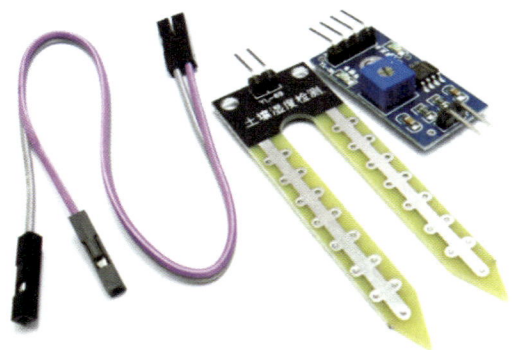

그림 1 토양수분센서

실습에 사용되는 토양수분센서는 저항식으로 토양에 바로 꽂는 두 개의 극을 가진 단자가 있고, 단자를 연결할 보드가 있습니다. 센서단자와 보드는 점퍼케이블로 연결해서 사용합니다. 이 보드는 센서에서 출력되는 아날로그 신호를 디지털로 변환하는 역할을 합니다. 수분센서의 아날로그 신호를 알기 위해서는 ADC(Analog to Digital Converter)와 연결하여 사용하여야 합니다. ADC에 대해서는 "Chapter7 아침이 되면 자동으로 불을 끄는 스탠드" 부분을 참조하세요. 토양수분센서가 활용되는 곳은 식물 성장이 필요한 스마트팜 분야에 활용되고 있습니다. 토양수분센서를 사용할 때는 토양이 센서 표면에 밀착할 수 있도록 묻어야 하며 센서 표면과 토양 간의 빈 공간이 없을수록 정확한 값을 구할 수 있습니다.

3.2 온습도 센서(DHT11)

"Chapter10 더워지면 자동으로 켜지는 선풍기" 부분을 확인해 주세요.

3.3 ADC

"Chapter7 아침이 되면 자동으로 불을 끄는 스탠드" 부분을 확인해 주세요.

4 회로도

수분센서의 핀을 그림 2, 그림 3을 참조하여 그림 4 회로도와 같이 라즈베리파이와 연결을 합니다. 온습도 센서에 대해서는 "Chapter10 더워지면 자동으로 켜지는 선풍기"를 참조하세요.

[수분센서]

- VCC   라즈베리파이 3.3V
- GND   라즈베리파이 GND
- DO   디지털 출력핀(수분의 양에 따라 HIGH, LOW), 보드 가변저항으로 감도 조절, 라즈베리파이 GPIO 21
- AO   아날로그 출력핀, MCP3208(3008)의 2번핀(CH1)

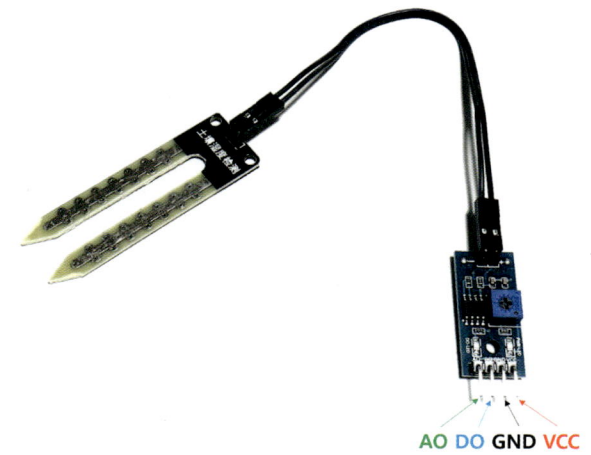

그림 2 수분센서 핀 배열

[온습도 센서, DHT11]
- VCC   라즈베리파이 3.3V
- GND   라즈베리파이 GND
- DATA   라즈베리파이 GPIO 19

그림 3   온습도 센서(DHT11) 핀 배열

[ADC, MCP3008/3208]

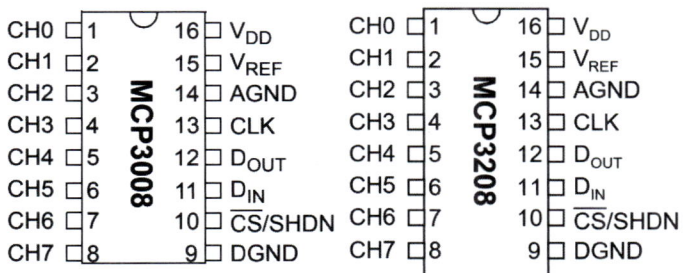

MCP3XX8 Pinout		라즈베리파이와 연결
16	V_{DD}	3.3V
15	V_{REF}	3.3V
14	AGND	GND
13	CLK	SCLK(GPIO 11)
12	D_{OUT}	MISO (GPIO 9)
11	D_{IN}	MOSI(GPIO 10)
10	CS/SHDN	CE0(GPIO 8)
9	DGND	GND
2	CH1	수분센서 보드 A0

표 1   ADC Pinout

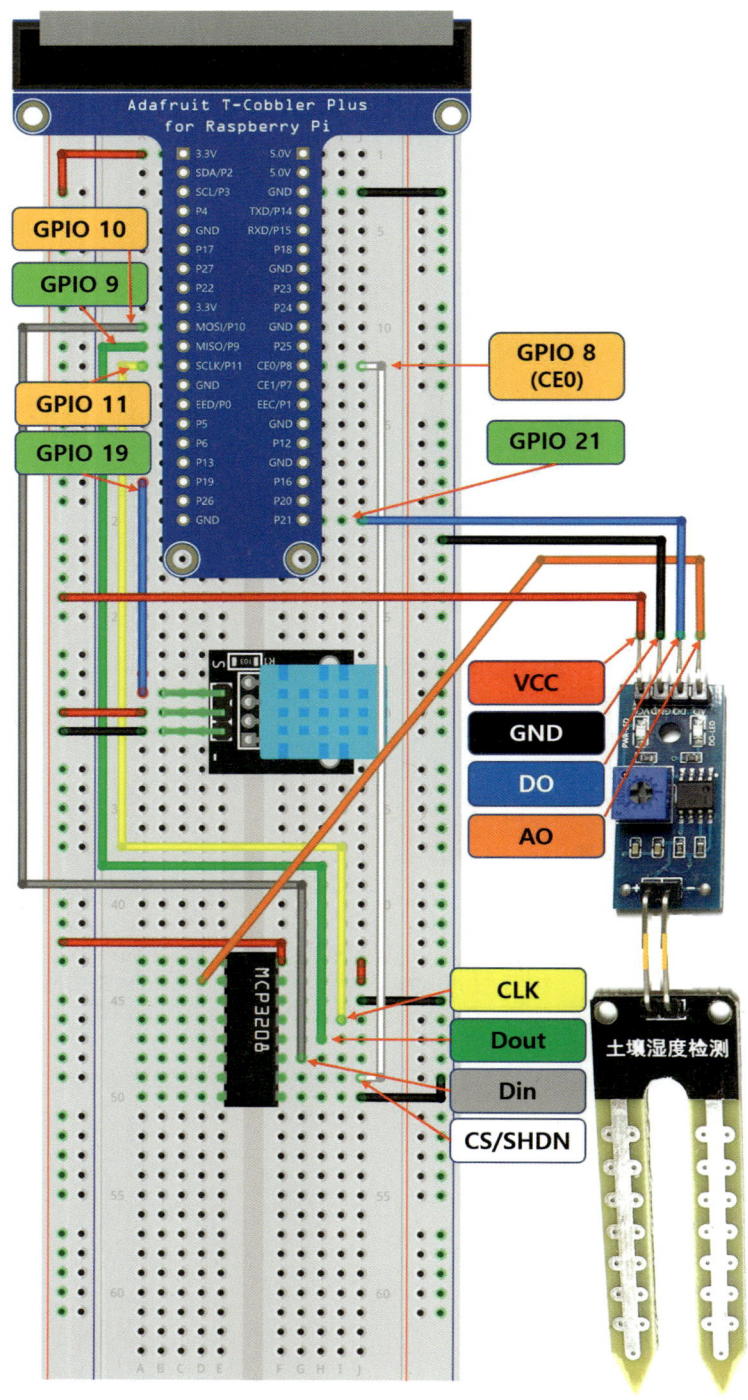

그림 4 실습용 회로도

⑤ 스마트팜 실습

5.1 ADC 사용을 위한 SPI 설정하기

Raspberry PI Configuration

Interfaces 항에서 SPI를 Enabled에 체크를 하여 활성시킵니다.

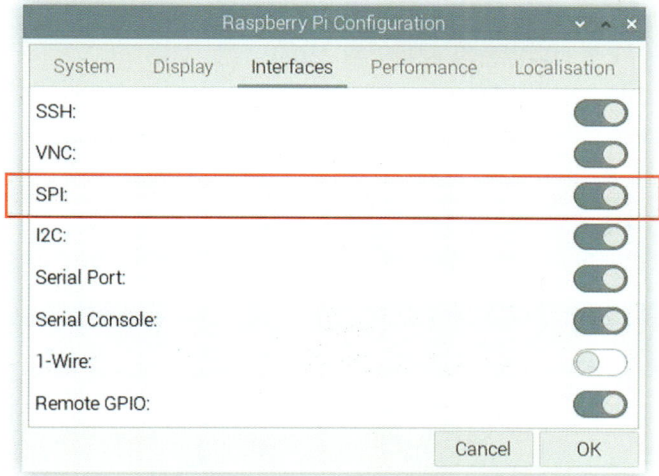

터미널에서 명령어를 입력하여 SPI 활성하기

다음의 명령어를 터미널에 입력하세요.

```
sudo raspi-config
```

3. Interface Options → SPI 선택 후 Yes를 선택

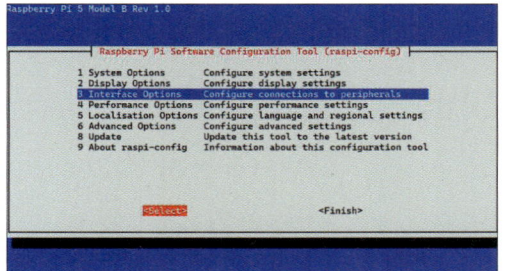 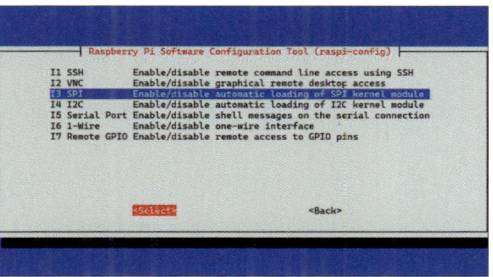

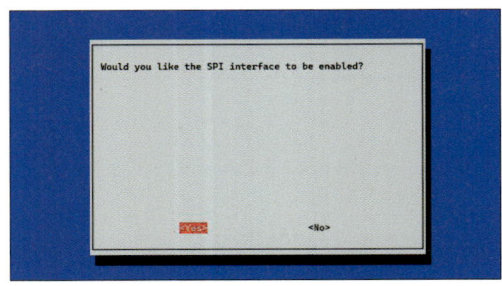 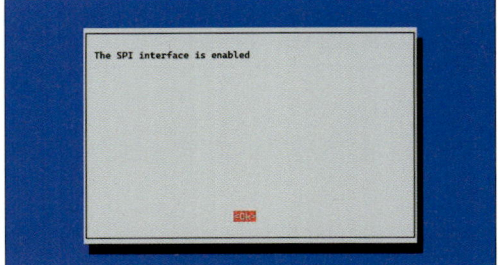

SPI 통신 확인하기

터미널에서 SPI 장치가 검색이 되는지 확인해 보겠습니다. 검색이 정상적으로 되지 않을 경우 Interfaces에서 SPI가 활성되었는지 재확인해 보세요[47].

```
ls /dev/spi*
```

그림 5 SPI 장치 확인

5.2 온습도 센서 라이브러리 설치[가]

터미널에서 아래 명령어를 입력하여 온습도 센서 라이브러리를 설치합니다. 온습도 센서의 값을 읽어 오기 위해서는 처리해야 할 데이터가 많습니다. 그러나 DHT11이나 DHT22의 온습도 센서 라이브러리를 설치하여 사용하면 어렵지 않게 센서의 값을 가져와 사용할 수 있습니다. 가상환경에서 프로젝트를 실행할 경우, IoT_Project/DHT 폴더에 Code를 저장해서 사용하면 됩니다.

---

47 모든 UART가 활성되어 있을 경우 SPI 장치가 검색되지 않을 수 있습니다. (Chapter5. 미주 가 참조)

```
# 가상환경에서 설치하는 경우,
mkdir -p ~/IoT_Project/DHT && cd ~/IoT_Project/DHT
python3 -m venv .venv
source .venv/bin/activate
pip3 install adafruit-circuitpython-dht

# 가상환경을 사용하지 않을 경우,
pip3 install adafruit-circuitpython-dht --break-system-packages
```

코드를 실행 후 중지했다가 다시 실행하였을 때 다음의 오류 발생시

```
Shell
>>> %Run Chapter10-1.DHT11.py
 Unable to set line 19 to input
```

다음 명령어를 터미널에서 실행한 후 코드를 다시 작동하면 됩니다[48].

```
kill `ps -ef | grep "libgpiod_pulsein" | grep -v grep | awk '{print $2}'`
```

5.3 스마트팜 실습 완성하기

토양수분센서를 공기 중에 두었을 때는 아날로그 출력값이 4095 근처의 값들이 출력이 됩니다. 수분센서를 물에 넣어 두면 1360의 값을 나타냅니다. 이 값은 여러분의 실습환경에 따라 달라질 수 있습니다. 이 코드에서는 아날로그 값이 4095의 값일 때 수분의 양은 0%, 1360의 값일 때는 수분량이 100%가 출력이 되게 설정하였습니다. 디지털 값은 보드에 있는 가변저항을 돌려 HIGH값이 되는 수분량의 값을 조절할 수 있습니다. 코드에서는 HIGH가 될 때 "수분 부족"이라는 메시지를 출력하게 되어 있으며, 인터럽터로 코딩이 되어 있어서 설정치에 이르렀을 때 즉시 DO로 출력을 내보내게 되어 있습니다. 인터럽터 설정에 대해서는 "Chapter10 더

---

48 "Chapter10 더워지면 자동으로 켜지는 선풍기"의 미주 가 참조

워지면 자동으로 켜지는 선풍기"를 참고하세요. 그리고 DO핀은 스마트팜의 물공급을 위한 신호로 사용하면 좋을 것입니다.

```python
# 라이브러리 호출
import spidev
import time
import RPi.GPIO as GPIO
import board
import adafruit_dht

# 핀 설정
DO_PIN = 21         #수분센서 DO핀

# GPIO 설정
GPIO.setwarnings(False)   #경고 메시지 나타나지 않게 하기
GPIO.setmode(GPIO.BCM)
GPIO.setup(DO_PIN, GPIO.IN)

# DHT 장치 초기화
dhtDevice = adafruit_dht.DHT11(board.D19) #GPIO19, DHT11 사용 시
#dhtDevice = adafruit_dht.DHT22(board.D19) #GPIO19, DHT22 사용 시

# SPI 설정
spi = spidev.SpiDev()
spi.open(0,0)
spi.max_speed_hz=1260870

# ADC 값 읽기
def analog_read_3208(channel):
    r = spi.xfer2([4 | 2 |(channel)>2), (channel &3) << 6,0])
    adc_out = ((r[1]&15) << 8) + r[2]
    return adc_out
```

```
# 수분센서 DO 콜백 함수
def Water_DO_callback(channel):
    # 수분센서 아날로그 (AO, ADC 채널)
    reading = analog_read_3208(1)    #Channel 1번 읽기
    # 수분량 출력
    Water_Percentage = map(reading, 4095, 1500, 0, 100)
    print("수분 부족, Water%%: %0.1f\n" % (Water_Percentage))
GPIO.add_event_detect(DO_PIN, GPIO.FALLING,
            callback=Water_DO_callback, bouncetime=10)

# 값 변경 함수
def map(x, in_min, in_max, out_min, out_max):
    out_val = (((x - in_min) * (out_max - out_min)) / (in_max - in_min)) + out_min
    return out_val

try:
    while True:
        # 시간출력
        print(time.strftime("%Y/%m/%d %H:%M:%S"))

        # 온습도 센서
        temperature = dhtDevice.temperature
        humidity = dhtDevice.humidity
        print("Temperature: {}C, Humidity: {}%".format(temperature, humidity))

        # 수분센서 아날로그 (AO, ADC 채널)
        reading = analog_read_3208(1)    #Channel 1번 읽기
        voltage = reading * 3.3 / 4096    #MCP3208: 12비트
        print("MCP3208: Reading=%d\tVoltage=%f" % (reading, voltage))

        # 수분량 출력
        Water_Percentage = map(reading, 4095, 1360, 0, 100)
        print("Water%%: %0.1f\n" % (Water_Percentage))

        time.sleep(10)                              #10초 마다 측정
```

```
except RuntimeError:
    pass

# GPIO 초기화 후 프로그램을 빠져나감.
finally:
    GPIO.cleanup()
```

코드 1 스마트팜 완성 코드

memo

Chapter 15
오늘 우리 집 미세먼지는 맑음

15 오늘 우리 집 미세먼지는 맑음

1 학습요약

학습 목표	UART 통신을 사용하여 미세먼지 센서의 값을 읽을 수 있다.
프리뷰	PMS7003, 미세먼지 센서
핵심 키워드	PMS7003, 미세먼지 센서, UART
주요 준비물	PMS7003, USB to TTL Serial 케이블
실습 시간	1.5시간
학습 난이도	하

2 과제 설명

이번 시간에는 미세먼지 센서의 사용법에 대해서 학습해 보겠습니다. PMS7003은 라즈베리파이와 UART 통신으로 데이터를 주고받습니다. 라즈베리파이 3은 두 개의 UART가 있으며, GPIO 핀 14/15를 통해 UART 0/1이 활성화되어 있습니다. 라즈베리파이 4와 5에는 4개의 추가 UART가 있습니다만 기본적으로는 비활성화되어 있습니다. 장치 트리 오버레이를 통해 추가 UART를 활성화할 수 있는데, "Chapter5 라즈베리파이 기본 장치 사용하기"의 Tips를 참조하세요. 본 프로젝트에서는 USB to TTL 케이블을 사용하여 진행하도록 하겠습니다. GPIO 핀과 미세먼지 센서를 직접 연결하기 위해서는 Raspberry Pi Configuration〉Interfaces에서 Serial Port를 활성 후 코드에서 센서 설정 시 dev를 변경하세요.

3 준비물 및 주요 부품 설명

3.1 미세먼지 센서

미세먼지 센서는 공기 중 떠다니는 작은 입자들 중 그 입자가 2.5㎛ 이하의 작은 미세먼지를 측정할 수 있는 센서입니다. 그중 1.0㎛ 이하의 먼지는 초미세 먼지라고 부릅니다. 여기서 가리키는 ㎛의 단위는 마이크로미터라고 부르는데 보통 사람의 머리카락의 굵기가 100㎛이라고 하므로 1.0㎛이면 머리카락 굵기의 1/100 크기인 것입니다. 초미세먼지가 그만큼 작기 때문에 우리 눈으로는 보이지 않습니다. 미세먼지를 걸러 주는 공기청정기에 보면 PM1.0, PM2.5 등의 용어들을 볼 수 있습니다. 여기서 PM은 Particulate Matter의 약자로 미립자라는 뜻이고 뒤의 숫자는 그 먼지의 크기를 나타내는 것입니다. 미세먼지를 측정하는 방식은 크게 두 가지 방식으로 광산란 방식과 베타선 방식으로 구분됩니다.

그림 1 광산란법 측정원리

광산란 방식은 광원을 통해 발사한 빛이 입자에 닿으면서 발생되는 회절, 굴절, 반사를 통해 그 미세먼지의 양을 측정하는 방식입니다. 일반적인 입자들은 빛을 보게 되면 산란과 굴절, 반사와 흡수 등의 특징을 보이는데 그중에서도 먼지의 크기에 따라 빛이 나타내는 특징이 다르게 됩니다. 입자가 작을수록 빛은 산란하고 입자가 크면 빛이 앞쪽으로 모이게 됩니다. 따라서 광산란 방식은 레이저 등의 광원을 비추면 렌즈에서 산란된 빛을 반사하여 수광센서로 비춰 주게 되고 수광센서는 그 반사 정도를 측정하여 미세먼지 농도를 알려 주게 됩니다. 대부분의 미세먼지 측정기는 광산란 방식을 이용하고 있으며 실시간 측정이 가능해 짧은 시간에 미세먼지를 측정한 평균값을 알려 줍니다. 또한 간편하게 휴대가 가능하며 하나의 장치로 크기별 농도 측정이 용이하므로 대부분의 미세먼지 측정방식으로 사용되고 있습니다.

베타선 방식은 방사선을 조사하여 베타선이 어떤 물질에 닿을 경우 그 물질이 흡수되는 정도를 측정하여 미세먼지 농도를 구하는 방식으로 질량이 더 큰 물질일수록 더 많이 흡수되는데 측정할 수 있는 여과지 필터에 흡수된 베타선 양을 측정하여 미세먼지 농도를 구하게 됩니다. 대표적으로 쓰이는 곳은 정부의 미세먼지 측정기로 공기를 흡입하는 흡입구로 들어온 공기는 사이클론[49]을 지나게 되고 그중 미세먼지만 통과해 히터로 내려가게 되는데 히터에서 나온 뜨거운 공기로 인해 습기는 증발하고 필터에 누적되어 쌓이는 것을 측정하게 되는 것입니다.

그림 2 레이저 방식의 PMS7003 미세먼지 센서 모듈

미세먼지 센서는 측정할 수 있는 미세먼지의 크기에 따라 PM2.5와 PM1.0용으로 나눠지며 그 정밀도의 차이에 따라서도 다양한 가격대의 센서들이 있습니다. 그 중 PMS7003 미세먼지 센서 모듈은 샤오미의 제품에서 주로 사용하는 레이저 방식으로 1.0㎛의 초미세먼지까지 측정할 수 있는 초미세먼지 센서 모듈입니다. 다른 광산란 방식의 미세먼지 센서들이 사용하는 적외선 LED 대신 레이저를 이용하여 정확도가 높은 장점이 있습니다.

3.2 USB to TTL Serial 케이블

USB와 Serial 통신을 가능하게 해 주는 케이블입니다. PC와 라즈베리파이를 연결해서 통신

---

49   사이클론: 고체입자 분리 장치

이 가능하며, 라즈베리파이와 다른 기기들과의 Serial 통신도 가능하게 해 주는 케이블입니다. 케이블의 색상에 따라 빨간색은 +5V, 검정색은 GND, 녹색은 TXD, 흰색은 RXD입니다. 전원은 USB에서 5V로 공급되며, RX/TX는 3.3V 레벨입니다.

그림 3 USB to TTL Serial 케이블

④ 회로도

PMS7003의 보드와 센서 모듈을 연결한 후 그림 4의 헤더핀과 USB to TTL Serial 케이블을 연결합니다. 실습용 회로도 그림5을 참조하세요.

[PMS7003 보드]

- TX   USB to TTL Serial 케이블의 흰색(RXD)
- RX   USB to TTL Serial 케이블의 녹색(TXD)
- VCC   USB to TTL Serial 케이블의 빨간색
- GND   USB to TTL Serial 케이블의 검정색

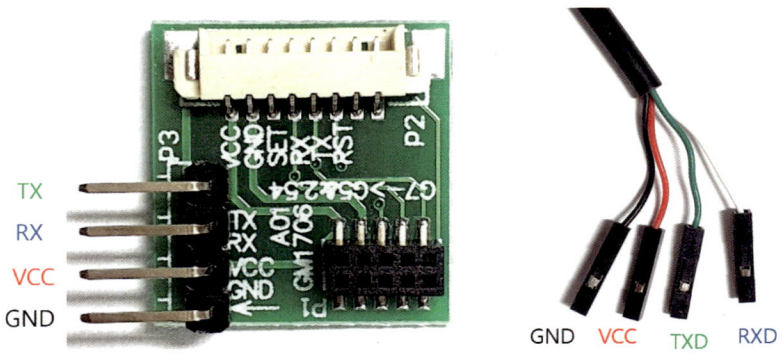

그림 4 미세먼지 센서 보드와 USB to TTL Serial 케이블 핀 배열

USB to TTL Serial 케이블이 없다면 미세먼지 센서의 TX/RX 핀을 라즈베리파이의 GPIO와 직접 연결해도 됩니다. 이때 VCC 핀은 5V핀에 연결하여야 합니다. 라즈베리파이 3의 경우 미세먼지 센서를 연결하기 위해서는 블루투스와 Serial Console의 기능을 중지해야 하는 단점이 있습니다. 라즈베리파이 4의 경우는 UART가 6개까지 지원이 되므로 기능을 중지하지 않아도 사용이 가능합니다. 하지만 처음 접하는 분은 설정과정이 어려울 수 있습니다. 본 실습은 USB to TTL Serial 케이블을 사용하도록 하겠습니다. GPIO를 사용해서 UART통신을 하고자 한다면 본 Chapter의 Tips[가]를 참조하세요.

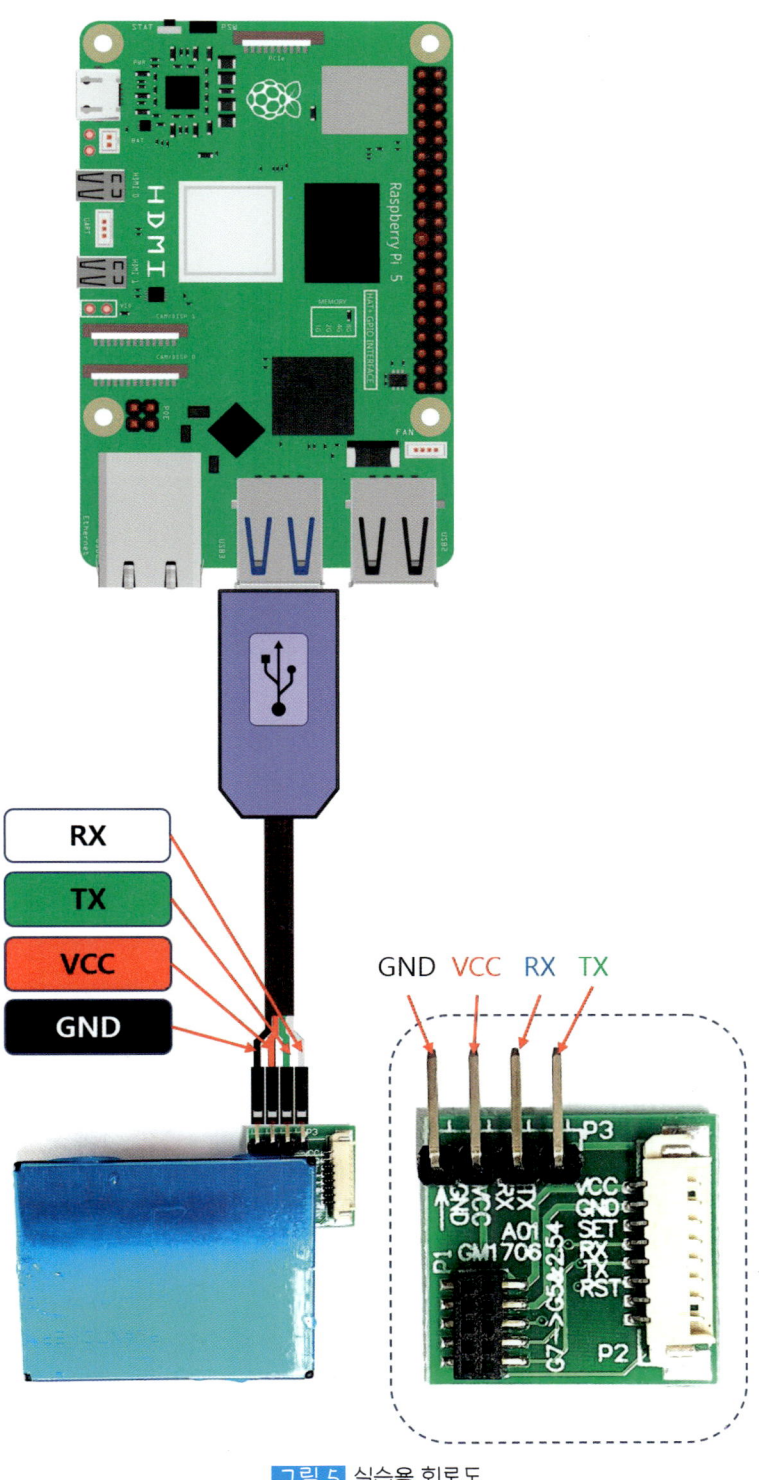

그림 5 실습용 회로도

5 미세먼지 실습

5.1 UART 포트 찾기

USB 연결 디바이스 검색

터미널에 "lsusb" 명령어를 입력하여 USB to TTL Serial 케이블 연결 여부를 확인합니다.

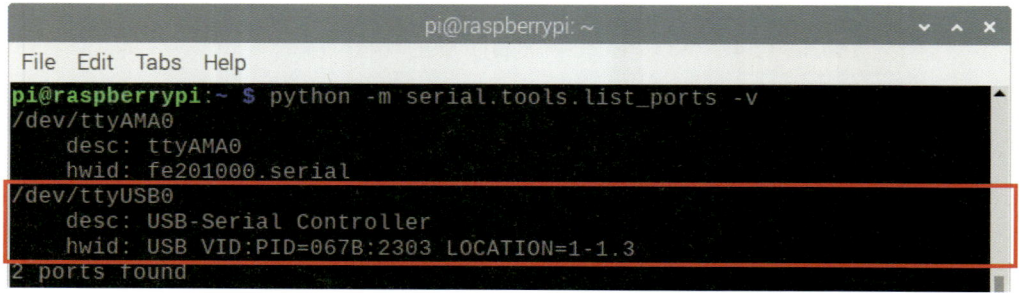

Device 포트 검색

터미널에 "python -m serial.tools.list_ports -v" 명령어를 입력하여 사용 가능한 포트를 확인합니다. 검색된 "/dev/ttyUSB0"를 코드에 입력하여 사용할 예정입니다.

UART 포트 검색 다른 방법

터미널에 "dmesg | grep tty" 명령어를 입력하여 포트를 확인할 수도 있습니다.

```
pi@raspberrypi:~ $ dmesg | grep tty
[    0.000000] Kernel command line: coherent_pool=1M 8250.nr_uarts=1 snd
_bcm2835.enable_compat_alsa=0 snd_bcm2835.enable_hdmi=1 video=HDMI-A-1:1
920x1080M@60 smsc95xx.macaddr=E4:5F:01:26:4B:62 vc_mem.mem_base=0x3ec000
00 vc_mem.mem_size=0x40000000  console=tty1 console=ttyS0,115200 root=PA
RTUUID=7d6a42d8-02 rootfstype=ext4 elevator=deadline fsck.repair=yes roo
twait quiet splash plymouth.ignore-serial-consoles
[    0.001104] printk: console [tty1] enabled
[    1.464367] fe201000.serial: ttyAMA0 at MMIO 0xfe201000 (irq = 36, ba
se_baud = 0) is a PL011 rev2
[    1.471617] printk: console [ttyS0] disabled
[    1.471744] fe215040.serial: ttyS0 at MMIO 0xfe215040 (irq = 38, base
_baud = 62500000) is a 16550
[    1.471941] printk: console [ttyS0] enabled
[    3.250759] systemd[1]: Created slice system-serial\x2dgetty.slice.
[  214.435151] usb 1-1.3: pl2303 converter now attached to ttyUSB0
pi@raspberrypi:~ $
```

5.2 미세먼지 센서 라이브러리 설치

터미널에서 아래 명령어를 입력하여 미세먼지 센서 라이브러리를 설치합니다. 미세먼지 센서의 값을 읽어 오기 위해서는 처리해야 할 데이터가 많습니다만, DHT11이나 DHT22 라이브러리를 설치하여 사용하면 어렵지 않게 센서의 값을 가져올 수 있습니다.

```
cd ~/Downloads/ && sudo rm -rf pms7003
git clone https://github.com/everylumi/pms7003.git
cd pms7003/
sudo python3 setup.py install #Python3
```

5.3 오늘 우리 집은 미세먼지 맑음 실습 완성하기

미세먼지 센서 PMS7003은 아래의 표와 같이 12가지의 Data[50]를 보여 줍니다. Data1~3번은 표준상태의 미세먼지 농도를 보여 줍니다. 표준상태라고 하면 해발 0m에서 온도 15℃, 1기압 상태를 의미합니다. 단위에서 알 수 있듯이 농도는 부피에 포함된 무게입니다. 공기는 압축성 유체이므로 압력이 올라가면 부피가 줄어들어 농도가 올라가게 됩니다. 그래서 표준상태

---

50 PMS7003의 Serial 통신은 baud rate : 9600bps Check bit : None Stop bit : 1 bit입니다.

를 기준으로 하면 미세먼지의 농도변화를 신뢰성 있게 확인할 수가 있는 것입니다. Data4~6은 현재 대기 상태에서 미세먼지의 농도를 보여 줍니다. Data7~12는 정해진 공간(0.1L) 안에 있는 미세먼지 개수를 알려 줍니다.

Data	설명
Data1	PM1.0 농도, μg/m3, (표준상태)
Data2	PM2.5 농도, μg/m3, (표준상태)
Data3	PM10 농도, μg/m3, (표준상태)
Data4	PM1.0 농도, μg/m3, (현재 대기 상태)
Data5	PM2.5 농도, μg/m3, (현재 대기 상태)
Data6	PM10 농도, μg/m3, (현재 대기 상태)
Data7	공기 0.1L에 있는 크기가 0.3 μm 초과하는 미세먼지의 개수
Data8	공기 0.1L에 있는 크기가 0.5 μm 초과하는 미세먼지의 개수
Data9	공기 0.1L에 있는 크기가 1.0 μm 초과하는 미세먼지의 개수
Data10	공기 0.1L에 있는 크기가 2.5 μm 초과하는 미세먼지의 개수
Data11	공기 0.1L에 있는 크기가 5.0 μm 초과하는 미세먼지의 개수
Data12	공기 0.1L에 있는 크기가 10 μm 초과하는 미세먼지의 개수

표 1 미세먼지 Data 설명

```
# 라이브러리 호출
from pms7003 import Pms7003Sensor, PmsSensorException

# UART포트 선언
sensor = Pms7003Sensor('/dev/ttyUSB0')  #USB to TTL Serial 케이블 사용시
#sensor = Pms7003Sensor('/dev/ttyAMA0') #블루투스 중지 후 라즈베리파이 3 GPIO 연결 시
#sensor = Pms7003Sensor('/dev/ttyAMA1') #UART 추가 후 라즈베리파이 4/5 GPIO 연결 시

try:
    while True:

        Dust = sensor.read()
```

```
        print('\nStandard Condition ----------------------------')
        print('PM1.0:\t',Dust['pm1_0cf1'])
        print('PM2.5:\t',Dust['pm2_5cf1'])
        print('PM10:\t',Dust['pm10cf1'])

        print('\nCurrent Condition ----------------------------')
        print('PM1.0:\t',Dust['pm1_0'])
        print('PM2.5:\t',Dust['pm2_5'])
        print('PM10:\t',Dust['pm10'])

        print('\nNumber of particles in 0.1L of air-------------')
        print(')0.3μm:\t',Dust['n0_3'])
        print(')0.5μm:\t',Dust['n0_5'])
        print(')1.0μm:\t',Dust['n1_0'])
        print(')2.5μm:\t',Dust['n2_5'])
        print(')5.0μm:\t',Dust['n5_0'])
        print(')10μm:\t',Dust['n10'])

except PmsSensorException:
    print('Connection problem')

finally:
    sensor.close()
```

코드 1 우리집 미세먼지는 맑음 완성 코드

 **Tips**

가. [UART 사용]

라즈베리파이 3B+

1. Raspberry Pi Configuration → Interfaces → Serial Console을 Disabled로 설정
2. 블루투스 사용중지 설정

   터미널에 sudo nano /boot/firmware/config.txt(구버전 경우, sudo nano /boot/config.txt) 입력 후

   마지막 줄에 "dtoverlay=pi3-disable-bt" 입력 → Ctrl+O → Enter → Ctrl+X 눌러 저장 후 재부팅
3. GPIO 14(TXD), GPIO 15(RXD)를 미세먼지 보드와 연결
4. 코드에서 sensor = Pms7003Sensor('/dev/ttyAMA0')로 설정 후 사용

라즈베리파이 4B

1. UART 추가 활성("Chapter5 라즈베리파이 기본 장치 사용하기"의 Tips 참조)

   터미널에 sudo nano /boot/firmware/config.txt(구버전 경우, sudo nano /boot/config.txt) 입력 후,

   마지막 줄에 "dtoverlay=uart2" 입력 → Ctrl+O → Enter → Ctrl+X 눌러 저장 후 재부팅
2. GPIO 0(TXD), GPIO 1(RXD)를 미세먼지 보드와 연결하여 사용
3. 코드에서 sensor = Pms7003Sensor('/dev/ttyAMA1')로 설정 후 사용
4. "python -m serial.tools.list_ports -v" 명령어로 '/dev/ttyAMA1' 확인 가능

```
pi@raspberrypi:~ $ python -m serial.tools.list_ports -v
/dev/ttyAMA0
    desc: ttyAMA0
    hwid: fe201000.serial
/dev/ttyAMA1
    desc: ttyAMA1
    hwid: fe201400.serial
2 ports found
pi@raspberrypi:~ $
```

memo

Chapter 16
스마트 쓰레기통

16 스마트 쓰레기통

① 학습요약

학습 목표	로드셀, 서보모터, 초음파 센서 및 로직 레벨 컨버터를 사용할 수 있다.
프리뷰	여러 센서와 부품을 동시에 구동하기
핵심 키워드	로드셀, 초음파 센서, 서보모터, 로직 레벨 컨버터, 모듈 사용하기
주요 준비물	로드셀(HX71), 초음파 센서(HC-SR04), 서보모터(SG90), 로직 레벨 컨버터, LED, 저항
실습 시간	3시간
학습 난이도	중

② 과제 설명

이번 시간에는 로드셀과 초음파 센서, 서보모터의 사용법에 대해서 학습해 보겠습니다. 제작할 프로젝트는 스마트 쓰레기통 프로젝트로 쓰레기의 무게를 실시간으로 측정을 하여 일정량 이상의 무게가 감지되면 LED가 깜빡이도록 할 것이며, 사람의 손이 쓰레기통으로 가까이 가면 초음파 센서가 거리를 측정하고 있다가 일정 거리 안에 가까워지면 서보모터와 연결된 쓰레기통의 뚜껑이 열릴 것입니다. 이번 과제에서 초음파 센서는 5V 전원(3.3V용 초음파 센서도 있습니다)을 사용합니다. 초음파 센서가 측정한 거리의 신호 또한 5V 신호입니다. 이 신호가 라즈베리파이의 GPIO에 직접 연결되면 라즈베리파이의 회로를 파손시킬 수가 있습니다. 왜냐하면, 라즈베리파이의 GPIO는 3.3V에서 작동되기 때문입니다. 그래서 우리는 로직 레벨 컨버터를 사용해서 5V 신호를 3.3V 신호로 변환하여 사용할 것입니다. 이번에는 여러 가지의 센서들을 동시에 사용해야 하므로 과제가 엄청 복잡하게 느껴질 것입니다. 그러나 하나씩 차근차근 풀어서 보면 어려운 과제는 아니니까 천천히 실습해 보세요.

3 준비물 및 주요 부품 설명

3.1 로드셀

로드셀은 힘이나 하중 등의 물리량을 측정할 수 있는 센서입니다. 로드셀에 가해진 힘은 전기적인 출력으로 변환되며 로드셀의 종류로는 공압, 수압, 포일형 스트레인 게이지 형식 등이 있습니다. 그중 가장 많이 사용되고 있는 것은 포일형 스트레인 게이지 형식이며 이 방식은 힘이나 하중에 의해 탄성체가 변형되면, 스트레인 게이지의 저항값이 변하고 이것이 전기회로 증폭 및 A/D의 변환에 따라 출력되는 방식입니다.

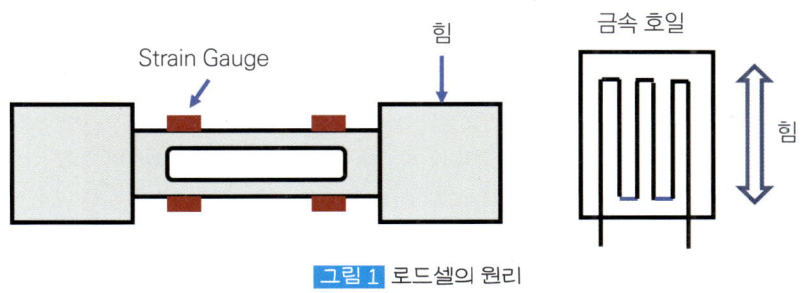

그림 1 로드셀의 원리

로드셀은 네 개의 스트레인 게이지로 구성되고 로드셀에 힘을 가하면 로드셀이 미세하게 휘어지는데 이때 로드셀로 붙어 있는 스트레인 게이지도 힘을 받아 늘어나거나 수축하게 됩니다. 힘을 받는 방향인 위쪽 스트레인 게이지는 늘어나고 아래쪽 스트레인 게이지는 수축되는 원리로, 스트레인 게이지는 금속 탄성체가 차례로 설치되어 있으면 그 금속 탄성체의 길이가 변하면서 저항값이 변하게 되는 것입니다. 이때 저항은 변형량뿐만 아니라 온도나 습도에 따라서 변할 수도 있으므로 이에 대한 보정작업이 반드시 필요합니다.

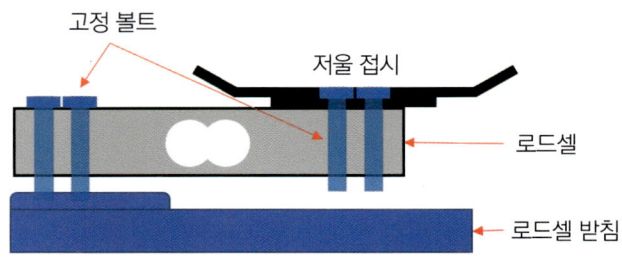

그림 2 로드셀 조립 예

로드셀을 선택할 때는 측정하고자 하는 하중을 고려하여 용량을 결정해야 합니다. 측정하고자 하는 하중보다 너무 큰 용량의 로드셀을 사용하게 되면 미세한 측정이 어려워지고 너무 하중에 딱 맞는 로드셀을 사용 시 충격에 로드셀이 파손될 수 있기 때문에 적당한 여유를 두고 선택하는 것이 좋습니다. 이런 로드셀은 무게를 잴 수 있는 전자저울, 전자 체중계, 크레인 및 트럭 스케일 등의 하중을 측정하는 용도로 쓰입니다.

그림 3 4선형 로드셀(1kg)과 24Bit 로드셀 앰프 A/D컨버터 모듈(HX711)

로드셀은 압축형, 압축인장형, 빔형, 싱글 포인트 형 등 다양한 방식으로 사용되고 있으며 이번 실습에서 쓸 로드셀은 빔 로드셀 형 1kg 형으로, 12V 이하의 전압에서 작동되며 입력된 전압에 비례하여 전압이 출력됩니다. 출력되는 전압은 mV단위로 아주 작으므로 이 전압을 증폭할 수 있는 HX711의 로드셀 앰프 A/D 컨버터와 함께 사용해야 합니다.

3.2 초음파 센서

초음파 센서는 비접촉식 방식으로 물체를 감지하거나 거리를 측정하는 것으로 박쥐가 동굴에서 장애물을 피해 가거나 돌고래가 먹이를 찾는 방식과 비슷합니다. 초음파는 인간의 청력범위

(20khz)를 벗어난 영역의 주파수를 발사하여 존재를 감지하거나 거리를 측정합니다. 센서에서 발사한 초음파는 물체에 닿고 다시 반사되어 돌아온 초음파를 측정하여 초음파가 되돌아온 시간으로부터 거리를 측정하는 방식입니다. 따라서 초음파를 발생시키는 엑츄에이터(송신기)와 센싱(수신기)부가 반드시 필요합니다.

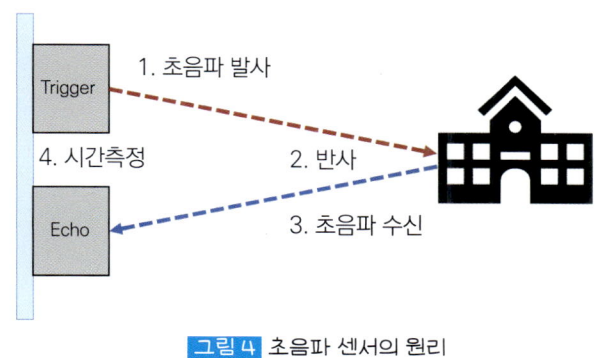

그림4 초음파 센서의 원리

초음파 센서의 물체의 거리를 측정하는 식은 아래와 같습니다.

d = 0.5 × t × c

식에서 d=거리(미터), t=송신부터 수신까지의 시간(초), c=소리의 속도(340m/s)입니다. 거리를 알게 되면 "거리 = 시간 × 속력"이라는 공식에 대입해 초음파가 수신할 때까지의 시간을 구할 수 있습니다. 여기서 0.5를 곱하는 이유는 초음파가 발생하고 수신될 때까지의 시간은 물체에 도달하는 데까지 걸리는 시간이 아닌 되돌아오는 데까지 걸리는 시간이므로 왕복시간으로 계산되게 됩니다. 따라서 물체까지 편도 거리를 계산하기 위해 0.5를 곱하여 주는 것입니다.

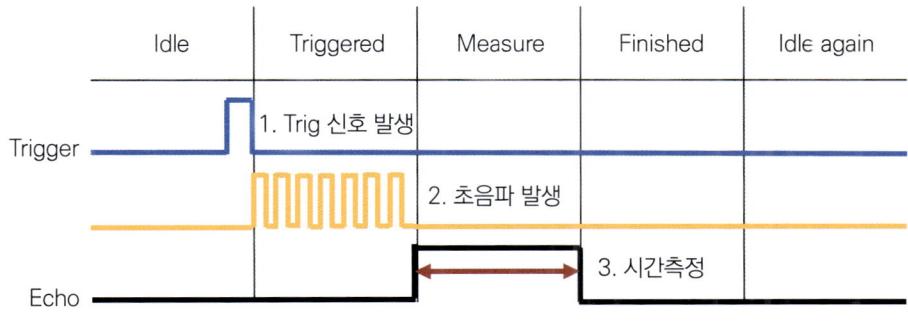

그림5 초음파 센서 거리 측정 방식

초음파 센서의 빔 각도는 작동범위와 정확도에 영향을 주기 때문에 올바른 각도를 유지하여 사용하는 것이 좋습니다. 이런 초음파 센서의 장점으로는 광학센서와 IR 센서와 달리 독립적 작동이 가능하고, 유리나 물같이 반투명하거나 투명한 재질도 측정이 가능합니다. 또한 넓은 범위에도 작동이 가능하며 쉽게 구할 수 있고 초당 여러 번 측정이 가능합니다. 반면 온도 및 습도에 따라 소리 속도에 영향을 끼치기 때문에 환경 조건이 거리 측정의 정확성에 영향을 주며 다소 크기가 커서 소형화 제품에는 적당하지 않습니다.

그림 6 HC-SR04 초음파 센서

이번 실습에 쓰일 초음파 센서는 HC-SR04 초음파 센서로 네 개의 핀으로 구성되어 있으며, 5V 전원을 공급하는 VCC, 접지(GND), 초음파를 발사하는 Trig 핀과 수신하는 Echo 핀으로 구성되어 있습니다. 초음파 센서가 주로 사용되는 곳은 로봇청소기 및 스마트폰의 알림에도 초음파 기술이 활용됩니다. 또한 드론의 호버링 기술에도 거리 측정을 위해 초음파가 사용되며 물의 수위를 감지하는 곳에도 사용이 됩니다.

3.3 서보모터

서보모터는 지정된 각도만큼 회전할 수 있는 모터로서 기계의 위치를 결정하는 데 사용하는 모터를 말합니다. 서보란 서보 메커니즘(Servo Mechism)의 줄임말로 물체의 위치결정에 사용되는 모터로서 물체의 위치, 방위, 자세 등을 제어할 수 있는 제어계라고 정의됩니다. 서보모터에서 동작이란 위치, 속도 및 가속도를 모두 말하는 것이지만 실제로는 서보모터의 위치와 속도제어 두 가지로 나타낼 수 있습니다. 속도제어는 서보시스템의 기본적인 구성으로 아날로그 전압으로 회전 속도를 설정하여 모터를 회전시킵니다. 속도 귀환 신호는 서보모터에 있는 엔코더를 사용하는데 서보 앰프로 속도지령(아날로그 전압)과 속도귀환을 비교해 일치하게끔 하여 서보모터의 회전 속도를 조정합니다. 위치제어(펄스열, 수치)는 서보모터의 회전량을 제어하는 구성으로 속도 귀환 신호 외에 위치 귀환 신호를 사용하는데 이것 또한 엔코더 신호를 사용합니다. 쉽게 얘기하여 원하는 각도로 모터를 위치시키기 위해 DC모터와 같은 PWM방식으로 제어하지만 정해진 주파수가 있으며 그 신호의 유지시간으로 회전 각도가 결정된다는 것이 특징입니다.

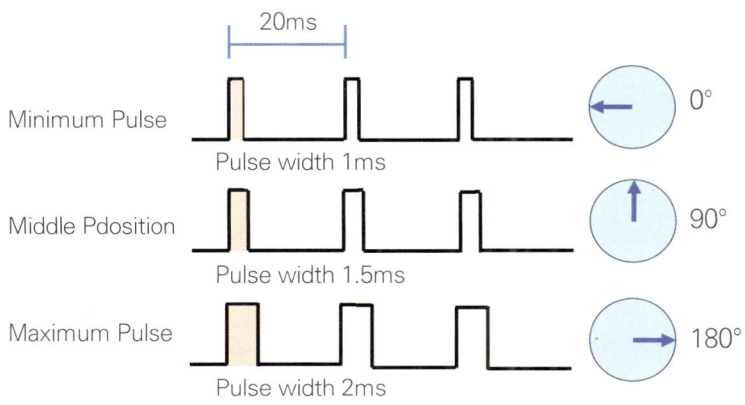

그림 7 Servo 모터 PWM 제어에 따른 각도 변화

서보모터는 DC모터와 달리 회전할 수 있는 각도가 정해져 있습니다. 보통의 경우 0~180도 범위의 회전각을 가지는데, 일부는 360도 회전각을 가지는 서보도 있습니다. 서보모터를 제어하기 위해서는 50Hz의 주파수를 가지는 신호가 입력되어야 하는데 한 주기당 20ms의 시간 안에서 인가되는 HIGH 신호의 시간에 따라 서보모터의 회전각도가 결정되는 것입니다. 보통의 경우 1.0ms에서 0도, 1.5ms에서 90도, 2.0m에서 180도의 각도를 가집니다.

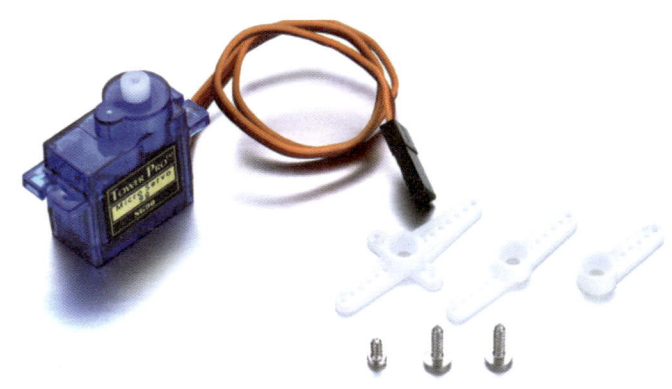

그림 8 SG90 micro servo

실습에 사용하는 서보는 SG90 마이크로 서보로 모터와 기어박스, 제어회로로 구성되어 있으며 0~180도의 회전각을 가집니다. 세 개의 선을 가지며 빨간 선은 5V, 갈색 선은 GND, 노란 선은 신호선으로 쓰입니다. 이런 서보모터가 주로 사용되는 용도는 자동화 생산 시스템의 제어나 로봇, 장난감, 로봇팔, 가전제품 등의 각도제어가 필요한 대부분에 사용되고 있습니다. 좀 더 정확한 안정적인 작동을 위해서는 Hardware PWM 핀[51]에 연결하기도 합니다.

3.4 Logic level Shifter(로직 레벨 컨버터)

로직 레벨 컨버터는 1.8V, 3.3V, 5V 등의 서로 다른 로직 레벨로 통신하는 칩들의 신호 전압을 보드의 기준 로직 레벨에 맞게 올리거나 내려 주는 역할을 해 줍니다. 대표적으로 아두이노와 라즈베리파이의 GPIO의 전압은 서로 다릅니다. 아두이노의 5V와 라즈베리파이의 3.3V의 통신을 해야 할 경우 로직 레벨 컨버터를 사용하지 않으면 아두이노의 5V의 신호가 라즈베리파이에 직접 입력되어 라즈베리파이의 GPIO가 파손될 수 있습니다. 이럴 경우에는 로직 레벨 컨버터를 통해 두 기기의 칩에 공급되는 전압을 맞춰주는 로직 레벨 컨버터를 이용하면 파손의 위험을 줄이고 안전하게 서로 다른 전압을 사용하는 기기 간의 연결을 할 수 있습니다. 로직 레벨 컨버터는 크게 두 가지의 경우로 나눌 수 있습니다. 하나는 단방향, 또 하나는 양방향 로직 레벨 컨버터입니다. 로직 레벨 컨버터는 각 방향이 LV와 HV로 나눠져 있으며 LV는 Low Voltage로 3.3V를 연결하고 HV는 High Voltage로 5V의 전원을 연결하여 사용합니다.

단방향의 로직 레벨 컨버터는 LV에는 3.3V, HV에는 5V의 장치를 연결하고 TX와 RX의 채널에 변환할 GPIO를 연결하여 사용하게 됩니다. 이때, TX와 RX 연결시 주의할 점은 라즈베리파이(3.3V)는 LV줄에, 센서(5.5V)는 HV 줄에, 컨버터의 표기된 I(input), O(output)에 맞춰서 연결해주면 됩니다. 양방향의 로직 레벨 컨버터는 각 채널의 전압방향인 LV와 HV를 쓰는 장치만 올바르게 연결되면 입출력에 구분하지 않고 연결하여 쌍방향으로 통신이 가능합니다. 따로 연결하는 위치에 상관없이 필요한 채널에 맞춰 연결 가능합니다.

UART와는 달리 I2C 혹은 SPI 통신은 채널이 여러 개 필요하거나 통신 방향이 정해져 있지 않기 때문에 단방향 제품은 사용할 수 없고, 양방향 로직 레벨 컨버터를 사용해야 합니다.

---

51 GPIO12, GPIO13, GPIO18, GPIO19, "Chapter5 라즈베리파이 기본 장치 사용하기"의 PWM 설명 참조

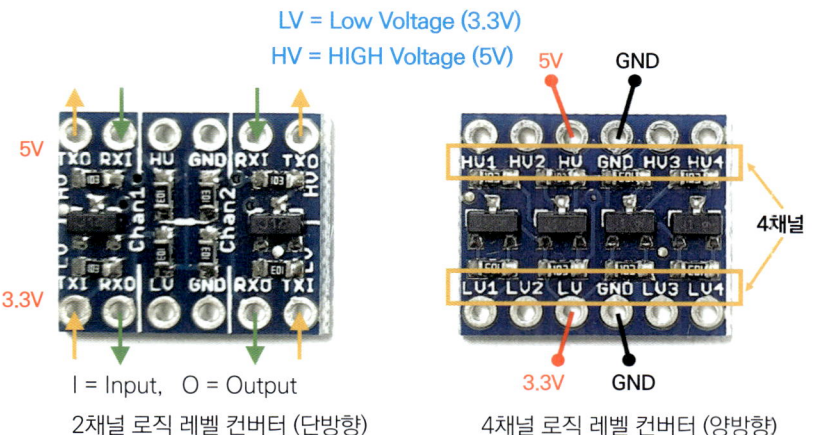

2채널 로직 레벨 컨버터 (단방향)   4채널 로직 레벨 컨버터 (양방향)

이렇게 로직 레벨 컨버터는 서로 다른 전압차로 인해, 파손되거나 오류가 날 수 있는 장치 간의 통신을 안전하게 구성을 할 수 있어서 3.3V와 5V를 쓰는 모듈 간의 연결을 로직 레벨 컨버터를 통해 손쉽게 변환할 수 있습니다. 서로 다른 전압을 쓰는 장치나 모듈들은 항상 연결 전 제품의 기본 동작 전압정보를 꼭 확인하고 방향에 맞춰 연결하는 것을 권장드립니다.

3.5 LED, 저항

LED "Chapter7 아침이 되면 자동으로 불을 끄는 스탠드"를 참조해 주세요.
저항 "Chapter6 쿨링팬 속도 제어 모듈 만들기"를 참조해 주세요.

④ 회로도

로드셀과 HX711 보드 연결 후 그림 9 회로도와 같이 라즈베리파이와 연결을 합니다. 서보모터는 안정적인 사용을 위해서 라즈베파이의 전원을 사용하지 않고, 건전지에서 전원을 공급받도록 회로도와 같이 연결을 하세요. 서보모터(SG90)의 사용 가능한 전압은 4~7.2V입니다. 초음파 센서는 로직 레벨 컨버터를 사용해서 라즈베리파이와 연결이 됩니다.

[HX711 보드]

- E+   로드셀 빨간색 케이블
- E-   로드셀 검정색 케이블
- A-   로드셀 흰색 케이블
- A+   로드셀 녹색 케이블
- GND   라즈베리파이 GND
- DT   라즈베리파이 GPIO 20
- SCK   라즈베리파이 GPIO 16
- VCC   라즈베리파이 5V

[초음파 센서]

- VCC   라즈베리파이 5V
- Trig   로직 레벨 컨버터를 통해서 라즈베리파이 GPIO 22
- Echo   로직 레벨 컨버터를 통해서 라즈베리파이 GPIO 27
- Gnd   라즈베리파이 GND

[서보모터]

- Data (주황색 선)   라즈베리파이 GPIO 17
- VCC (빨간색 선)   건전지 + 극
- GND (갈색 선)   라즈베리파이 GND (건전지 -극도 연결)

[LED]

- 라즈베리파이 GPIO 19
- 저항: 220Ω

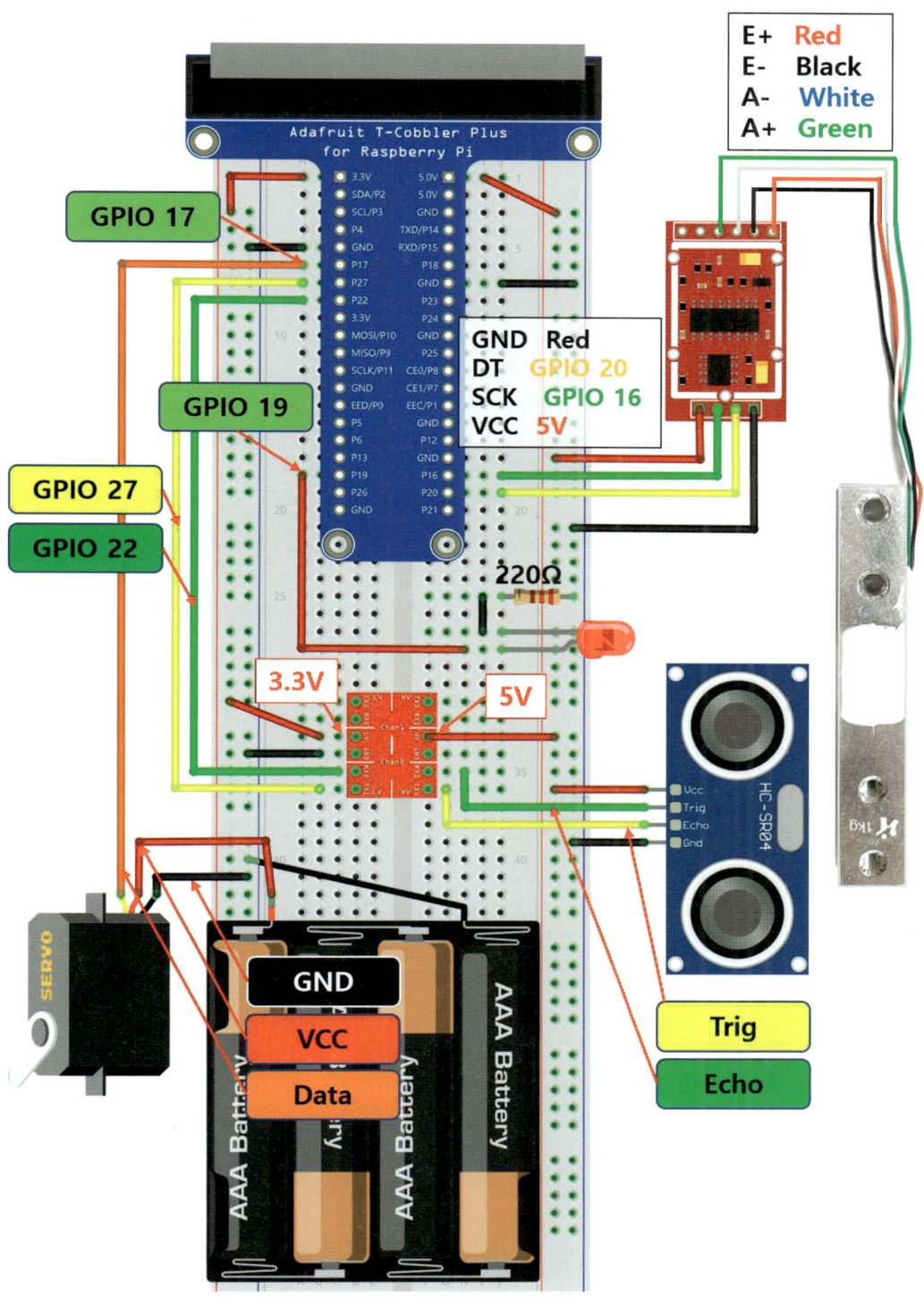

그림 9 실습용 회로도

5 기본 센서 실습

5.1 로드셀 실습

HX711 라이브러리 설치

터미널에 아래의 명령어를 입력하여 HX711 라이브러리를 설치합니다.

```
cd ~/Downloads/ && sudo rm -rf hx711
git clone https://github.com/everylumi/hx711.git
cd hx711/hx711
sudo python3 setup.py install #Python3
```

로드셀 실습 코드

코드를 최초 실행하면 로드셀의 값을 교정하는 작업부터 시작하게 됩니다. 교정 작업을 위해서 무게를 알고 있는 물체가 필요합니다. 코드를 실행하고 메시지에 따라 교정 작업을 마치면 HX711_config.swp 파일이 생성되며, 교정 작업의 정보가 저장됩니다. HX711_config.swp을 삭제하면 다시 교정 작업이 진행됩니다.

```python
# 라이브러리 호출
import RPi.GPIO as GPIO
from hx711 import HX711
import pickle
import os

# GPIO 설정
GPIO.setwarnings(False)   #경고 메시지 나타나지 않게 하기
GPIO.setmode(GPIO.BCM)

# 핀번호 설정
hx = HX711(dout_pin=20, pd_sck_pin=16)
```

```python
try:
    # HX711_config.swp : Conversion ratio 정보가 기록됨
    # 필요할 경우, HX711_config파일을 삭제 후 Scale ratio 재설정
    # HX711_config.swp 파일이 있는지 확인, 없으면 HX711설정 파일 생성
    swap_file_name = 'HX711_config.swp'
    if os.path.isfile(swap_file_name):
        with open(swap_file_name, 'rb') as swap_file:
            hx = pickle.load(swap_file)

    else:
        # 용기의 무게를 측정하여 offset 값으로 저장함
        err = hx.zero()

        # 용기 무게 측정 에러 메시지
        if err:
            raise ValueError('용기 무게를 읽지 못했습니다.')

        # 로드셀 Raw 평균값 읽기
        reading = hx.get_raw_data_mean()
        if reading:
            print('로드셀 Raw Data 평균값: ', reading)
        else:
            print('로드셀 Raw Data가 유효하지 않음', reading)

        # Raw Data를 무게값으로 변환하기 위한 Conversion ratio 계산. (무게단위: 그램)
        input('무게를 알고 있는 물체를 올려놓고 Enter를 눌러주세요.\n')
        reading = hx.get_data_mean()   #Offset 값만큼 제외한 Raw Data 평균값
        if reading:
            print('Offset 값을 제외한 Raw Data 평균값: ', reading)
            known_weight_grams = input(
                '올려놓은 물체의 무게(g 단위)를 입력 후 Enter를 눌러주세요: ')
            try:
                value = float(known_weight_grams)
                print(value, 'grams')
            except ValueError:
```

```
            print('예상 무게: ',
                  known_weight_grams)

        # Conversion ratio 계산
        ratio = reading / value
        hx.set_scale_ratio(ratio)  #Conversion ratio 설정
        print('Conversion ratio 설정 완료.\n')
    else:
        raise ValueError(
            '평균값 계산 오류. 읽은 값(reading): ',
            reading)

    # Conversion ratio 설정값 HX711_config.swp 파일에 저장
    print('Conversion ratio 값을 HX711_config.swp에 저장')
    with open(swap_file_name, 'wb') as swap_file:
        pickle.dump(hx, swap_file)
        swap_file.flush()
        os.fsync(swap_file.fileno())

# 무게값 연속 출력
print("무게 측정을 멈출려면 'CTRL + C'를 눌러주세요.")
input('Enter를 눌러서 무게 측정 시작!\n')
while True:
    weight = round(hx.get_weight_mean(20), 1)
    print(max(weight,0), 'g')

# GPIO 초기화 후 프로그램을 빠져나감.
finally:
    GPIO.cleanup()
```

코드 1 로드셀(HX711) 실습 코드

5.2 초음파 센서 실습

초음파 센서 실습 코드

코드 2는 RPi.GPIO 라이브러리를 사용한 코드입니다. Trig 신호를 HIGH 하여 초음파가 출력할 때의 시간을 기록하고, 물체에 부딪힌 후 돌아오는 초음파가 Echo핀으로 입력된 시간의 차이를 이용하여 물체의 거리를 구하는 코드입니다. 코드 3은 gpiozero 라이브러리를 사용한 코드입니다.

```python
# 라이브러리 호출
import RPi.GPIO as GPIO
import time

# 핀 설정
GPIO_TRIGGER = 22
GPIO_ECHO = 27

# GPIO 설정
GPIO.setmode(GPIO.BCM)    #Mode: BOARD / BCM
GPIO.setup(GPIO_TRIGGER, GPIO.OUT)
GPIO.setup(GPIO_ECHO, GPIO.IN)

# 거리 구하기 함수
def distance():
    # Trigger 신호 (0.01ms 동안 HIGH)
    GPIO.output(GPIO_TRIGGER, True)
    time.sleep(0.00001)
    GPIO.output(GPIO_TRIGGER, False)

    #StartTime = time.time()
    #StopTime = time.time()

    # 초음파 출발 시간 기록
    while GPIO.input(GPIO_ECHO) == 0:
        StartTime = time.time()
```

```python
    # 초음파 돌아온 시간 기록
    while GPIO.input(GPIO_ECHO) == 1:
        StopTime = time.time()

    # 초음파가 갔다가 돌아온 시간 차이 계산
    TimeElapsed = StopTime - StartTime

    # 거리 계산, 음속 (34300 cm/s)
    distance = (TimeElapsed * 34300) / 2

    return distance

try:
    while True:
        dist = distance()
        print ("측정된 거리 = %.1f cm" % dist)
        time.sleep(1)

# GPIO 초기화 후 프로그램을 빠져나감.
finally:
    GPIO.cleanup()
```

코드 2 초음파 센서 사용 실습 1

```python
# 라이브러리 호출
from gpiozero import DistanceSensor
from time import sleep

# 핀 설정
sensor = DistanceSensor(echo=27, trigger=22, max_distance=4)

while True:
    dist = sensor.distance * 100
    print ("측정된 거리 = %.1f cm" % dist)
    sleep(1)
```

코드 3 초음파 센서 사용 실습 2

5.3 서보모터 실습

서보모터 실습 코드

PWM의 듀티사이클의 값을 변화시켜 서보모터의 각도를 변경할 수 있습니다. 180도가 되는 듀티사이클(Duty Cycle) 값과 0도가 되는 듀티사이클 값을 이용하여 원하는 각도로 바로 작동되게 만든 코드입니다.

```python
# 라이브러리 호출
import RPi.GPIO as GPIO
import time

# 핀/변수 설정 및 GPIO 설정
servoPIN = 17
SERVO_MAX_DUTY = 12    #서보의 최대(180도) 위치의 주기
SERVO_MIN_DUTY = 2     #서보의 최소(0도) 위치의 주기
GPIO.setmode(GPIO.BCM)
GPIO.setup(servoPIN, GPIO.OUT)

# PWM 설정
servo = GPIO.PWM(servoPIN, 50) # PWM 주파수 50Hz
servo.start(0)   # 초기화, Duty가 0이면 서보 중지.

# degree에 각도 입력하면 duty로 변환,서보 제어(ChangeDutyCycle)함수
def setServoPos(degree):
    # 각도는 0 ~ 180도 범위
    degree = min(degree, 180)
    degree = max(degree, 0)

    # 각도(degree)를 duty로 변환
    duty = SERVO_MIN_DUTY+(degree*(SERVO_MAX_DUTY-SERVO_MIN_DUTY)/180.0

    # duty 값 출력
    print("Degree: {},\tDuty: {}".format(degree, duty))
```

```python
        # 변경된 duty값을 서보 pwm에 적용
        servo.ChangeDutyCycle(duty)

if __name__ == "__main__":

    # 0도 위치
    setServoPos(0)
    time.sleep(0.5)  #0.5초 대기

    # 90도 위치
    setServoPos(90)
    time.sleep(0.5)

    # 180도 위치
    setServoPos(180)
    time.sleep(0.5)

    # 0도 위치
    setServoPos(0)
    time.sleep(0.5)

    # 서보 PWM 정지
    servo.stop()

    # GPIO 초기화
    GPIO.cleanup()
```

❻ 스마트 쓰레기통 실습

스마트 쓰레기통 실습 코드

위에서 실습한 코드들을 조합하여 스마트 쓰레기통을 만드는 코드입니다. 초음파 센서를 이용하여 50cm 안으로 사람이 접근하면 서보모터가 작동되며, 로드셀에서 측정하고 있는 무게 값이 300g이 넘으면 LED가 깜박이면서 알림을 주는 코드입니다.

```python
# 라이브러리 호출
import RPi.GPIO as GPIO
from hx711 import HX711
import pickle
import os
import time

# 핀번호 설정
GPIO_TRIGGER = 22     #초음파 Trigger 핀
GPIO_ECHO = 27        #초음파 Echo 핀
servoPIN = 17         #Servo 핀
SERVO_MAX_DUTY = 12   #서보의 최대(180도) 위치의 주기
SERVO_MIN_DUTY = 2    #서보의 최소(0도) 위치의 주기
LED_PIN = 19          #LED 핀

# GPIO 설정
GPIO.setwarnings(False)   #경고 메시지 나타나지 않게 하기
GPIO.setmode(GPIO.BCM)
hx = HX711(dout_pin=20, pd_sck_pin=16) #HX711 로드셀
GPIO.setup(GPIO_TRIGGER, GPIO.OUT)
GPIO.setup(GPIO_ECHO, GPIO.IN)
GPIO.setup(servoPIN, GPIO.OUT)
GPIO.setup(LED_PIN, GPIO.OUT, initial=GPIO.LOW )

servo = GPIO.PWM(servoPIN, 50) # PWM 주파수 50Hz
servo.start(0)  # 초기화, Duty가 0이면 서보 중지.

'''
# hx711_loadcell ------------------------------------------------------------
# HX711_config.swp : Conversion ratio 정보가 기록됨
# 필요할 경우, HX711_config파일을 삭제 후 Scale ratio 재설정
# HX711_config.swp 파일이 있는지 확인, 없으면 HX711설정 파일 생성

'''
```

```python
swap_file_name = 'HX711_config.swp'
if os.path.isfile(swap_file_name):
    with open(swap_file_name, 'rb') as swap_file:
        hx = pickle.load(swap_file)

else:
    # 용기의 무게를 측정하여 offset 값으로 저장함
    err = hx.zero()

    # 용기 무게 측정 에러 메시지
    if err:
        raise ValueError('용기 무게를 읽지 못했습니다.')

    # 로드셀 Raw 평균값 읽기
    reading = hx.get_raw_data_mean()
    if reading:
        print('로드셀 Raw Data 평균값: ', reading)
    else:
        print('로드셀 Raw Data가 유효하지 않음', reading)

    # Raw Data를 무게값으로 변환하기 위한 Conversion ratio 계산. (무게단위: 그램)
    input('무게를 알고 있는 물체를 올려놓고 Enter를 눌러주세요.\n')
    reading = hx.get_data_mean()   #Offset 값만큼 제외한 Raw Data 평균값
    if reading:
        print('Offset 값을 제외한 Raw Data 평균값: ', reading)
        known_weight_grams = input(
            '올려놓은 물체의 무게(g 단위)를 입력 후 Enter를 눌러주세요: ')
        try:
            value = float(known_weight_grams)
            print(value, 'grams')
        except ValueError:
            print('예상 무게: ',
                known_weight_grams)

        # Conversion ratio 계산
```

```
            ratio = reading / value
            hx.set_scale_ratio(ratio)  #Conversion ratio 설정
            print('Conversion ratio 설정 완료.\n')
        else:
            raise ValueError(
                '평균값 계산 오류. 읽은 값(reading): ',
                reading)

    # Conversion ratio 설정값 HX711_config.swp 파일에 저장
    print('Conversion ratio 값을 HX711_config.swp에 저장')
    with open(swap_file_name, 'wb') as swap_file:
        pickle.dump(hx, swap_file)
        swap_file.flush()
        os.fsync(swap_file.fileno())

# 무게값 연속 출력
print("코드를 멈출려면 'CTRL + C'를 눌러주세요.")

# 초음파 센서 거리 구하기 함수 ----------------------------------------
def distance():
    # Trigger 신호 (0.01ms 동안 HIGH)
    GPIO.output(GPIO_TRIGGER, True)
    time.sleep(0.00001)
    GPIO.output(GPIO_TRIGGER, False)

    #StartTime = time.time()
    #StopTime = time.time()

    # 초음파 출발 시간 기록
    while GPIO.input(GPIO_ECHO) == 0:
        StartTime = time.time()

    # 초음파 돌아온 시간 기록
```

```python
    while GPIO.input(GPIO_ECHO) == 1:
        StopTime = time.time()

    # 초음파가 갔다가 돌아온 시간 차이 계산
    TimeElapsed = StopTime - StartTime

    # 거리 계산, 음속 (34300 cm/s)
    distance = (TimeElapsed * 34300) / 2

    return distance

# degree에 각도 입력하면 duty로 변환, 서보 제어(ChangeDutyCycle)함수 ----------------
def setServoPos(degree):
    # 각도는 0 ~ 180도 범위
    degree = min(degree, 180)
    degree = max(degree, 0)

    # 각도(degree)를 duty로 변환
    duty = SERVO_MIN_DUTY+(degree*(SERVO_MAX_DUTY-SERVO_MIN_DUTY)/180.0)

    # duty 값 출력
    print("Degree: {},\tDuty: {}".format(degree, duty))

    # 변경된 duty값을 서보 pwm에 적용
    servo.ChangeDutyCycle(duty)

try:
    while True:
        # 로드셀 무게
        weight = round(hx.get_weight_mean(20), 1)
        print('쓰레기 무게: ' ,max(weight,0), 'g')

        # 쓰레기콩의 무게가 300g이 넘으면 LED 점멸
```

```
        if weight > 300:
            print('LED blink')
            GPIO.output(LED_PIN, 1)
            time.sleep(0.5)
            GPIO.output(LED_PIN, 0)
            time.sleep(0.5)
        else:
            GPIO.output(LED_PIN, 0)

        # 초음파 거리
        dist = distance()
        print ("측정된 거리 = %.1f cm" % dist)

        # 초음파 감지 거리가 50cm 보다 작으면 5초간 서보모터 120도 Open
        if dist < 50:
            print('쓰레이통 두껑 열림')
            setServoPos(120)
            time.sleep(3)
        else:
            setServoPos(0)

# GPIO 초기화 후 프로그램을 빠져나감.
finally:
    servo.stop()
    GPIO.cleanup()
```

Chapter
17
디지털 사이니지 만들기

17　디지털 사이니지 만들기

① 학습요약

학습 목표	LCD의 원리를 이해하고 LCD에 문자를 표시할 수 있다.
프리뷰	LCD 작동법, 디지털 사이니지 작동법
핵심 키워드	LCD, I2C LCD, I2C, 1602
주요 준비물	I2C 1602 LCD
실습 시간	1.5시간
학습 난이도	하

② 과제 설명

이번 시간에는 LCD를 이용하여 문자 및 글자를 출력하고 이를 활용하여 옥외 광고판인 디지털 사이니지를 만들어 보겠습니다. LCD는 여러 타입이 있는데 그중 이번 실습에 사용할 타입은 I2C 통신을 이용하는 I2C LCD로 한 번에 16개의 문자를 두 줄 표현할 수 있는 I2C 1602 LCD를 사용하여 LCD의 작동 원리 및 디지털 사이니지를 만들어 보겠습니다.

3 준비물 및 주요 부품 설명

3.1 I2C LCD

LCD는 액정 디스플레이라고 부르며 Liquid Crystal Display의 약자로 평판 디스플레이입니다. 액정은 액체와 고체의 성질을 함께 지니고 있는 물질로 고체의 결정의 규칙성과 액체의 유동성을 함께 지닌 액체결정이라고 뜻하며 줄여서 액정이라고 부릅니다. 두 개의 편광판 사이에 액정을 넣고 이 액정을 움직여 빛의 통과여부를 결정하는 원리를 사용하여 수백만 개의 픽셀에 각각 전압을 다르게 공급하여 그 전압의 신호에 따라 각 픽셀의 액정이 움직이면서 빛의 방향을 바꿔 주는 원리를 이용해 정보를 볼 수 있는 것입니다. LCD의 정보를 표현하기 위해서는 빛이 필요한데, 액정 자체가 빛을 발산하지 않기 때문에 외부의 광원으로부터 빛을 공급받아야 합니다. 따라서 액정패널의 뒷부분에는 빛을 비춰 주는 백라이트가 있어야 하며 색상을 다양하게 표현하기 위해서는 컬러필터도 함께 사용해야 합니다.

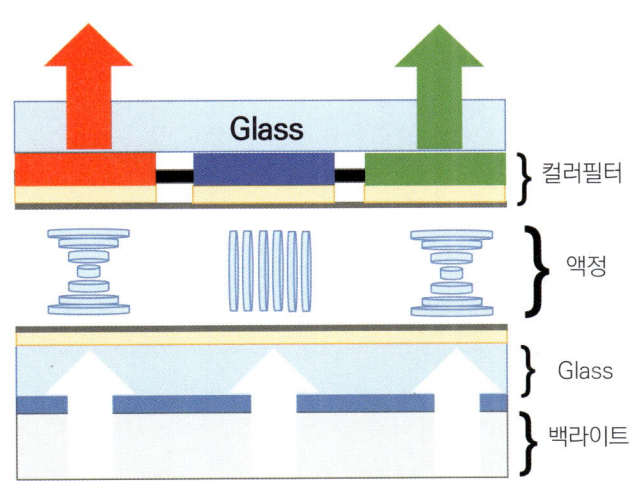

그림1 LCD의 구조 및 원리

액정의 구조를 좀 더 자세히 설명하면 두 개의 편광판을 위, 아래로 배치하고 가장 아래 백라이트를 켜게 되면 백라이트는 Glass를 통과해 액정에 닿게 됩니다. 액정에 전압을 주게 되면 액정의 배열을 바꿀 수 있는데 액정에 전압이 없을 때는 액정이 트위스트 모양으로 놓여 있어서 빛이 편광판을 통과할 수 있지만 액정에 전압을 주게 되면 액정이 가지런하게 배열되어 빛의 방향대로 유지하기 때문에 빛이 편광판을 통과하지 못하게 됩니다. 이런 원리를 이용하여 빛이 빠져나가는 각도를 변경하여 디스플레이의 밝기를 조절하고 컬러필터를 붙여 다양한 색을 표현합니다.

이번 실습에서 쓸 LCD는 I2C 1602 LCD로 16개의 문자를 두 줄로 출력할 수 있는 모듈로 16개의 핀에 I2C 통신을 할 수 있는 인터페이스 모듈이 결합된 부품입니다.

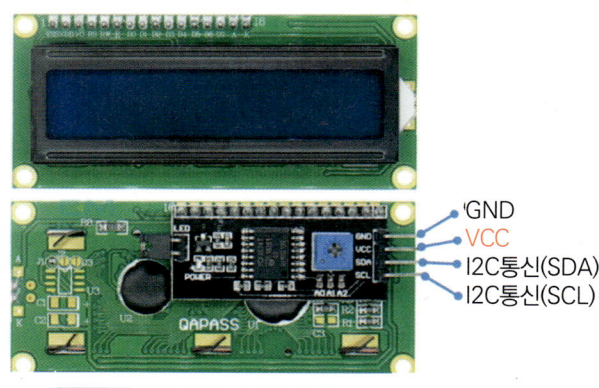

그림 2 I2C 1602 LCD 모듈

라즈베리파이에서 I2C 1602 LCD를 사용할 때는 반드시 SDA와 SCL을 지원하는 핀을 먼저 확인 후 연결하여 사용하시기 바랍니다. 초기 사용 시 LCD에 부착되어 있는 I2C 모듈의 가변 저항 레버를 돌려서 문자의 명암을 조절하면 LCD 글자가 선명하게 보입니다.

④ 회로도 및 원리 설명

센서의 핀을 회로도와 같이 라즈베리파이와 연결을 합니다. LCD는 I2C 모듈이 포함된 제품을 사용하므로 핀에 기재된 SDA와 SCL 부분을 로직 레벨 컨버터(양방향) 라즈베리파이의 SDA, SCL과 맞게 연결해 줍니다.

[LCD : 1602 I2C LCD]
- VCC   라즈베리파이 5V
- GND   라즈베리파이 GND

- SCL   로직 레벨 컨버터를 통해서 라즈베리파이 SCL
- SDA   로직 레벨 컨버터를 통해서 라즈베리파이 SDA

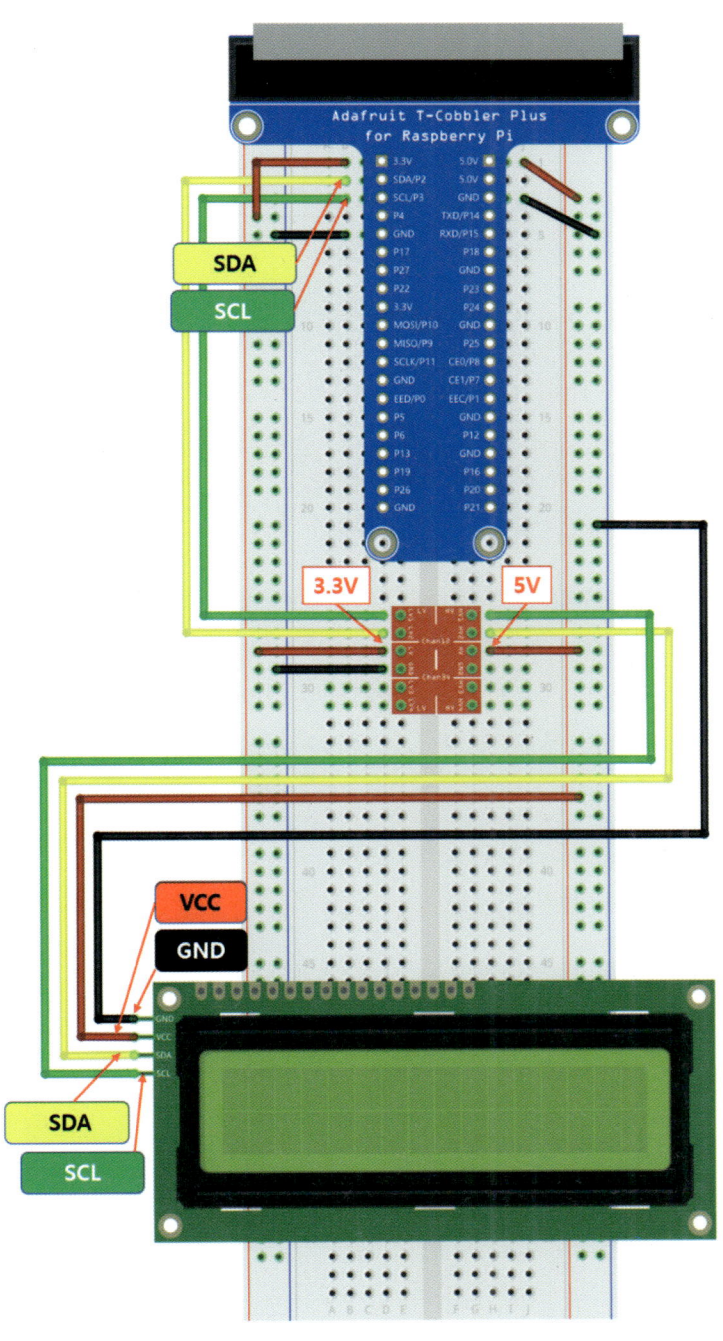

그림 3 실습용 회로도

5 I2C LCD 기본 사용법 실습

디지털 사이니지를 제작하기 전에 I2C LCD의 기본 사용법을 통해 LCD가 작동하는 원리를 학습해 보겠습니다. 가장 간단하게 LCD 창에 "Hello world"를 출력하고 1초씩 증가하는 예제를 해 보겠습니다.

5.1 I2C 통신 활성화하기

Raspberry PI Configuration

이번 실습에 사용하는 LCD는 I2C 통신을 사용하여 센서와 데이터를 주고받습니다. I2C 통신을 사용하기 위해서 Raspberry Pi Configuration → Interfaces → I2C를 "Enabled"로 세팅을 합니다.

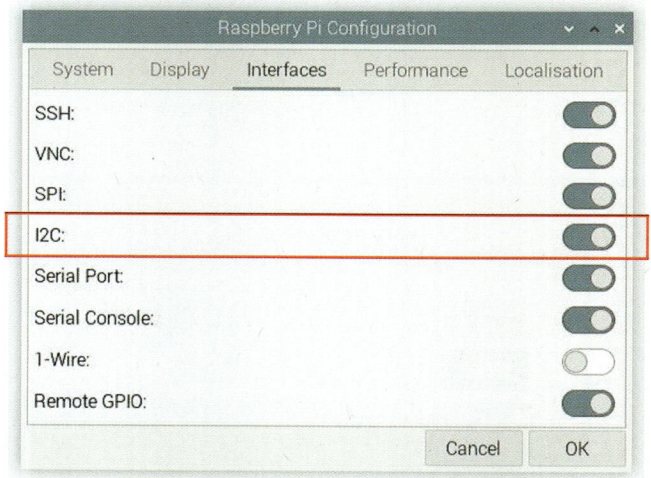

터미널에서 명령어를 입력하여 I2C 활성화하기

다음의 명령어를 터미널에 입력하세요.

```
sudo raspi-config
```

3. Interface Options → P5 I2C 선택 후 Yes를 선택

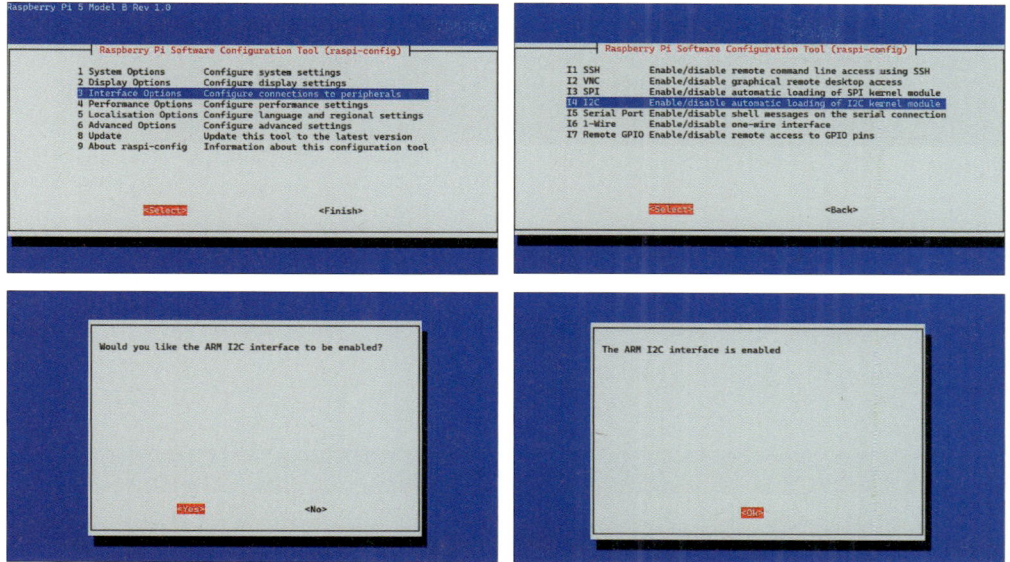

5.2 LCD(1602 I2C LCD) 값 출력하기

smbus 설치

# 1602 I2C LCD 설치 (기본적으로 설치되어 있음)
sudo apt-get install python3-smbus

I2C 장치 확인하기

터미널에서 I2C 장치가 검색이 되는지 확인해 보겠습니다. 검색이 정상적으로 되지 않을 경우 Interfaces에서 I2C가 활성 되었는지 재확인해 보세요.[52]

i2cdetect -l

---

52 모든 UART가 활성 되어 있을 경우 SPI 장치가 검색되지 않을 수 있습니다. (Chapter5. 미주 가 참조)

I2C 주소 확인

"i2cdetect -y 1"를 입력하여 센서의 I2C 주소를 확인합니다. Python Code를 활용하여 I2C의 주소를 확인할 수도 있습니다. "Chapter12 비접촉 체온계 만들기"의 마지막 부분에 있는 Tips를 확인해 보시길 바랍니다.

라이브러리 설치 (1602 I2C LCD)

```
# 1602 I2C LCD 설치
cd ~/Downloads/ && sudo rm -rf RPi_I2C_driver
git clone https://github.com/everylumi/RPi_I2C_LCD_driver.git
cd RPi_I2C_LCD_driver/RPi_I2C_driver
sudo python3 setup.py install #Python3
```

사용법 코드 예제

```python
# 라이브러리 포함하기
import RPi_I2C_driver
from time import *

# RPi_I2C_driver.lcd(I2C 주소)
lcd = RPi_I2C_driver.lcd(0x27)

# LCD에 메시지 출력
lcd.print("hello, world!")

time_sec = 0

while True:

    # 처음 메시지를 보여줄 커서의 위치 지정
    # 1번째 줄, 2번째 칸 (참고: 시작은 0부터_이므로 1은 2번째 위치가 됨)
    lcd.setCursor(0, 1)

    # 해당 초를 출력
    lcd.print(time_sec)
    sleep(1)

    # 초를 1씩 더해줌
    time_sec += 1
```

코드 1 LCD 기본 출력 코드

⑥ 디지털 사이니지 만들기 실습

6.1 문자 캐릭터 만들기

LCD는 기본적으로 숫자나 영문자만 지원합니다. 따라서 기본적으로는 한글을 표현할 수 없습니다. 그러나 문자를 byte 배열로 바꾸어 출력하면 한글뿐만 아니라, 사용자가 지정한 특수 기호도 표현할 수 있습니다. 숫자나 문자가 아닌 사용자 정의 문자는 원하는 기호를 2진수의 코드로 만들고 byte의 배열형태로 저장한 후 순서에 따라 불러와서 사용 가능합니다. 사용자 정의문자를 쉽게 만들기 위해서 아래의 사이트를 참고하세요.

https://mikeyancey.com/hamcalc/lcd_characters.php

사용법 코드 예제

```
# 라이브러리 포함
import RPi_I2C_driver
from time import *

# 사용자의 캐릭터 생성
heart = [
    0b00000,
    0b01010,
    0b11111,
    0b11111,
    0b11111,
    0b01110,
    0b00100,
    0b00000
]

smiley = [
    0b00000,
    0b00000,
    0b01010,
    0b00000,
    0b00000,
    0b10001,
    0b01110,
    0b00000
]
```

```
frownie = [
    0b00000,
    0b00000,
    0b01010,
    0b00000,
    0b00000,
    0b00000,
    0b01110,
    0b10001
]

armsDown = [
    0b00100,
    0b01010,
    0b00100,
    0b00100,
    0b01110,
    0b10101,
    0b00100,
    0b01010
]

armsUp = [
    0b00100,
    0b01010,
    0b00100,
    0b10101,
    0b01110,
    0b00100,
    0b00100,
    0b01010
]
```

```python
# RPi_I2C_driver.lcd(I2C 주소)
lcd = RPi_I2C_driver.lcd(0x27)

# 새로운 캐릭터 생성
lcd.createChar(0, heart)
lcd.createChar(1, smiley)
lcd.createChar(2, frownie)
lcd.createChar(3, armsDown)
lcd.createChar(4, armsUp)

# 시작할 커서의 위치를 1행 1열에 위치
lcd.setCursor(0, 0)

# LCD에 메시지 출력
lcd.print("I ")
lcd.write(0) # lcd.write()를 불러올 때 '0' 은 byte의 순서입니다.
lcd.print(" Ras Pi! ")
lcd.write(1)

while True:

    lcd.setCursor(4, 1)
    lcd.write(3)
    sleep(0.3)

    lcd.setCursor(4, 1)
    lcd.write(4)
    sleep(0.3)
```

코드 2 사용자 지정 문자 LCD 출력 코드

6.2 문자 자동으로 스크롤 하기

이번에는 LCD에 나타나는 문자들을 자동으로 스크롤 해 주는 실습을 해 보겠습니다. 문자들은 좌 → 우, 우 → 좌 및 자동 스크롤 등의 다양한 효과를 주어 표현할 수 있습니다. 이번에는 0~9까지의 숫자를 순서대로 LCD에 출력하고 자동으로 스크롤 하여 출력해 보겠습니다.

사용법 코드 예제

```python
# 라이브러리 포함하기
import RPi_I2C_driver
from time import *

# RPi_I2C_driver.lcd(I2C 주소)
lcd = RPi_I2C_driver.lcd(0x27)

# 반복하기
while True:
# 처음 시작할 커서의 위치
lcd.setCursor(0, 0)

# 0부터 9까지를 출력 (처음 출력)
for thisChar in range(10):
lcd.print(thisChar)
sleep(0.5)

# 커서의 위치 지정
lcd.setCursor(16, 1)

# 화면의 문자를 자동으로 흐르게 함
lcd.autoscroll()

 # 0부터 9까지를 출력 (자동스크롤)
 for thisChar in range(10):
 lcd.print(thisChar)
 sleep(0.5)

# 자동 스크롤 중지
lcd.noAutoscroll()

# 화면의 문자를 지움
    lcd.clear()
```

코드 3 문자 자동으로 스크롤 LCD 출력 코드

6.3 디지털 사이니지 완성하기

디지털 사이니지는 전자 광고판으로 LCD에 다양한 이미지와 문자, 글자 및 영상들을. 디스플레이에 보여 주고 관리하는 것으로 이번에는 I2C 1602 LCD에 문자와 사용자 지정 문자를 출력하고 좌우로 스크롤 하여 출력하는 코드를 작성해 보겠습니다.

```python
# 라이브러리 포함하기
import RPi_I2C_driver
from time import *

# 사용자의 캐릭터 생성
# https://maxpromer.github.io/LCD-Character-Creator/
eleLogo1 = [
    0b00111,
    0b01000,
    0b10000,
    0b10100,
    0b10100,
    0b10100,
    0b10111,
    0b10000
]

eleLogo2 = [
    0b11100,
    0b00010,
    0b00001,
    0b01001,
    0b10101,
    0b10101,
    0b01001,
    0b00001
]
```

```
eleLogo3 = [
   0b01000,
   0b10101,
   0b10101,
   0b10101,
   0b10010,
   0b10000,
   0b01000,
   0b00111
]

eleLogo4 = [
   0b00001,
   0b11101,
   0b11101,
   0b10001,
   0b11101,
   0b00001,
   0b00010,
   0b11100
]

# RPi_I2C_driver.lcd(I2C 주소)
lcd = RPi_I2C_driver.lcd(0x27)

# 커서의 위치를 시작
lcd.cursor()

# "Hello" 메시지를 출력, 시작 커서를 미지정 시 자동으로 (0,0) 위치에서 시작
lcd.print("Hello")

# 1초 delay
sleep(1)
```

```
# 그 뒤 0.3초 간격으로 두 번째 글자가 출력 (출력문자는 Python!!!)
lcd.print("Python!!!", 0.3)
# 2초 delay
sleep(2)

# 화면의 출력문자를 지움
lcd.clear()

# 커서의 깜박임을 끔
lcd.noCursor()

# 그 뒤 0.2초 간격으로 두 번째 글자가 출력 (출력문자는 Raspberry Pi)
lcd.print("Raspberry Pi ", 0.2)

# 새로운 커서의 위치 지정, 그 뒤 0.3초 간격으로 두 번째 글자가 출력 (출력문자는 by LUMI)
lcd.setCursor(6,1)
lcd.print("by LUMI", 0.3)

# 새로운 캐릭터 생성
lcd.createChar(0, eleLogo1)
lcd.createChar(1, eleLogo2)
lcd.createChar(2, eleLogo3)
lcd.createChar(3, eleLogo4)

# 새로운 커서의 위치 지정
lcd.setCursor(14,0)

# 생성한 캐릭터 출력
lcd.write(0)

lcd.write(1)

# 새로운 커서의 위치 지정
lcd.setCursor(14,1)
```

```
# 생성한 캐릭터 출력
lcd.write(2)
lcd.write(3)

# 2초 delay
sleep(2)

# 커서를 깜박임:
lcd.blink()

# 1초 delay
sleep(1)

# 글자 이동하기
while True:

    for i in range(2):
        # 글자를 오른쪽으로 2번 이동, 0.5초 간격으로
        lcd.scrollDisplayLeft()
        sleep(0.5)

    for i in range(4):
        # 글자를 왼쪽으로 4번 이동, 0.5초 간격으로
        lcd.scrollDisplayRight()
        sleep(0.5)

    for i in range(2):
        # 글자를 오른쪽으로 4번 이동, 0.5초 간격으로
        lcd.scrollDisplayLeft()
        sleep(0.5)
```

코드 4 디지털 사이니지 만들기 완성 코드

Chapter
18

꼼짝 마, 감시카메라 시스템

18 꼼짝 마, 감시카메라 시스템

① 학습요약

학습 목표	카메라 사용법과 PIR 센서를 다룰 수 있고, 파이썬 코딩으로 메일을 전송할 수 있다.
프리뷰	카메라 사진촬영 후 메일 전송
핵심 키워드	카메라, PIR, 사진 보내기
주요 준비물	카메라, PIR
실습 시간	2시간
학습 난이도	중

② 과제 설명

이번 시간에는 라즈베리파이에 카메라를 장착해서 사진을 촬영하는 방법과 PIR 모션센서의 값을 받아서 사진을 찍고, 찍은 사진을 메일로 전송하는 프로젝트를 해 보겠습니다. 이를 응용하면 방범 카메라를 구현할 수 있습니다. 드디어 라즈베리파이의 GPIO를 이용하는 마지막 프로젝트이므로 이제까지의 과정을 모두 학습하였다면 PIR 모션센서는 지금까지의 프로젝트와 비교해 어려운 점이 없을 것입니다. 이번에 만들 감시카메라는 모션이 감지되면 연결된 GPIO로 HIGH 신호를 보내 주며, 신호를 받게 되면 카메라를 이용해 사진을 찍고, 찍은 사진을 모아 자동으로 메일을 보내는 프로젝트입니다.

3 준비물 및 주요 부품 설명

3.1 PIR 센서

PIR(Passive Infrared Sensor) 센서는 적외선을 방출하는 물체의 움직임을 감지하여 반응하는 센서로, 수동형 적외선 동작감지센서 혹은 인체감지모션센서라고 부릅니다. 물체에서는 온도에 해당하는 복사선이 방출되는데 체온과 같은 온도에서는 원적외선이 방출됩니다. 높은 온도에서 보다 많은 적외선을 방출하며 사람의 체온은 일정하지만 사람마다 방출되는 양은 차이가 있습니다. 이런 적외선을 방출하는 물체가 움직이면 적외선의 변화량이 생겨 이것을 이용해 인체의 존재유무를 감지하는 것이 적외선 동작 감지 센서입니다.

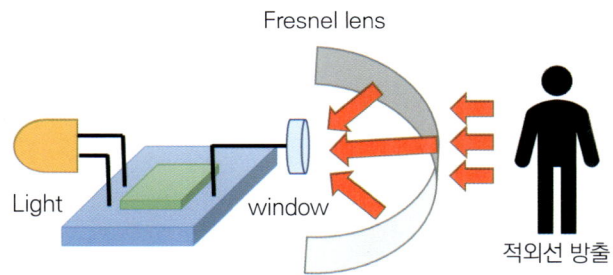

그림 1 PIR 센서의 동작 원리

주로 현관이나 화장실 등에 부착되어 사람의 움직임에 따라 조명을 켜 주는 다양한 장치에 활용됩니다. 또한 열화상 카메라 및 침입감지 시스템 및 산업, 의료, 소방 등 다양한 곳에서 높은 활용성을 띄고 있습니다. 또한 스마트 IoT 제품의 구동에도 대부분 사용되고 있는데 스마트 홈이나 스마트 오피스, 팩토리 등에서 사람의 행동유무에 따라 조명이나 TV, 냉난방기기 등을 자동으로 ON, OFF 함으로써 불필요한 에너지를 절약하는 데 크게 기여하고 있습니다. 보안의 경우에는 투과성이 좋기 때문에 침입자의 판단유무를 확실히 파악할 수 있으며 열화상 카메라로 직접 촬영하지 않고도 손쉽게 체크할 수 있어 CCTV에도 활용이 됩니다. 그리고 적외선은 온도에 따라 변화가 민감하기 때문에 화재감지기나 온도를 자동으로 감지하는 기능 등의 보조수단으로 사용이 됩니다. 그리고 적외선은 사람뿐만 아니라 동물에서도 방출되므로 PIR 센서를 이용한 동물탐지기나 애완동물 사료지급기 등에도 활용이 됩니다.

PIR 센서를 자세히 살펴보면 앞쪽 부분의 렌즈가 독특한 문양으로 이루어진 것을 발견할 수 있습니다. 이 부분은 Fresnel 렌즈라고 불리는데 이 렌즈를 개발한 프랑스의 과학자 프레넬의 이름을 따서 프레넬 렌즈라고 합니다. 이 프레넬 렌즈는 복합렌즈로서 렌즈의 표면을 동일한 곡률을 가질 수 있도록 표면을 분할해 만든 렌즈로 볼록렌즈를 대신해 얇고 가볍게 제작할 수 있다는 장점이 있습니다. 이런 방식으로 큰 렌즈도 더 많은 빛을 모으기가 수월하고 더 멀리까지 빛을 모아서 보낼 수 있습니다. 따라서 인체에서 방출된 적외선을 보다 많이 멀리 센서에 보낼 수 있도록 표면의 렌즈를 처리한 것이 특징입니다.

그림 2 PIR 센서

그림 3 HC-SR501 핀 배열

3.2 카메라

라즈베리파이에는 카메라를 연결할 수 있는 카메라 포트가 있습니다. CSI(Camera Serial Interface)라고 불리는데 비슷한 모양의 Display Serial Interface도 있으므로 연결 시 확인 후 사용하시는 것이 좋습니다.

2 × 4-lane MIPI camera/display ports
- 2대의 Camera 동시 지원
- 2대의 Display 동시 지원
- Camera 1대 + Display 1대

그림 4 카메라 모듈 포트

카메라를 연결하는 방법은 다음 순서와 같습니다.

1) 우선 라즈베리파이의 전원을 끕니다.
2) 이더넷과 HDMI 사이에 있는 카메라 모듈 포트의 가장자리 플라스틱 클립을 부드럽게 당깁니다.
3) 카메라 모듈 리본(플렉스 케이블)의 은색 부분이 HDMI 단자 쪽을 향하도록 끼웁니다. (케이블이 너무 접혀 구부러지지 않도록 주의하면서 연결합니다.)
4) 카메라 모듈 포트의 플라스틱 클립을 다시 아래로 눌러 닫아 줍니다.
5) 라즈베리파이5의 경우, 플렉스 케이블의 사양이 라즈베리파이4/3와 다르므로 해당 케이블을 사용하여야 합니다. (라즈베리파이5: 22-way, 0.5m-pitch, 라즈베리파이4/3: 15-way 1mm-pitch).

그림 5 FPC Cable (Flexible Printed Circuit)

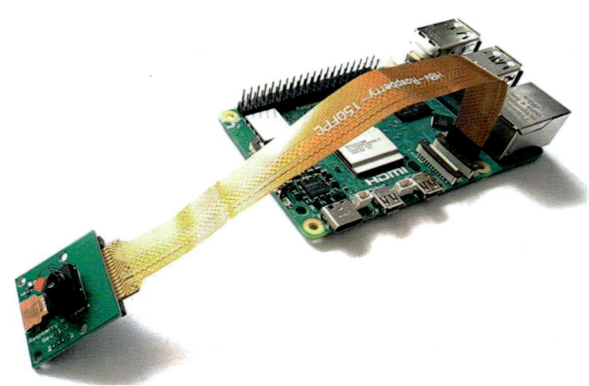

그림 6 카메라 연결 완성 모습

카메라는 라즈베리파이의 모든 모델에서 사용 가능하며 카메라 모듈을 사용하여 고화질의 비디오와 스틸 사진을 모두 촬영할 수 있습니다. 카메라는 현재 여러 버전으로 판매되고 있으며, 본 책에서는 많이 사용되고 있는 3가지 모듈에 대해서 간단히 소개하겠습니다. V1은 2013년, V2는 2016년에 출시되었습니다. 고화질의 HQ 카메라는 2020년에 출시되었으며 화소와 픽셀의 차이점이 있습니다. 아래의 표를 참조 후 자세한 설명은 라즈베리파이 공식문서[53]를 참고하시기 바랍니다.

	카메라 모듈 v1	카메라 모듈 v2	HQ Camera
크기	약 25×24×9mm		38×38×18.4mm(렌즈 제외)
무게	3g	3g	
스틸 해상도	500만 화소	800만 화소	1230만 화소
비디오 모드	1080p30, 720p60 및 640×480p60/90	1080p30, 720p60 및 640×480p60/90	1080p30, 720p60 및 640×480p60/90
리눅스 통합	V4L2 드라이버 사용 가능	V4L2 드라이버 사용 가능	V4L2 드라이버 사용 가능
C 프로그래밍 API	OpenMAX IL 및 기타 사용 가능	OpenMAX IL 및 기타 사용 가능	
감지기	옴니비전 OV5647	소니 IMX219	소니 IMX477
센서 분해능	2592×1944 픽셀	3280×2464 픽셀	4056×3040픽셀
센서 이미지 영역	3.76×2.74mm	3.68×2.76mm (4.6mm 대각선)	6.287mm×4.712mm (7.9mm 대각선)
픽셀 크기	1.4μm×1.4μm	1.12μm×1.12μm	1.55μm×1.55μm

표 1 파이카메라 하드웨어 사양 비교

---

53 라즈베리파이 문서: https://www.raspberrypi.org/documentation/accessories/camera.html#camera-modules

카메라 V2 모듈의 픽셀 설정에 따른 화면의 크기는 아래와 같습니다. 카메라의 활성화가 완료되면 간단한 명령어와 파이썬 프로그램으로 손쉽게 카메라를 제어할 수 있습니다.

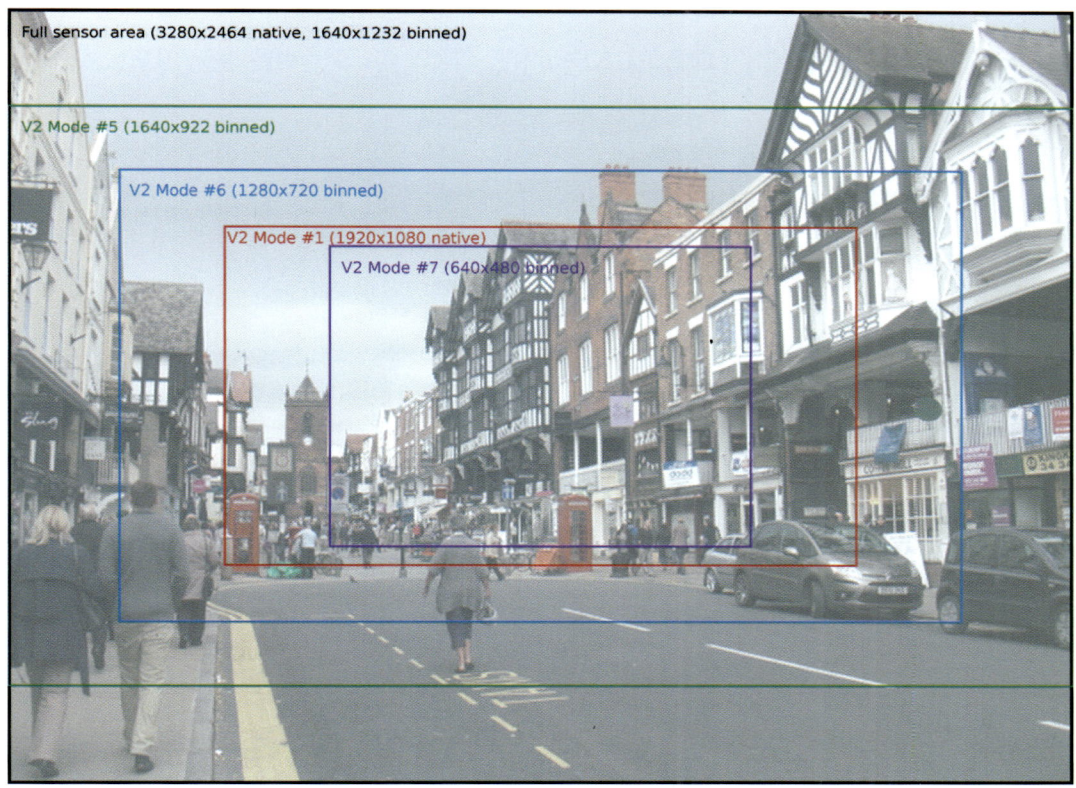

그림 7 카메라 픽셀에 따른 화면 크기

4 회로도

모션센서와 카메라를 그림 6 회로도와 같이 라즈베리파이와 연결을 합니다. PIR 모션센서는 세 개의 핀이 있는데, VCC / OUT / GND입니다. PIR의 OUT 출력은 3.3V이므로 로직 레벨 컨버터를 사용하지 않아도 됩니다.

Mini PIR 모션센서	PIR 모션센서(HC SR501)
사용전압: 2.7~12V 감지 각도 범위: <100도 감지 거리: 3~5m 감지유지시간: 2초 차단 시간: 2초 반복가능 Trigger 모드 TTL Output: 3.3V, 0V	사용전압: 4.8~20V 감지 각도 범위: <110도 감지 거리: 3~7m Trigger: L-반복트리거(X), H-반복트리거(O) 감지유지시간 조정: 0.3초~5분 민감도, 감지거리가능 TTL Output: 3.3V, 0V

표 2 모션센서 사양 비교

[Mini PIR]

- ■ VCC   라즈베리파이 3.3V
- ■ OUT   라즈베리파이 GPIO 21
- ■ GND   라즈베리파이 GPIO GND

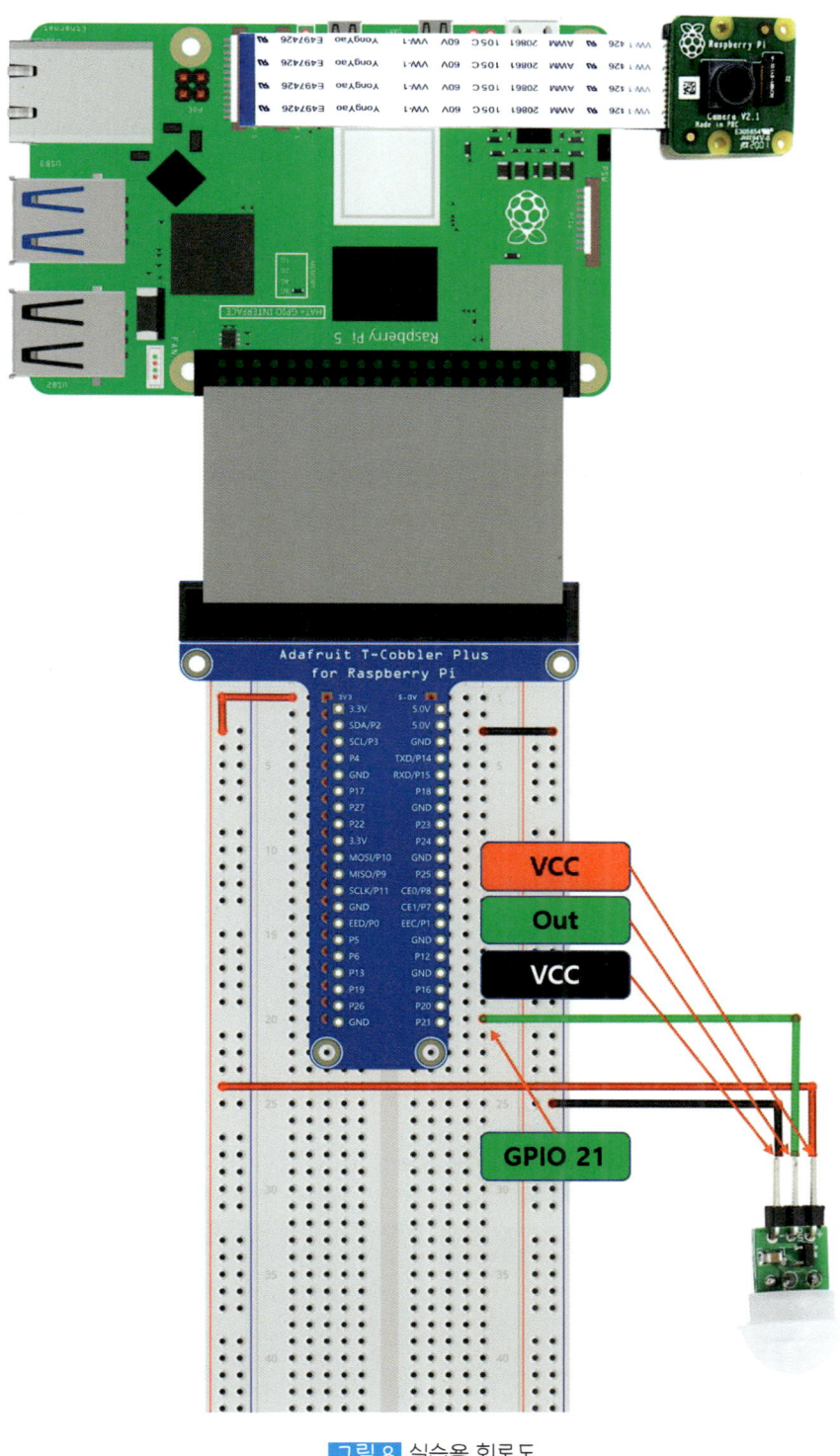

그림 8 실습용 회로도

⑤ 기본 센서 실습

5.1 카메라 실습

Raspberry PI Configuration(라즈베리파이 OS 중 Bullseye 이전 버전에 해당)
카메라를 사용하기 위해서 Raspberry Pi Configuration → Interfaces → Camera를 "Enabled"로 세팅을 합니다. 참고로, 라즈베리파이 OS Bookworm 에서는 Camera가 자동 활성이 됩니다.

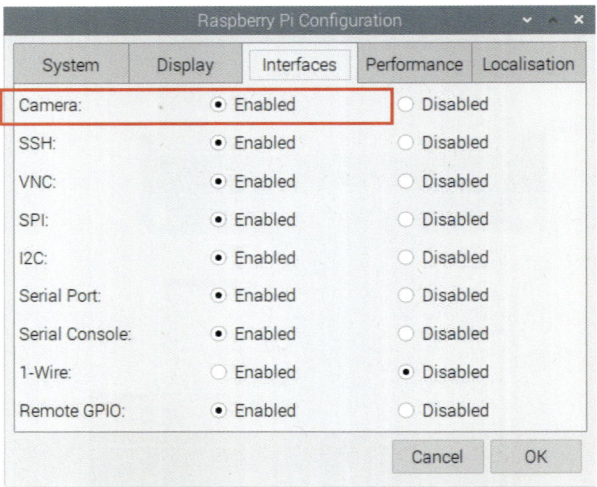

터미널에서 명령어를 입력하여 Camera 활성하기

```
sudo raspi-config
```

3. Interface Options → P1 Camera 선택 후 Yes를 선택

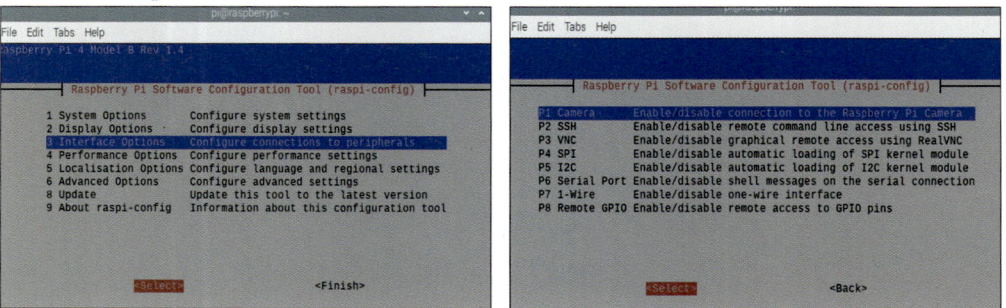

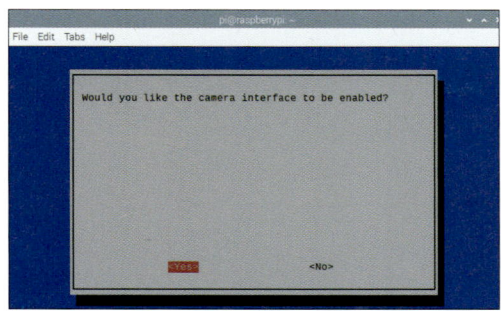 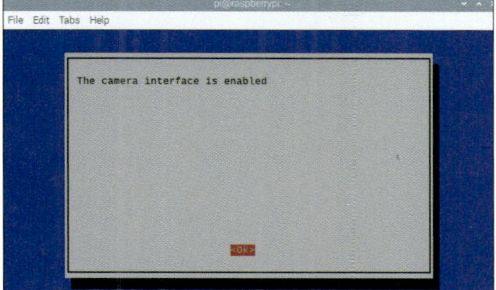

카메라 사용 명령어

다음의 명령어를 터미널에 입력하여 카메라를 사용하여 보세요.

```
# Preview
rpicam-hello           #5초 동안 미리보기
rpicam-hello -t 0      #옵션 -t <duration, 밀리초> 를 사용하여 미리보기 시간을 지정

# 바탕화면에 사진 저장
rpicam-jpeg --output Desktop/test.jpg

# 2초 동안 미리보기 후 640x480 크기의 사진 저장
rpicam-jpeg --output Desktop/test.jpg --timeout 2000 --width 640 --height 480

# rpicam-still은 rpi-jpeg와 같이 사진을 촬영할 수 있습니다..
rpicam-still -o Desktop/image.jpg
rpicam-still -o Desktop/image-small.jpg --width 640 -height 480
rpicam-still -o Desktop/image2.jpg --hflip --vflip
rpicam-still -o Desktop/image3.jpg --rotation 180

# 10초 동안 영상 저장
rpicam-vid -t 10000 -o Desktop/movie.mp4
```

※ rpicam-jpeg -h, rpicam-still -h, rpicam-vid -h를 입력하면 더 많은 옵션을 확인할 수 있습니다.

카메라 라이브러리 설치

Raspberry Pi OS에 카메라 라이브러리가 기본적으로 설치가 되어 있습니다. 정상적으로 작동이 되지 않으면 아래 명령어를 터미널에 입력하여 설치하세요.

```
sudo apt install -y python3-picamera2
```

카메라 사용 코드[54]

```python
# 라이브러리 호출
import time
from picamera2 import Picamera2, Preview

picam2 = Picamera2()

# Camera 설정 (옵션)
preview_config = picam2.create_preview_configuration(main={"size": (800, 600)})

# 미리보기 설정
picam2.configure(preview_config)
picam2.start_preview(Preview.QTGL)

picam2.start()
time.sleep(2)

# 바탕화면에 사진 저장
metadata = picam2.capture_file('/home/pi/Desktop/test.jpg')
print(metadata)

picam2.close()
```

코드 1 카메라 사진촬영 코드

---

54 https://github.com/raspberrypi/picamera2

```
# 라이브러리 호출
import time
from picamera2 import Picamera2
from picamera2.encoders import H264Encoder
from picamera2.outputs import FfmpegOutput

picam2 = Picamera2()
video_config = picam2.create_video_configuration()
picam2.configure(video_config)

# 영상 녹화(5초) 후 바탕화면 저장
encoder = H264Encoder(10000000)
output = FfmpegOutput('/home/pi/Desktop/test.mp4')
picam2.start_recording(encoder, output)
time.sleep(5)

picam2.stop_recording()
```

코드 2 카메라 동영상 촬영 코드

5.2 USB 카메라 실습

fswebcam 패키지 설치

fswebcam 패키지는 USB 카메라와 CSI 카메라 모두 사용할 수가 있습니다. 설치를 마치고, 터미널에서 "man fswebcam"을 입력하여 사용법을 확인해 보세요.

```
sudo apt install fswebcam
```

fswebcam 기본 사용법

fswebcam의 명령어는 터미널에 입력하여 사용합니다.

```
# 사진 촬영 후 바탕화면 저장
fswebcam ~/Desktop/image_fs.jpg

# 사진 크기 지정
fswebcam -r 1280x720 ~/Desktop/image_fs.jpg

# 사진 배너 없애기
fswebcam -r 1280x720 --no-banner ~/Desktop/image_fs.jpg
```

```
pi@raspberrypi: ~
File  Edit  Tabs  Help
pi@raspberrypi:~ $ fswebcam ~/Desktop/image_fs.jpg
--- Opening /dev/video0...
Trying source module v4l2...
/dev/video0 opened.
No input was specified, using the first.
--- Capturing frame...
Captured frame in 0.00 seconds.
--- Processing captured image...
Writing JPEG image to '/home/pi/Desktop/image_fs.jpg'.
pi@raspberrypi:~ $
```

fswebcam는 /dev/video0의 장치를 기본적으로 사용합니다. CSI 카메라와 USB 카메라를 동시에 사용할 경우, 첫 번째 연결한 카메라가 보통 video0이고, 그다음 카메라가 video1의 device 이름을 가집니다. "v4l2-ctl --list-devices" 명령어를 입력하면 Video의 리스트를 볼 수가 있습니다. 만약 video1의 카메라를 사용하고자 할 경우는 다음의 명령어를 사용하면 됩니다.

```
# Video 장치 검색
v4l2-ctl --list-devices

# video1 카메라 사용
fswebcam --device /dev/video1 ~/Desktop/image_fs.jpg
```

이번에는 파이썬 코드로 fswebcam을 사용해서 사진을 촬영해 보겠습니다.

```
# 라이브러리 호출
import os

# 사진 촬영 후 바탕화면 저장
os.system('fswebcam --device /dev/video1 /home/pi/Desktop/image_fs.jpg')
print('사진 저장 완료')
```

코드 3 USB 카메라 사진촬영 코드

USB 카메라나 CSI 카메라를 이용하여 사진을 촬영할 수 있는 패키지는 조금 전 소개한 fswebcam 외에도 동영상까지 촬영이 가능한 ffmpeg이란 패키지도 있습니다. 하지만, 요즘 많은 사람들이 공부하고 사용하고 있는 영상 처리 공개 라이브러리인 OpenCV를 사용하면 단순히 사진이나 동영상을 촬영하는 것 외에 사물인식, 영상편집, 인공지능 등 여러 분야에 응용이 가능하므로 좀 더 다방면으로 사용하고 싶다면 꼭 공부해 보는 것을 추천합니다.

5.3 PIR 모션센서 실습

PIR 모션센서 코드는 이전 챕터의 프로젝트들보다 간단합니다. 센서가 움직임을 감지하면 연결되어 있는 GPIO 21번 핀에게 HIGH신호를 보내 줍니다. 코드 4는 RPi.GPIO 라이브러리를 사용한 코드이고, 코드 5는 gpiozero 라이브러리를 사용한 코드입니다.

```
# GPIO 라이브러리 호출
import RPi.GPIO as GPIO
import time

# 핀번호 설정
PIR_PIN = 21      #GPIO 21에 PIR을 연결

# GPIO 설정
GPIO.setwarnings(False)    #경고 메시지 나타나지 않게 하기
GPIO.setmode(GPIO.BCM)
GPIO.setup(PIR_PIN, GPIO.IN)
```

```
try:
    while 1:
        if GPIO.input(PIR_PIN) == True:
            print('센서가 감지되었습니다.')
        else:
            print('센서가 해제되었습니다.')

        time.sleep(1)

# GPIO 초기화 후 프로그램을 빠져나감.
finally:
    GPIO.cleanup()
```

코드 4 PIR 모션센서 사용 실습 1

```
# GPIO 제로 라이브러리 호출
from gpiozero import MotionSensor

pir = MotionSensor(21)

while True:
    pir.wait_for_motion()
    print("센서가 감지되었습니다.")
    pir.wait_for_no_motion()
    print('센서가 해제되었습니다.')
```

코드 5 PIR 모션센서 사용 실습 2

5.4 파이썬으로 메일 보내기

파이썬 코드로 메일을 보내기 위해서는 SMTP(simple mail transfer protocol) 정보를 알아야 합니다. 쉽게 SMTP는 메일을 보내는 기능을 하는 서버라고 이해하면 됩니다. 라즈베리파이에 SMTP 서버를 구성해서 설치하는 것도 방법이지만, 이번 실습은 외부의 메일서버인 네이버 메일의 SMTP를 활용해 보겠습니다. 네이버(Naver) 외에도 다음(Daum) 메일도 방법은 유사합니다.

- 먼저, 본인의 네이버 메일에 접속을 합니다.
- 메일의 환경설정에서 "POP3/IMAP 설정"을 찾아서 들어갑니다.
- SMTP에 사용이 가능하도록 체크를 합니다.
- 하단의 메일 프로그램 환경설정 부분에서 SMTP 서버명, SMTP 포트를 찾아서 메일 보내는 파이썬 코드에 입력을 합니다.
- 본인의 네이버 메일, 네이버 아이디, 접속 비밀번호를 코드의 해당 부분에 입력 후 실행합니다.
- 메일 내용을 모두 입력한 후에는 CTRL+D를 누르면 메일이 전송됩니다.

그림 9 네이버 메일 SMTP 사용 및 정보 확인

메일전송 사용 코드

```python
import smtplib
from email.message import EmailMessage
from datetime import datetime

def prompt(prompt):
    return input(prompt).strip()


now = datetime.now()
dt_string = now.strftime("%Y/%m/%d %H:%M:%S")

# 자신의 메일주소 기록
msg = EmailMessage()
msg['From'] = '네이버아이디@naver.com'
msg['Subject'] = prompt("Subject: ")
msg['To'] = prompt("To: ").split()

print("** 내용 입력을 마친 후 Enter를 두 번 누르거나 CTRL+D를 입력하면 메일이 전송됩니다.")
print("Contents: ")
content = ''

while True:
    try:
        line = input()
        content = content + "\n" + line
    except EOFError:
        break
    if not line:
        break
    content = content + line

msg.set_content(content)

# SMTP 정보 기록, SSL
smtp = smtplib.SMTP_SSL('smtp.naver.com', 465)
```

```
smtp.ehlo()
# smtp.starttls()

# 자신의 아이디와 접속 비밀번호를 기록
smtp.login('네이버아이디', '비밀번호')
smtp.send_message(msg)
smtp.quit()
```

코드 6 메일 보내기 코드

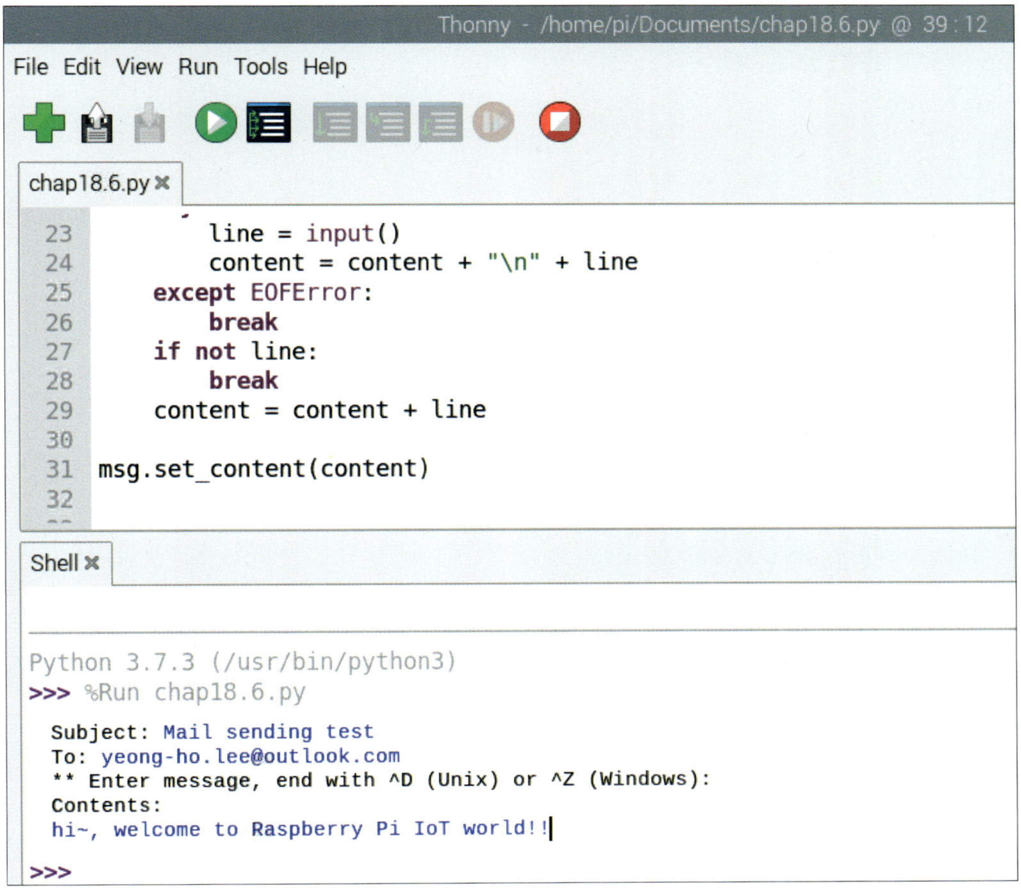

```
23          line = input()
24          content = content + "\n" + line
25      except EOFError:
26          break
27      if not line:
28          break
29      content = content + line
30
31  msg.set_content(content)
32
```

```
Python 3.7.3 (/usr/bin/python3)
>>> %Run chap18.6.py
  Subject: Mail sending test
  To: yeong-ho.lee@outlook.com
  ** Enter message, end with ^D (Unix) or ^Z (Windows):
  Contents:
  hi~, welcome to Raspberry Pi IoT world!!
>>>
```

그림 10 메일 보내기 실행 화면

6 꼼짝 마, 감시카메라 시스템 실습

앞의 실습에서 PIR 모션센서가 작동되면 카메라로 사진을 촬영 후, 지정한 사람에게 메일을 보내는 코드를 작성해 보겠습니다. 이번에는 사진을 1초 간격으로 촬영하고 그 횟수가 5회가 될 때마다 메일을 전송하는 코드입니다. 사진촬영이 5회가 되지 않은 상태에서는 모션센서가 미감지 상태로 넘어가더라도 메일을 전송합니다.

```python
# GPIO 라이브러리 호출
import RPi.GPIO as GPIO
import time
import sys

from picamera2 import Picamera2

import smtplib
from email.message import EmailMessage

import os
import shutil
import mimetypes
from datetime import datetime
from pathlib import Path     #for mkdir

import logging
logging.basicConfig(level=logging.DEBUG, format=' %(asctime)s - %(levelname)s - %(message)s')
logging.debug('Start of Program')

# 사진이 촬영 후 저장되는 위치
directory = '/home/pi/Desktop'

# 현재 시간 확인
def now_time():
    now = datetime.now()
```

```python
    global dt_string
    dt_string = now.strftime("%Y-%m-%d %H:%M:%S")

# 메일 보내기 함수
def sending_mail():
    now_time()
    
    msg = EmailMessage()
    msg['Subject'] = '감시카메라에서 사진 송부'    #메일 제목 입력
    msg['From'] = '네이버아이디@naver.com'      #보내는 사람 메일 입력
    msg['To'] = '받을사람 메일주소'              #받는 사람 메일 입력
    msg.set_content('''
안녕하세요.
감시카메라에서 {}에 촬영한 사진 송부합니다.
'''.format(dt_string))
    
    # 저장 경로에 있는 파일을 전송함
    # 저장 경로 = '/home/pi/Desktop'
    for filename in os.listdir(directory):
        path = os.path.join(directory, filename)
        if not os.path.isfile(path):
            continue
        
        ctype, encoding = mimetypes.guess_type(path)
        
        if ctype is None or encoding is not None:
            ctype = 'application/octet-stream'
        
        maintype, subtype = ctype.split('/', 1)
        
        with open(path, 'rb') as fp:
            msg.add_attachment(fp.read(),
                              maintype=maintype,
                              subtype=subtype,
                              filename=filename)
```

```
# SMTP 정보 기록, SSL
smtp = smtplib.SMTP_SSL('smtp.naver.com', 465)
smtp.ehlo()

# 자신의 아이디와 접속 비밀번호를 기록
smtp.login('네이버아이디', '비밀번호')
smtp.send_message(msg)
smtp.quit()
logging.info('사진이 전송되었습니다.')
move_photos()

# 사진이 촬영된 폴더에서 메일을 전송 후 "Photos" 폴더로 이동
def move_photos():

    # directory = '/home/pi/Desktop'
    p = Path(directory + '/Photos')
    p.mkdir(exist_ok=True)
    directory_photos = directory + '/Photos'

    for filename in os.listdir(directory):
        if filename.endswith(".jpg"):
            logging.info(filename)
            shutil.move(directory + '/' + filename, directory_photos + '/' + filename)
    logging.info('사진이 저장되었습니다.')


# 핀번호 설정
PIR_PIN = 21      #GPIO 21에 PIR을 연결

# GPIO 설정
GPIO.setwarnings(False)    #경고 메시지 나타나지 않게 하기
GPIO.setmode(GPIO.BCM)
GPIO.setup(PIR_PIN, GPIO.IN)
```

```python
        if GPIO.input(PIR_PIN) == True:
            logging.info('센서가 감지되었습니다.')
            now_time()
            picam2.capture_file(directory + '/{}.jpg'.format(dt_string))
            time.sleep(1)
            i = i + 1

            # 5회 촬영마다 사진 전송
    i = 0      #촬영 횟수 초기화

# 카메라 호출
picam2 = Picamera2()
picam2.start()
logging.info('감시시스템이 작동되었습니다.')

try:
    while True:

      if i == 5:
            sending_mail()
            i = 0
      else:
          # 남은 사진 전송
          if i > 0:
              sending_mail()
          i = 0

# GPIO 초기화 후 프로그램을 빠져나감.
finally:
    picam2.close()
    print('꼼짝마, 감시카메라 시스템 종료!')
    GPIO.cleanup()
    sys.exit()
```

코드 7 꼼짝 마 감시카메라 시스템 완성 코드

Chapter

19

자동실행 등록하기

19 자동실행 등록하기

1 학습요약

학습 목표	파이썬 파일을 라즈베리파이 부팅과 함께 자동으로 실행되게 설정할 수 있다.
프리뷰	파일 자동실행하기
핵심 키워드	시작 프로그램 등록, 자실행
주요 준비물	라즈베리파이, LED, 저항(220Ω), 브레드보드
실습 시간	2시간
학습 난이도	중

2 과제 설명

이전까지 모두 작성한 코드들을 라즈베리파이로 실행시키기 위해서는 직접 명령어로 실행시키거나 에디터를 이용하여 실행해야 했습니다. 이번 시간에는 라즈베리파이가 부팅될 때 작성한 파이썬 파일들을 자동으로 실행되게 설정하는 방법에 대해서 학습해 보겠습니다. 자동실행이 되게 설정해 놓으면 매번 라즈베리파이가 부팅될 때마다 해당 파이썬 파일을 실행시켜 주어야 할 불편함을 겪지 않아도 됩니다. 이것은 윈도우의 시작프로그램에 특정 프로그램을 등록해서 컴퓨터가 켜지면 자동으로 해당 프로그램이 시작되는 것과 같은 원리입니다. 이번 학습을 위해서 LED를 깜빡이는 간단한 파이썬 코드를 작성하고, 그 파일을 자동실행에 등록해 보는 방법에 대해 알아보겠습니다.

❸ 준비물 및 주요 부품 설명

3.1 LED 센서 및 저항

LED   "Chapter7 아침이 되면 자동으로 불을 끄는 스탠드"를 참조해 주세요.
저항   "Chapter6 쿨링팬 속도 제어 모듈 만들기"를 참조해 주세요.

❹ 회로도

[LED]
- 라즈베리파이 GPIO 19
- 저항: 220Ω

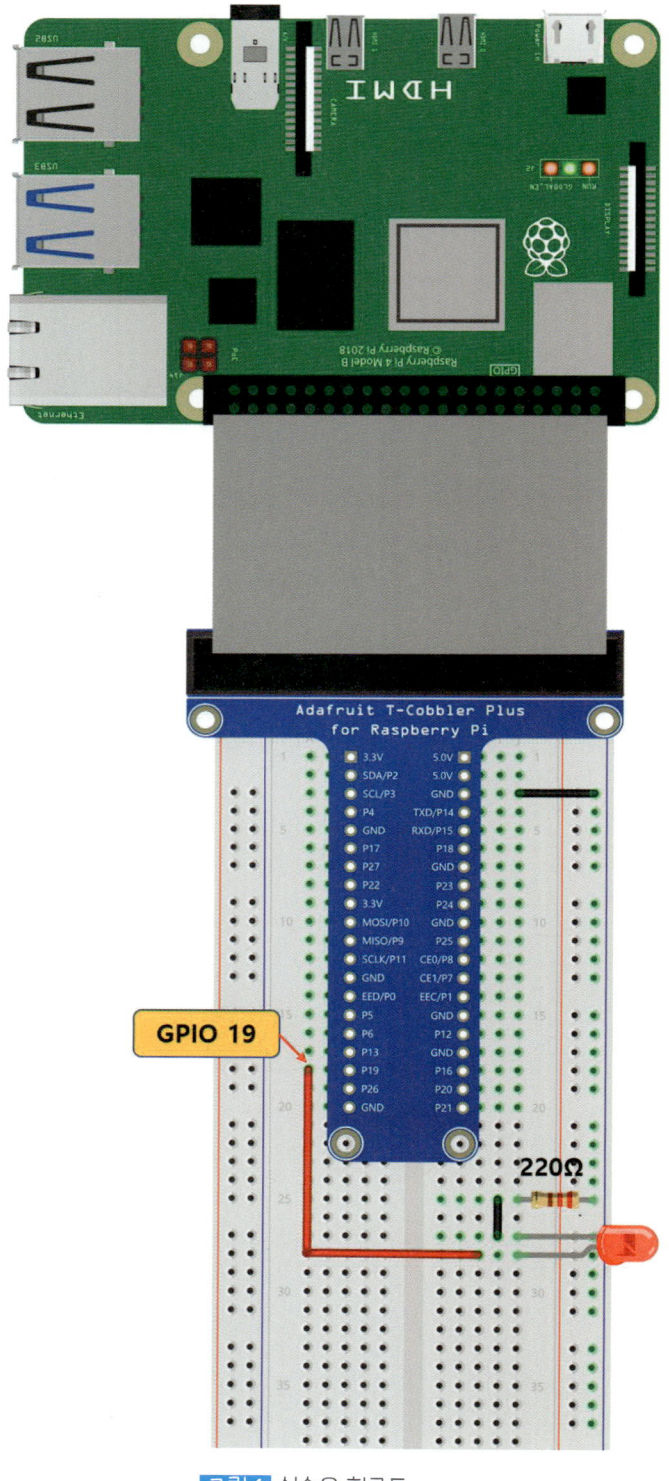

그림 1 실습용 회로도

5 자동실행 등록하기

자동실행은 여러 가지의 방법을 활용할 수가 있습니다. 자동실행 등록이 잘 되었으면 라즈베리 파이가 부팅이 되면서 LED가 깜빡이게 될 것입니다. 하나씩 실습해 보고 자신에게 가장 적합한 방법을 활용하면 됩니다.

5.1 자동실행될 코드

LED 깜빡이기 코드

아래의 코드를 "BlinkLED.py"의 파일명으로 저장합니다.

```python
# GPIO 제로 라이브러리 호출
from gpiozero import LED
import time

led = LED(19)                    #GPIO 19에 LED 연결

while True:
    led.on()
    time.sleep(1)
    led.off()
    time.sleep(1)
```

코드 1 BlinkLED.py

5.2 방법 1: rc.local 파일에 자동실행 등록하기

소개할 방법 중 가장 간단한 방법입니다. rc.local 파일을 열어서 BlinkLED.py를 추가하면 됩니다. rc.local 파일은 일종의 시스템 파일이므로 Super User의 권한으로 편집을 하여야 합니다. 파일을 편집할 때는 nano나 vi로 사용합니다. 사용법은 "Chapter2 리눅스 익히기"의 문서파일 편집하기를 참조하시면 자세한 사용법을 알 수 있습니다. 이 장에서는 간단하게 사용할 수 있는 nano를 이용하여 학습을 하겠습니다.

rc.local 파일의 위치

/etc/rc.local

자동실행 등록 방법

1. AutoStart 폴더(/home/pi/AutoStart)를 만든 후[55], 폴더에 BlinkLED.py 파일을 넣어 주세요. 폴더 한곳에 파일들을 모아 놓으면 편리하게 관리를 할 수 있는 장점이 있습니다.

2. 터미널에 nano를 명령어로 rc.local 파일을 엽니다.

sudo nano /etc/rc.local

3. rc.local 파일 안에서 "exit 0" 앞에 자동실행하고자 하는 파일을 등록합니다.

sudo python3 /home/pi/AutoStart/BlinkLED.py &

※ 파일의 경로는 절대주소이어야 합니다. 상대주소("~/AutoStart/BlinkLED.py")는 작동되지 않습니다.

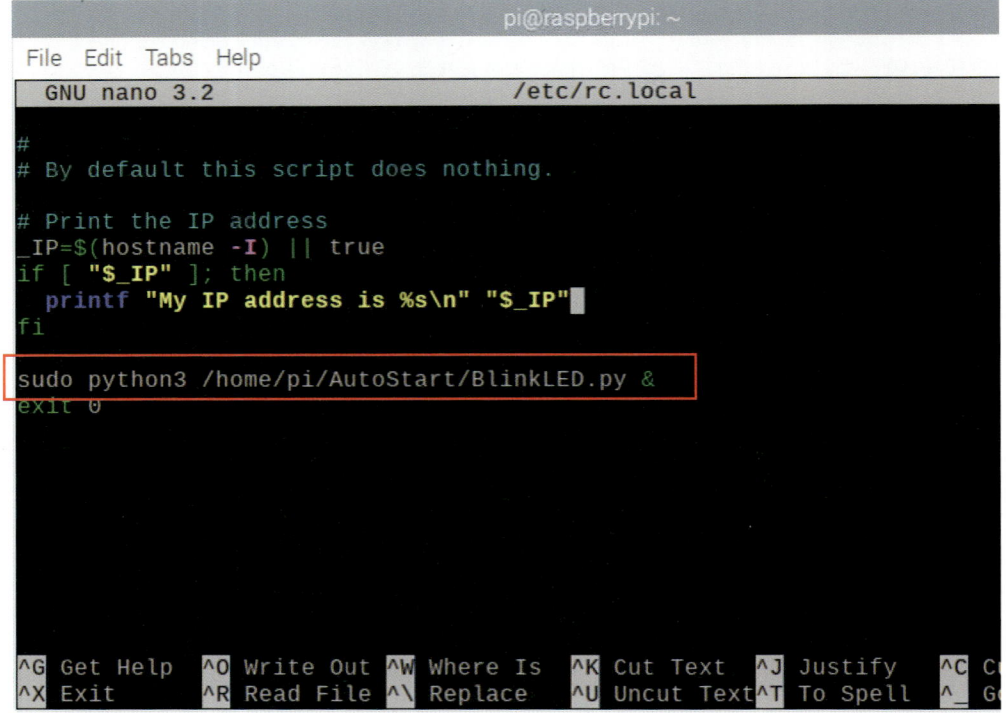

---

55 AutoStart 폴더가 아닌 자신에게 편리한 폴더를 만들어 등록하여도 됩니다.

4. Ctrl+O → Enter → Ctrl+X를 눌러서 내용을 저장하고 파일을 닫습니다.

5. 터미널에 "reboot" 명령어를 입력하여 라즈베리파이를 재부팅합니다. LED가 깜박거리는 것을 확인할 수 있습니다.

5.3 방법 2: systemd 사용하여 자동실행하기

systemd는 리눅스 시스템의 기본 구성요소들의 모음입니다. 리눅스가 시작될 때 첫 번째로 실행이 되며, 시스템 및 서비스 관리자 기능을 제공합니다. systemd는 시스템관리, 로그관리, 서비스관리, 초기화 스크립트 관리 등 시스템 전반에 관한 일을 담당하며 리눅스 시스템이 부팅될 때 어떤 프로그램이 실행될지를 지정할 수 있는 파일입니다. 방법 1과 달리 서비스에 등록한 자동실행을 라즈베리파이 재부팅 없이 중지, 재시작할 수 있습니다. 자동실행을 위해서 가장 추천하는 방법입니다.

systemd의 경로

```
/lib/systemd/system/
```

service 파일 만들기

코드에서 "ExecStart="에 기록된 파일이 자동실행됩니다.

```
[Unit]
Description=Auto Launcher
After=default.target

[Service]
Type=simple
User=pi
ExecStart=/bin/bash /home/pi/AutoStart/launcher.sh
Restart=always
StartLimitBurst=0

[Install]
WantedBy=default.target
```

코드 2 AutoStart.service

launcher.sh 파일 만들기

AutoStart.service 파일에서 ExecStart=/bin/bash /home/pi/AutoStart/launcher.sh 대신에 아래의 py 파일을 실행하는 명령어를 입력해도 됩니다.

ExecStart= /usr/bin/python /home/pi/AutoStart/BlinkLED.py

이 경우는 launcher.sh 파일을 만들 필요가 없습니다. 하지만, launcher.sh 파일을 사용하면 여러 개의 파이썬 파일을 자동실행시킬 수 있는 장점이 있습니다. launcher.sh 파일을 /home/pi/AutoStart 폴더에 만듭니다.

```sh
#!/bin/sh

locale
sudo python3 /home/pi/AutoStart/BlinkLED.py
```

코드 3 launcher.sh

서비스 등록하여 자동실행

1. AutoStart.service 파일을 Super User 권한으로 /lib/systemd/system으로 복사하기

```
sudo cp AutoStart.service /lib/systemd/system
```

2. 서비스 활성하고 시작하기

```
sudo systemctl enable AutoStart.service
sudo systemctl start AutoStart.service
```

※ 서비스 오류일 때 systemd 서비스 재로딩: systemctl daemon-reload

사용법

systemctl 명령어를 사용하여 sysemd에 포함되어 있는 서비스 시스템들을 관리합니다.

```
systemctl [option] ServiceName
```

option: start   서비스 시작
             stop   서비스 중지
             status   서비스 상태확인
             restart   재시작

enable 활성화

disable 비활성화

5.4 방법 3: .bashrc 파일에 자동실행 등록하기

방법 1과 유사하게 .bashrc 파일을 수정하여 자동실행 파일을 등록합니다. 파일명에서 "."으로 시작하는 파일은 숨김파일에 해당됩니다. File Manager에서 숨김파일을 보려면 View 탭에서 "Show Hidden"을 선택하거나 Ctrl+H를 눌러서 볼 수 있습니다. 이 방법은 Super User 권한 없이 자동실행하고자 하는 파일을 등록할 수 있으며, 라즈베리파이가 부팅되면서 자동으로 로그인이 될 텐데, 로그인이 될 때마다 터미널이 열릴 때마다 그리고, SSH가 접속될 때마다 실행이 됩니다. 실행될 때 Ctrl+C를 눌러서 실행을 취소할 수도 있습니다.

.bashrc 파일의 위치

```
home/pi/.bashrc
```

자동실행 등록 방법

1. 방법 1과 같이 AutoStart 폴더(/home/pi/AutoStart)를 만든 후, 폴더에 BlinkLED.py 파일을 넣어 주세요.
2. 이번에는 File Manager에서 .bashrc 파일을 클릭해서 엽니다. 파일이 열리면 가장 아래에 다음의 명령어를 입력하여 자동실행 할 파일을 등록합니다.

```
sudo python3 /home/pi/AutoStart/BlinkLED.py
```

3. 재부팅을 하면 LED가 깜빡입니다. 터미널을 띄워서 Ctrl+C를 누르면 자동실행이 중지가 되지만, 재부팅(로그인)하거나 터미널을 실행하면 다시 LED가 깜빡입니다..

5.5 방법 4: crontab 사용하여 자동실행하기

crontab은 정해진 시간에 지정한 명령을 자동으로 수행하는 기능을 제공합니다. "man crontab"의 명령어를 입력하여 자세한 사용법을 확인해 보세요.

부팅 시 자동실행 등록

1. 방법 1과 같이 AutoStart 폴더(/home/pi/AutoStart)를 만든 후, 폴더에 BlinkLED.py 파일을 넣어 주세요.

2. 터미널로 crontab을 엽니다.

```
crontab -e
```

3. /bin/nano 편집기를 선택합니다. (최초 한 번[56])

자동실행할 파일을 @reboot와 함께 맨 아래 줄에 추가합니다.

```
@reboot sudo python3 /home/pi/AutoStart/BlinkLED.py
```

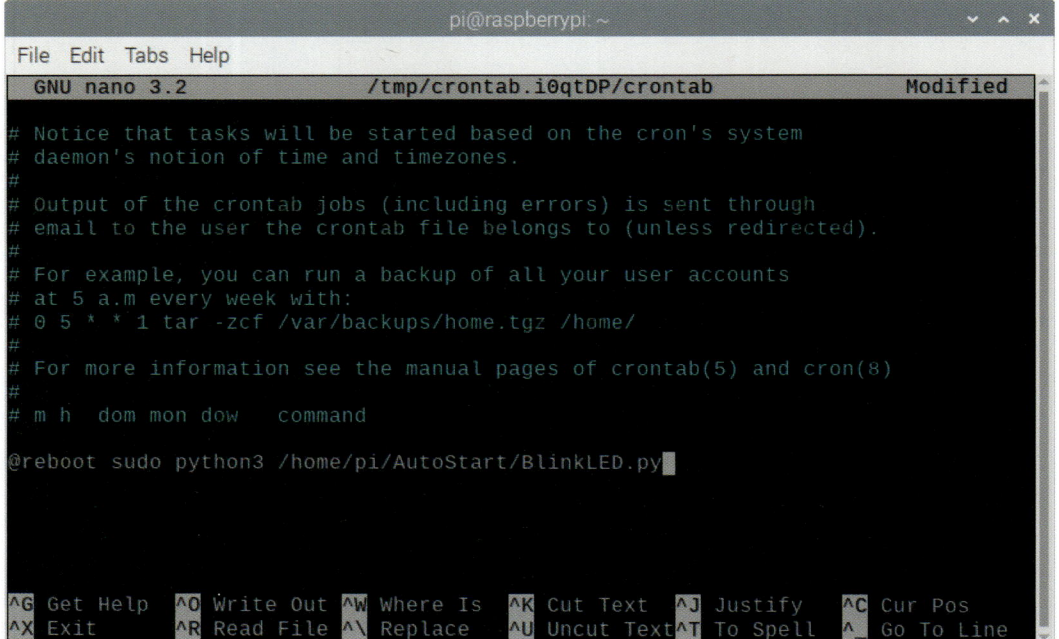

정해진 시간에 자동실행 등록

crontab을 연 후 아래와 같은 원하는 시간에 자동실행할 명령을 입력하면 됩니다.

---

56 편집기를 다시 설정하려면 터미널에 "select-editor"를 실행시킵니다.

사용법: 분, 시간, 일, 월, 요일 [실행명령]
"매일 자정에 재부팅"   ==> 0 0 * * * /sbin/reboot
"매일 오전 4시에 재부팅" ==> 0 4 * * * /sbin/reboot
"매 월요일 오전 5시에 재부팅" ==> 0 5 * * 1 /sbin/reboot

```
m h  dom mon dow    command


* * * * *  command to execute
│ │ │ │ │
│ │ │ │ └─ day of week (0 - 7)  0: 일요일 ~ 6: 토, 7: 일
│ │ │ └─── month (1 - 12)
│ │ └───── day of month (1 - 31)
│ └─────── hour (0 - 23)
└───────── min (0 - 59)
```

자동실행 확인

BlinkLED.py의 자동실행 여부를 확인하려면 아래의 명령어를 터미널에 입력하면 됩니다.

```
journalctl –b | grep BlinkLED.py
```

Chapter

20

MQTT를 활용해서 센서 값 확인하기

20 MQTT를 활용해서 센서 값 확인하기

1 학습요약

학습 목표	MQTT를 활용하여 다른 기기에서 센서의 값을 확인할 수 있다.
프리뷰	센서 값 모니터링
핵심 키워드	MQTT, Monitoring, Notification
주요 준비물	온습도 센서, LED, 저항, 버튼
실습 시간	2시간
학습 난이도	중

2 과제 설명

벌써 마지막 학습 Chapter입니다. 학습하면서 어려운 부분이 있었다면 천천히 다시 한번 학습해 보길 권장합니다. 센서를 다루는 가장 기본적인 방법과 라즈베리파이 사용법에 익숙해졌다면 반은 성공한 것이라고 생각합니다. 이번 시간에는 측정한 센서의 값을 스마트폰이나 PC와 같은 다른 기기에서 확인하는 방법에 대해서 학습해 보겠습니다. 이를 위해 MQTT라는 메시징 프로토콜을 활용하여 값을 주고받는 방법에 대해서 학습하겠습니다. 지금까지 열심히 잘 따라온 여러분께 감사를 표하며, 이 책이 여러분이 생각하는 IoT를 구현하는 데 작게나마 도움이 되기를 바랍니다.

③ 준비물 및 주요 부품 설명

3.1 온습도 센서 및 버튼

"Chapter10 더워지면 자동으로 켜지는 선풍기"를 참조해 주세요.

3.2 LED 센서 및 저항

LED   "Chapter7 아침이 되면 자동으로 불을 끄는 스탠드"를 참조해 주세요.
저항   "Chapter6 쿨링팬 속도 제어 모듈 만들기"를 참조해 주세요.

④ 회로도

[버튼]
- 라즈베리파이 GPIO 19
- 저항: 10kΩ

[LED]
- 라즈베리파이 GPIO 21
- 저항: 220Ω

[DHT11]
- Data(S): 라즈베리파이 GPIO 26
- VCC: 라즈베리파이 3.3V
- GND: 라즈베리파이 GND

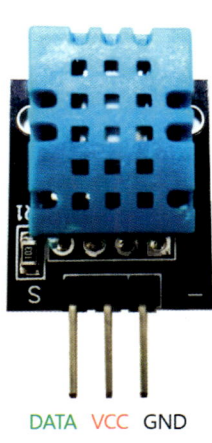

그림 1 DHT11 핀 배열

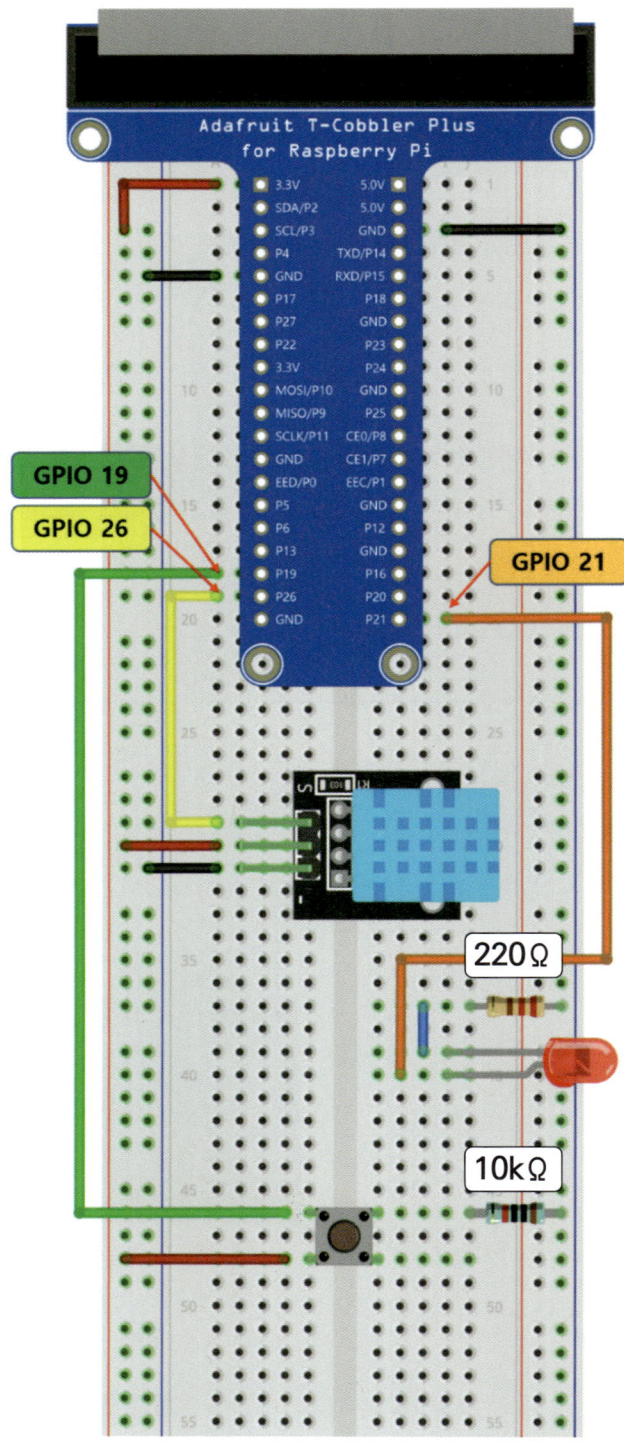

그림 2 실습용 회로도

⑤ MQTT를 활용해서 센서 값 확인하기 실습

MQTT는 TCP/IP 프로토콜 위에서 동작하는 사물인터넷 통신 환경에 최적화된 메시징 프로토콜입니다. 네트워크 대역폭이 제한되는 원격 위치와의 연결을 위해 설계되었으며, 최소한의 전력과 패킷량으로 통신이 가능하므로 IoT에 매우 적합한 프로토콜로 알려져 있습니다. MQTT는 일반적으로 사용되는 클라이언트/서버 구조가 아닌 Publish/Subscribe 방식으로 송신자(Publisher)가 특정 메시지를 발행(Publish)하면 수신자들(Subscriber)이 메시지를 구독(Subscribe)하는 방식입니다. 송신자와 수신자들 사이에는 브로커(Broker)가 있는데, 송신자가 브로커에게 데이터를 전달하면, 해당 Topic을 구독하고 있는 수신자들에게 데이터가 전달됩니다. 라즈베리파이에 MQTT를 설치하고, 다른 기기에서 라즈베리파이의 센서 값을 읽어 오는 실습입니다.

5.1 라즈베리파이에 MQTT 설치하기

MQTT 설치[57]

라즈베리파이에 MQTT를 사용할 수 있도록 오픈소스인 Mosquitto라는 MQTT 서버 프로그램을 설치합니다. MQTT를 설치하면 자동적으로 서비스가 시작됩니다. 서비스를 중지하거나, 재시작하고자 할 때는 "Chapter19 자동실행 등록하기"에서 "방법 2: systemd를 사용하여 자동실행하기"의 사용법과 동일합니다.

```
# MQTT 서버 설치
sudo apt install mosquitto mosquitto-clients

# MQTT 서비스 상태 확인
sudo systemctl status mosquitto
```

---

[57] MQTT 사용법: https://pypi.org/project/paho-mqtt/

MQTT 파이썬 라이브러리 설치

[방법 1]

```
pip install paho-mqtt --break-system-packages    #Python2
pip3 install paho-mqtt --break-system-packages   #Python3
```

[방법 2][58]

```
cd ~/Downloads/ && sudo rm -rf paho.mqtt.python
git clone https://github.com/eclipse/paho.mqtt.python
cd paho.mqtt.python
pip3 install -e . --break-system-packages
```

5.2 스마트폰에 Python 프로그램 및 MQTT 라이브러리 설치

스마트폰이나 PC 또는 다른 라즈베리파이에서 MQTT에 접속하여 센서의 값을 수신하기 위해서 MQTT 라이브러리를 설치합니다. 여기서는 스마트폰에서의 설치에 대해 설명하겠습니다.

Python 앱 설치

앱 스토어를 검색하면 스마트폰에서 사용할 수 있는 다양한 파이썬 앱이 있습니다. 마음에 드는 앱을 선택하여 설치하면 됩니다. 여기서는 예로, "Pydroid 3" 앱으로 설명을 하겠습니다.

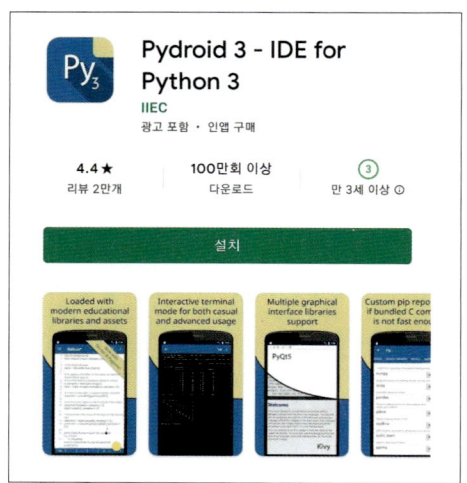

---

58   대체 사이트: git clone https://github.com/everylumi/paho.mqtt.python_v2

MQTT 파이썬 라이브러리 설치

위에서 설명한 라즈베리파이에서 라이브러리를 설치한 방법과 유사한 방법으로 설치를 진행합니다. "Pydroid 3" 설치를 마쳤으면 앱을 실행시킨 후, 왼쪽의 세 개의 선(메뉴 버튼)을 누른 후 pip를 실행합니다. pip의 INSTALL 탭에서 paho-mqtt를 입력하여 설치를 합니다. 이때, 최초에 한 번 "Pydroid repository plugin"을 설치를 위한 창이 뜨는데, 이 플러그인 설치 후 "paho-mqtt" 설치를 진행합니다. 또 다르게는 SEARCH LIBRARIES에서 검색하여 설치도 가능합니다. 라이브러리를 삭제하려면 LIBRARIES탭에서 삭제하고자 하는 라이브러리를 UNINSTALL 하면 됩니다.

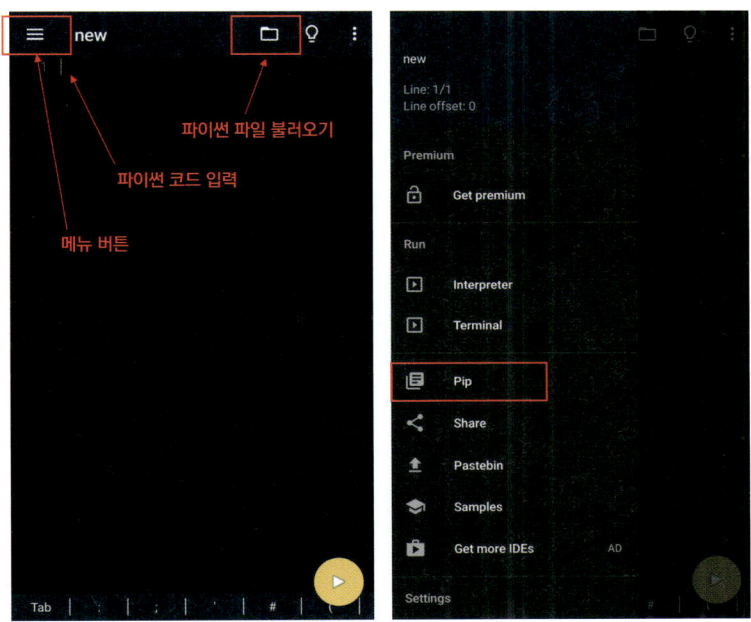

그림 3 라이브러리 설치 과정 1

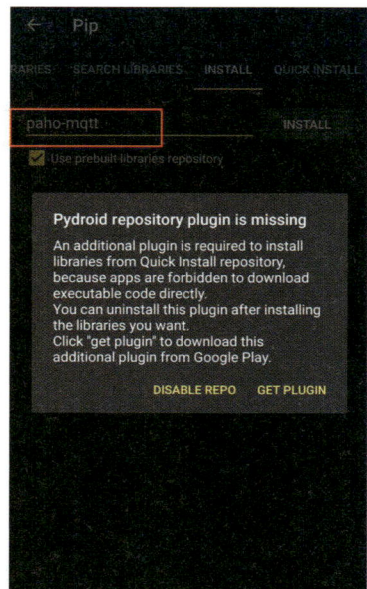

그림 4 라이브러리 설치 과정 2

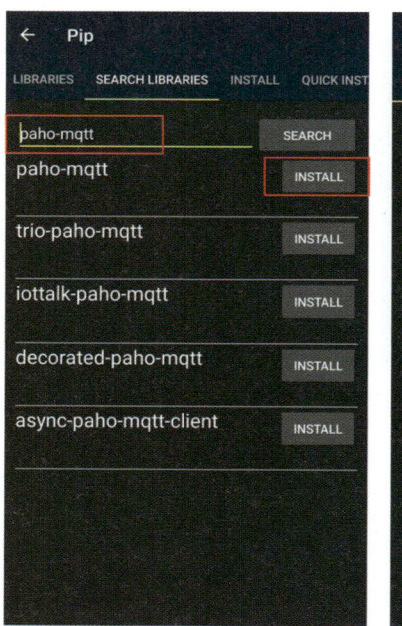
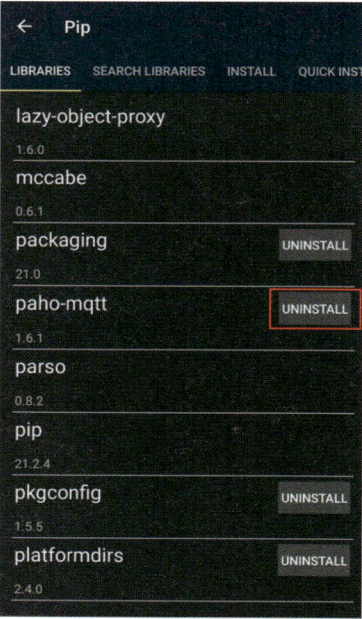

그림 5 라이브러리 설치 과정 및 삭제

5.3 MQTT를 활용해서 센서 값 확인하기 실습

라즈베리파이(Publisher)에 MQTT 서버를 설치하였고, 측정한 센서들의 값을 MQTT로 발행(Publish)합니다. 스마트폰(Subscriber)에서는 파이썬을 가동할 수 있는 프로그램과 MQTT를 통해서 값을 읽어 올 수 있도록 라이브러리가 설치된 상태라면, 이번에는 코드를 실행시켜 라즈베리파이가 발행하는 값들을 구독(Subscribe)하겠습니다. Subscribe 코드는 스마트폰에서 실행이 되어야 하는 것을 반드시 잊지 마세요. 스마트폰으로 파일을 전송할 때는 블루투스를 이용하여 PC에서 폰으로 파일을 보내거나 데이터 케이블을 연결하여 파일을 보내면 편리합니다.

작성된 코드를 라즈베리파이와 다른 기기로 전송하는 방법은 "Chapter3 파이썬 코드 편집기"에서 "PC에서 Raspberry Pi OS로 파일 보내기" 부분을 참조하세요.

온습도 센서를 사용하기 위한 라이브러리 설치는 방법은 "Chapter10 더워지면 자동으로 켜지는 선풍기"에서 "5.1 온습도 센서 사용하기" 부분을 참조하세요.

가상환경에서 프로젝트를 실행할 경우, 우선 가상환경을 실행 한 후 IoT_Project/DHT 폴더에 Code를 저장해서 사용하면 됩니다.

```
# 가상환경에서 설치하는 경우,
mkdir -p ~/IoT_Project/DHT && cd ~/IoT_Project/DHT
python3 -m venv .venv
source .venv/bin/activate
pip3 install adafruit-circuitpython-dht

# 가상환경을 사용하지 않을 경우,
pip3 install adafruit-circuitpython-dht --break-system-packages
```

라즈베리파이: Publish 코드[59]

```python
# GPIO 라이브러리 호출
import RPi.GPIO as GPIO
import board
import adafruit_dht
import time
import paho.mqtt.client as mqtt

# 핀번호 설정
Button_PIN = 19     #GPIO 19에 버튼 핀 연결
LED_PIN = 21        #GPIO 21에 LED 연결
dhtDevice = adafruit_dht.DHT11(board.D26)   #GPIO26, DHT11 사용 시
#dhtDevice = adafruit_dht.DHT22(board.D26)  #GPIO26, DHT22 사용 시

pressed = False     #버튼 상태, 초기는 0

# 클라이언트가 서버의 응답을 받을 때 호출되는 콜백함수
def on_connect(client, userdata, flags, reason_code, properties):
    print(f"Connected with result code {reason_code}")
    # 데이터 구독
    client.subscribe("homenet/Sensor1/#")

# 방송 메시지를 수신했을 때 호출되는 콜백함수
def on_message(client, userdata, msg):
    print(msg.topic+" "+str(msg.payload.decode("utf-8")))

# mqtt 설정
mqttc = mqtt.Client(mqtt.CallbackAPIVersion.VERSION2)
mqttc.on_connect = on_connect
mqttc.on_message = on_message
mqttc.connect("192.168.137.245", 1883, 60)  #mqtt 서버 IP

mqttc.loop_start()
```

---

59 코드 실행에서 errno 111 에러 발생 시 Port를 재설정합니다. (본 챕터 마지막 부분의 Tip 참조)

```
# 버튼 인터럽트 함수
def button_pressed_callback(channel):
    global pressed

    # 버튼 누를 때마다 상태 변경
    pressed = 1 - pressed

    if pressed:
        print('버튼 On')
        GPIO.output(LED_PIN,GPIO.HIGH)
        # MQTT로 LED상태값 전송
        mqttc.publish("homenet/Sensor1/LED", 'ON')

    else:
        print('버튼 Off')
        GPIO.output(LED_PIN,GPIO.LOW)
        # MQTT로 LED상태값 전송
        mqttc.publish("homenet/Sensor1/LED", 'OFF')

# GPIO 설정
GPIO.setmode(GPIO.BCM)
GPIO.setwarnings(False)   #경고 메시지 나타나지 않게 하기
GPIO.setup(LED_PIN, GPIO.OUT, initial=GPIO.LOW)
GPIO.setup(Button_PIN, GPIO.IN)
GPIO.add_event_detect(Button_PIN, GPIO.FALLING,
          callback=button_pressed_callback, bouncetime=10)   #Debouncetime = millisec

try:
    while 1:


        # 온습도 읽기 ------------------------------------
        temperature = dhtDevice.temperature
        humidity = dhtDevice.humidity
        print(temperature)
        # MQTT로 온습도값 전송
        mqttc.publish("homenet/Sensor1/temperature", temperature)
        mqttc.publish("homenet/Sensor1/humidity", humidity)
```

```
        time.sleep(0.5)

# GPIO 초기화 후 프로그램을 빠져나감.
finally:
    mqttc.loop_stop()
    GPIO.cleanup()
```

코드 1 MQTT Publish 코드

코드를 실행 후 중지했다가 다시 실행하였을 때 다음의 오류가 발생시

```
Shell ×
>>> %Run Chapter10-1.DHT11.py
 Unable to set line 19 to input
```

다음 명령어를 터미널에서 실행한 후 코드를 다시 작동하면 됩니다.

```
kill `ps -ef | grep "libgpiod_pulsein" | grep -v grep | awk '{print $2}'`
```

스마트폰: Subscribe 코드

```python
# 라이브러리 호출
import time
import paho.mqtt.client as mqtt

# 클라이언트가 서버의 응답을 받을 때 호출되는 콜백함수
def on_connect(client, userdata, flags, reason_code, properties):
    print(f"Connected with result code {reason_code}")
    # 데이터 구독
    client.subscribe("homenet/Sensor1/#")

# 방송 메시지를 수신했을 때 호출되는 콜백함수
def on_message(client, userdata, msg):
    print(msg.topic+" "+str(msg.payload.decode("utf-8")))
```

```
# mqtt 설정
mqttc = mqtt.Client(mqtt.CallbackAPIVersion.VERSION2)
mqttc.on_connect = on_connect
mqttc.on_message = on_message
mqttc.connect("192.168.137.245", 1883, 60)  #mqtt 서버 IP
mqttc.loop_forever()
```

코드 2 MQTT Subscribe 코드

5.4 스마트폰 앱을 활용하여 센서 값 모니터링하기

MQTT 라이브러리를 활용하여 스마트폰 앱을 만들면 센서의 값이나 IoT 장치의 상태에 대해 모니터링을 할 수가 있습니다. 앱 만들기는 시간과 노력이 들어가는 부분입니다. 간단한 방법으로 앱 스토어를 검색하여 이미 만들어져 있는 MQTT 앱을 활용해 보세요. 여기서는 "MQTT Dash" 앱을 활용하는 방법의 예를 들어 보겠습니다.

MQTT 앱 설치

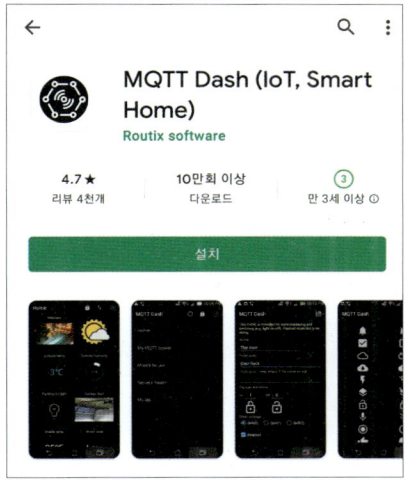

모니터링 설정

"MQTT Dash" 설치를 마쳤으면 앱을 실행시킨 후, 오른쪽 상단의 + 기호를 눌러서 MQTT 서버가 실행되고 있는 라즈베리파이를 등록합니다. 이때 Address는 라즈베리파이의 IP 주소를 입력하면 됩니다. 등록된 라즈베리파이를 누른 후 오른쪽 상단의 + 기호를 눌러서 센서를 등록합니다.

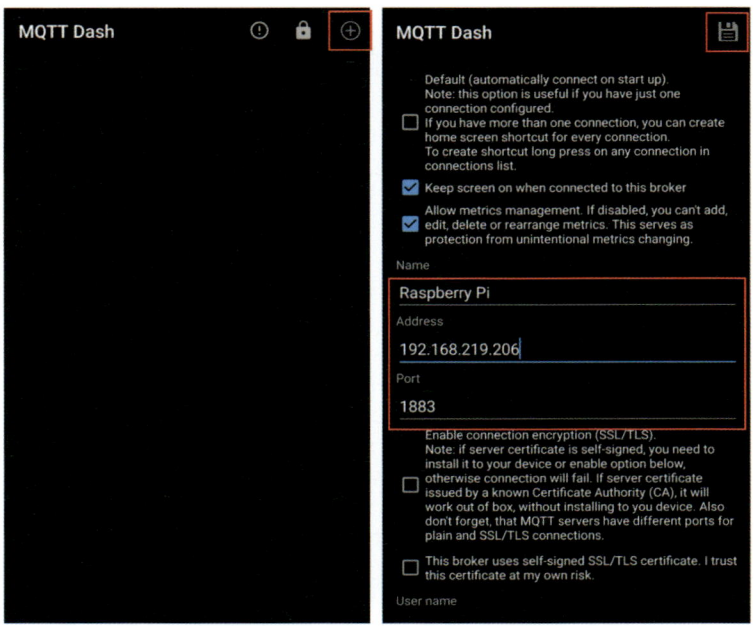

그림 6 모니터링 설정 1

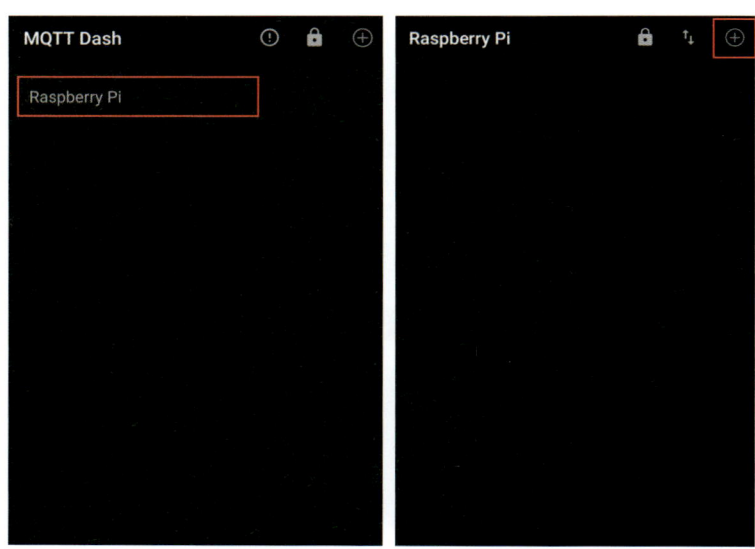

그림 7 모니터링 설정 2

센서의 타입은 사용자가 원하는 타입으로 선택을 합니다. 여기서는 단순히 값을 확인할 것이므로 Text를 선택합니다.

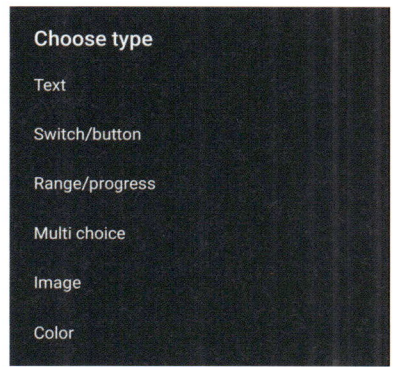

등록하고자 하는 센서의 이름을 기록하고, 구독하고자 하는 Topic을 기록합니다. 코드 1의 MQTT Publish에 등록한 Topic임을 잊지 마세요.

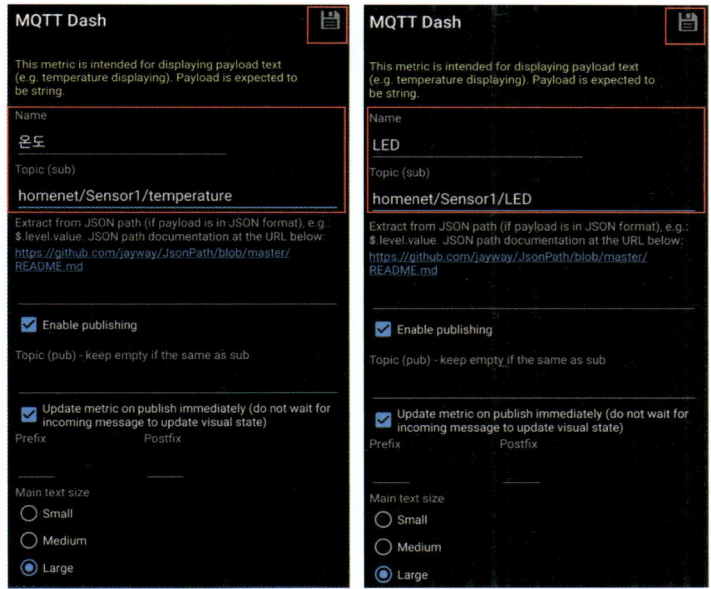

그림 8 모니터링 설정 3

모니터링 설정을 마치면 아래의 그림과 같이 온도 값을 실시간으로 확인을 할 수가 있으며, 버튼을 누를 때마다 LED가 On/Off 되면서 스마트폰 앱에서 LED의 상태 값도 실시간 확인이 가능합니다. 습도 값도 확인이 가능하도록 설정해 보시길 바랍니다.

5.5 PC를 활용하여 센서 값 모니터링하기

앞에서는 MQTT 라이브러리를 활용하여 스마트폰 앱을 활용하여 라즈베리파이에 연결된 센서의 값을 확인하였습니다. PC에서도 비슷한 방법으로 장치의 상태에 대해 모니터링을 할 수가 있습니다. PC에서 사용하기 위해서는 Python3가 설치되어 있어야 합니다.

MQTT 파이썬 라이브러리 설치

PC의 명령프로프트(CMD)에 아래의 명령어를 입력하여 MQTT 라이브러리를 설치합니다.

```
pip install paho-mqtt
```

PC : Subscribe 코드

PC에서 사용하는 Subscribe 코드는 앞의 스마트폰에서 사용한 코드와 같습니다.

```python
# 라이브러리 호출
import time
import paho.mqtt.client as mqtt

# 클라이언트가 서버의 응답을 받을 때 호출되는 콜백함수
def on_connect(client, userdata, flags, reason_code, properties):
    print(f"Connected with result code {reason_code}")
    # 데이터 구독
    client.subscribe("homenet/Sensor1/#")

# 방송 메시지를 수신했을 때 호출되는 콜백함수
def on_message(client, userdata, msg):
    print(msg.topic+" "+str(msg.payload.decode("utf-8")))

# mqtt 설정
mqttc = mqtt.Client(mqtt.CallbackAPIVersion.VERSION2)
mqttc.on_connect = on_connect
mqttc.on_message = on_message
mqttc.connect("192.168.137.245", 1883, 60)  #mqtt 서버 IP
mqttc.loop_forever()
```

코드 3 MQTT Subscribe 코드 (코드2와 동일)

PC : 실행 결과

PC에서 사용하는 Subscribe 코드를 실행하면 아래와 같이 센서의 값들을 모니터링 할 수가 있습니다.

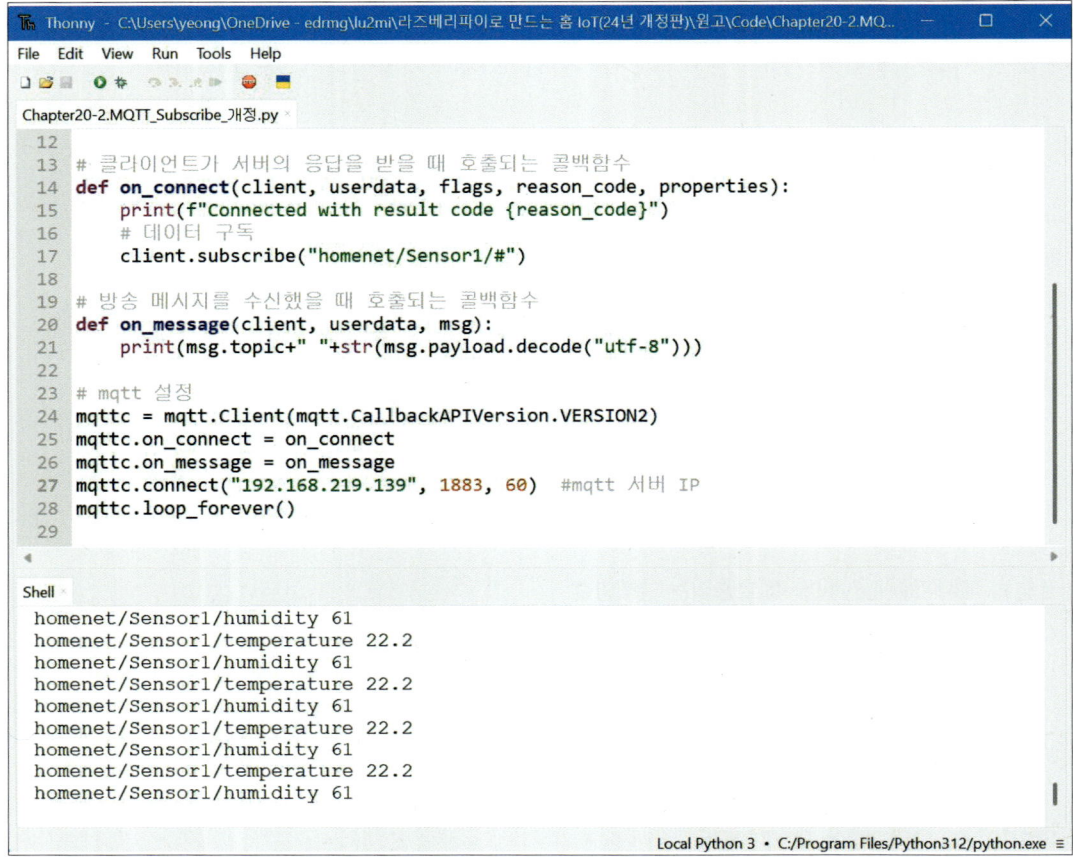

이것으로 "라즈베리파이로 IoT 만들기" 학습을 모두 마치도록 하겠습니다. 기본적인 과정은 모두 마쳤으니 부족한 부분이나, 이 책에서 다루지 않는 부분을 더 공부한다면 어느 순간 자신도 모르는 사이에 라즈베리파이 전문가가 되어 있을 것이라고 확신합니다. 언제나 즐거운 Making 생활을 하기를 바라겠습니다.

Tips

가. "Unable to set line XX to input" 오류

DHT 작동 후 중지 시, 드라이브 오류로 인해 해당 GPIO 핀을 계속 소유하고 있어서 발생하는 오류입니다. 라즈베리파이에서 Thonny를 사용하여 DHT Python Code를 중지 후 재시작 할 경우 종종 나타나는 오류이기도 합니다. 간단한 해결 방법은 다음의 명령어를 터미널에서 실행하면 됩니다.

```
kill `ps -ef | grep "libgpiod_pulsein" | grep -v grep | awk '{print $2}'`
```

또 다른 방법은 터미널에서 아래의 명령어를 실행하여, 해당 프로세스를 찾은 후 kill 명령어를 사용하면 해결이 됩니다.

```
pgrep -f libgpiod_pulsein
```

```
pi@lumi:~ $ pgrep -f libgpiod_pulsein
2616
pi@lumi:~ $ kill 2616
pi@lumi:~ $
```

[Errno111 에러 해결법]

Publish / Subscribe 코드 실행 시 Errno111 에러가 발생했을 경우, Port 설정을 해주면 정상 작동을 합니다.

1. mosquito.conf 파일 편집

```
sudo nano /etc/mosquitto/mosquitto.conf
```

2. mosquito.conf의 마지막 줄에 다음 내용 추가 후 저장(Ctrl+O → Enter → Ctrl+X)

```
listener 1883 0.0.0.0
allow_anonymous true
```

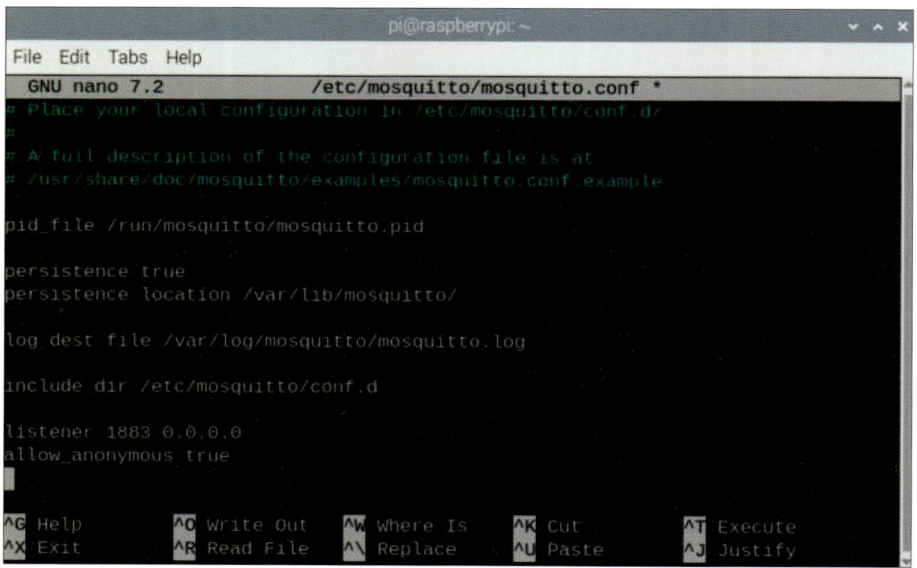

3. Demon 재시작

```
sudo systemctl restart mosquitto.service
```

memo

부록
01
Home Assistant를 활용한 홈 IoT 시스템 만들기

부록 01 Home Assistant를 활용한 홈 IoT시스템 만들기

Home Assistant는 다양한 운영체제에 설치할 수 있는 오픈소스 Home Automation 시스템입니다. 집안의 IoT 장치들과 연동하여 전등이나 보일러, 스위치들의 상태 값을 확인할 수 있을 뿐만 아니라 제어도 가능합니다. 또는 특정 조건에서 작동되도록 자동화 시스템을 꾸밀 수도 있습니다. 시중에 판매되고 있는 대부분의 가전 제품들은 IoT 장치들과 연동이 되므로 자신만의 홈시스템을 직접 만들 수 있습니다.

Home Assistant를 설치하는 방법은 여러가지이며, Home Assistant공식 홈페이지(https://www.home-assistant.io/installation)를 참조하면 많은 정보를 얻을 수 있습니다. 본 과정에서는 Raspberry Pi Imager에서 지원하는 방법으로 Home Assistant를 설치한 후, Wemos D1 Mini IoT 개발보드를 활용하여 온습도 센서와 wifi Relay를 만들어 Home Assistant + MQTT서버와 연동하는 방법을 통해 시스템을 제어하는 방법에 대해서 알아보겠습니다.

참조 사이트:

https://www.home-assistant.io/installation

https://www.home-assistant.io/getting-started/onboarding/

https://www.home-assistant.io/getting-started/onboarding_dashboard/

https://www.home-assistant.io/getting-started/integration/

[설치환경 및 준비물]
- 라즈베리파이 3B, 3B+, 4B, 5B 이상
- Raspberry Pi OS Lite 이상
- VNC 인터페이스 또는 모니터/키보드/마우스 연결
- Wemos D1 Mini V3.1.0(ESP8266 wifi 개발보드) × 2개
- Wemos SHT30 Shield(온습도 센서) × 1개
- Wemos Relay Shield × 1개

[작업 순서]
1. Home Assistant 설치
2. Home Assistant의 wifi 설정
3. Home Assistant 접속하기
4. Home Assistant Add-on 설치
5. Home Assistant에 MQTT 구성하기
6. Wemos D1 Mini 센서 장치 만들기
7. Home Assistant 센서 값 읽기 설정
8. 스마트폰에서 센서 값 알림 받기

이 과정에서는 "Chapter1 시작하기; Raspberry Pi OS 설치 및 설정"에서 Raspberry Pi OS를 설치한 방법과 유사하게 Home Assistant운영 체제를 MicroSD 카드에 설치하겠습니다. Raspberry Pi Imager를 이용하는 방법과 이미지를 다운받아서 설치하는 방법에 대해서 각각 설명을 하겠습니다. 설치를 시작하기 전에 라즈베리파이에 모니터/키보드/마우스를 연결하여 주세요.

1. Home Assistant 설치하기 - 방법1 Raspberry Pi Imager 사용

① https://www.raspberrypi.com/software/ 에 설명된 대로 컴퓨터에 Raspberry Pi Imager를 다운로드하여 설치하세요.

② Raspberry Pi Imager를 열고 라즈베리파이 장치(Raspberry Pi Device)를 선택합니다.

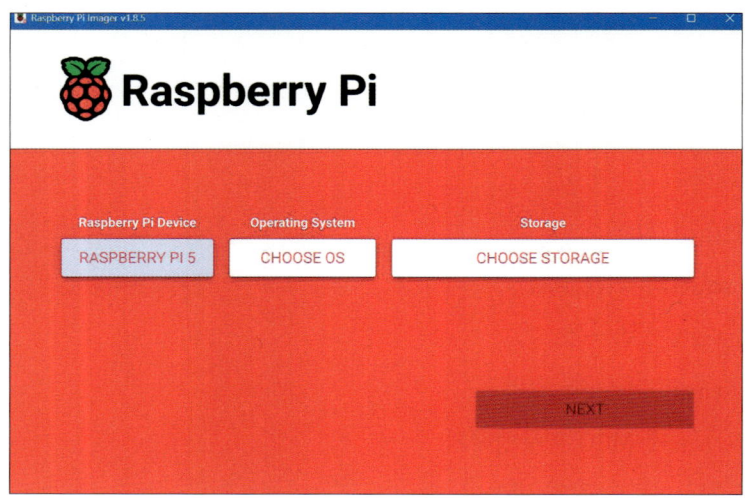

③ 운영 체제(Operation System)을 선택합니다.

Operation System → Other specific-purpose OS → Home assistant and home automation → Home Assistant을 선택하세요.

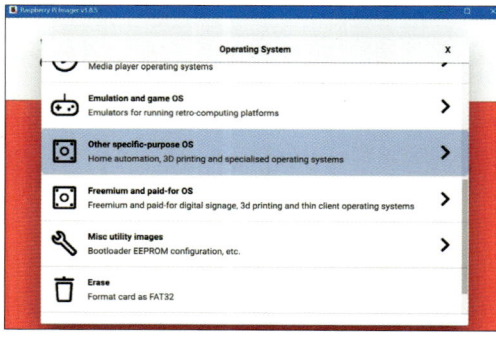 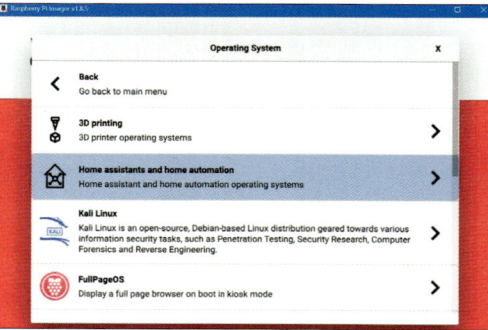

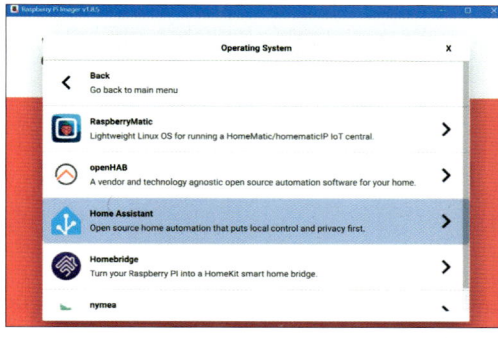 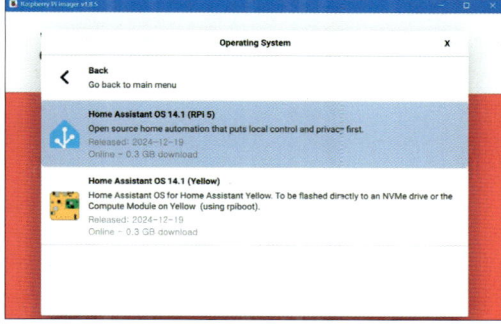

④ MicroSD카드를 컴퓨터에 삽입하고, 저장소(Storage)에서 설치하고자하는 대상의 MicroSD카드를 선택합니다.

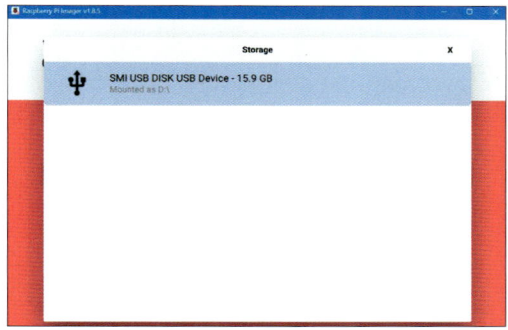 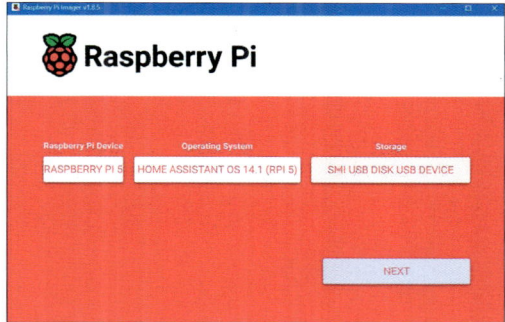

⑤ Next를 눌러 설치를 시작합니다.

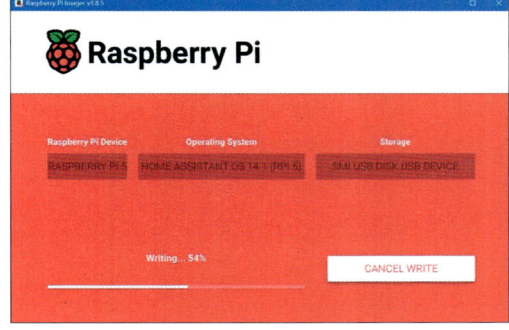 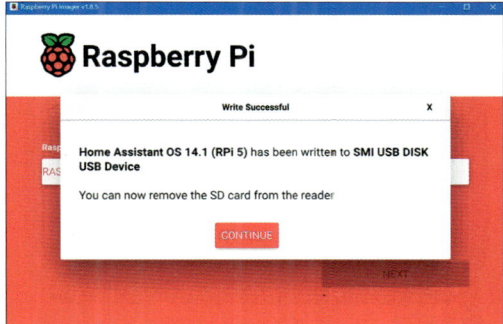

⑥ 설치가 완료되면 MicroSD 카드를 꺼내서 라즈베리파이에 삽입합니다.

⑦ 키보드, 마우스, 모니터를 라즈베리파이와 연결한 후, 전원을 연결하여 라즈베리파이를 켭니다.

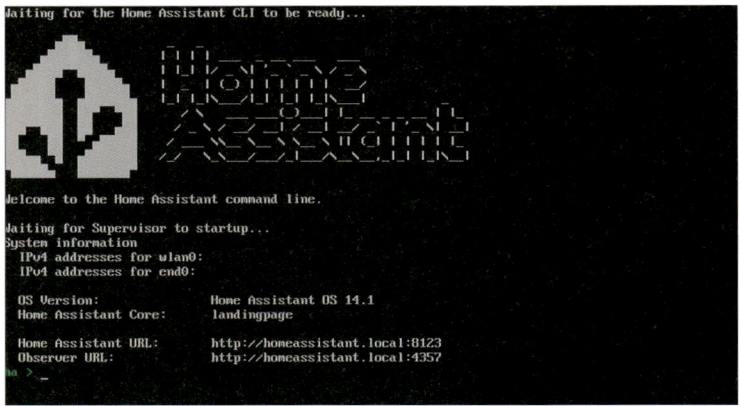

1. Home Assistant 설치하기 - 방법2 이미지를 다운받아서 설치하는 방법

① 먼저 설치하고자 하는 라즈베리파이의 버전에 맞게 Home Assistant 이미지 다운로드 합니다.

- 라즈베리파이 5:

https://github.com/home-assistant/operating-system/releases/download/14.1/haos_rpi5-64-14.1.img.xz

- 라즈베리파이 4:

https://github.com/home-assistant/operating-system/releases/download/14.1/haos_rpi4-64-14.1.img.xz

- 라즈베리파이 3:

https://github.com/home-assistant/operating-system/releases/download/14.1/haos_rpi3-64-14.1.img.xz

② MicroSD카드를 컴퓨터에 삽입합니다.
③ 다운로드한 이미지를 MicroSD 카드에 굽기 위한 프로그램을 컴퓨터에 설치합니다. Raspberry Pi Imager가 설치되어 있다면 "Chapter1 시작하기; Raspberry Pi OS 설

치 및 설정"의 "2.4 Raspberry Pi OS (64비트) 설치"에서 설명한 방법과 같이 이미지 설치를 하면 됩니다.

여기서는 Balena Etcher를 이용하여 설치를 해 보겠습니다. 컴퓨터에 Balena Etcher를 다운로드 한뒤 설치하여 주세요. (다운로드 URL https://etcher.balena.io/)

④ Flash from file을 선택하여 다운로드 받은 Home Assistant 이미지를 선택하고, 설치 대상의 MicroSD카드도 선택을 합니다. (참고로 Flash from URL을 선택하여 위 ①항의 이미지 경로를 기록하여도 됩니다.)

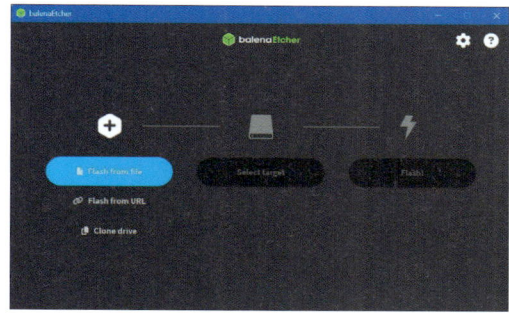
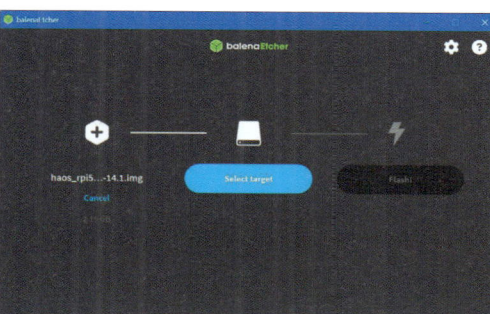
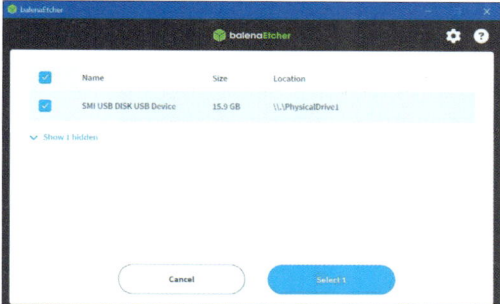

⑤ 설치가 완료되면 MicroSD 카드를 꺼내서 라즈베리파이에 삽입합니다.

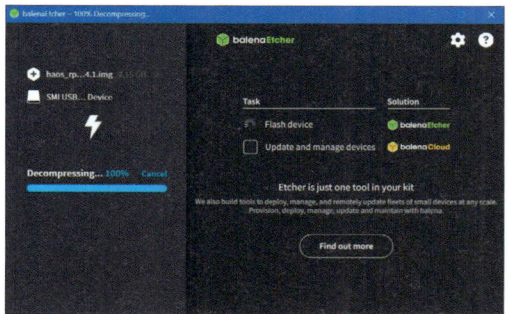
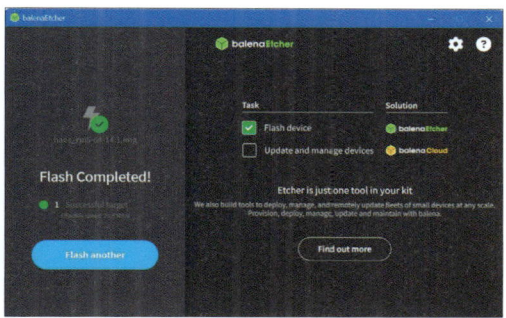

⑥ 키보드, 마우스, 모니터를 라즈베리파이와 연결한 후, 전원을 연결하여 라즈베리파이를 켭니다.

2. Home Assistant의 wifi 설정

Home Assistant 운영체제 설치가 완료되면 네트워크 설정을 해야 하는데, LAN 케이블과 연결하면 자동으로 인터넷에 접속이 됩니다. 여기서는 무선 wifi에 접속 설정하는 방법에 대해서 설명하겠습니다. 3가지의 방법이 있는데 상황에 맞는 설정법으로 진행하면 됩니다. 첫번째 방법은 라즈베리파이에 연결된 마우스/키보드/모니터를 사용하여 설정을 해야 하고, 두번째는 Home Assistant 운영체제 설치전에 선작업으로 진행해야 하는 것이며, 세번째 방법은 USB 메모리카드가 필요합니다.

[nmcli 명령어를 이용한 wifi 설정하는 방법]

① Home Assistant의 CLI에서 "login" 명령어를 입력하여 Linux Shell로 진입합니다.
② 다음의 명령어를 입력하여 접속할 수 있는 wifi를 검색합니다.

```
nmcli radio wifi on
nmcli device wifi rescan
nmcli device wifi list
```

```
Welcome to the Home Assistant command line.

System information
  IPv4 addresses for wlan0:
  IPv4 addresses for end0:

  OS Version:              Home Assistant OS 14.1
  Home Assistant Core:     landingpage

  Home Assistant URL:      http://homeassistant.local:8123
  Observer URL:            http://homeassistant.local:4357
ha > login
# nmcli radio wifi on
# nmcli device wifi rescan
# nmcli device wifi list_
```

IN-USE	BSSID	SSID	MODE	CHAN	RATE	SIGNAL	BARS	SECURITY
	70:5D:CC:80:65:F0	haha	Infra	8	540 Mbit/s	100	****	WPA2
	70:5D:CC:80:65:F2	haha_5G	Infra	149	540 Mbit/s	100	****	WPA2
	8E:AA:B5:1B:37:5A	FaryLink_1B375A	Infra	8	65 Mbit/s	85	****	---
	86:25:19:A0:74:0E	DIRECT-0E C56x Series	Infra	11	65 Mbit/s	79	***	WPA2
	88:3C:1C:C5:09:3B	KT_GiGA_2G_Wave2_0937	Infra	4	270 Mbit/s	77	***	WPA1 WPA2
	92:5A:B0:2D:28:56	CKROOM_Guest	Infra	7	130 Mbit/s	74	***	WPA2 WPA3
	92:5A:B0:2D:28:55	--		7	130 Mbit/s	74	***	WPA2
	92:5A:B0:2D:28:54	CKROOM	Infra	7	130 Mbit/s	72	***	WPA2
	88:36:6C:9D:6D:4C	iptime	Infra	3	270 Mbit/s	49	**	--
	B4:A9:4F:C6:C0:1A	KT_GiGA_C016	Infra	11	130 Mbit/s	40	**	WPA1 WPA2
	F4:D9:FB:0F:23:78	--	Infra	5	130 Mbit/s	37	**	WPA1 WPA2
	B4:A9:4F:4D:4E:C3	KT_GiGA_2G_Wave2_4EBF	Infra	1	130 Mbit/s	25	*	WPA1 WPA2

③ 다음의 명령어를 입력하여 wifi에 접속을 합니다.

```
nmcli device wifi connect "SSID" password "PASSWORD"
```

- SSID: 연결하려는 wifi 네트워크 이름
- PASSWORD: wifi 비밀번호

연결이 성공하면 다음과 같은 메시지가 표시됩니다.

```
# nmcli device wifi connect "haha" password "!T12345678"
Device 'wlan0' successfully activated with 'e66c8efa-cdbe-4088-a926-c9d6b4cbb5e2'.
```

④ 다음의 명령어를 입력하여 Raspberry Pi의 IP 주소를 찾습니다.

```
nmcli device wifi connect "SSID" password "PASSWORD"
```

```
# ip addr show wlan0
3: wlan0: <BROADCAST,MULTICAST,UP,LOWER_UP> mtu 1500 qdisc fq_codel state UP group default qlen 1000
    link/ether d8:3a:dd:bf:64:bc brd ff:ff:ff:ff:ff:ff
    inet 192.168.219.139/24 brd 192.168.219.255 scope global dynamic noprefixroute wlan0
       valid_lft 6684sec preferred_lft 6684sec
    inet6 fe80::9043:79cd:8a3c:fb5/64 scope link noprefixroute
       valid_lft forever preferred_lft forever
```

[SD 카드에 wifi 설정 파일 추가 (초기 설정 시)하는 방법]

Home Assistant 설치 전에 MicroSD 카드에 wifi 정보를 미리 설정하는 방법입니다.

① MicroSD 카드에 boot 디렉토리에 network라는 폴더를 생성합니다.

② network 폴더 아래에 my-network라는 파일을 생성하고 아래 내용을 추가하여 wifi 설정 파일 작성합니다. YOUR_WIFI_NAME과 YOUR_WIFI_PASSWORD를 실제 wifi 정보로 대체합니다.

```
[connection]
id=my-wifi
uuid=b6e4e249-1c14-420c-bf6f-b1f6e2166022
type=802-11-wireless

[802-11-wireless]
mode=infrastructure
ssid=YOUR_WIFI_NAME

[802-11-wireless-security]
auth-alg=open
key-mgmt=wpa-psk
psk=YOUR_WIFI_PASSWORD

[ipv4]
method=auto

[ipv6]
addr-gen-mode=stable-privacy
method=auto
```

my-network 파일

③ 파일을 저장한 후 SD 카드를 Raspberry Pi에 삽입하고 부팅합니다.
④ 부팅 후 자동으로 wifi에 연결됩니다.

[USB 메모리를 이용한 wifi 설정]

USB 메모리를 사용하여 wifi 정보를 제공할 수도 있습니다.

① USB 메모리를 FAT32 형식으로 포맷하고 이름을 CONFIG로 지정합니다.
② USB 메모리에 network 폴더를 생성하고 그 안에 위와 동일한 my-network 파일을 추가합니다.
③ USB 메모리를 라즈베리파이에 연결한 후 부팅하면 Home Assistant가 자동으로 wifi 정보를 읽어 적용합니다.

3. Home Assistant 접속하기

Home Assistant가 wifi에 연결되면, 크롬과 같은 웹 브라우저에서 다음 주소로 접속합니다:
- "http://〈Raspberry Pi의 IP 주소〉:8123"

IP 주소 대신 mDNS를 지원하는 환경에서는 다음 주소도 사용할 수 있습니다:
- "http://homeassistant:8123"

위 방법 중 상황에 맞는 방식을 선택하여 설정하면 라즈베리파이에서 Home Assistant를 접속을 하겠습니다.

Create My Smart Home 버튼을 눌러서 접속을 위한 이름과 비밀번호를 입력하여 계정을 만듭니다. Home Assistant 이름과 시간대를 Asia/Seoul로 선택 후 다음을 누른 후 완료를 눌러 설정을 마칩니다.

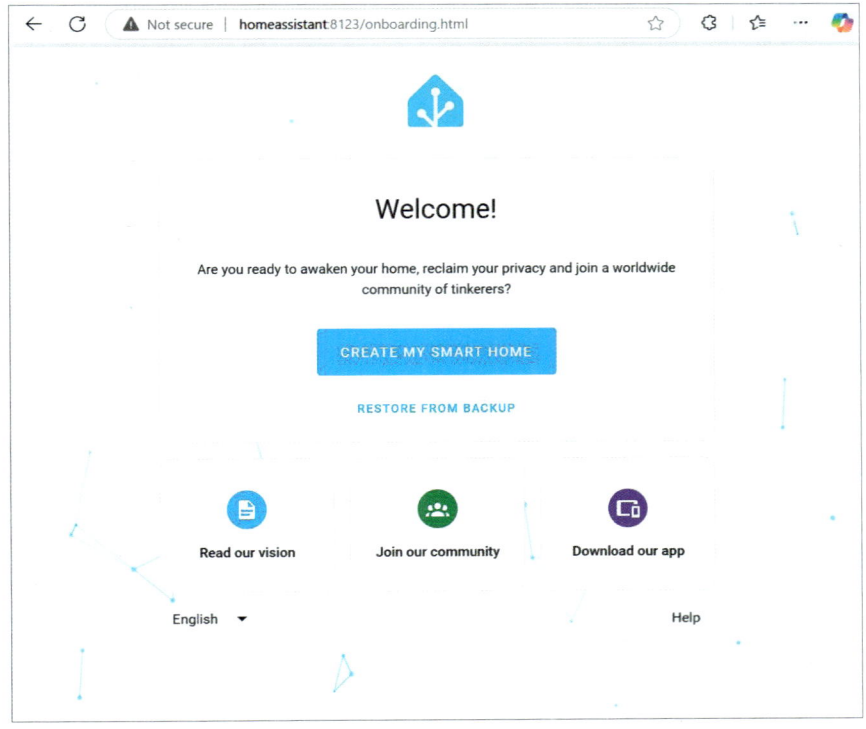

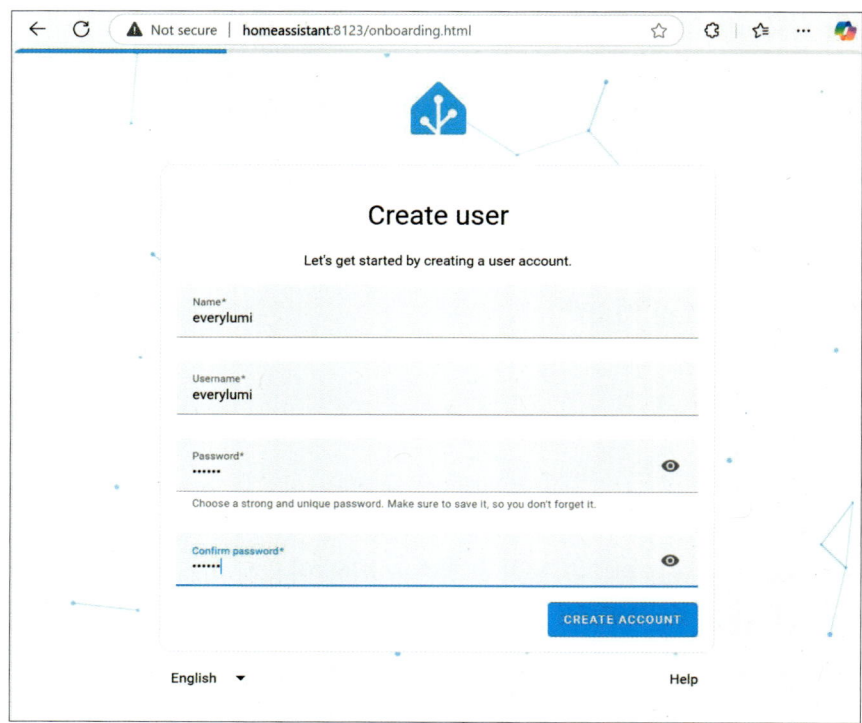

① 위치 설정이 나오면 창 아래에 있는 언어 설정을 "English"에서 "한국어"로 변경 후, 주소를 입력합니다.

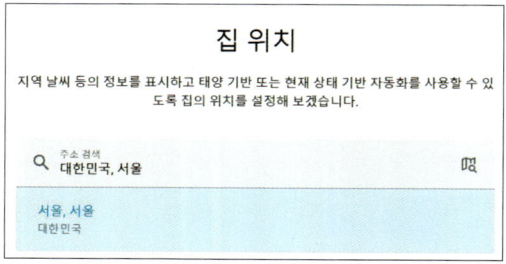

② 수집된 데이터의 처리에 대한 정보를 선택한 뒤 다음을 클릭, 호환되는 기기를 찾는 창이 나오면 완료를 클릭한 뒤 설정을 마칩니다.

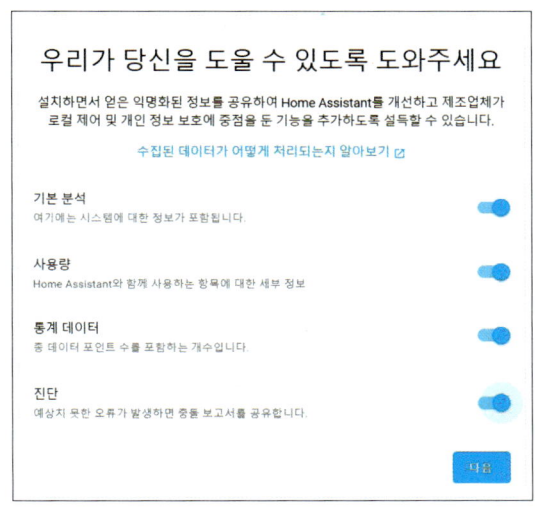
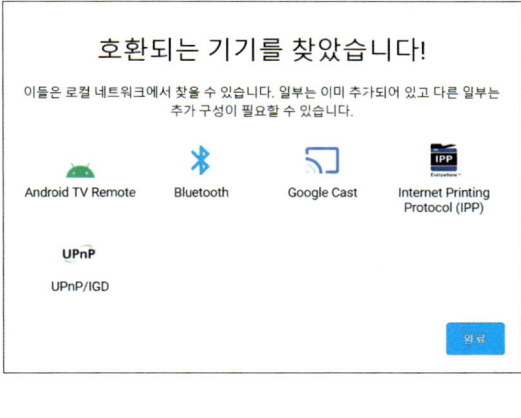
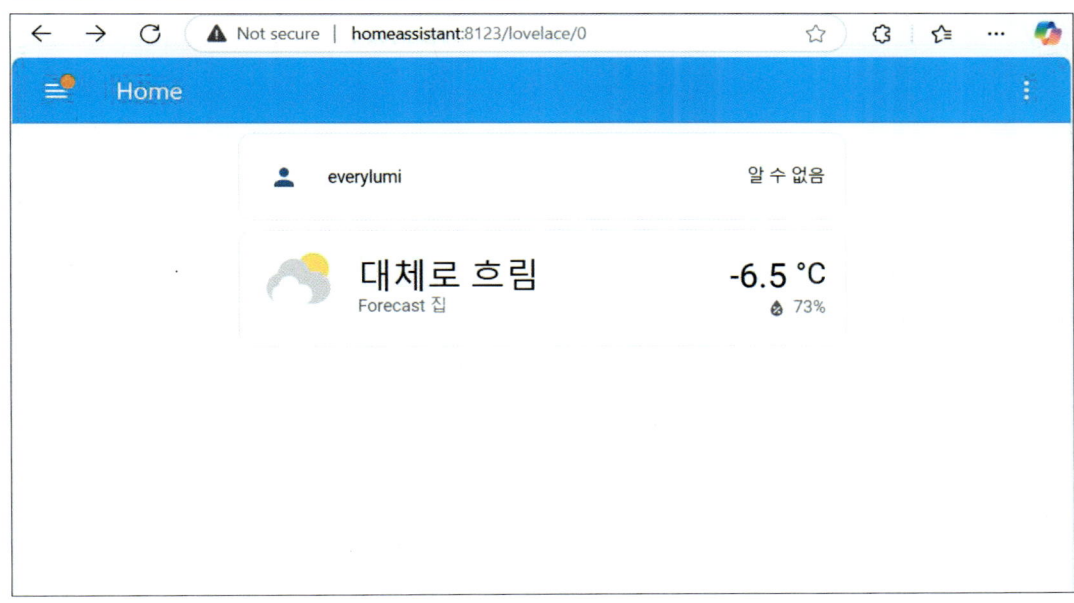

4. Home Assistant Add-on 설치(MQTT 서버 설치)

① Home Assistant의 왼쪽 상단부에 있는 세개의 줄 모양을 클릭하고, 메뉴창이 나타나면 설정을 클릭합니다.

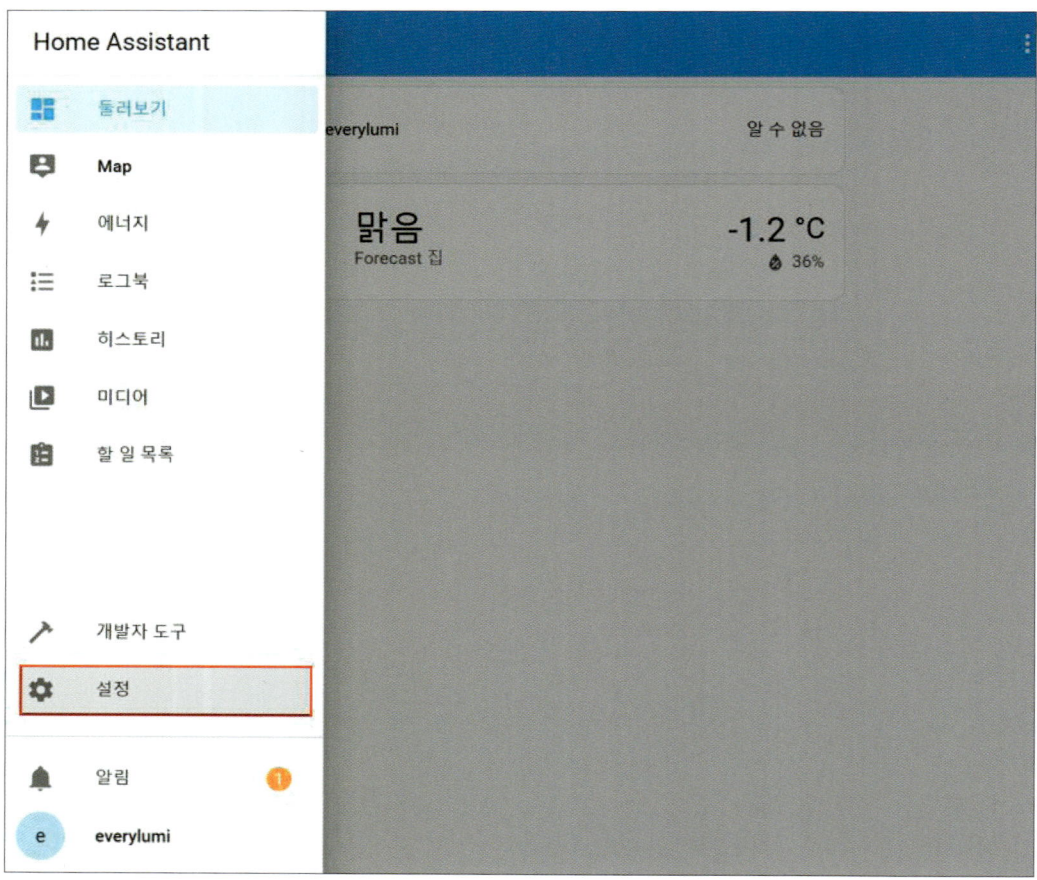

② 애드온 → 에드온 스토어 → Mosquitto broker순으로 선택한 뒤 "설치하기"를 클릭해 서버를 설치합니다.

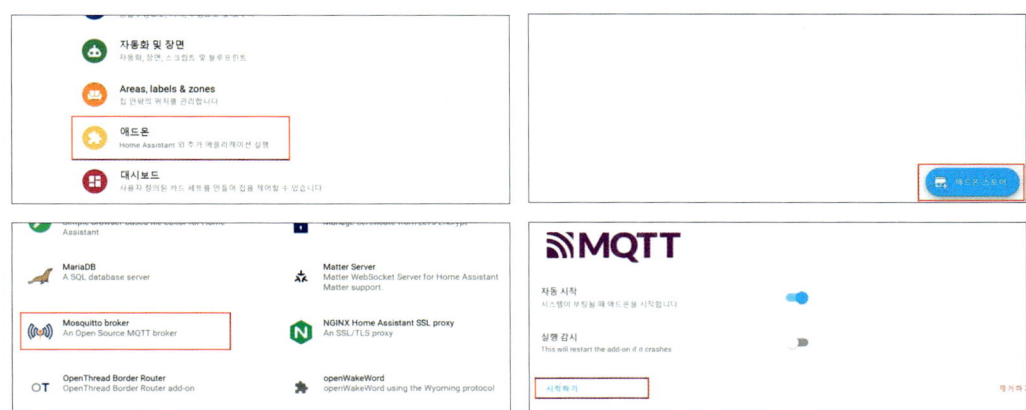

③ Mosquitto broker의 "구성"을 선택하고 "Logins" 부분에 User이름과 암호를 등록한 뒤 "저장하기"를 클릭해 주세요. (이 책에서는 User 이름과 암호를 test로 설정하겠습니다.)

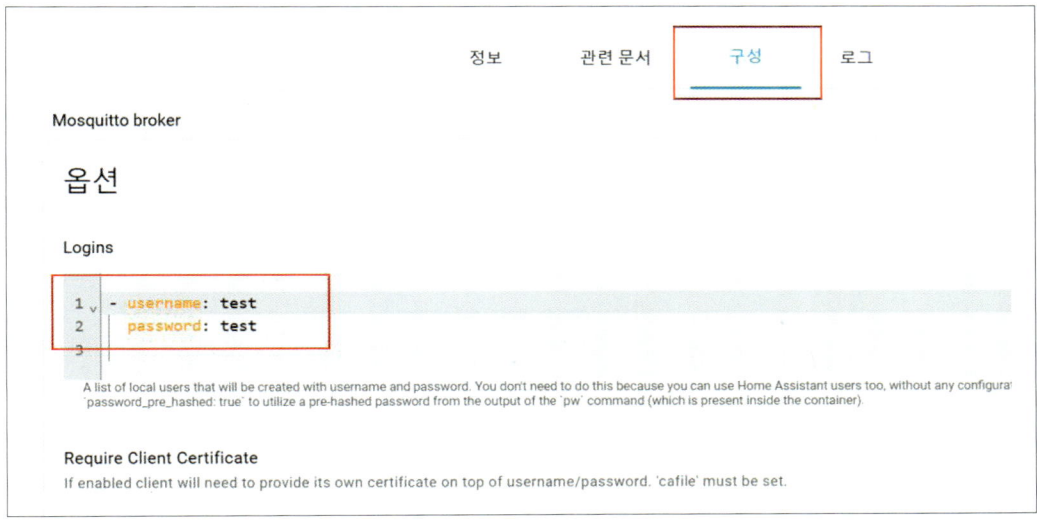

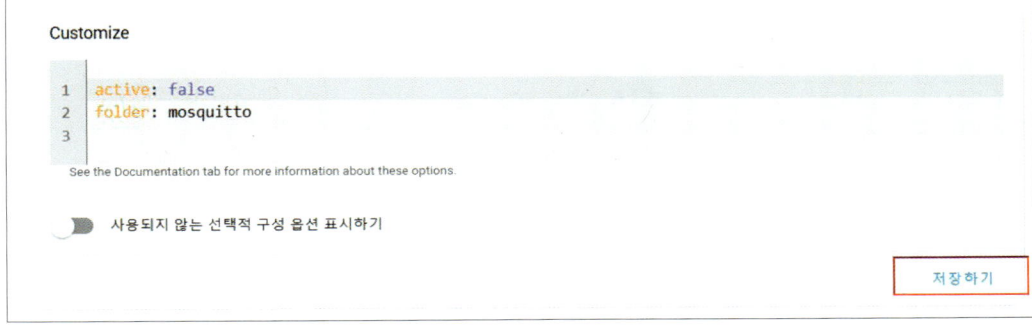

④ Mosquitto broker "시작하기"를 클릭합니다.

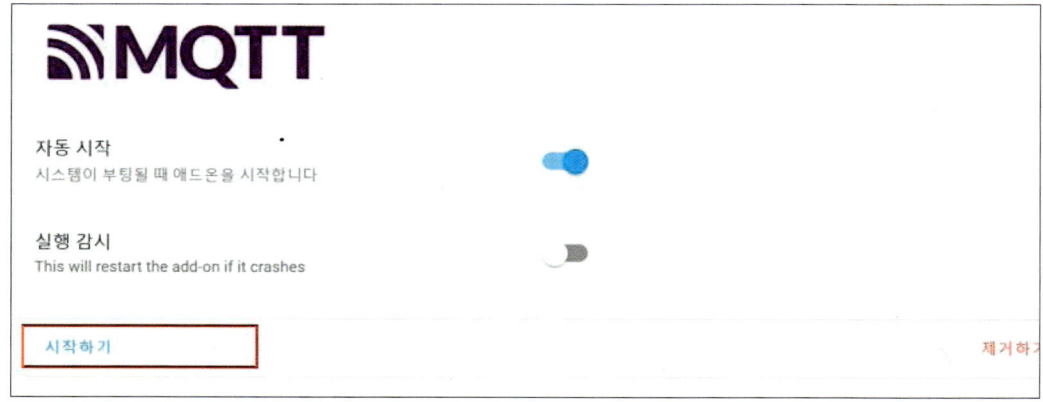

5. Home Assistant에 MQTT 구성하기

① Home Assistant의 사이드바에서 설정 → 기기 및 서비스를 선택합니다.

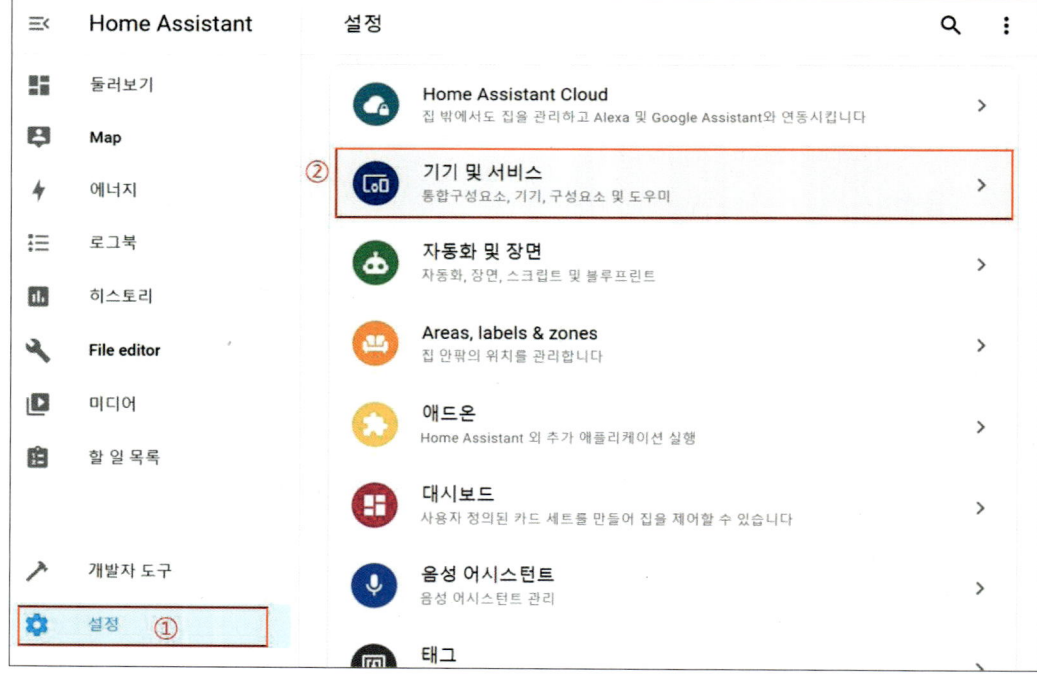

② MQTT에서 "추가하기"를 클릭해 구성된 통합구성요소에 추가를 합니다. (만약 MQTT가 보이지 않는다면 아래에 있는 "통합구성요소 추가하기"에서 MQTT를 검색하여 추가합니다).

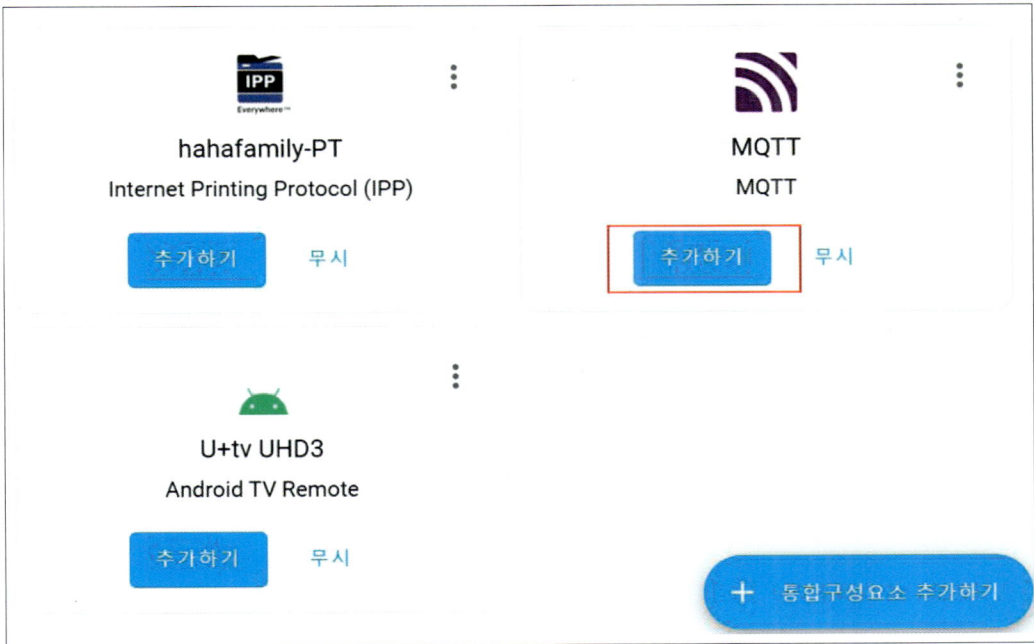

③ 통합구성요소에 추가된 MQTT를 클릭합니다. 발견된 구성요소의 MQTT를 추가합니다.

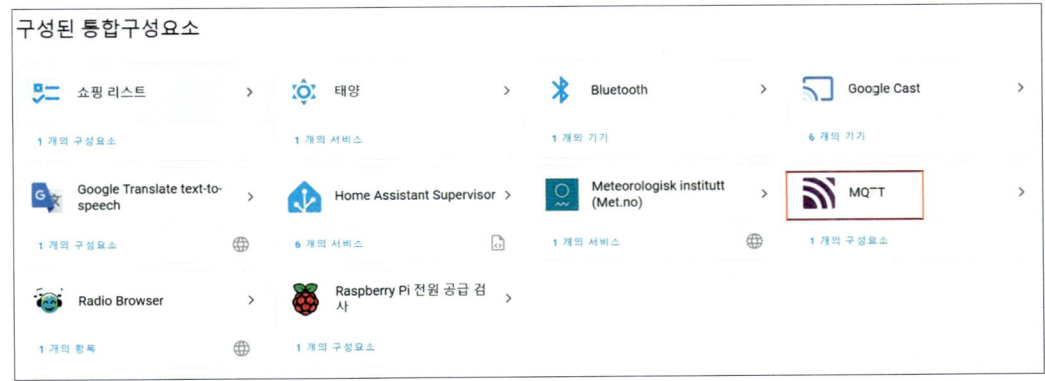

④ MQTT의 "구성"을 클릭해 설정을 하겠습니다. MQTT 재구성을 클릭하여 사용자이름과 암호를 위의 예시로 설정한 것과 같이 "test"로 입력하겠습니다.

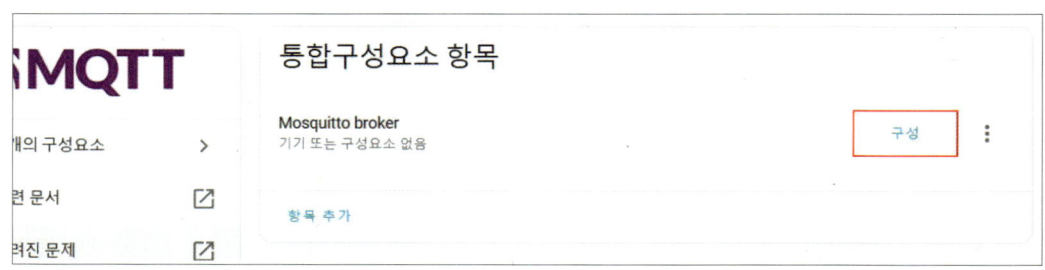

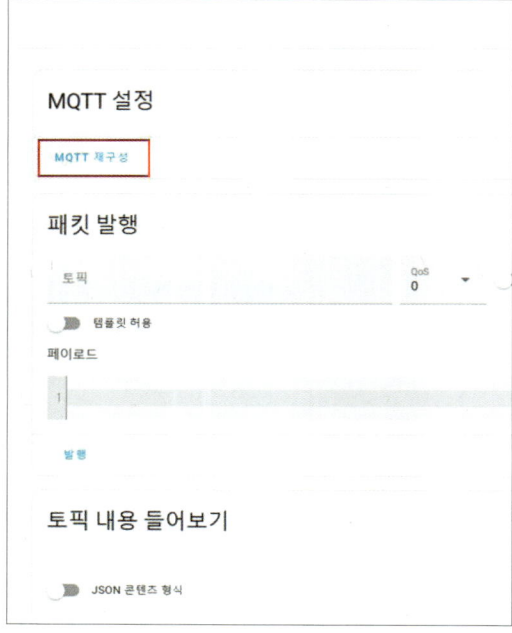

참고로, 브로커 옵션에서 "브로커*"에 입력되어 있는 값인 "Core-mosquitto"는 "4. Home Assistant Add-on 설치(MQTT 서버 설치)"에서 설치한 MQTT서버의 호스트 이름과 같습니다.

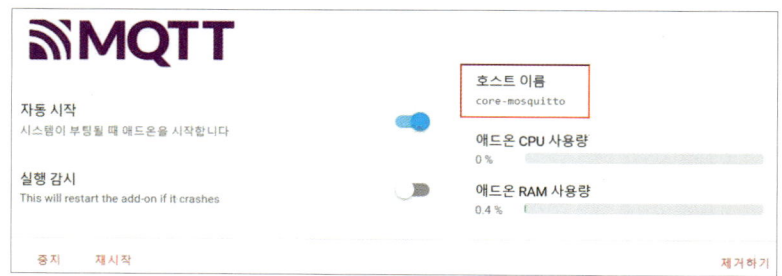

6. Wemos D1 Mini 센서 장치 만들기

[WEMOS Board][60]

- ch340 driver 설치: https://www.wemos.cc/en/latest/ch340_driver.html
- 아두이노 IDE: File > Preferences → Additional Boards Manager URLs 추가
- http://arduino.esp8266.com/stable/package_esp8266com_index.json
- Board 설치: Tools > Board > Boards Manager
- ESP8266 검색해서 설치
- Board 선택: Tools > Board > ESP8266 Board > LOLIN(WEMOS) D1 R2 & mini
- ESP8266, MQTT 라이브러리 설치: Sketch > Include Library > Manage Libraries
  - ✓ ESP8266 Platform 검색 후 ESP8266 Microgear설치 (created by Chavee)
  - ✓ PubSubClient 검색 후 설치 (https://github.com/knolleary/pubsubclient)

[온습도 센서, SHT30 Shield]

- I2C interface
- Two user selectable addresses
- Typical accuracy ±2%RH and ±0.3°C
- 아두이노 라이브러리[61]: https://github.com/wemos/WEMOS_SHT3x_Arduino_Library
- MQTT topic
  온도: homenet/Sensor1/temperature
  습도: homenet/Sensor1/humidity

---

60 https://docs.wemos.cc/en/latest/d1/d1_mini.html
61 대체사이트: https://github.com/everylumi/WEMOS_SHT3x_Arduino_Library

아두이노 코드 (Wemos D1 mini + SHT30 Shield)

```c
#include <ESP8266WiFi.h>
#include <PubSubClient.h>
#include <WEMOS_SHT3X.h>

// 네트워크 설정
const char* ssid = "wifi_SSID";          //wifi SSID 기입
const char* password = "접속 암호";       //wifi 접속 암호 기입

// MQTT 설정
const char* mqtt_server = "192.168.219.205";  //MQTT IP 주소 기입
#define mqtt_user "test"     //MQTT Username
#define mqtt_password "test" //MQTT Password
#define temperature_topic "homenet/Sensor1/temperature"  //Topic temperature
#define humidity_topic "homenet/Sensor1/humidity"        //Topic humidity

// 객체 생성
SHT3X sht30(0x45);
WiFiClient espClient;
PubSubClient client(espClient);
unsigned long lastMsg = 0;

#define MSG_BUFFER_SIZE    (50)
char msg[MSG_BUFFER_SIZE];
int value = 0;

//Wi-Fi 접속
void setup_wifi() {
  delay(10);
  Serial.println();
  Serial.print("Connecting to ");
  Serial.println(ssid);

  WiFi.mode(WIFI_STA);
  WiFi.begin(ssid, password);
```

```
  while (WiFi.status() != WL_CONNECTED) {
    delay(500);
    Serial.print(".");
  }

  randomSeed(micros());

  Serial.println("");
  Serial.println("WiFi connected");
  Serial.println("IP address: ");
  Serial.println(WiFi.localIP());
}

void callback(char* topic, byte* payload, unsigned int length) {
  Serial.print("Message arrived [");
  Serial.print(topic);
  Serial.print("] ");
  for (int i = 0; i < length; i++) {
    Serial.print((char)payload[i]);
  }
  Serial.println();

  // 첫 글자에 1을 수신하면 LED Switch On
  if ((char)payload[0] == '1') {
    digitalWrite(BUILTIN_LED, LOW);
  } else {
    digitalWrite(BUILTIN_LED, HIGH);  // Turn the LED off by making the voltage HIGH
  }
}

// MQTT 재연결
void reconnect() {
  while (!client.connected()) {
    Serial.print("Connetion a server MQTT...");
```

```
    if (client.connect("ESP8266Client", mqtt_user, mqtt_password)) {
      Serial.println("OK");
      Serial.println("");
    } else {
      Serial.print("NO, error : ");
      Serial.print(client.state());
      Serial.println("Wait 5 seconds before starting again");
      delay(5000);
    }
  }
}

void setup() {
  pinMode(BUILTIN_LED, OUTPUT);
  Serial.begin(9600);
  setup_wifi();
  client.setServer(mqtt_server, 1883);
  client.setCallback(callback);
}

void loop() {
  // MQTT 연결 유지
  if (!client.connected()) {
    reconnect();
  }
  client.loop();

  // 온습도 값 출력
  if(sht30.get()==0){
    Serial.print("Temperature in Celsius : ");
    Serial.println(sht30.cTemp);
    Serial.print("Temperature in Fahrenheit : ");
    Serial.println(sht30.fTemp);
    Serial.print("Relative Humidity : ");
    Serial.println(sht30.humidity);
```

```
    Serial.println();
  }
  else
  {
    Serial.println("Error!");
  }

  unsigned long now = millis();
  if (now - lastMsg > 2000) {
    lastMsg = now;
    ++value;

    // 온습도값 발행
     client.publish(temperature_topic, String(sht30.cTemp).c_str(), true);    //Publish the temperature on topic_temperature_topic
     client.publish(humidity_topic, String(sht30.humidity).c_str(), true);    //And humidity
  }

  delay(5000);
}
```

코드 1 Wemos D1 mini + SHT30 Shield

아두이노 IDE에서의 실행 결과

```
......
WiFi connected
IP address:
192.168.219.122
Connetion a server MQTT...OK

Temperature in Celsius : 23.18
Temperature in Fahrenheit : 73.73
Relative Humidity : 34.97

Temperature in Celsius : 23.21
Temperature in Fahrenheit : 73.77
Relative Humidity : 34.76
```

[Relay Shield]

- default: D1(GPIO5)
- 아두이노 D1 mini Examples: https://github.com/everylumi/D1_mini_Examples
- MQTT topic
  - 상태: homenet/Switch1/state
  - 명령: homenet/Switch1/command

아두이노 코드 (Wemos D1 mini + Relay Shield)

```
#include <ESP8266WiFi.h>
#include <PubSubClient.h>

// 네트워크 설정
const char* ssid = "wifi_SSID";           //wifi SSID 기입
const char* password = "접속 암호";        //wifi 접속 암호 기입

// Relay 설정
const int relayPin = D1;                   //Relay Pin

// MQTT 설정
const char* mqtt_server = "192.168.219.205";  //MQTT IP 주소 기입
#define mqtt_user "test"      //MQTT Username
#define mqtt_password "test"  //MQTT Password
#define switch_state_topic "homenet/Switch1/state"       //Topic switch 상태
#define switch_command_topic "homenet/Switch1/command"   //Topic switch 명령
//String switch_command

// 객체 생성
WiFiClient espClient;
PubSubClient client(espClient);
unsigned long lastMsg = 0;
#define MSG_BUFFER_SIZE  (50)
char msg[MSG_BUFFER_SIZE];
int value = 0;
```

```
//wifi 접속
void setup_wifi() {
  delay(10);
  // We start by connecting to a wifi network
  Serial.println();
  Serial.print("Connecting to ");
  Serial.println(ssid);

  WiFi.mode(WIFI_STA);
  WiFi.begin(ssid, password);

  while (WiFi.status() != WL_CONNECTED) {
    delay(500);
    Serial.print(".");
  }

  randomSeed(micros());

  Serial.println("");
  Serial.println("WiFi connected");
  Serial.println("IP address: ");
  Serial.println(WiFi.localIP());
}

String switch1;
String strTopic;
String strPayload;

void callback(char* topic, byte* payload, unsigned int length) {

  payload[length] = '\0';
  strTopic = String((char*)topic);
  if(strTopic == switch_command_topic)
    {
    switch1 = String((char*)payload);
```

```
    if(switch1 == "ON")
      {
        Serial.println("ON");
        client.publish(switch_state_topic,"ON");
        digitalWrite(relayPin, HIGH);
      }
    else
      {
        Serial.println("OFF");
        client.publish(switch_state_topic,"OFF");
        digitalWrite(relayPin, LOW);
      }
   }
}

// MQTT 재연결
void reconnect() {
  while (!client.connected()) {
    Serial.print("Connetion a server MQTT...");
    if (client.connect("ESP8266Client", mqtt_user, mqtt_password)) {
      Serial.println("OK");
      Serial.println("");
    } else {
      Serial.print("NO, error : ");
      Serial.print(client.state());
      Serial.println("Wait 5 seconds before starting again");
      delay(5000);
    }
  }
}

void setup() {
  Serial.begin(9600);
  setup_wifi();
  client.setServer(mqtt_server, 1883);
```

```
  client.setCallback(callback);
  pinMode(relayPin, OUTPUT);   //릴레이핀을 OUTPUT으로 설정
}

void loop() {
  // MQTT 연결 유지
  if (!client.connected()) {
    reconnect();
  }
  client.loop();

  // 스위치 ON/OFF 명령수신
  client.subscribe(switch_command_topic);
}
```

코드 2 Wemos D1 mini + Relay Shield

아두이노 IDE에서의 실행 결과

```
......
WiFi connected
IP address:
192.168.219.122
Connetion a server MQTT...OK

Temperature in Celsius : 23.18
Temperature in Fahrenheit : 73.73
Relative Humidity : 34.97

Temperature in Celsius : 23.21
Temperature in Fahrenheit : 73.77
Relative Humidity : 34.76
```

7. Home Assistant 센서 값 읽기 설정

① 센서 값 읽기; 파이썬 코드

컴퓨터나 태블릿에서 다음의 코드를 실행하면 Home Assistant의 MQTT에 등록된 센서와 스위치의 값을 실시간으로 구독합니다.

```python
# 라이브러리 호출
import time
import paho.mqtt.client as mqtt

# 클라이언트가 서버의 응답을 받을 때 호출되는 콜백함수
def on_connect(client, userdata, flags, rc):
    print("Connected with result code "+str(rc))
    # 데이터 구독
    client.subscribe("homenet/Sensor1/#")
    client.subscribe("homenet/Switch1/#")

# 방송 메시지를 수신했을 때 호출되는 콜백함수
def on_message(client, userdata, msg):
    print(msg.topic+" "+str(msg.payload.decode("utf-8")))

# mqtt 설정
#client = mqtt.Client()
client = mqtt.Client(client_id="", clean_session=True, userdata=None, protocol=mqtt.MQTTv311, transport="tcp")
client.on_connect = on_connect
client.on_message = on_message

client.username_pw_set(username="test", password="test")
client.connect("192.168.219.205", 1883, 60) #mqtt 서버 IP
client.loop_forever()
```

코드 3 MQTT 값 읽기 코드

② 센서 값 읽기; Home Assistant

설치한 Home Assistant에 센서와 스위치 같은 구성요소들의 정보를 설정하면 웹이나 앱을 통해 시스템을 제어할 수가 있습니다. 가장 많이 사용하는 파일은 configuration.yaml와 automation.yaml 파일 입니다.

- ■ configuration.yaml: MQTT 서버 접속, 센서나 스위치 등록과 같이 HA의 전반적인 설정
- ■ automation.yaml: 자동화 및 알림 설정

configuration.yaml와 automation.yaml 파일을 편집하기 위해서 "애드온"에서 "File editor"를 설치해 보겠습니다. 방법은 위에서 했던 "Mosquitto broker" 설치와 같습니다.

애드온 → 에드온 스토어 → File editor순으로 들어간 뒤 "설치하기"를 클릭해 서버를 설치합니다.

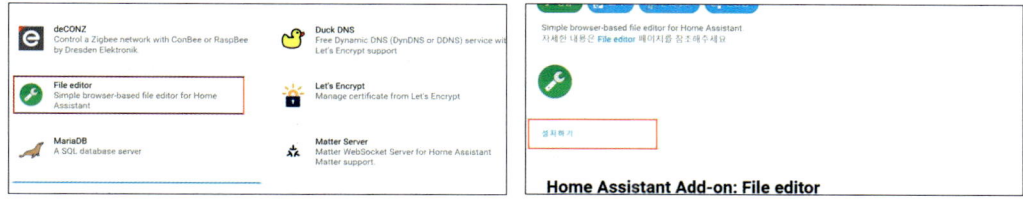

"사이드바에 표기하기"를 활성하고 "시작하기"를 클릭합니다.

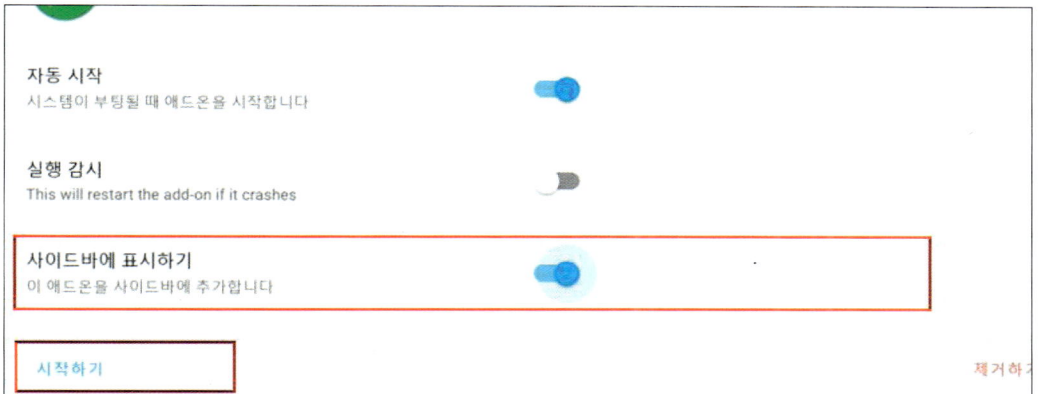

사이드바에 나타난 "File editor" 메뉴를 선택한 뒤, 파일 모양의 아이콘을 클릭하여 configuration.yaml 파일을 선택합니다.

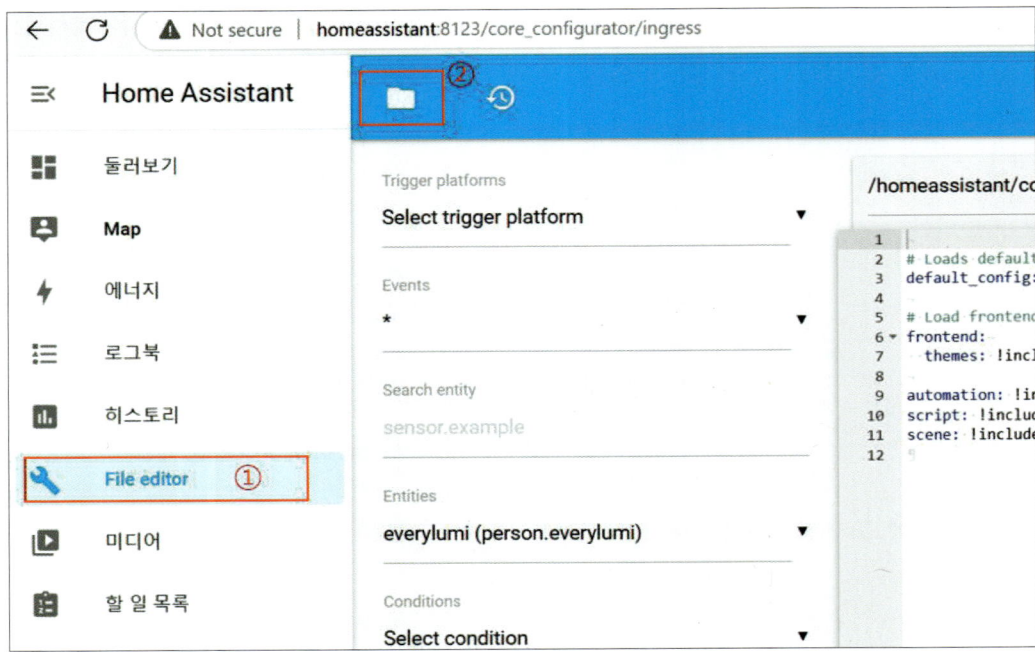

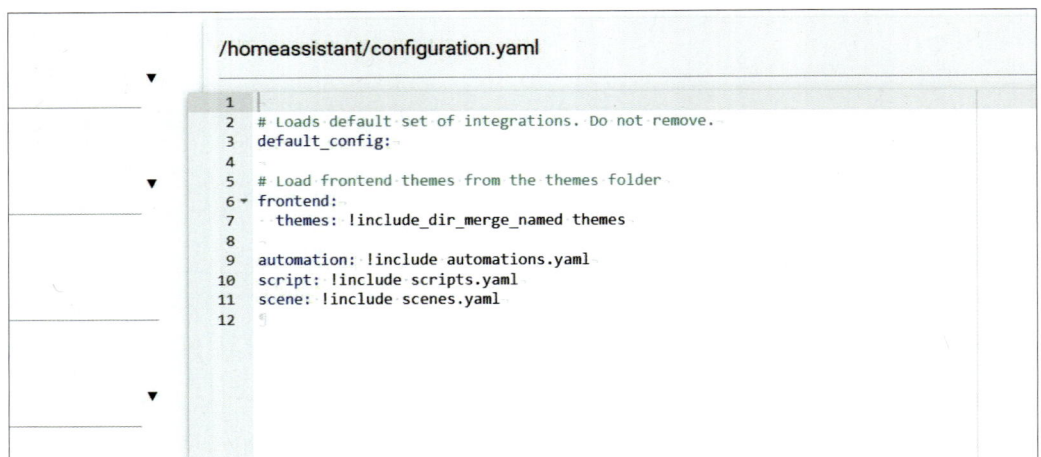

[configuration.yaml 편집][62]

아래 코드와 같이 MQTT 서버의 정보를 기입 후 저장합니다. 센서/스위치로 사용할 Entity들의 platform을 mqtt로 지정한 후 이름을 정한 뒤 topic의 정보를 기입하고 재부팅을 하면 센서와 스위치가 등록됩니다.

공식 사이트 참조: https://www.home-assistant.io/docs/automation/yaml/

```yaml
# Loads default set of integrations. Do not remove.
default_config:

# Text to speech
tts:
  - platform: google_translate

# Example configuration.yaml entry
mqtt:
  sensor:
    - name: "Temperature"
      state_topic: "homenet/Sensor1/temperature"
      unit_of_measurement: "°C"

    - name: "Humidity"
      state_topic: "homenet/Sensor1/humidity"
      unit_of_measurement: "%"
      icon: mdi:water-percent

  switch:
    - name: "Switch"
      state_topic: "homenet/Switch1/state"
      command_topic: "homenet/Switch1/command"
      icon: mdi:power-plug

# Load frontend themes from the themes folder
frontend:
  themes: !include_dir_merge_named themes

automation: !include automations.yaml
script: !include scripts.yaml
scene: !include scenes.yaml
```

코드 4 configuration.yaml

```
/homeassistant/configuration.yaml
 1
 2   # Loads default set of integrations. Do not remove.
 3   default_config:
 4
 5   # Text to speech
 6   tts:
 7     - platform: google_translate
 8
 9   # Example configuration.yaml entry
10   mqtt:
11     sensor:
12       - name: "Temperature"
13         state_topic: "homenet/Sensor1/temperature"
14         unit_of_measurement: "°C"
15
16       - name: "Humidity"
17         state_topic: "homenet/Sensor1/humidity"
18         unit_of_measurement: "%"
19         icon: mdi:water-percent
20
21     switch:
22       - name: "Switch"
23         state_topic: "homenet/Switch1/state"
24         command_topic: "homenet/Switch1/command"
25         icon: mdi:power-plug
26
27   # Load frontend themes from the themes folder
28   frontend:
29     themes: !include_dir_merge_named themes
30
31   automation: !include automations.yaml
32   script: !include scripts.yaml
33   scene: !include scenes.yaml
34
```

설정이 완료되면 개발자도구 → 확인 및 재시작에서 구성 내용 확인 후 재시작을 합니다.

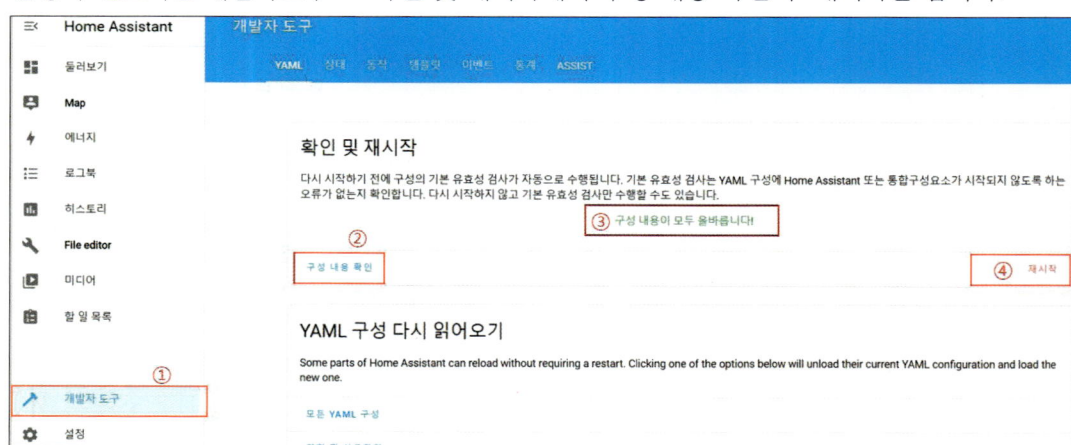

[등록된 센서/스위치 불러오기]

웹 브라우저 주소창에 "Home Assistant가 설치된 IP주소:8123"을 입력하면 Home Assistant가 나타납니다. 설치할 때 등록한 사용자이름과 암호를 입력해서 로그인을 합니다. 왼쪽 메뉴 상단에 위치한 "둘러보기"를 클릭하면 센서와 스위치 들이 보이게 됩니다. 위에서 등록한 MQTT 센서와 스위치 구성요소를 추가해 보겠습니다.

먼저, 센서/스위치가 잘 등록되었는지 확인하기 위해서 사이바드의 설정 → 기기 및 서비스 → 상부의 구성요소 → mqtt로 필터링을 해보세요. 등록한 3개의 구성요소가 나타납니다.

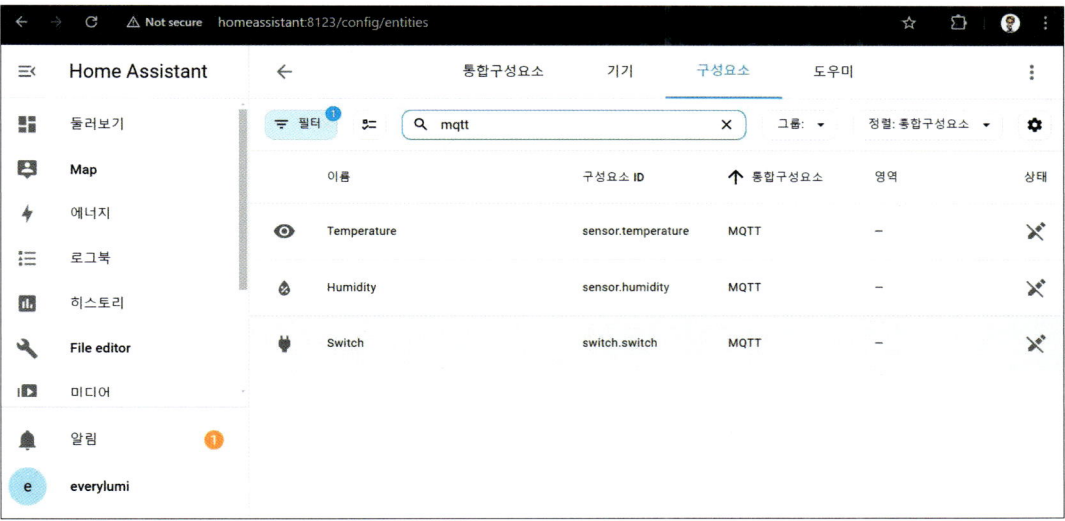

센서와 스위치가 보이도록 카드를 추가해 보겠습니다.

"둘러보기" → "대시보드 편집하기"(연필 모양 아이콘) → "카드 추가하기" → 여러 카드 중에 "구성요소 모음" 선택 후 구성요소에 온도, 습도, 스위치를 추가 후 "저장하기"를 클릭합니다.

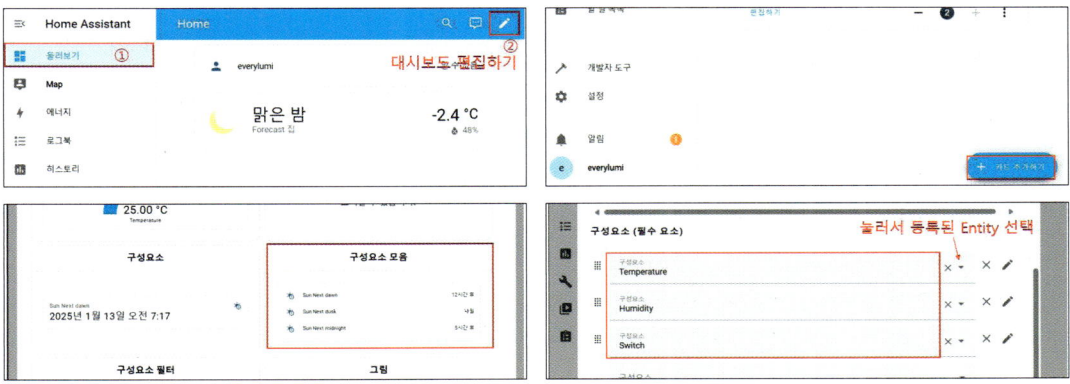

"구성요소 모음" 카드에 센서 추가를 마쳤으니 "완료"버튼을 클릭해 편집창을 닫습니다. 둘러보기 창에서 센서들의 값이 나타날 것입니다. 온도와 습도값이 보여지고, 스위치를 눌러 ON/OFF 하면 릴레이가 작동되는 것을 확인할 수 있습니다.

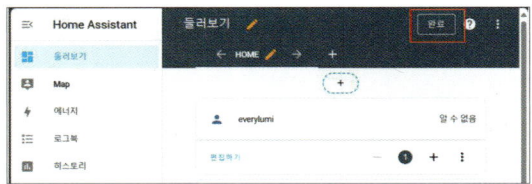 

8. 스마트폰에서 센서 값 알림 받기

스마트폰에서도 PC에서와 같이 웹 브라우저에 "IP주소:8123"을 주소창에 입력하면 Home Assistant에 접속할 수 있습니다. 구글 앱 스토어에서 Home Assistant를 검색하여 전용 앱 설치를 하면 스마트폰에서 알림(Notification)을 받을 수 있습니다.

DDNS(Dynamic Domain Name System) 및 SSL(Secure Sockets Layer)을 등록하면 더욱 편리하고 보안에 안전하게 Home Assistant를 활용하여 Home IoT 시스템을 구축할 수 있습니다. 자세한 내용은 https://www.home-assistant.io/docs/configuration/securing/ 를 참조하세요.

[앱 설치]

앱 스토어에서 Home Assistant 설치 → "http://IP주소:8123" 입력 → 사용자 이름 / 비밀번호 입력

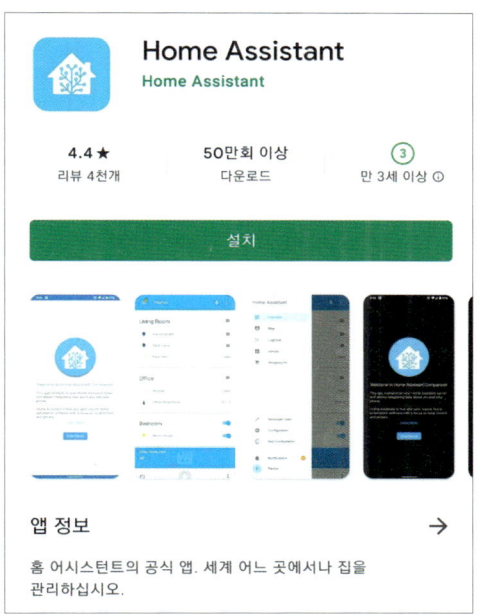

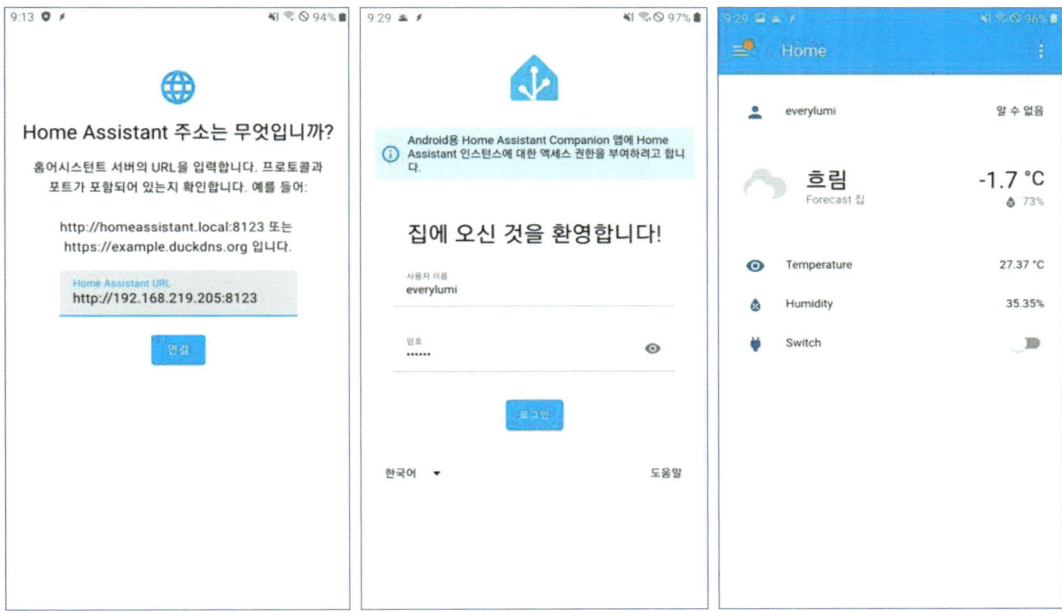

[알림 설정]

설치한 Home Assistant 앱의 알림 권한을 활성하고, 아래의 코드와 같이 automation.yaml 파일을 편집하면 스마트폰의 푸쉬 알림을 받을 수 있습니다. 방법은 위의 configuration.yaml파일을 편집하는 방법과 동일하게 진행하면 됩니다. 구글 홈 스피커를 가지고 있다면 음성출력도 가능합니다다만[63], 여기서는 MQTT 스위치 Topic의 스위치 상태 값이 ON이면서, 6시~23시 사이일 때만 알림을 주는 코드로 작성되어 있습니다.

사이드바에 있는 "File editor 클릭" → 파일모양 아이콘 클릭 → automation.yaml 파일 선택 후 아래의 코드를 입력합니다. 입력 후 저장을 클릭하여, 센서와 스위치를 구성하는 configuration.yaml을 등록할 때와 같이 개발자도구 → 확인 및 재시작에서 구성 내용 확인 후 재시작을 합니다.

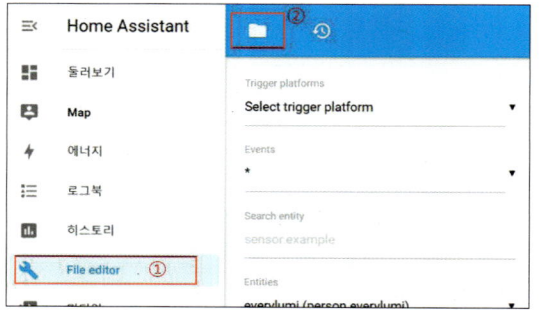 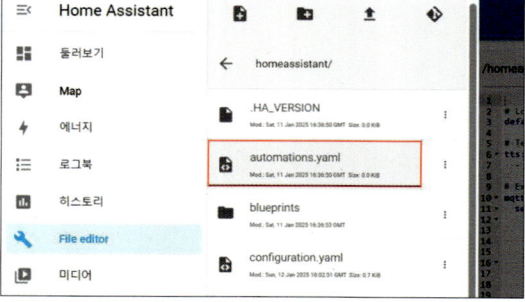

---

[63] 공식 사이트 참조: https://www.home-assistant.io/integrations/notify.tts/

[automation.yaml 편집][64]

```yaml
# Notification
  - id: Switch_ON
    alias: 스위치 ON 알림
    trigger:
      - platform: mqtt
        topic: homenet/Switch1/state
        payload: "ON"
    condition:
      - condition: time
      # 알림시간 지정
        after: '06:00:00'
        before: '23:00:00'
    action:
      - service: notify.notify
        data:
          message: "Switch On"
```

코드 5 automation.yaml

```
/homeassistant/automations.yaml

1  # Notification
2   - id: Switch_ON
3     alias: 스위치 ON 알림
4     trigger:
5       - platform: mqtt
6         topic: homenet/Switch1/state
7         payload: "ON"
8     condition:
9       - condition: time
10      # 알림시간 지정
11        after: '06:00:00'
12        before: '23:00:00'
13    action:
14      - service: notify.notify
15        data:
16          message: "Switch On"
```

---

64 공식 사이트 참조: https://www.home-assistant.io/docs/automation/yaml/

부록
02
Magic Mirror를 활용한 홈 IoT 제어

부록 02   Magic Mirror를 활용한 홈 IoT 제어

MagicMirror2는 오픈 소스 모듈식 스마트 미러 플랫폼입니다. 백화점이나 상점에서 날씨나 홈 IoT 시스템과 연동되어서 여러 가지 정보를 제공하는 거울을 본 적이 있을 것입니다. 라즈베리파이에 매직미러를 설치하여 반투명 미러 필름을 붙인 디스플레이 장치와 연동하면 멋진 스마트미러를 만들 수 있습니다. MagicMirror2는 날씨정보, 일정 정보, 뉴스 정보를 서비스해 주는 모듈이 기본적으로 설치되어 있습니다. 기본 모듈 외에도 다양한 기능을 가진 모듈들의 수가 계속 증가하고 있습니다. 그 중에서 부록1에서 만든 Home Assistant와 연동을 할 수 있는 모듈이 있습니다. 터치 스크린까지 사용한다면 복도나 거실에 활용할 수 있는 나만의 월패드를 만들 수도 있습니다. 책상 위에 장착을 한다면 당신의 개인 비서역할도 충분히 할 수 있습니다. Google Assistant와 연동을 시켜서 음성명령으로 홈 IoT 장치들의 제어도 가능하게 해주는 모듈도 있으며, 멀티미디어 플레이어로 활용도 가능하게 해 줍니다.

이번에는 MagicMirror2를 설치하여 Home Assistant와 연동하여 매직미러에서 온습도 정보를 확인하고, 터치스크린을 활용하여 Relay의 On/Off 제어를 하는 방법에 대해 알아보겠습니다.

매직미러 공식 홈페이지:

https://magicmirror.builders/

https://github.com/MagicMirrorOrg/MagicMirror

https://github.com/sdetweil/MagicMirror_scripts

https://docs.magicmirror.builders/getting-started/installation.html#manual-installation

https://github.com/MagicMirrorOrg/MagicMirror/wiki/3rd-party-modules

[설치환경 및 준비물]

- 라즈베리파이 3B, 3B+, 4B, 5B
- Home Assistant가 설치된 라즈베리파이 및 센서/스위치 (부록1의 실습과 연계됨)
- VNC 인터페이스 또는 모니터/키보드/마우스 연결
- 터치 스크린

1. MagicMirror2 설치하기

수동 설치

```
# curl 설치 (보통은 기본으로 설치되어 있음)
apt install -y curl

# Node.js 설치
curl -fsSL https://deb.nodesource.com/setup_23.x -o nodesource_setup.sh
sudo bash nodesource_setup.sh
sudo apt install -y nodejs
node -v   #설치 버전 확인

# 매직미러 다운로드
cd ~/Downloads
git clone https://github.com/MagicMirrorOrg/MagicMirror

# 매직미러 설치 (라즈베리파이3 경우20분정도 설치됨)
cd MagicMirror/
npm run install-mm
cp config/config.js.sample config/config.js
npm run start
```

※ 매직미러 다운로드 대체사이트: git clone https://github.com/everylumi/MagicMirror

자동 설치

설치 명령어를 입력 후, 백그라운드에서 패키지를 업데이트하면서 설치함 (소요시간 20분정도).

```
cd ~/Downloads
bash -c "$(curl -sL https://raw.githubusercontent.com/sdetweil/MagicMirror_scripts/master/raspberry.sh)"
```

설치의 마지막 부분에서 물어보는 매직미러 자동실행 여부 및 화면보호기 중지 여부를 확인합니다. 자동실행은 Y를 입력해도 됩니다. 하지만, 일단 N로 진행하고, 자동 실행에 대해서는 뒤쪽에 다시 설명하겠습니다.

Do you want to disable the screen saver? (y/N)? 에서 [Y]
Do you want use pm2 (node process manager) for auto starting of your MagicMirror (y/N) 에서 [N]

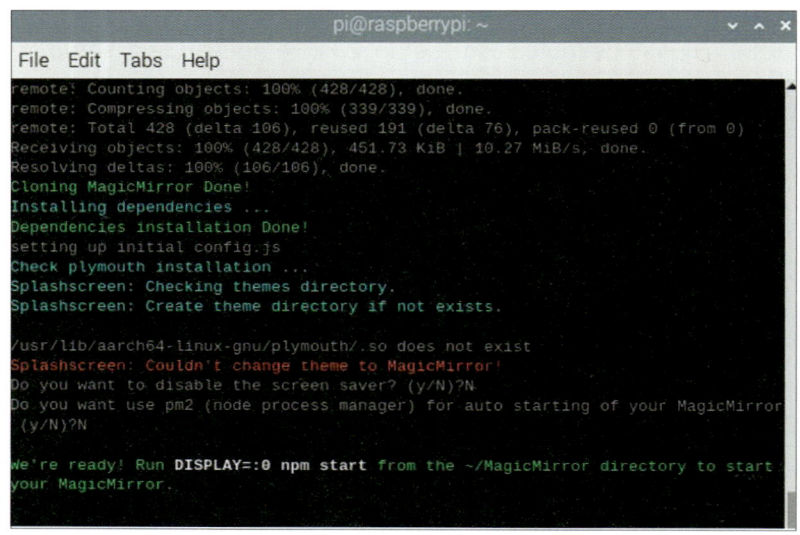

그림 1 자동설치 완성 화면

매직미러 실행 테스트

```
cd ~/Downloads/MagicMirror
npm start
```

- 매직미러가 잘 실행되는지 확인 후 Ctrl+Q를 눌러서 종료[65]
- 실행이 안될 경우, 설치한 MagicMirror를 삭제 후 설치과정을 처음부터 다시 진행

```
cd ~/Downloads
rm -rf ~/MagicMirror/
```

2. config.js 파일 설정

공식 홈페이지의 MagicMirror2 Documentation에 있는 Configuration[66]에 상세한 설정방법이 있습니다. config.js 파일은 설치되어 있는 모듈들을 설정하고, 매직미러의 환경설정을 하는 파일입니다. 여기서는 간단히 날씨, 일정, 뉴스 설정을 변경해 보겠습니다.

File Manager로 config.js를 마우스 오른쪽 클릭 후 Geany Programmer's Editor로 엽니다.

config.js 파일 경로: /home/pi/Downloads/MagicMirror/config/

---

[65] 매직미러 단축키: F11 전체모드 해제, Ctrl+R 새로고침
[66] https://docs.magicmirror.builders/getting-started/configuration.html

[날씨 설정]

① 날씨 지역설정

weatherProvider: "openmeteo"

② 날씨 지역 설정
- 날씨 지역의 위도와 경도를 구글이나 네이버검색에서 찾아 입력을 합니다.
- lat: 37.6583599,   //위도 입력 (예, 서울 37.565577, 고양시 37.6583599)
- lon: 126.8320201   //경도 입력 (예, 서울 126.978082, 고양시 126.8320201)

[일정 및 뉴스 설정]

① calendar모듈: 국경일 URL 기입

"https://calendar.google.com/calendar/ical/ko.south_korea%23holiday%40group.v.calendar.google.com/public/basic.ics"

② newsfeed모듈: 뉴스 URL 기입

"https://news.google.com/news/rss/?ned=kr&gl=KR&hl=ko"

"https://www.nytimes.com/services/xml/rss/nyt/HomePage.xml"

"https://feeds.bbci.co.uk/news/video_and_audio/news_front_page/rss.xml?edition=uk"

③ 날씨/일정/뉴스 코드

```
let config = {
        address: "localhost",
        port: 8080,
        basePath: "/",
        ipWhitelist: ["127.0.0.1", "::ffff:127.0.0.1", "::1"],
        useHttps: false,
        httpsPrivateKey: "",
        httpsCertificate: "",
```

```
language: "ko",     //ko, en
        locale: "en-US",
        logLevel: ["INFO", "LOG", "WARN", "ERROR"],
        timeFormat: 24,    //12, 24
        units: "metric",

        modules: [
                {
                        module: "alert",
                },
                {
                        module: "updatenotification",
                        position: "top_bar"
                },
                {
                        module: "clock",
                        position: "top_left"
                },
                {
                        module: "calendar",
                        header: "대한민국 공휴일",
                        position: "top_left",
                        config: {
                                calendars: [
                                        {
                                                fetchInterval: 7 * 24 * 60 * 60 * 1000,
                                                symbol: "calendar-check",
                                                url: "https://calendar.google.com/calendar/ical/ko.south_korea%23holiday%40group.v.calendar.google.com/public/basic.ics" //대한민국 공휴일
                                        }
                                ],
                                maximumEntries: 5  //보여 줄 일정 갯수
                        }
                },
```

```
                {
                        module: "compliments",
                        position: "lower_third",
                        disabled: true          //모듈 중지
                },
                {
                        module: "weather",
                        position: "top_right",
                        config: {
                                weatherProvider: "openmeteo",
                                type: "current",
                                lat: 37.565577,    //도시의 위도 입력 (예, 서울 37.565577, 고양시 37.6583599)
                                lon: 126.978082    //도시의 경도 입력 (예, 서울 126.978082, 고양시 126.8320201)
                        }
                },
                {
                        module: "weather",
                        position: "top_right",
                        header: "Weather Forecast",
                        config: {
                                weatherProvider: "openmeteo",
                                type: "forecast",
                                lat: 37.6583599,    //도시의 위도 입력 (예, 서울 37.565577, 고양시 37.6583599)
                                lon: 126.8320201    //도시의 경도 입력 (예, 서울 126.978082, 고양시 126.8320201)
                        }
                },
                {
                        module: "newsfeed",
                        position: "bottom_bar",
                        config: {
```

```
                    feeds: [
                        {
                            title: "New York Times",
                            url: "https://rss.nytimes.com/services/xml/rss/nyt/HomePage.xml",
                        },
                        {
                            title: "Google News",
                            url: "https://news.google.com/news/rss/?ned=kr&gl=KR&hl=ko",
                        },
                    ],
                    showSourceTitle: true,
                    showPublishDate: true,
                    broadcastNewsFeeds: true,
                    broadcastNewsUpdates: true,
                    showDescription: false    //본문 내용 짧게 보기
                }
            },
        ]
};

/*************** DO NOT EDIT THE LINE BELOW ***************/
if (typeof module !== "undefined") { module.exports = config; }
```

코드 1 config.js

④ module의 position

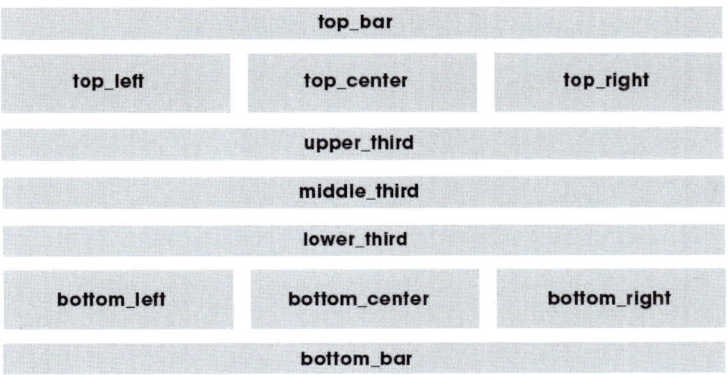

⑤ 날씨 / 뉴스 / 일정 반영 여부 확인

```
cd ~/Downloads/MagicMirror/
npm start
```

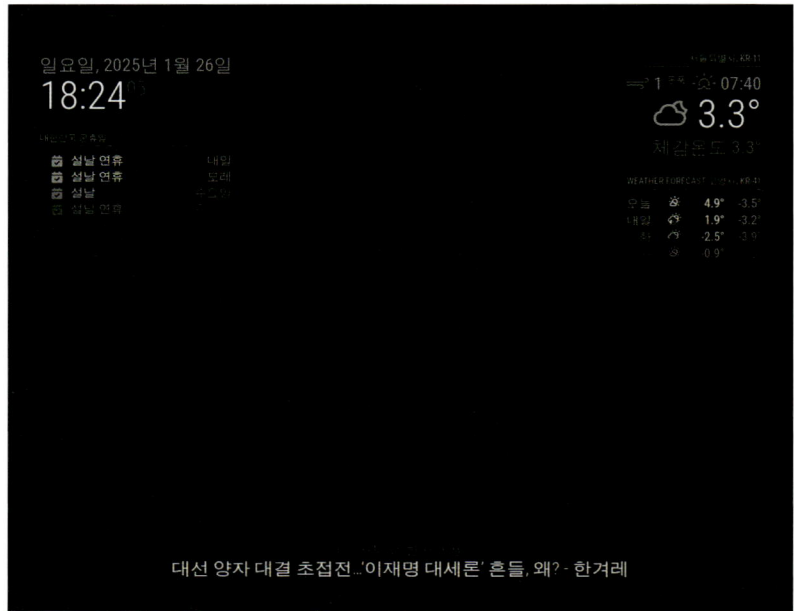

⑥ 매직미러가 제대로 실행되지 않는다면, "config.js" 파일에서 {괄호}가 제대로 닫혀 있는지, 구문 뒤 쉼표 " , "가 빠진 곳이 있는지 확인해 보세요. 대부분의 경우 코드의 문법이 어긋나는 문제로 실행이 제대로 안 되는 경우입니다.

3. 매직미러 화면 계속 켜지게 하기 - 옵션

- ✓ [화면 보호기 설정] : 설치 과정에서 설정하지 못하였을 경우
- ✓ 터미널을 열고
- ✓ sudo apt --yes install xscreensaver
- ✓ 진행이 끝나고 나면 재부팅
- ✓ 메뉴 → Preferences → Screensaver → Mode에서 Disable Screen Saver 선택

4. 매직미러 최신 버전 업데이트

터미널에서

```
cd ~/Downloads/MagicMirror/
git pull && npm run install-mm
```

초기화하면서 업데이트 할 경우

```
cd ~/Downloads/MagicMirror/
git reset --hard
git pull && npm run install-mm
```

5. 매직미러 삭제하기

매직미러가 실행이 안될 경우 설치한 MagicMirror폴더를 삭제한 후 설치과정을 처음부터 다시 진행하면 됩니다.

설치한 디렉토리가 Downloads아래라면 터미널에서 다음의 명령어로 삭제할 수 있습니다.

```
rm -rf ~/Downloads/MagicMirror/
```

6. 매직미러 자동 실행 설정

PM2는 로드 밸런서가 내장된 Node.js 애플리케이션의 프로덕션 프로세스 관리 프로그램입니다. 어플리케이션을 계속 실행되어 있도록 유지하고, 다운타임 없이 다시 실행됩니다. 이를 위해 셸 스크립트를 작성하여 매직미러가 계속 실행하도록 설정합니다.

① PM2 설치 및 시작

```
sudo npm install -g pm2
pm2 startup
```

② 매직미러 시작 스트립터 작성 및 실행

```
cd ~
nano mm.sh
```

아래의 내용을 추가 후 저장 (CTRL-O 〉 CTRL-X)
cd ~/Downloads/MagicMirror
DISPLAY=:0 npm start

③ mm.sh 파일 권한 설정 (터미널에서 다음 명령 실행)

```
chmod +x mm.sh
```

④ 다음의 명령어를 입력 후 수십 초가 지나면 Magic Mirror 실행됨

```
pm2 start mm.sh
```

⑤ 매직미러가 실행되면 키보드에서 "Alt+Tab" 또는 "Ctrl+M"을 누른 후 터미널을 연 뒤 다음의 명령어를 입력하면 재부팅 후에도 매직미러가 자동실행됨

```
pm2 save
```

⑥ PM2를 통한 Magic Mirror 제어 명령어

- MagicMirror 재시작   pm2 restart mm
- MagicMirror 중지   pm2 stop mm
- MagicMirror 중지(PM2 중지)   pm2 unstartup
- MagicMirror 로그 확인   pm2 logs mm
- MagicMirror 프로세스 정보 확인 pm2 show mm

⑦ Magic Mirror 자동실행 중지

키보드에서 "Alt+Tab" 또는 "Ctrl+M"을 누른 후 터미널을 연 뒤 다음의 명령어를 입력하면 재부팅 후에도 매직미러 자동실행이 중지됨

```
pm2 stop mm
pm2 save
```

7. Home Assistant 연동하기

부록1에서 설치한 Home Assistant와 연동을 해보겠습니다. 모듈을 설치한 후 config.js 파일에 모듈의 코드를 반영하고, Home Assistant에 접속할 수 있는 토큰키와 구성요소(Entity)를 추가하면 매직미러 화면에서 Home Assistant 스위치와 센서값이 연동되는 것을 볼 수 있습니다. 스위치를 누르면 Home Assistant와 연동되어 Relay가 On/Off 됩니다.

① MMM-HomeAssistant-Touch 모듈 설치

```
cd ~/Downloads/MagicMirror/modules/
git clone https://github.com/everylumi/MMM-HomeAssistant-Touch.git
cd MMM-HomeAssistant-Touch
npm install
```

② config.js 파일에 모듈 코드 추가

```
{
  module: "MMM-HomeAssistant-Touch",
  position: "middle_center",
  config: {
    host: "http://192.168.219.205",    //Home Assistant IP 주소 입력
    port: 8123,
    token: "Home Assistant 토큰키 입력",
    ignoreCert: false,
    entities: ["switch.switch", "sensor.humidity", "sensor.temperature"],
  }
},
```

③ Home Assistant에서 accessToken 발급

Home Assistant 로그인 → 왼쪽 메뉴 가장 아래 사용자이름 클릭 → "보안" 탭 클릭 → 메인 창의 가장 아래 "토큰 만들기" 클릭 → 토큰 이름 기입 → 발급된 토큰 복사

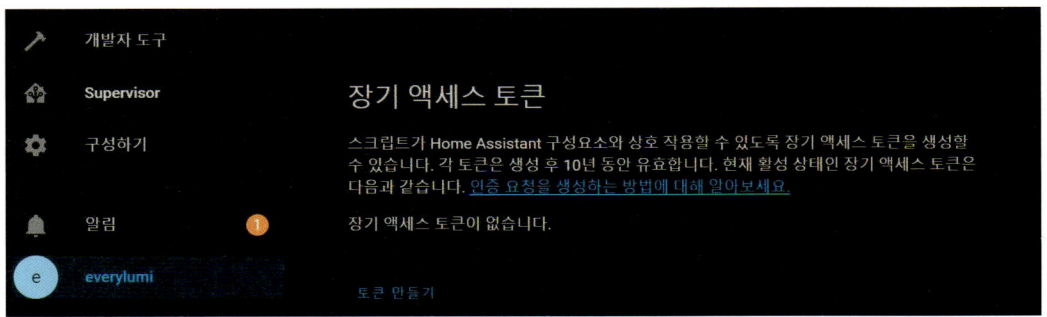

④ config.js 파일에서 "MMM-HomeAssistant-Touch" 모듈의 accessToken에 복사한 토큰 기록

⑤ 연동하고자 하는 Entities 추가

⑥ newsfeed 모듈을 비활성(disable: true 로 설정) - newsfeed 위치에 MMM-HomeAssistant-Touch 모듈을 나타나게 하기 위함

```
{
        module: "newsfeed",
        position: "bottom_bar",
        disabled: true,
        config: {
                feeds: [
                        {
                        title: "New York Times",
                        url: "https://rss.nytimes.com/services/xml/rss/nyt/HomePage.xml",
                        },
                        {
                        title: "Google News",
                        url: "https://news.google.com/news/rss/?ned=kr&gl=KR&hl=ko",
                        },
                ],
```

```
                showSourceTitle: true,
                showPublishDate: true,
                broadcastNewsFeeds: true,
                broadcastNewsUpdates: true,
                showDescription: false    //본문 내용 짧게 보기
        }
},
```

⑦ 매직미러 재시작(Ctrl+R)

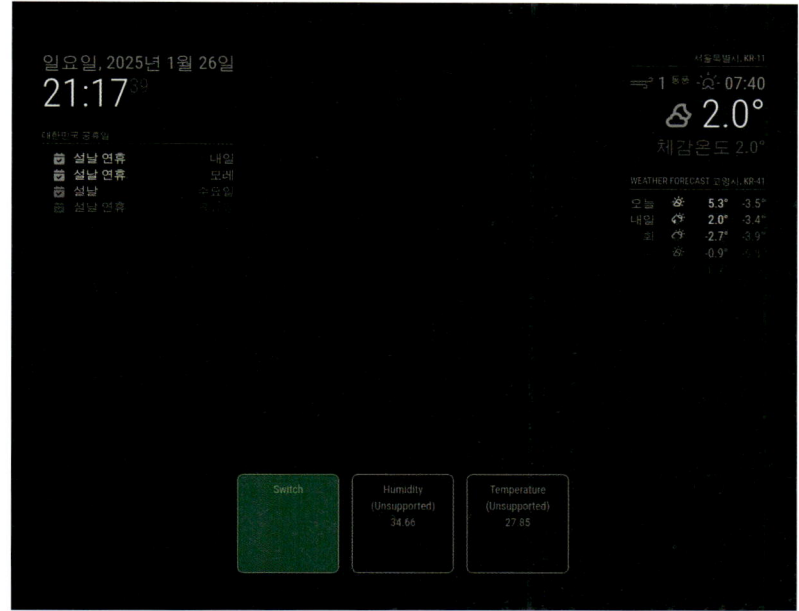

그림 2 매직미러와 Home Assistant 연동

부록

03
사이니지 만들기

부록 03 사이니지 만들기

사이니지(Signage)는 특정 정보를 전달하기 위해 제작된 시각적 구조물을 의미합니다. 디지털 사이니지(Digital Signage)는 이러한 전통적인 사이니지를 디지털 디스플레이를 활용해 구현한 것으로, 광고, 정보 제공, 안내 등의 목적으로 사용됩니다. 일반적으로 LCD, LED, 플라즈마 디스플레이 등을 통해 콘텐츠를 송출하며, 네트워크를 통해 원격으로 제어할 수 있는 특징이 있습니다.

디지털 사이니지는 공공장소 및 상업 공간에서 주로 사용되며, 대형 전광판, 키오스크, 전자 메뉴판 등 다양한 형태로 구현됩니다. 또한 콘텐츠의 실시간 업데이트와 다채로운 멀티미디어 활용이 가능해 기존의 정적인 표지판이 나타낼 수 없는 다이나믹한 정보제공을 할 수 있는 점이 차별화입니다.

라즈베리파이는 저렴하고 에너지 효율이 뛰어난 하드웨어로, 디지털 사이니지를 제작하는데 적합합니다. Yodeck, PiSingnage 등 사이니지를 만들 수 있는 여러 방법이 있지만, 여기서는 오픈소스 스프트웨어인 Anthias(Screenly-ose)를 활용하여 디지털 사이니지를 제작하는 방법에 대해 알아보겠습니다.

참조 사이트:
https://github.com/Screenly/Anthias
https://github.com/nkaminski/screenly-ose
https://github.com/everylumi/Anthias

[설치환경 및 준비물]
- 라즈베리파이 3B, 3B+, 4B, 5B
- MicroSD 카드(16GB 이상, Class 10 권장)
- Raspberry Pi OS Lite 이상 설치
- 디스플레이(모니터 또는 TV)
- HDMI 케이블

1. 사이니지 설치하기

① 터미널에서 다음의 명령어를 입력하여 설치합니다. (설치시간 15분 이상)

```
bash <(curl -sL https://www.screenly.io/install-ose.sh)
```

또는

```
bash <(curl -sL https://install-anthias.srly.io)
```

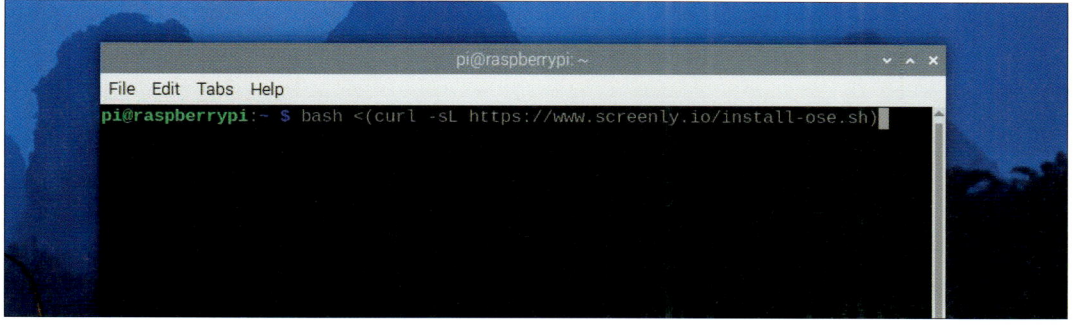

질문사항이 나오면 Yes → Yes → Latest → Yes를 선택하여 최신버전으로 설치합니다.

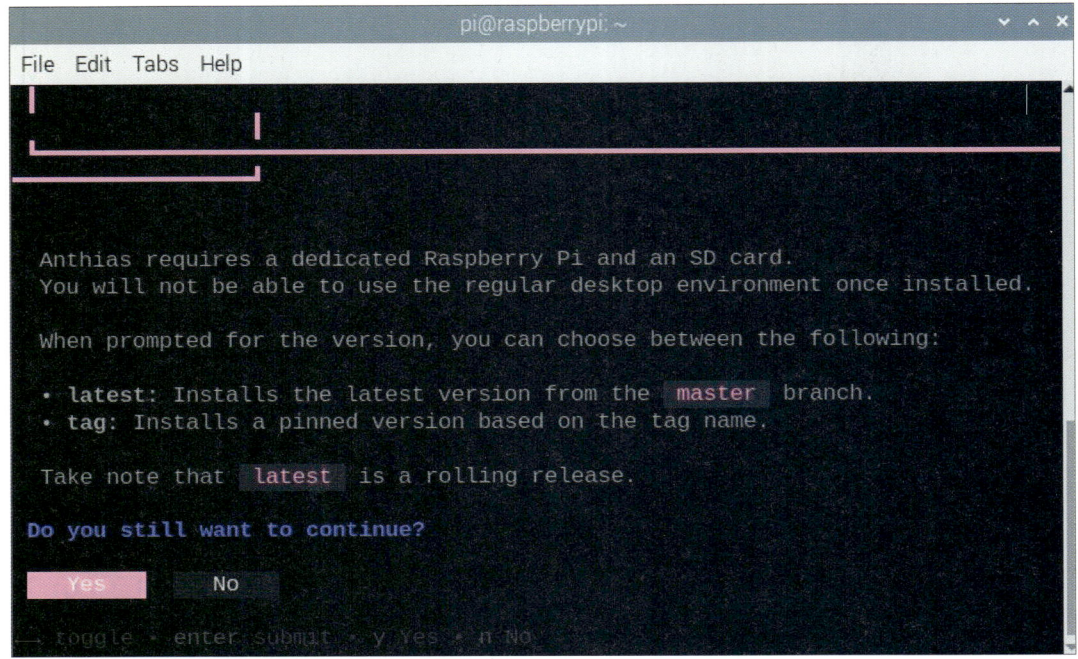

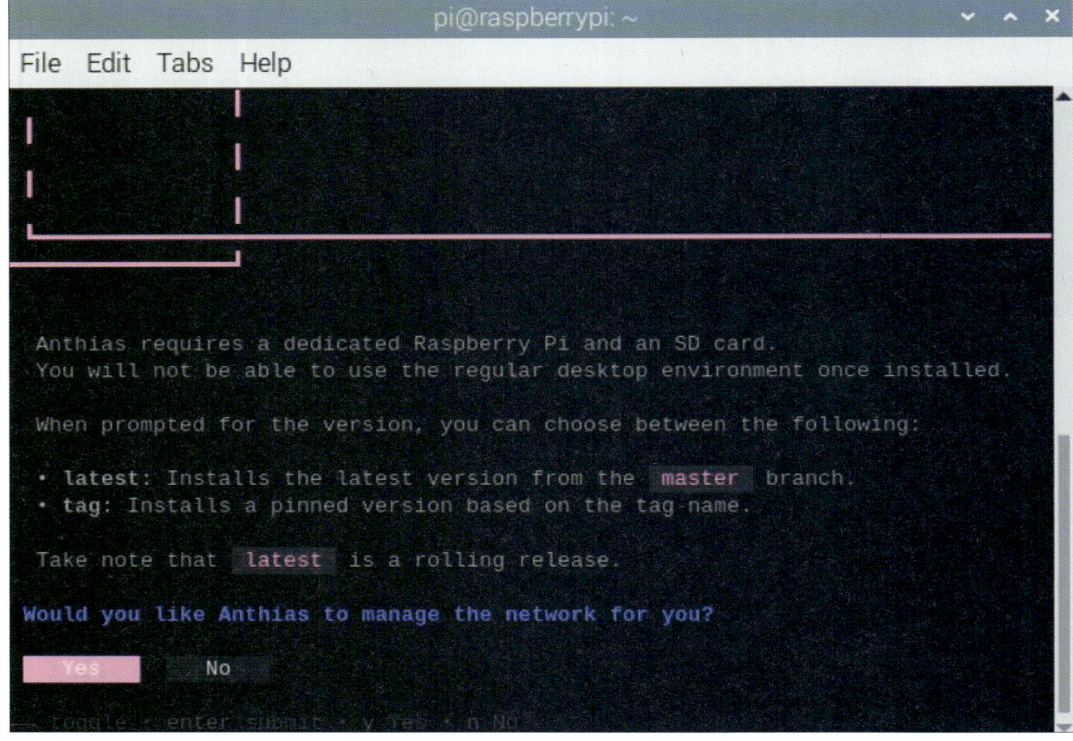

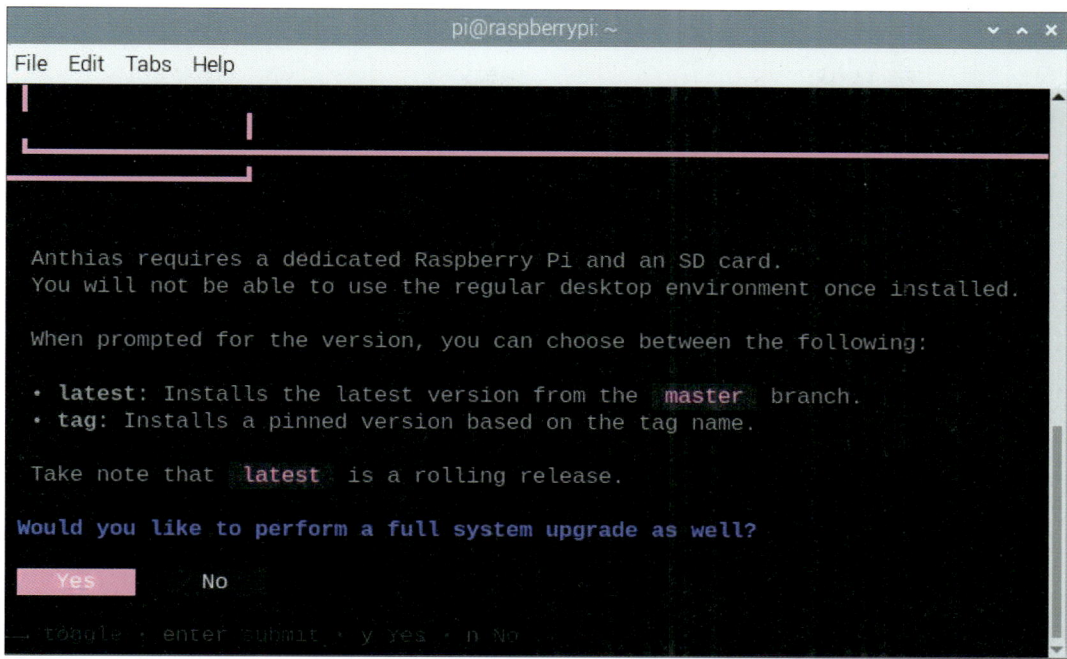

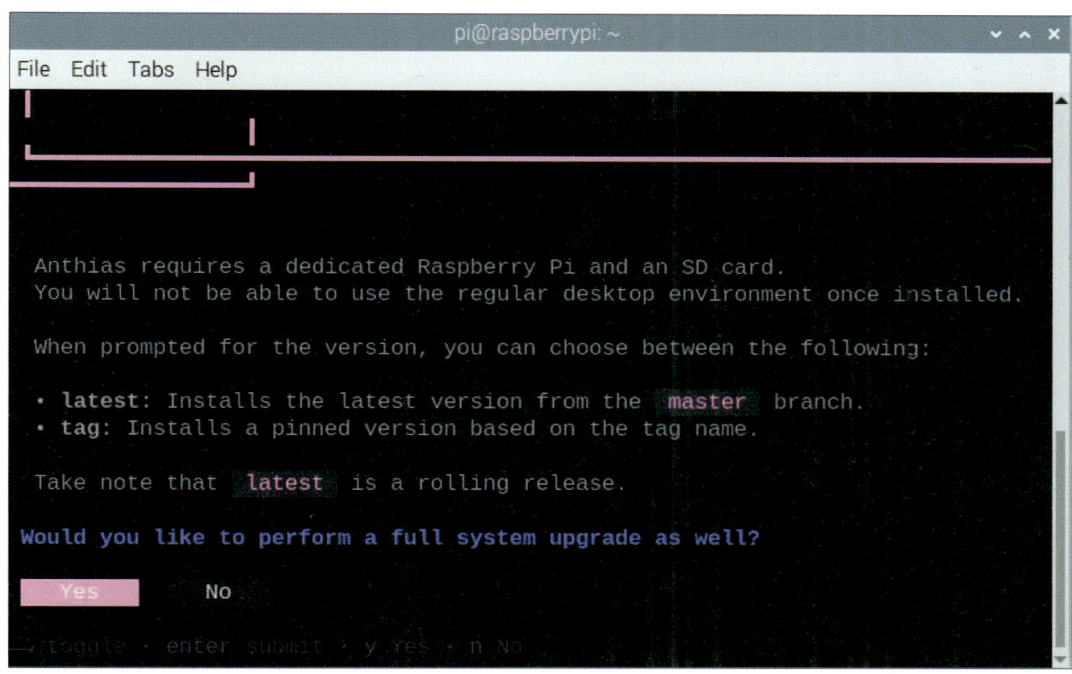

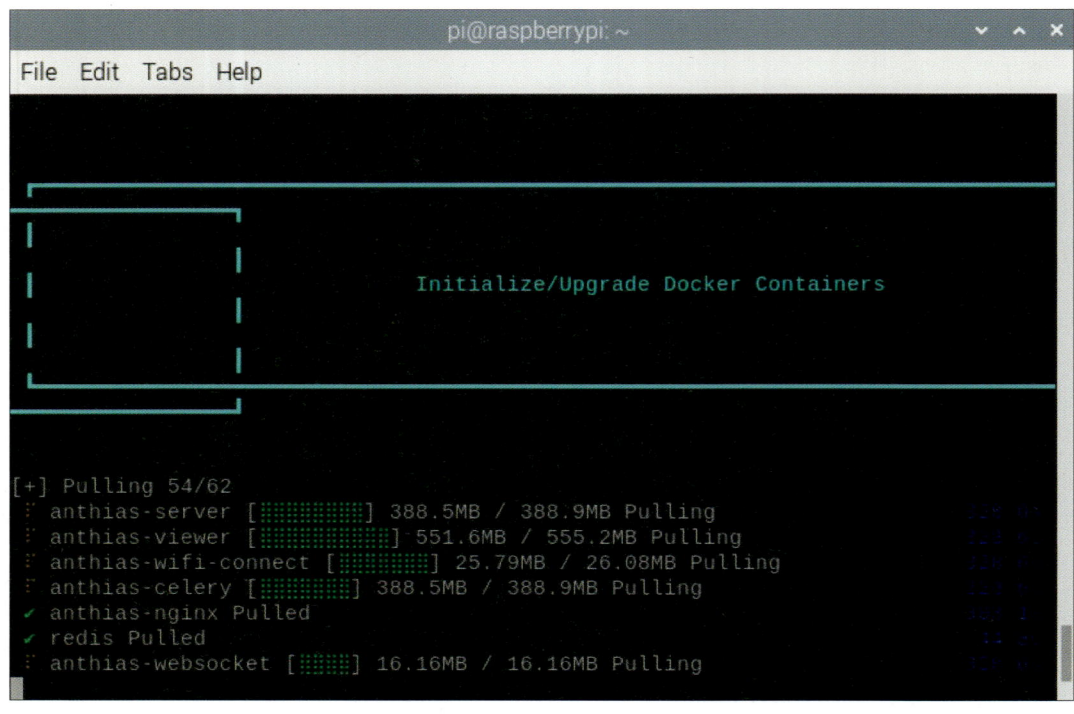

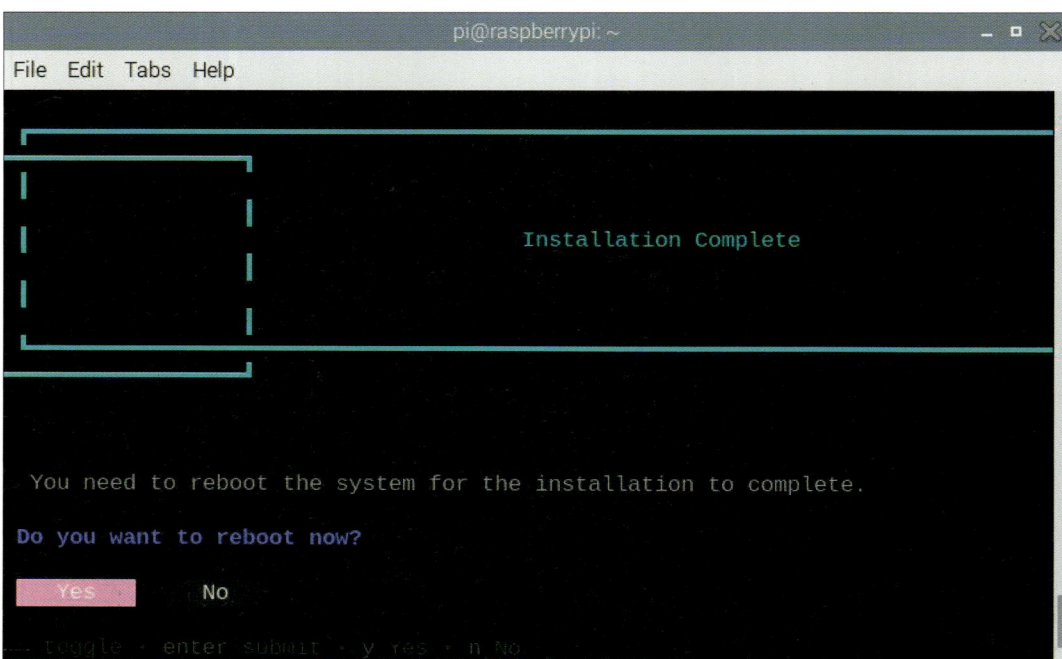

② 설치가 완료되면 재부팅을 합니다. 재부팅이 되면 Anthias (Screenly-ose)가 자동으로 실행됩니다.

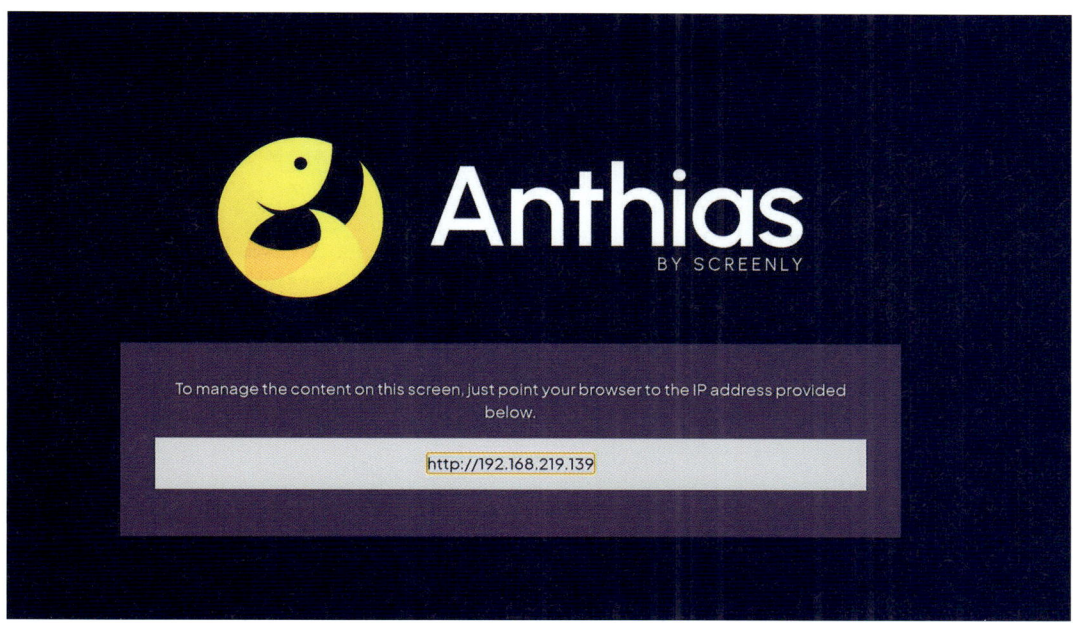

③ 브라우저에서 http://〈라즈베리파이_IP〉에 접속합니다. (예: http://192.168.219.139)

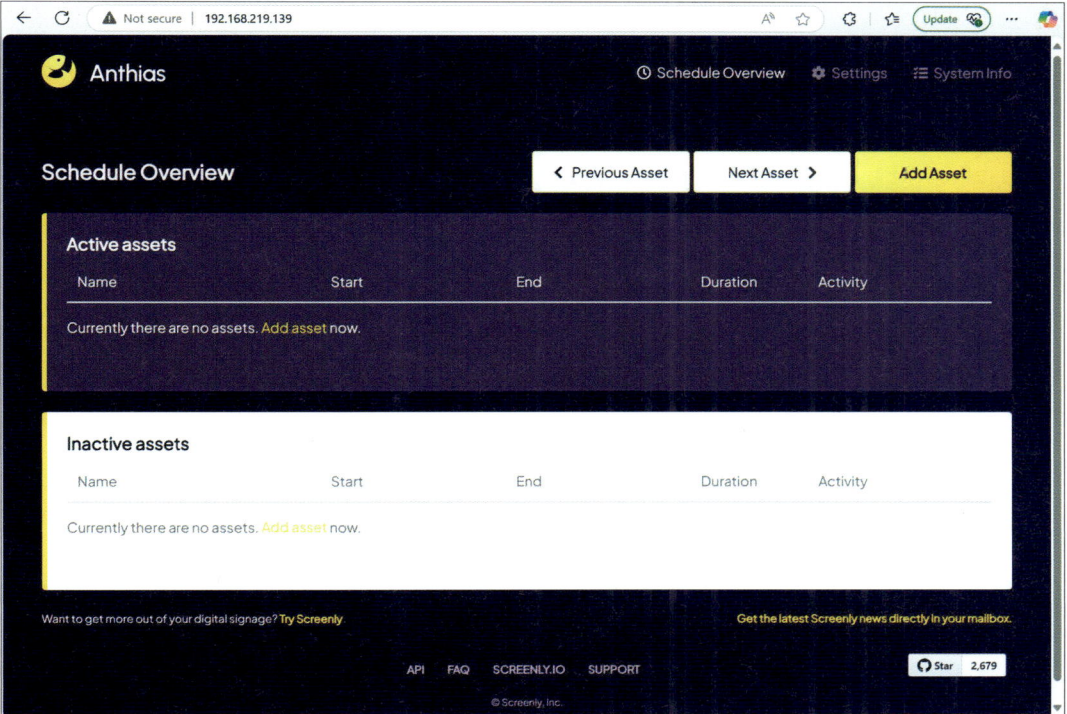

2. 콘텐츠 추가하기

브라우저에서 http://<라즈베리파이_IP>에 접속합니다. (예: http://192.168.219.139) 상단 오른쪽에 위치한 Add Asset을 눌러서 URL을 입력하거나 파일을 업로드하여 콘텐츠를 추가할 수 있습니다.

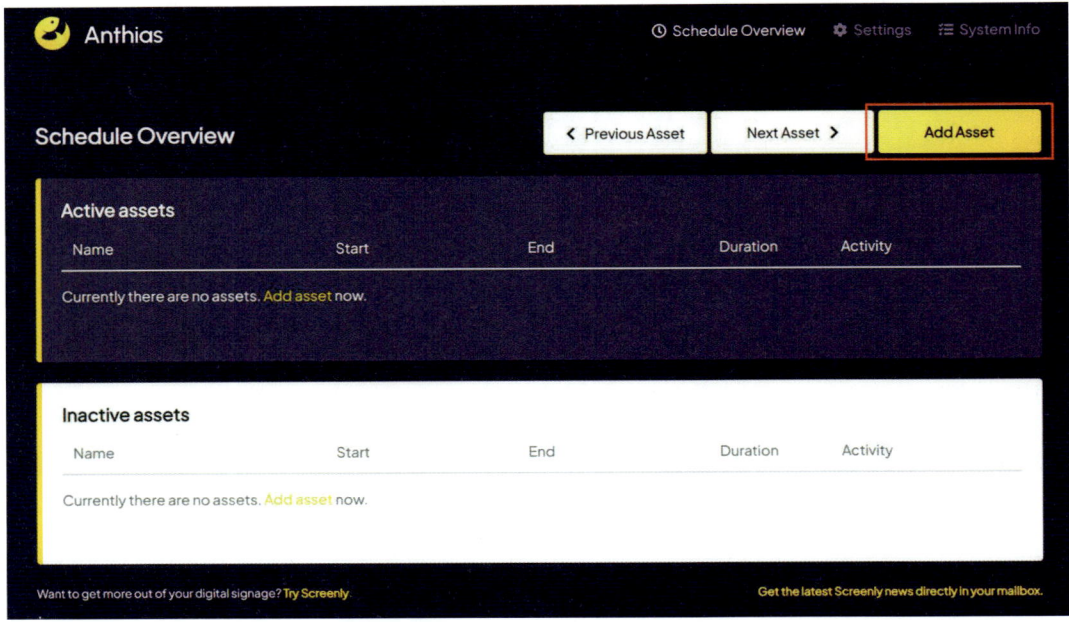

URL로 콘텐츠 추가하기

① Asset URL에 표시하고 싶은 웹사이트 주소를 입력한 후 Save를 누릅니다. 실습 예제로 네이버 주소를 입력 후 Save를 눌러보겠습니다. (예제 URL https://www.naver.com)

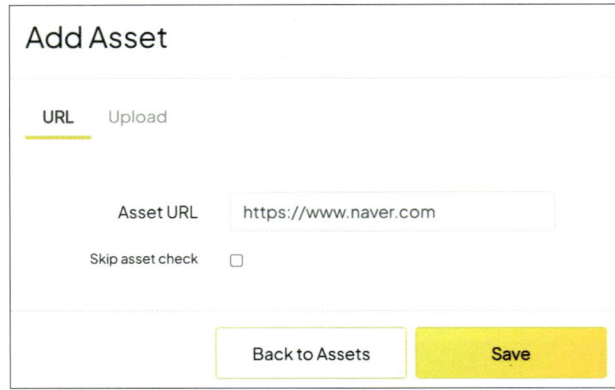

② Inactive assets 목록에 추가한 URL이 나타납니다. Activity를 켜면 Active assets 목록으로 해당 URL이 이동하면서 라즈베리파이의 연결된 화면에 표시가 됩니다.

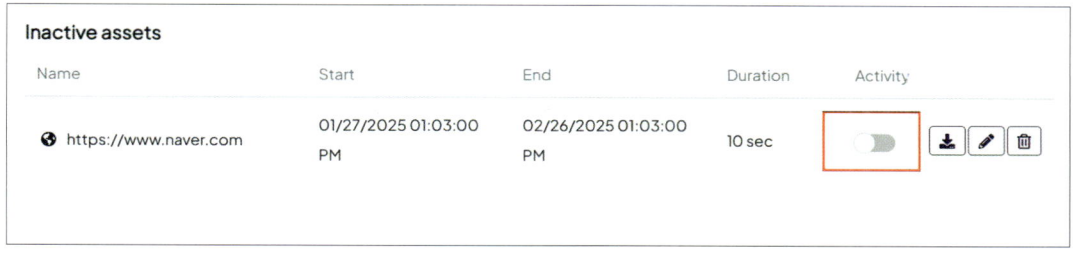

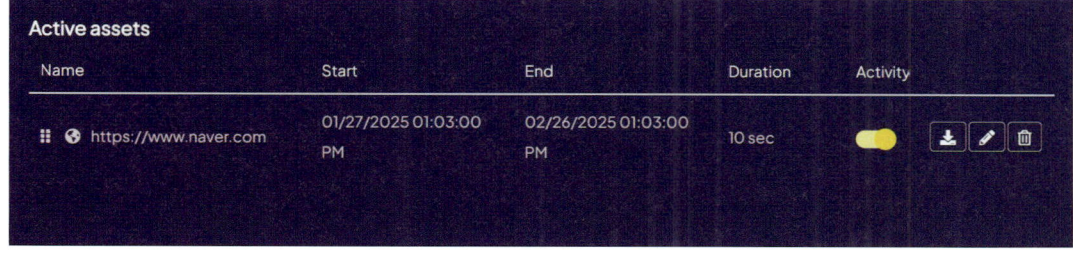

파일 업로드하여 콘텐츠 추가하기

① Upload 탭에서 Add Files를 눌러서 사이니지에 표시할 파일을 선택하거나, 해당 파일을 드래그 앤 드롭 하여 파일을 업로드 합니다.

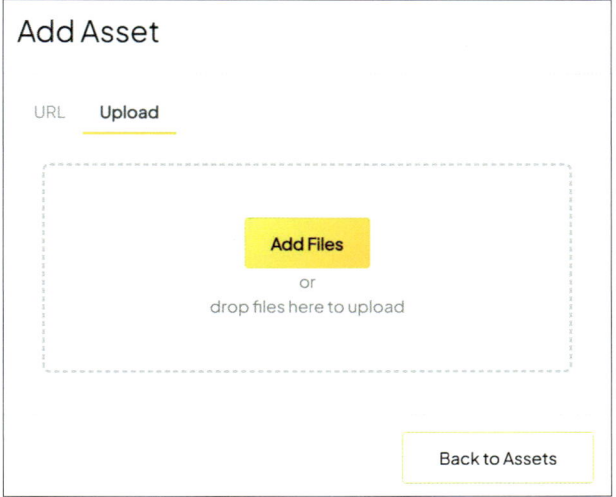

② Inactive assets 목록에 추가한 파일이 나타납니다. Activity를 켜면 Active assets 목록으로 해당 URL이 이동하면서 라즈베리파이의 연결된 화면에 표시가 됩니다.

여러 콘텐츠 재생 설정하기

① 재생할 여러 콘텐츠를 업로드 한 후 Inactive assets 목록에서, 재생하고자 하는 리스트의 Activity를 활성화하여 Active assets 목록에 추가를 합니다. 이 때 추가된 파일의 Duration (재생 시간) 만큼 사이니지에 재생되고 다음 콘텐츠가 이어서 재생이 됩니다.

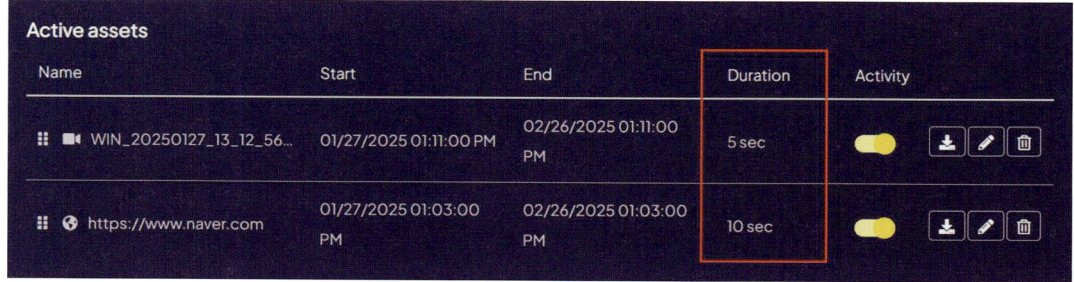

② Duration (재생 시간)을 조정하고 싶을 때는 Active assets 목록으로 옮기기 전에 Inactive assets목록에서 연필모양의 편집버튼을 누른 후 Duration 시간을 조정하면 됩니다.

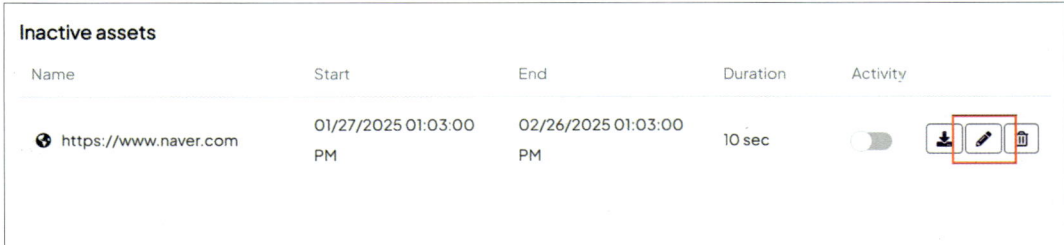

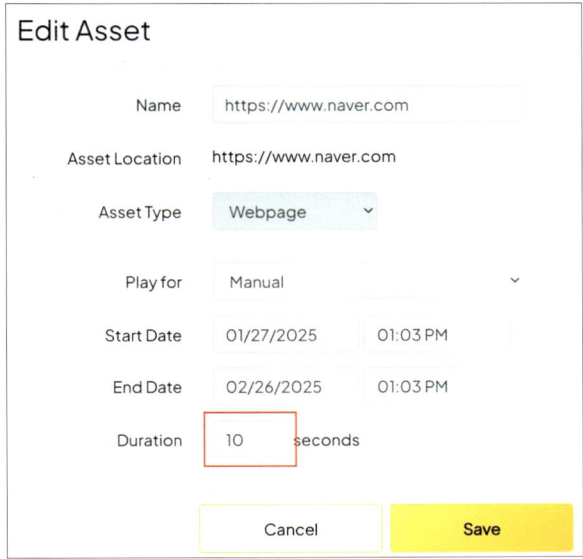

3. 라즈베리파이 접속하기

라즈베리파이에 GUI(Graphical User Interface)를 끄면 CPU와 메모리 사용량이 줄어들어 성능이 향상됩니다. 특히 라즈베리파이를 서버나 IoT 장치처럼 "헤드리스(headless)"로 사용할 때 매우 유용합니다. 사이니지 사용 시에도 CLI(Command Line Interface) 모드를 권장합니다.

Anthias (Screenly-ose)가 설치되면 자동으로 CLI 모드에서 사이니지가 작동이 됩니다. CLI 모드에서 라즈베리파이가 동작이 될 때는 SSH를 통해서 원격제어를 하세요. Putty라는 프로그램을 사용하거나 윈도우 명령프롬프트에서 다음의 명령어로도 원격접속이 가능합니다.

```
ssh "user"@"라즈베리파이IP"
```

```
Microsoft Windows [Version 10.0.26100.2894]
(c) Microsoft Corporation. All rights reserved.

C:\Users\yeong>ssh pi@192.168.219.139
pi@192.168.219.139's password:
Linux raspberrypi 6.6.62+rpt-rpi-2712 #1 SMP PREEMPT Debian 1:6.6.62-1+rpt1 (2024-11-25) aarch64

The programs included with the Debian GNU/Linux system are free software;
the exact distribution terms for each program are described in the
individual files in /usr/share/doc/*/copyright.

Debian GNU/Linux comes with ABSOLUTELY NO WARRANTY, to the extent
permitted by applicable law.
Last login: Sun Jan 26 21:28:22 2025
pi@raspberrypi:~ $
```

키보드를 사용CLI로 전환

사이니지 모드에서 CLI모드로 전환하려면 키보드 단축키 Ctrl + Alt + F1를 사용하세요.

4. Wifi 변경하기

CLI나 SSH로 터미널 접속을 한 후 raspi-config 명령어를 입력합니다. 그리고 순서대로 따라 가면서 wifi를 설정합니다.

① 아래 명령어를 입력하여 Raspberry Pi Software Configuration Tool 화면에 접속합니다.

```
sudo raspi-config
```

② 1. System Options → S1 Wireless LAN 로 들어갑니다.
③ 접속하고자 하는 SSID를 입력합니다.
④ 접속 암호를 입력합니다.
　※ 터미널에 ifconfig 명령어를 입력하여 새롭게 접속한 wifi의 IP 주소를 확인할 수 있습니다.

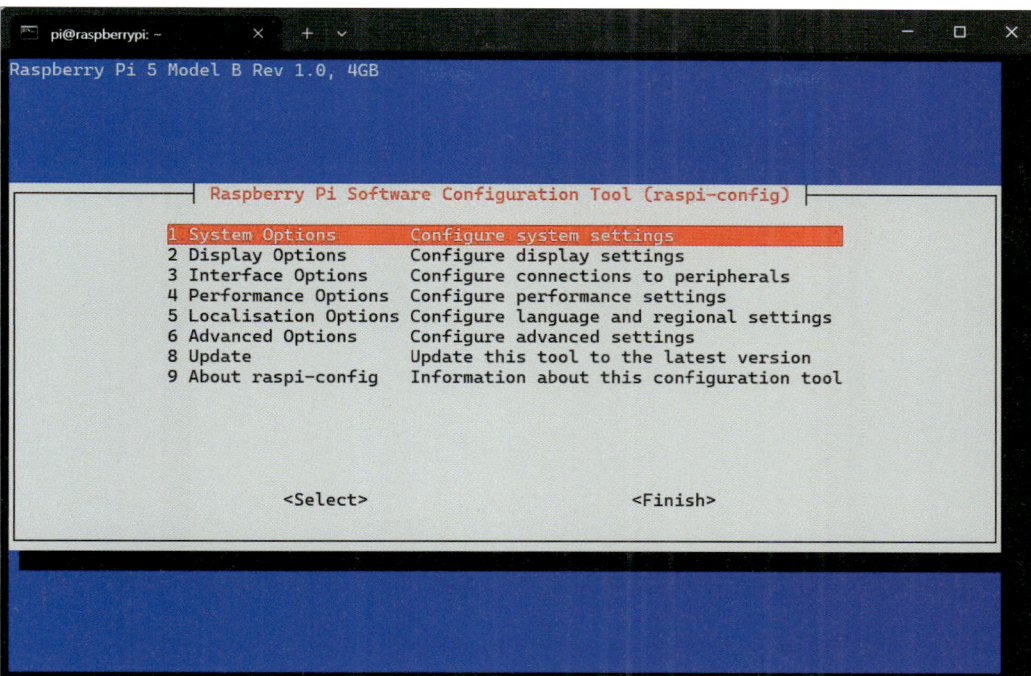

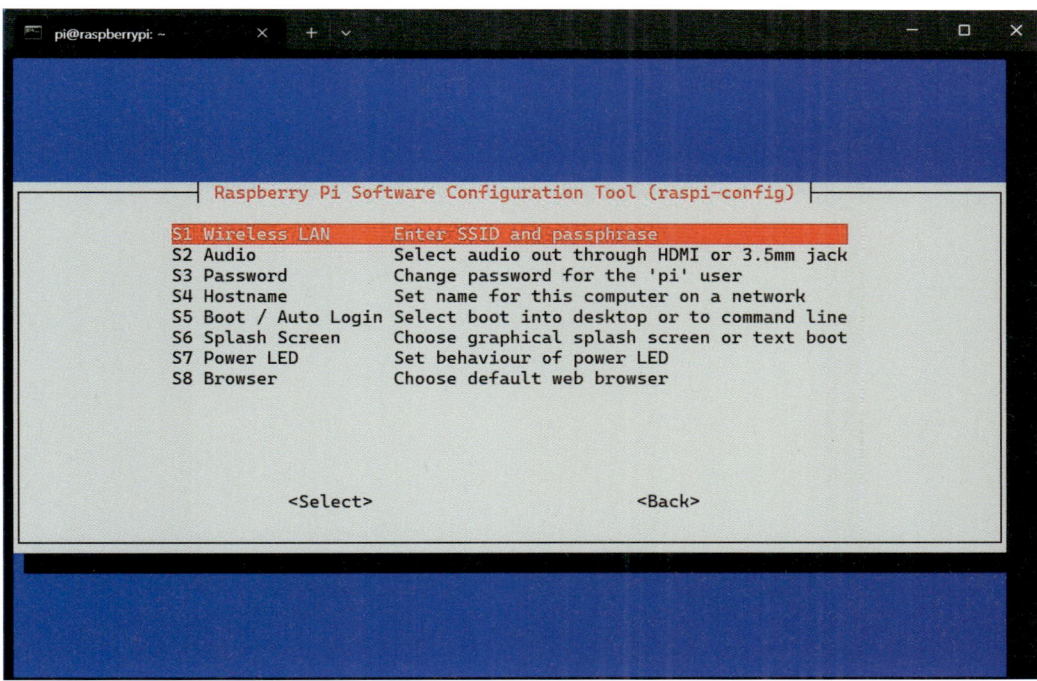

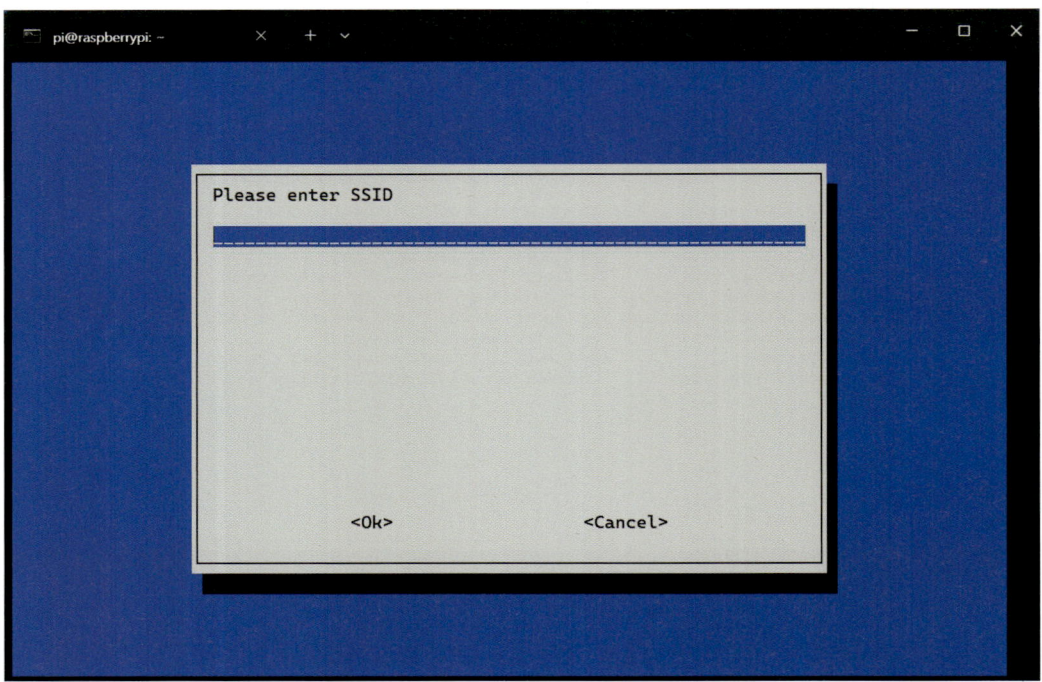
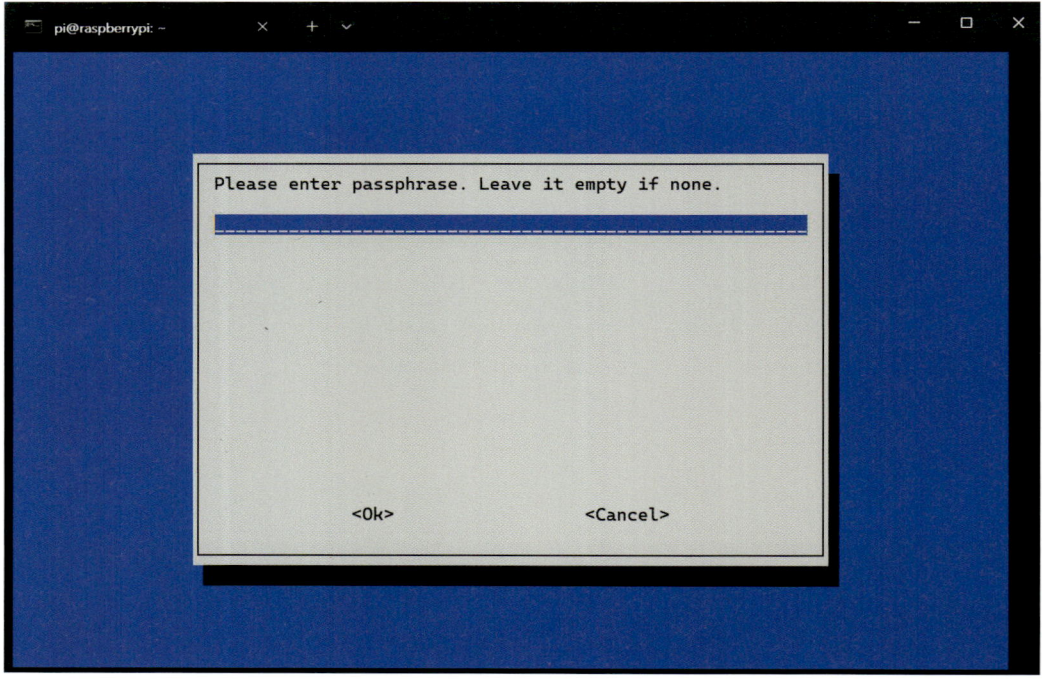

5. 정해진 시간에 재부팅하기

crontab은 정해진 시간에 지정한 명령을 자동으로 수행하는 기능을 제공합니다. 자세한 방법은 "Chapter19 자동실행 등록하기"를 참조하세요.

① 터미널로 crontab을 엽니다.

```
bash <(curl -sL https://www.screenly.io/install-ose.sh)
```

② crontab을 연 후 아래와 같이 원하는 시간에 자동실행 할 명령을 입력하면 됩니다.

```
사용법 : 분, 시간, 일, 월, 요일 [실행명령]
"매일 자정에 재부팅"     ==> 0 0 * * * /sbin/reboot
"매일 오전 4시에 재부팅" ==> 0 4 * * * /sbin/reboot
"매 월요일 오전 5시에 재부팅" ==> 0 5 * * 1 /sbin/reboot
```

```
m h  dom mon dow   command

* * * * *  command to execute
│ │ │ │ │
│ │ │ │ └── day of week (0 - 7) 0: 일요일 ~ 6: 토, 7: 일
│ │ │ └──── month (1 - 12)
│ │ └────── day of month (1 - 31)
│ └──────── hour (0 - 23)
└────────── min (0 - 59)
```

Chapter별 사용하는 라이브러리(Raspberry PI OS with desktop, python3 기준)

챕터 (Chapter)	라이브러리	설명	설치 필요
Chapter1	sudo apt install fonts-unfonts-core	한글 폰트 및 자판설치	O
	sudo apt install ibus-hangul -y		
	sudo apt install ibus -y		
Chapter2	sudo apt install vim	vim 설치	O
Chapter3	sudo apt install vim-nox -y	vim을 python IDE용 사용	O
	pip3 install flake8		
	git clone https://github.com/VundleVim/Vundle.vim.git ~/.vim/bundle/Vundle.vim		
Chapter4	-	-	-
Chapter5	sudo apt install i2c-tools	I2C 통신	X
	sudo apt install rpi.gpio	GPIO 사용(라즈베리파이 3/4)	X
	sudo apt remove python3-rpi.gpio	GPIO 사용(라즈베리파이 5)	O
	pip3 uninstall rpi-lgpio --break-system-packages		
	pip3 install rpi-lgpio --break-system-packages		
Chapter6	[RPi.GPIO 패키지]	GPIO 사용(라즈베리파이 3/4)	X
	sudo apt install rpi.gpio		
	pip install RPi.GPIO #Python2		
	pip3 install RPi.GPIO #Python3		
	[GPIO Zero패키지]		
	sudo apt install python-gpiozero		
	sudo apt install python3-gpiozero		
	sudo pip3 install gpiozero #Python3		
Chapter7	pip3 install spidev	spi 통신	X
Chapter8	pip3 install spidev	spi 통신	X
Chapter9	-	-	-
Chapter10	git clone https://github.com/everylumi/Adafruit_Python_DHT.git	DHT11/22 사용	O
Chapter11	sudo apt install pigpio	Remote GPIO 사용	X
	pip install gpiozero pigpio	PC에 설치	
Chapter12	git clone https://github.com/everylumi/PyMLX90614.git	GY-906 사용	O
	pip3 install smbus2 #Python3		X
Chapter13	git clone https://github.com/everylumi/mpu6050.git	기울기센서(GY-521) 사용	O
Chapter14	git clone https://github.com/everylumi/Adafruit_Python_DHT.git	DHT11/22 사용	O
	pip3 install spidev	spi 통신	X
Chapter15	git clone https://github.com/everylumi/pms7003.git	미세먼지센서(PMS7003) 사용	O
Chapter16	git clone https://github.com/everylumi/hx711.git	로드셀(HX711) 사용	O
Chapter17	sudo apt install python3-smbus	LCD 1602 사용법	X
	git clone https://github.com/everylumi/RPi_I2C_LCD_driver.git		O
Chapter18	sudo apt install -y python3-picamera2	카메라 사용	X
	sudo apt install fswebcam	USB 카메라 사용	O
Chapter19	-	-	-
Chapter20	pip3 install paho-mqtt	MQTT 설치	O
	git clone https://github.com/everylumi/paho.mqtt.python_v2		
	sudo apt install mosquitto mosquitto-clients	MQTT 사용	O
부록1	https://github.com/home-assistant/operating-system/releases/download/14.1/	Home Assistant 설치	O
	haos_rpi5-64-14.1.img.xz		
부록2	git clone https://github.com/MagicMirrorOrg/MagicMirror	매직미러 설치	O
	git clone https://github.com/everylumi/MMM-HomeAssistant-Touch.git	매직미러 터치모듈 설치	O
부록3	bash <(curl -sL https://install-anthias.srly.io)	사이니지 설치	O

Chapter별 학습요약

목차	난이도	실습시간(h)	Interfaces	센서 종류
Chapter1 시작하기; 라즈베리파이 OS 설치 및 설정	하	2		
Chapter2 리눅스 익히기	하, 중(vim 문서 편집)	3		
Chapter3 파이썬 코드 편집기	하, 중 (vim을 파이썬 IDE로)	1		
Chapter4 파이썬 기초문법	하	일주일		
Chapter5 라즈베리파이 기본 장치 사용하기	하	1		LED, 저항(220Ω)
Chapter6 쿨링팬 속도 제어 모듈 만들기	중	1		트랜지스터, 저항, 다이오드, 쿨링팬
Chapter7 아침이 되면 자동으로 불을 끄는 스탠드	하	2	SPI	조도센서(TEMT6000, Photo Resistor), LED, ADC(MCP3208), 버튼, 저항(220Ω, 10KΩ)
Chapter8 어두워지면 자동으로 밝기가 조절되는 무드등	하	2	SPI	조도센서(TEMT6000), LED, ADC(MCP3208), 버튼, 저항(220Ω, 10KΩ)
Chapter9 디지털 피아노	중	1		4x4 정전식 터치 키패드(TTP229), 부저
Chapter10 더워지면 자동으로 켜지는 선풍기	하, 중(인터럽트)	2		온습도센서(DHT11), DC모터, 모터드라이브(L9110), 버튼, 저항(10KΩ), 팬날개, 건전지
Chapter11 스마트 콘센트	중	2	Remote GPIO	릴레이, LED, 버튼, 저항(220Ω, 10KΩ)
Chapter12 비접촉 체온계 만들기	하	2.5	I2C	비접촉 온도센서(GY-906), 7세그먼트, 4디지털 세그먼트(TM1637), 버튼, 저항(10KΩ, 220Ω)
Chapter13 헬스케어 만보기 만들기	중	2	I2C	기울기센서(GY-521), 4디지털 7세그먼트(TM1637)
Chapter14 스마트팜 만들기	하	1.5	SPI	토양수분센서, 온습도센서(DHT11), ADC(MCP3208)
Chapter15 오늘 우리 집 미세먼지는 맑음	하	1.5	USB	미세먼지 센서(PMS7003), USB to TTL Serial 케이블
Chapter16 스마트 쓰레기통	중	3		로드셀(HX71), 초음파센서(HC-SR04), 서보모터(SG90), 로직레벨컨버터, LED, 저항
Chapter17 디지털 사이니지 만들기	하	1.5	I2C	LCD(1602) 모듈, 로직레벨컨버터(양방향)
Chapter18 꼼짝 마, 감시카메라 시스템	중	2	Camera	PIR센서, 파이카메라
Chapter19 자동실행 등록하기	중	2		LED, 저항(220Ω)
Chapter20 MQTT를 활용해서 센서 값 확인하기	중	2		온습도센서(DHT11), 버튼, 저항(220Ω, 10KΩ), LED
부록1. Home Assistant를 활용한 홈 IoT 시스템 만들기	상	4		모니터, Wemos D1 Mini, Wemos SHT30 Shield (온습도 센서), Wemos Relay Shield
부록2. Magic Mirror를 활용한 홈 IoT 제어	상	2		모니터, Wemos D1 Mini, Wemos SHT30 Shield (온습도 센서), Wemos Relay Shield
부록3. 사이니지 만들기	상	2		모니터

부품리스트

번호	필요부품	필요갯수	Chapter	비고
1	RTC + CR2032	1	5	CR2032 포함
2	다이오드	1	6	
3	트랜지스터	1	6	
4	5V Fan	1	6	
5	조도센서	1	7, 8	
6	조도센서	1	7, 8	
7	저항	각 10개	7, 8, 10, 12, 16, 19, 20	
8	버튼	5	7, 8, 10, 12, 20	
9	ADC 컨버터	1	7, 8, 14	
10	LED (빨, 노, 초)	색상별 3개씩	7, 8, 16, 19, 20	빨, 노, 초
11	부저	1	9	
12	4x4 키패드 모듈	1	9	4x4 버튼식 키패드(옵션)
13	DC모터	1	10	전선은 M(수)단자로 작업
14	모터드라이버	1	10	
15	선풍기 날개	1	10	
16	온습도센서	1	10, 14, 20	
17	AA 건전지	4	10, 16	
18	AA 건전지 홀더	1	10, 16	4개용, 전선은 F(암)단자로 작업
19	릴레이모듈	1	11	
20	비접촉 체온계	1	12	
21	7 세그먼트	각 1개	12	Cathod type
22	7 세그먼트 모듈	1	12, 13	4 Digit FND
23	자이로센서	1	13	
24	토양수분센서	1	14	
25	미세먼지 센서모듈 & Board	1	15	
26	USB to TTL Serial 케이블	1	15	
27	서보모터	1	16	
28	초음파센서	1	16	3.3V용
29	로드셀 & A/D 컨버터모듈	1	16	
30	로직 레벨 컨버터(단방향)	1	16	3.3V / 5V TTL 로직 레벨 컨버터 모듈
31	로직 레벨 컨버터(양방향)	1	17	3.3V / 5V TTL 로직 레벨 컨버터 모듈
32	LCD 모듈	1	17	
33	PIR 센서 모듈	1	18	
34	라즈베리파이 카메라	1	18	
35	라즈베리파이 카메라 케이블	1	18	라즈베리파이 4용 또는 5용에 해당되는 것
36	브레드보드	1	all	
37	T 코블러 & 케이블	1	all	
38	점퍼선	각 1세트씩	all	각 40핀 1세트씩
39	Raspberry Pi	1	all	4B 또는 5B
40	MicroSD card	1	all	
41	MicroSD card reader	1	all	
42	전원 아답터	1	all	USB C 타입
43	라즈베리파이 전원케이블	1	all	USB C to C
44	HDMI 모니터케이블	1	all	라즈베리파이 4용 또는 5용에 해당되는 것
45	Wemos Board	1	부록1, 2	ESP8266

번호	필요부품	필요갯수	Chapter	비고
46	Wemos Shield 온도	1	부록1, 2	DHT22
47	Wemos Shield 릴레이	1	부록1, 2	Relay
48	micro 5핀 케이블	1	부록1, 2	Wemos Board 용
49	터치 스크린	1	부록1, 2, 3	
50	라파모니터 전용케이블	1	부록1, 2, 3	라즈베리파이 4용 또는 5용에 해당되는 것

memo